D.H.?

MEXICANOS EMINENTES

colección andanzas

Obras de Enrique Krauze
en Tusquets Editores

Andanzas

Siglo de caudillos.
Biografía política de México (1810-1910)
VI Premio Comillas

Biografía del poder.
Caudillos de la Revolución mexicana (1910-1940)

La presidencia imperial.
Ascenso y caída del sistema político mexicano (1940-1996)

Caudillos Culturales en la Revolución Mexicana.

Fábula

La historia cuenta

ENRIQUE KRAUZE
MEXICANOS EMINENTES

1ª edición: octubre de 1999
3ª edición: septiembre de 2000

© Enrique Krauze, 1999

Las fotografías de esta edición proceden de los siguientes acervos: CONACULTA-INAH-MEX «reproducción autorizada por el Instituto Nacional de Antropología e Historia» (p. 32, 52, 116, 314, 328), Archivo Clío (pp. 38, 72, 340, 424), Archivo de Ricardo Salazar (pp. 58, 146), Centro de Estudios Literarios Alfonso Reyes, INBA (p. 58), Colecciones particulares (pp. 12, 144, 180, 198, 336, 434), Colección de Emma Cosío (p. 138), Cuartoscuro (pp. 190), Revista *Proceso*-Agencia APRO (p. 206), Archivo fotográfico de Rogelio Cuéllar (p. 234), Museo José Luis Cuevas (p. 260), Colección de Jorge López Páez (p. 270), Archivo Fideicomiso Plutarco Elías Calles-Fernando Torreblanca (p. 324), Archivo de Marco Antonio Cruz-Cuartoscuro (p. 334), Biblioteca de Roberto y Vera Meyer (p. 380), Colección Fondo de Cultura Económica (p. 390) y Paulina Lavista (p. 428), a quienes agradecemos cumplidamente su autorización para reproducirlas.
Diseño de la colección: Guillemot-Navares
Reservados todos los derechos de esta edición para:
© Tusquets Editores México, S.A. de C.V.
Edgar Allan Poe 91, Polanco, 11560 México, D.F.
Tel. 5281 50 40   Fax. 5281 55 92
ISBN: 968-7723-90-4
Fotocomposición: Quinta del Agua Ediciones, S.A. de C.V.
Aniceto Ortega 822, Del Valle, 03100 México, D.F.
Impresión: Grupo Sánchez Impresores
Av. de los Valles 12, 54740, Cuautitlán Izcalli, México
Impreso en México/*Printed in Mexico*

Índice

Noticia biográfica 9

I. Introducción
   Plutarco entre nosotros 13

II. De la Reforma al Ateneo
   La virtud de Zarco 33
   Andrés Molina Enríquez, el profeta del mestizaje 39
   Federico Gamboa, prisionero de su época 51
   Julio Torri y Alfonso Reyes, amistad entre libros 59
   Pasión y contemplación en Vasconcelos 73
   Antonio Caso, el filósofo como héroe 115

III. Formadores del México moderno
   Don Daniel, profeta 139
   Alfonso Taracena, muralista 143
   Octavio Paz, Y el mantel olía a pólvora... 147
      Cara al siglo 158
      Alguien lo deletrea 176
      El sol de Octavio Paz 178
   Jesús Reyes Heroles, cambiar para conservar 181
   Antonio Ortiz Mena, el presidente que no fue 191

IV. El ejercicio de la crítica
   Luis González, un historiador a través de los siglos 199
      Cronista en vilo 202
   Julio Scherer, poseído de la verdad 205
   Gabriel Zaid, solitario, solidario 211
   La comedia mexicana de Carlos Fuentes 233
   José Luis Cuevas, Narciso criollo 261

    Recuerdo de Hugo Margáin................... 269
    Cuatro estaciones de la cultura mexicana 273

V. Genealogía política
    Madero vivo............................... 315
    Viñeta de doña Tencha (Hortensia Elías Calles)......... 325
    Presencia de Lázaro Cárdenas 329
    El coraje cívico de Manuel J. Clouthier.............. 333
    Heberto Castillo, un ingeniero de alianzas 337
    Samuel Ruiz, el profeta de los indios................ 341

VI. Mexicanos por adopción
    Humboldt y México, un amor correspondido.......... 381
    Pedro Henríquez Ureña, el crítico errante 391
    Arnaldo Orfila, editor de nuestra América............ 423
    Zonas de Rossi............................. 427
    Joy Laville, pintora en su isla 433

Bibliografía 437
Fuentes 441

Noticia biográfica

La biografía es un género inusual en los países del tronco ibérico. Si nuestra vida pública ha sido muy privada, nuestra vida privada ha sido poco pública. El contraste con la tradición anglosajona es tan marcado que no falta quien atribuya la diferencia al concepto diverso de la *persona* en ambas culturas. El asunto tiene mucha miga, pero para los efectos del presente libro acaso baste decir que a mí me ha interesado escribir biografías por razones... *biográficas*.

De niño y hasta los años de juventud leí en la escuela la Biblia como lo que es: una sucesión de biografías del poder, el saber y el creer. Ya en El Colegio de México, mis maestros me formaron en una cultura historiográfica mucho más amplia, que si bien no desdeñaba la biografía sí la consideraba, hasta cierto punto, una especie de hermana menor. En esos años comencé a leer los retratos intelectuales de Isaiah Berlín y me adentré en la riquísima tradición biográfica anglosajona. Recuerdo dos libros cardinales: *To the Finland Station* —la gran historia biográfica del socialismo, escrita por Edmund Wilson— y esa obra maestra de la ironía histórica: *Eminent Victorians* de Lytton Strachey. A partir de entonces no he hecho otra que seguir sus pasos.

Mexicanos eminentes es la bitácora de esa emulación. Hace veinte años comencé a escribir variantes breves de la biografía: ensayos y retratos. La mayoría los publiqué en la revista *Vuelta*, otros en *La Jornada*, más tarde en *Reforma* y *El Norte*, y finalmente en *Letras Libres*. Sólo unos cuantos fueron recogidos en libros, sobre todo en *Caras de la historia* y *Por una democracia sin adjetivos*. Ahora los reúno en un volumen cuyo título no tiene, a diferencia de Strachey, intención irónica. No pretendo, por supuesto, haber incluido en él a todos los mexicanos eminentes, pero sí creo que todos los mexicanos incluidos en él son eminentes. La selección fue, desde luego, más arbitraria y circunstancial que planeada. Hay personajes remotos y recientes, políticos e intelectuales, artistas, historiadores, periodistas, editores y escritores, maestros y maestros de mis maestros, todos admirables, casi todos admirados. En el elenco advierto la presencia de varios amigos: trazar su silueta, intentar comprenderlos, ha sido una forma de continuar mi conversación con ellos y homenajearlos.

La introducción, «Plutarco entre nosotros», fue mi discurso de ingreso en la Academia Mexicana de la Historia en 1990. Trata del papel del individuo en la historia, tema universal si los hay pero de particular interés en la historia mexicana. Al leerlo, Octavio Paz me regaló, en una hermosa edición ilustrada, las *Vidas de los Césares* de Suetonio. Era su tácita opinión sobre el tratamiento biográfico que merecían nuestros gobernantes. Años más tarde, cuando cumplió sus 80 años, leí frente a él, en el Sanborns de los Azulejos, el ensayo «Y el mantel olía a pólvora», en torno a las vidas paralelas de Ireneo y Octavio Paz. Era mi tácita opinión sobre el tratamiento que merecían muchos mexicanos como él y como su abuelo: mexicanos eminentes.

I
Introducción

Moneda romana que conmemora las guerras pírricas

Plutarco entre nosotros

Para mi hijo Daniel

Por más que lo intento, no acierto a sumar individuos.

Juan de Mairena

Hace medio siglo, en los momentos más oscuros e inciertos de la segunda guerra mundial, Marc Bloch notó que entre las épocas históricas deberían establecerse lazos de mutua inteligibilidad: «La incomprensión sobre el presente nace de la ignorancia del pasado, pero es igualmente vano esforzarse por conocer el pasado sin entender el presente». Aquella experiencia revelaba quizás aspectos desconocidos en la violencia de otros tiempos, que a su vez prefiguraban, en la memoria del historiador, los horrores presentes. Bloch no sobrevivió para pintarlos.

Nosotros somos mucho más afortunados. Vivimos en tiempos de esperanza moral similares a 1919 o 1945, pero de un orden distinto. Los cambios de 1989, tan importantes como los de entonces, se han desarrollado con una aceleración sorpresiva, por medios pacíficos y, en buena medida, democráticos. ¿Qué «lazos de inteligibilidad» cabría trazar con épocas pasadas? ¿Qué nociones históricas estamos obligados a modificar a la luz del presente?

Un rasgo notable del proceso ha sido su carácter súbito e inesperado. De pronto, la prensa diaria se ha vuelto un fascinante laboratorio de revisión histórica. Junto a los líderes y los sistemas, los vientos del cambio han arrastrado consigo una multitud de creencias, ideas y profecías. La mutación ha sido tan radical, que un ideólogo norteamericano, con candidez e irreflexión, se apresuró a decretar «el fin de la historia». Lo que ha ocurrido es algo distinto: el fin de una particular filosofía de la historia. Piénsese, por ejemplo, en los determinismos que fascinaron a varias generaciones en el siglo XX. En retrospectiva, no faltará quien afirme que el cambio era necesario, que se veía venir, que las fuerzas históricas o las estructuras sociales trabajaban por ese desenlace desde hacía décadas. Lo cierto es que ningún observador académico, intelectual o periodístico lo previó. ¿Y quién podría culparlos? El establecimiento de regímenes democráticos y pluripartidistas en Europa del Este, la caída del muro de Berlín, la introducción de la propiedad privada en la URSS son apariciones históricas que harían palidecer a Nostradamus.

Otro arraigado concepto en entredicho es el que postula la preeminencia de los colectivos sobre los individuos como motor de la historia. Las masas soviéticas estaban allí durante los años sesenta y setenta, haciendo una cola simbólica en espera del advenimiento de una sociedad superior y colas concretas para comprar artículos de primera necesidad. ¿Por qué no tomaron entonces la iniciativa? Porque faltaba el hombre que rompiera la hibernación política y moral del sistema. Ésta es, indudablemente, otra lección fundamental de nuestro tiempo: la revaloración del papel del individuo en la historia. Gorbachev, Havel, Walesa, Sajarov, han comprobado una vieja verdad: el hombre es el empresario de la historia.

La cátedra que se mostró al mundo en los últimos diez años y que culminó en el vertiginoso 1989 tiene un solo dogma: la historia es un proceso abierto; sujeto, es verdad, a la acción de fuerzas impersonales, azarosa y suprapersonales, pero esencialmente abierto a la libre voluntad emprendedora de los hombres. La historia nos condena a la perplejidad pero no a la impotencia.

La parábola de los carneros

Que estas revelaciones ocurran en torno a la experiencia rusa en el siglo XX no debería sorprendernos. Las revoluciones son momentos de particular intensidad histórica, una especie de estallido original cuyas olas concéntricas y reverberaciones se perciben mucho después de apagada la última metralla. Así ocurrió con la Revolución francesa y la era napoleónica. Los historiadores y los filósofos de la historia solían definir sus interpretaciones, conceptos o juicios de valor en relación con ellas. Los «futuribles» eran ocupación favorita en los salones de clase y los salones de disipación: «¿Si Robespierre hubiese ganado?», «¿Si Grouchy hubiese llegado a tiempo al campo de Waterloo?», «¿Si Napoleón hubiese contado con la marina de Luis XIV?» Entre los sabios, el rastreo de causas era una curiosidad permanente. En cambio, la gente del pueblo miraba hacia el pasado con sentido común: buscando héroes y villanos. Paul Valéry contaba una anécdota que le había referido el pintor Degas: siendo muy niño, su madre lo había llevado a visitar a una señora Le Bas, viuda de un personaje de la convención muerto el 9 de Termidor. Al concluir la visita, se retiraban lentamente, acompañados hasta la puerta por la anciana señora, cuando de repente la señora Degas, vivamente conmovida, señaló los retratos de Robespierre, Couthon y Saint Just que acababa de reconocer en los muros de la antecámara y no pudo evitar exclamar con horror: «¡Cómo... Todavía conserva usted aquí los rostros de esos monstruos!» «¡Cállate, Celestina!», replicó fervorosamente la señora Le Bas, «Cállate... ¡Eran unos santos!»

En nuestro siglo el debate sobre la libertad y responsabilidad de los individuos en la historia se transfirió a la Revolución rusa y hoy interesa profusamente a los lectores de *Pravda*. Se trata, sin embargo, de un tema antiguo, vinculado a la obsesión, característicamente rusa, por el historicismo. De la vieja asimetría de ese imperio con respecto a Occidente se desprendían por lo común varias recetas: acelerar el reloj de la historia mediante una revolución, regularlo poco a poco, dejarlo caminar con libertad, detenerlo, retrasarlo e incluso invertir su sentido hacia las raíces eslavas. Pero, ¿quién, en todo caso, sería el sujeto histórico encargado de manipular las manecillas? Los historicistas rusos aportaron una pluralidad de puntos de vista delimitados por dos posiciones extremas: el escepticismo de Tolstoi —que negaba al hombre la posibilidad de acercarse siquiera al insondable reloj de la historia—, y el determinismo de Georgy Plejanov, el padre del marxismo ruso, quien creía en la marcha autónoma del reloj hacia horas cada vez más dichosas.

Para Tolstoi, la historia vivida es un proceso necesario e impenetrable y la historia escrita la más engañosa e infundada de las disciplinas. El epílogo segundo de *La guerra y la paz* postula la imposibilidad de descubrir conexiones causales en los hechos humanos. La influencia dominante de los «grandes hombres» —políticos, literatos o militares— le parece, como es natural, una burda mentira. Los ejemplos probatorios abundaban: las feroces huestes de Iván «el Terrible» marchando sobre Kazán, las cruzadas de los Godofredos y Luises rumbo a Tierra Santa, las guerras religiosas que sucedieron a la reforma de Lutero, los seiscientos mil hombres que siguieron a Napoleón dejando sus hogares para ir a tierras más lejanas a quemar otros hogares, son todos —dice Tolstoi— movimientos históricos irreductibles a la influencia de los «grandes hombres» que supuestamente los presidieron. Ningún historiador ha explicado *cómo se transfiere el poder*, *cómo* de un texto de Rousseau, una intriga de Madame Pompadour, un discurso de Mirabeau o una orden de Napoleón se inicia un quiebre histórico o una vasta y a menudo violenta movilización humana. La tesis central de Tolstoi apunta a la existencia de una ley natural que determina la vida de los hombres; pero éstos, incapaces de entender o enfrentar el proceso, discurren representarlo como una sucesión de actos deliberados y fijan la responsabilidad de lo que ocurre en personas a quienes se atribuyen virtudes heroicas y que ellos llaman «grandes hombres». ¿Qué son los «grandes hombres»? Seres vanos, insignificantes, impotentes, los más equivocados sobre la naturaleza de su imaginario poder.

En una famosa parábola, Tolstoi compara al «gran hombre» con el carnero al que el pastor distingue para encabezar el rebaño: bien alimentado y orgulloso, el carnero cree que su papel y propósito es ser guía, y los que van tras él lo creen también; en realidad todos caminan, alegres e inconscientes, hacia el aniquilamiento, un fin concebido por seres cuyos planes serán siempre indescifrables para los carneros. Así, para Tolstoi la humanidad y sus egocéntricos líderes avanzan ciegamente por caminos que dicta el pastor inescrutable de la necesidad histórica. Pocos autores han llegado a una conclusión más sombría: «Es preciso renunciar a una libertad ilusoria y reconocer una dependencia de la que no somos, ni podemos ser, conscientes».

Desde el historicismo también, pero a partir de una actitud moral distinta de la de Tolstoi —no el escepticismo sino una confiada teología histórica—, Plejanov hubiera modificado la parábola: el rebaño marcha hacia un fin insoslayable que no es el aniquilamiento sino un estadio superior de organización social; los designios del pastor que encarna a la historia son perfectamente discernibles: coinciden con los intereses profundos del rebaño; el orgulloso carnero que guía puede hacer un inmenso servicio a sus congéneres «viendo más lejos que ellos, deseando más fuertemente que ellos», siendo un héroe, no en cuanto a que pueda detener o modificar el curso de las cosas —empresa imposible—, sino en el sentido de que su «actividad constituya una expresión consciente y libre de este curso necesario e inconsciente». Si el guía pretendiera torcer el camino correcto, o si faltara por azar o por muerte, el avance del rebaño podría sufrir un retraso pero nunca un estancamiento. El pastor de la historia elegiría un nuevo guía para llevar el rebaño a la tierra prometida.

Por un acto de justicia poética tenía que ser un historiador de las ideas de origen ruso quien refutara en retrospectiva las tesis convergentes de Tolstoi y Plejanov. La formación filosófica de Isaiah Berlin en Inglaterra le confirió una sensibilidad singular para apreciar los elementos de metafísica hegeliana en nuestro tiempo, pero no fue de los libros de donde Berlin extrajo la más profunda de sus convicciones —la fe en la libre voluntad histórica—, sino de su experiencia personal en el servicio exterior británico durante la segunda guerra mundial. Después del trauma que siguió a la política de apaciguamiento de Chamberlain con Hitler, no era fácil que un inglés joven e inteligente creyera, sin suicidarse a renglón seguido, en la inevitabilidad de los procesos históricos. Contra la corriente de sus contemporáneos europeos que atribuían el ascenso de Hitler a un inescapable conflicto de clases, Berlin creía, a pie juntillas, en la evitabilidad del proceso. Pero la mayor enseñanza sobre la capacidad de un hombre para modificar el curso de la historia la obtuvo Berlin de observar y admirar el desempeño personal de Winston Churchill: «Sin su intervención la invasión alemana a la Gran Bretaña hubiese triunfado, al menos a corto plazo». Churchill había sabido no sólo expresar «el temperamento imperturbable» de su patria sino acrecentarlo y, en gran medida, *crearlo*.

Es natural que al cabo de la segunda guerra mundial el joven Berlin haya sentido una profunda afinidad con la tradición libertaria rusa –vencida en octubre de 1917– y con Alexander Herzen, su héroe indiscutido, autor del más perfecto epígrafe antideterminista: «La historia carece de libreto». Es natural también que criticara a Tolstoi, Plejanov y la larga progenie del fatalismo ruso. Le hubiera sido fácil refutar la teoría de Tolstoi sobre la intrascendencia de los «grandes hombres» con un solo ejemplo: el del propio Tolstoi. No menos sencillo habría sido encontrar en Plejanov conceptos cargados de indeterminación que bastaran por sí mismos para invalidar su tesis. Pero Berlin optó por una refutación más global. En el polémico ensayo titulado «Sobre la inevitabilidad histórica» (1954) no sólo aborda las ideas de Tolstoi y Plejanov sino las de todos los adoradores de las «vastas fuerzas impersonales» (T. S. Eliot): los positivistas Comte o Saint Simon, el evolucionista Spencer, el idealista Hegel, el materialista Engels, los historiadores nacionalistas prusianos, Spengler –el determinista racial–, etcétera. Estas doctrinas –piensa Berlin– tienen en común una implícita renuncia a la libertad y, por tanto, a la responsabilidad individual:

«Asustar a los seres humanos sugiriéndoles que están en los brazos de fuerzas impersonales sobre las que tienen poco control o no tienen ninguno, es alimentar mitos ... equivale a propagar la fe de que existen formas inalterables de desarrollo en los acontecimientos. Liberando a los individuos del peso de la responsabilidad personal, estas doctrinas alimentan la pasividad irracional en unos y una fanática actividad, no menos irracional, en otros».

Tan pronto como se descree del imperio exclusivo de las «vastas fuerzas impersonales» en la historia, aparecen sus contrapartes: la libertad individual y la responsabilidad moral. «El buen historiador», escribe Hugh Trevor Roper, «admite limitaciones al libre albedrío, pero se asegura cuidadosamente de reservarle derechos que le son propios.» ¿Cómo lo hace? Por una parte, devolviendo a los personajes históricos las sensaciones de azar, oportunidad, creatividad, imaginación, incertidumbre y riesgo que fueron consustanciales a aquel pasado cuando era presente; por otro lado, erigiéndose en juez retrospectivo de las acciones humanas. Para un determinista, «Alejandro, César, Atila, Cromwell, Hitler son como terremotos, inundaciones, crepúsculos, océanos o montañas: podemos admirarlos o temerlos pero no criticarlos. Sería tan tonto como predicar sermones a los árboles». El historiador liberal, en cambio, no soslaya, aunque pondera, los juicios de valor.

El indeterminismo histórico relativo tiene otra implicación: el reconocimiento —empíricamente demostrado en los hechos— de que los «grandes hombres» existen y suelen marcar, para bien y para mal, la vida de los pueblos. «Creo que la Revolución soviética triunfó», escribe Berlin, «fundamentalmente, por el genio de Lenin como hombre de acción.» El mismo Trotski no pensaba de modo distinto. Tampoco Edmund Wilson. Su famosa biografía del socialismo —*Hacia la estación de Finlandia* (1940)— lleva la idea personalista aún más lejos: para mostrar que la Revolución rusa es inimaginable sin Lenin, muestra por qué Lenin es inimaginable sin la Revolución rusa. Le basta, para ello, reconstruir la guerra personal del gobierno zarista contra el joven Lenin —el ostracismo, el bloqueo profesional, la muerte cívica a la que se lo condenó por haber sido hermano de Alejandro Ulianov, participante en un atentado contra el zar. Lo que seguiría era previsible: la guerra personal de Lenin contra el gobierno zarista.

¿Qué variación hubiese imaginado Berlin sobre la parábola de Tolstoi? Quizás ésta: el pastor no tiene un poder definitivo sobre el rebaño. No es él —como encarnación de la Historia con mayúscula— quien exalta al carnero guía: el carnero guía se exalta solo. Aunque el cayado del pastor es duro —su práctica es antigua— y el escenario está surcado de accidentes, los márgenes de maniobra existen: para verlos se requieren virtudes como la imaginación, la inteligencia y, ante todo, el arrojo. Las luchas intestinas en el rebaño, la supuesta superioridad de unos carneros con respecto a otros, las querellas con rebaños vecinos, las plagas, las sequías, pueden limitar también las sensatas intenciones del carnero jefe. Sortearlas es su misión: para eso es jefe. Los carneros lo siguen, pero podrían no seguirlo: si los guía al matadero, la responsabilidad de la marcha no es sólo de él sino de ellos. Por lo demás, la tierra prometida no existe. Hay sólo promesas terrenales, difíciles pero asequibles.

O quizá no. Quizá la variación de Isaiah Berlin al tema de Tolstoi hubiese sido esta otra: los hombres no son equiparables a un rebaño de carneros.

Cuatro edades dichosas

Los griegos sabían todo esto. Somos nosotros los que lo habíamos olvidado. La historia, escribió Aristóteles, «es lo que Alcibíades hizo o sufrió». ¿Qué quiso decir? No, desde luego, que la historia de los pueblos —sus trabajos y sus días, sus aventuras y guerras— fueran reductibles a la biografía de Alcibíades o comprensibles exclusivamente a la luz de ella. Menos aún, que las únicas historias importantes en el siglo IV antes de Cristo fueran las biografías de los grandes políticos, legisladores o militares. Aunque en su escuela peripatética alentó las investigaciones biográficas a través de nuevos sistemas de acopio y catalogación de documentos, anécdotas y chismes, y aunque de ella salió —según Arnaldo Momigliano— el primer biógrafo auténtico del periodo helenístico —el pitagórico Aristógenes—, Aristóteles no subsume y menos disuelve la historia en la biografía, pero tampoco aconseja el procedimiento inverso: desterrar la biografía de la historia. Aristóteles quiso decir, probablemente, que la historia se ocupa de hechos particulares y que en la historia del pueblo griego la influencia particular de Alcibíades fue muy importante y quizá definitiva.

En su *Historia de la guerra del Peloponeso,* Tucídides había seguido ese mismo criterio. Al referir las gestas de Pericles y Alcibíades no se detenía en las vidas personales de ninguno de ellos. Los protagonistas de su obra son los pueblos y los Estados, no los individuos. Pero como creador de la historia política, su narración no podía prescindir de la intervención y las intenciones de los líderes. Quizá por esto Collingwood lo ha llamado «Padre de la historia psicológica». Tucídides examina con objetividad lo que ha acaecido para comprender su sentido interno y buscar constantes que alerten para el futuro. Tucídides creía conocer o inferir las ideas rectoras de cada partido y el recurso que empleó para exponerlas fue ingenioso: reconstruir los discursos de sus personajes ante la asamblea pública.

Así nos enteramos de la virtud política cardinal de Pericles: la prudencia. «Ninguna anexión», lo hace decir Tucídides, antes de la guerra, «ningún riesgo innecesario ... Temo más nuestros propios errores que los planes de nuestros enemigos.» Pero además de precisar las intenciones de Pericles, los discursos transmiten algo sutil e inasible: el arco de simpatía entre el líder y su pueblo. Los llamados de aliento para la guerra o la célebre «Oración fúnebre» son ejemplos acabados de elocuencia, no indignos, seguramente, del propio Pericles. Para Tucídides, Pericles no es un semidiós o un titán. Tampoco es una víctima del destino ineluctable o de esa pasión misteriosa, súbita e indomable que los trágicos griegos llamaban «Até». Es un héroe de dimensión humana, una voluntad lúcida y libre, suelta a los vientos de la fortuna. Tucídides no necesita reflexionar, y menos dudar, sobre el papel decisivo del «gran hombre» en la historia: *lo da por sentado*. Partiendo de esa convicción, el trabajo del historiador consiste en ponderar el desempeño de los protagonistas confrontando sus intenciones originales con las circunstancias precisas y los resultados prácticos. Así va trazando una especie de curva de grandeza. Alcibíades, por ejemplo, tenía cualidades innatas quizá mayores que Pericles, pero la *hybris* lo dominó: encabezó la ofensiva contra Sicilia y perdió. Del texto de Tucídides se infiere que Pericles hubiese ganado la guerra mediante su estrategia preferida: la moderada y maliciosa contención. Se trata, pues, de una grandeza acotada, ganada a pulso, sin coerción sobre los semejantes y, ante todo, sin intervención divina. Una grandeza medida en términos de virtud pública.

Tucídides se interesó en Pericles para explicar el esplendor y la caída de Atenas. Cuatro siglos después, Plutarco se interesó en los detalles personales que explican el esplendor y la caída de Pericles. Tucídides había presupuesto la existencia del «gran hombre». Plutarco la volvería explícita por razones morales: «Mediante este método de las *Vidas* ... adorno mi vida con las virtudes de aquellos varones ... haciendo examen, para nuestro provecho, de las más importantes y señaladas de sus acciones». Tucídides había pasado por alto peculiaridades del estadista que a su juicio no interesaban para comprender el cuadro histórico global. En la *Vida de Pericles* de Plutarco, estas particularidades pasan a primer plano, no sólo como curiosidades interesantes en sí mismas sino como claves que explican actos del personaje que trascendieron a la sociedad: «Escribo vidas, no historias. Y no es en los hechos más ruidosos donde se manifiesta la virtud o el vicio. Muchas veces una acción momentánea, un dicho agudo, una niñería sirven más para calibrar las costumbres que las batallas en las que mueren miles de hombres».

Plutarco proponía algo más que un nuevo estilo o un género distinto: proponía una óptica histórica centrada en los individuos. La idea no es enteramente original. En una carta al historiador Luceyo en el año 56 antes de Cristo, Cicerón le sugería interrumpir «el orden de las cosas» y concentrar «la mente en un solo argumento y una sola persona», en este caso el propio Cicerón durante su Consulado. «De plano te suplico que lo hagas», escribe Cicerón, «tu ciencia notable tocaría las revueltas civiles» ejerciendo frente a ellas libremente la censura, la justificación o la descripción de «perfidias, insidias y traiciones». Los lectores serían los primeros agradecidos: la variedad, el azar y la novedad de las aventuras humanas, aun de las más dolorosas, reconforta el espíritu. Porque, «¿quién viendo morir a Epaminondas no se regocija ante su propia piedad?» Las «gestas del Consulado», concluye Cicerón, no sólo merecen un «volumen único» sino un tratamiento en «varios actos», como un antiguo drama griego.

Lo que Cicerón, «impúdicamente» —la palabra es suya—, pedía a Luceyo para sí mismo, Plutarco lo llevó a cabo con toda naturalidad para una galería de 50 varones griegos y romanos, incluyendo al propio Cicerón. En Plutarco encontramos, por ejemplo, rasgos de Pericles que Tucídides apenas toca: su talento casi musical para la oratoria, la suavidad, la cautela, la firmeza en su timón de mando, la separación tajante entre su vida privada y pública —«nunca comió con ningún amigo excepto en la boda de su primo Euryptolemo»—, su «indiferencia al dinero» y, sobre todo, la grandeza en su caída: en años de esplendor había aprobado una ley que prohibía el reconocimiento pleno a los hijos bastardos. Endeudado, atacado por la peste y sin descendencia —ha enterrado a todos sus hijos legítimos—, tiene la grandeza —es decir, la humildad— de pedir al pueblo la derogación de su propia ley en beneficio de su hijo ilegítimo. El pueblo, con la misma magnanimidad, condesciende. Su larga y penosa enfermedad no lo abate. Sus pasadas glorias las atribuye a la fortuna y entre sus buenas acciones sólo reconoce el no «haberse abandonado nunca a sentimientos de odio o envidia» ni haber enlutado a ningún ateniense. «Al morir», concluye Plutarco, «Atenas echó muy pronto de menos su moderación y comprendió que aquel poder, que con resentimiento algunos tildaban de monárquico o despótico, había sido, en realidad, la salvaguarda del Estado.» En las otras 49 vidas la pauta que siguió Plutarco fue similar: las compuso en «varios actos», a la manera de un drama griego, como quería Cicerón.

Tucídides había trazado una curva tácita de grandeza. En las *Vidas paralelas* la medición es abierta y deliberada: pueden leerse como un termómetro de virtudes cívicas. Los dos legisladores, el espartano Licurgo y el romano Numa, eran semejantes en «moderación, capacidad de gobierno y disciplina». La diferencia de sus proyectos políticos —militar y rígido el primero, liberal y democrático el segundo— no explica por entero los quinientos años de sobrevivencia del modo de vida espartano, frente a la magra cosecha de Numa, cuyo «diseño y propósito ... se desvaneció con él». La diferencia está en el grado de grandeza. Una vez que vio que su obra era buena, Licurgo no descansó: aseguró su cumplimiento eterno sellándola con su propia muerte.

Esta idea del «gran hombre», encarnada comparativamente en los guerreros, reyes, estadistas y legisladores de Plutarco, se desvaneció en la historiografía cristiana de la Edad Media. La grandeza ya no era una virtud que se alcanzara de modo supremo y suficiente en la relación de los hombres entre sí sino en la relación de los hombres con Dios. Con excepciones interesantes, la vastísima producción hagiográfica de la Edad Media tuvo un carácter, por así decirlo, vertical: lo importante era la tensión entre la verdad inferior y la superior, no las querellas terrenales entre los hombres.

El ocaso de aquella idea duró más de mil años. De pronto, en la Italia de fines del siglo XIV, las cartas de Cicerón, la historia de Tucídides y las *Vidas paralelas* de Plutarco volvieron a circular, a ser profusamente traducidas y a estudiarse en sus propios términos, sin la gravitación de la fe. Así como la Roma de Plutarco se veía y comprendía a la luz de la Grecia de Tucídides, las ciudades italianas del Renacimiento establecieron lazos de mutua inteligibilidad con Roma. En el pensamiento histórico y político, Maquiavelo retoma el concepto de grandeza del «grave» Plutarco y se propone encarnarlo en Lorenzo de Medici. Su *Príncipe* no es, desde luego, la primera obra del género pero sí la más radical. Su originalidad consiste en su absoluta reversión de valores, su adopción plena —frente al ideal cristiano— de la *antiqua virtus* del mundo pagano. Maquiavelo creía que el renacimiento de las glorias romanas podía lograrse de haber hombres con el vigor, la inteligencia, el arrojo, el realismo suficiente para intentarlo. De allí su exhortación final al príncipe. Los grandes hombres, «sabios y virtuosos», sostenía Maquiavelo, saltan a la escena histórica «en el momento propicio» para liberar a sus pueblos. Era necesario que los israelitas sufrieran el cautiverio en Egipto, los persas la opresión de los medos y los griegos la dispersión, para que apareciesen Moisés, Ciro y Teseo. La Italia actual —clamaba Maquiavelo— espera a ese redentor. Pero no se trata de un redentor religioso sino cívico: un liberador. Para inspirarse, el príncipe no necesitaba tanto la intervención divina como el recuerdo de las proezas de aquellos que, a pesar de ser «grandes y maravillosos», eran ante todo hombres: «Sus empresas no eran más justas o sencillas que la vuestra, ni Dios era más aliado de ellos de lo que es de vos». Y, agrega Maquiavelo: «Dios no está dispuesto a hacerlo todo y así quitarnos el libre albedrío y la parte de gloria que nos corresponde».

A partir del Renacimiento, el concepto plutarquiano de grandeza disfrutó de un largo prestigio. En las ciudades italianas Plutarco era más leído que Polibio, Tácito o Tito Livio. A mediados del siglo XVI, Jacques Amyot traduce al francés las *Vidas paralelas*. Su amigo Miguel de Montaigne se lo agradece de este modo: «Es el mejor regalo que pudo haber hecho a su país. Nosotros, pobres ignorantes, estaríamos perdidos si este libro no nos hubiera sacado del cenegal en que yacíamos. Gracias a él nos atrevemos hoy a hablar y escribir ... Plutarco es nuestro breviario». En el ensayo sobre «La educación de los hijos», Montaigne recomienda: «Hay en Plutarco amplios discursos que son muy dignos de ser sabidos», y enseñanzas políticas como las de Aristóteles a Alejandro: «Valor, proeza, magnanimidad, templanza y seguridad de no temer nada».

Durante el siglo siguiente el retorno del providencialismo histórico opacó un tanto los ideales de clasicismo plutarquiano. Pero sólo un tanto. La literatura los mantuvo vivos. Tras declarar que la representación de una vida es superior, práctica y moralmente, a la historia, Bacon señala: «Es extraño que en nuestro tiempo no se escriban vidas. Aunque no existan ahora tantos comandantes o príncipes absolutos, no faltan personajes de valor que merecen algo más que reportajes dispersos o vacuas elegías». El propio Bacon compuso una *Vida de Enrique VII*, valiosa pero inferior, sin duda, a las vidas de los Enriques y Ricardos que escribió el mayor plutarquiano de esa época, Shakespeare. La fuente directa de sus dramas sobre Julio César, Coloriano, y Antonio y Cleopatra es el biógrafo de griegos y romanos. «Qué obra única es el hombre», exclama Hamlet, en una línea que podía haber sido el epígrafe de todo Plutarco.

El Siglo de las Luces volvió a venerar sin reservas a Plutarco. «Lazos de mutua inteligibilidad» se establecieron entre las «cuatro épocas dichosas» descritas por Voltaire: los tiempos de Pericles y Platón, los de Cicerón y César, la Italia de los Medici y el siglo de Luis XIV. El Abate Mably fue un plutarquiano estricto. «Ocupado incesantemente en Roma y Atenas», escribe Rousseau, «los ejemplos de Plutarco me encendían.» En una carta de 1734, Hume confiesa estar «fervorosamente inmerso» en Plutarco: «Su filosofía se empantana tan poco en los sistemas como su historia». Solía regalar las *Vidas paralelas* a las mujeres que le gustaban. En cuanto a Gibbon, aunque su influencia intelectual más notoria es Tácito y su moral es más bien epicúrea y escéptica, las vidas intercaladas en su magna historia no dejan de tener su toque plutarquiano. Tómese, por ejemplo, a uno de sus héroes preferidos, Juliano, audaz restaurador del paganismo que siguió al católico Constantino.

Entre las proezas de ese «impaciente genio», Gibbon describe el edicto en el que decretó la tolerancia universal de los credos y el extraño designio de restaurar el templo de Salomón. Con todo, la «mente vana y ambiciosa» de este hombre que aspiraba a la condición de héroe, no a la de mártir, lo llevó a incurrir en los mismos excesos de fanatismo que tanto resentía en los «galileos». El celo cristiano doblegó el celo pagano. Juliano no era Pericles: no pudo contener las pasiones de sus secuaces ni las suyas propias. Finalmente, el genio individual y «el poder de Juliano resultaron inferiores a la empresa de restaurar una religión vacía de principios teológicos, preceptos morales y disciplina eclesiástica».

Durante la Revolución francesa, el culto al héroe republicano pasó de la historia escrita a la historia vivida. Un surtidor de inspiración fue Plutarco. Brissot lo citaba interminablemente. Lo mismo Desmoulins, quien veneraba a Cicerón. Madame Philipon solía llevar las *Vidas paralelas* a misa, y se dice que Charlotte Corday las releyó el día en que asesinó a Marat. Con todo, la propensión metafísica que caracterizó muy pronto a la Revolución francesa terminaría por desvirtuar la antigua idea de grandeza. Tan pronto como los hombres se sintieron protagonistas de un drama histórico —o, mejor dicho, metahistórico— en el que se dirimía la suerte de las generaciones futuras, un drama en el que las revoluciones son amaneceres teofánicos, perdieron la noción cardinal de Plutarco y sus personajes: la noción de límites.

Deidades, héroes, hombres

Durante el siglo XIX, la idea de una grandeza humana limitada y asequible cayó en cierto descrédito —tanto vital como intelectual— por influencia del positivismo y de dos excesos del romanticismo alemán: la metafísica del héroe y la de la historia. Thomas Carlyle, el furibundo escocés que propaló la primera, distorsionó la fórmula de Aristóteles mediante un simple adverbio: «La historia del mundo es *solamente* la biografía de los grandes hombres». Por su parte, el profesor Hegel decretó una fantasía en cierta forma inversa: los hombres, grandes o pequeños, son meros agentes en esa marcha del Espíritu hacia la Razón que llamamos Historia.

En su *Filosofía trascendental*, Fichte había sostenido que la Divina Idea aparece en el mundo encarnada en unos cuantos elegidos. Carlyle llevó la ocurrencia aún más lejos: «Los Grandes Hombres», escribió, «son los textos inspirados –actuantes, hablantes– de ese divino LIBRO DE REVELACIONES ... que algunos llaman HISTORIA». El Gran Hombre aparece en la historia no por esfuerzo personal o demanda colectiva sino por designio de la Providencia: «Desgañitose la Época gritando cuanto pudo, produciéndose confusión y catástrofe porque el Gran Hombre no acudió al llamamiento». Frente al Gran Hombre, el único acto sensato es la inclinación, la reverencia: «El culto de los héroes es un hecho inapreciable, el más consolador que ofrece el mundo hoy ... La más triste prueba de pequeñez que puede dar un hombre es la incredulidad en los grandes hombres».

De la pluma de Carlyle salieron retratos deslumbrantes de profetas, poetas, literatos y reyes. En su estudio acostumbraba colgar un retrato inspirador de su biografiado. Su galería heroica incluyó, entre otros, a Mahoma, Dante, Shakespeare, Lutero, Johnson, Rousseau, Cromwell y Napoleón. Los momentos en que el biógrafo apasionado vence al profeta suelen ser extraordinarios: «La sincera iconoclastia» de Lutero en la Dieta de Worms, el «viejo y bravo Samuel Johnson, el alma más grande que había entonces en Inglaterra, percibiendo un salario de cuatro peniques y medio». En cambio los momentos en que el profeta fanático doblega al biógrafo son insufribles: «El pobre Cromwell, gran Cromwell, profeta mudo que no pudo hablar», le presta a Inglaterra el supremo favor de disolver el parlamento y nombrarse intermediario de Dios en su propia designación de Lord Protector. No es casual que el único personaje latinoamericano sobre el que escribió Carlyle fuera otro dictador silencioso: el Doctor Francia. Plutarco, en lugar suyo, hubiese escogido a un héroe auténtico que, por cierto, leía a Plutarco, quizás el más perfecto representante de la *antiqua virtus* en el siglo XIX: Simón Bolívar.

El diccionario personal de Carlyle incluía ciertas definiciones irritantes. Sobre los parlamentos: «La masa de los hombres consultada sobre cualquier asunto importante es la más horrenda exhibición de estupidez humana que el mundo ha visto». Democracia: «Significa desesperación por no hallar héroes que nos gobiernen.» Libertad: «Encontrar, o ser forzado a encontrar, el camino correcto, y caminar por él.» Los conceptos de Carlyle no son ilógicos, apunta Borges, quien lo tradujo: «Una vez postulada la misión divina del héroe, es inevitable que lo juzguemos (y que él se juzgue) libre de las obligaciones humanas ... Es inevitable también que todo aventurero político se crea héroe y que razone que sus propios desmanes son prueba fehaciente de que lo es». El corolario de la divinización del líder tendría en el siglo XIX un secuaz intelectual, Nietzsche, y en el XX un secuaz político, Hitler. Por eso no es injusto que en su estudio *The Ancestry of Fascism* (1935) Bertrand Russell haya dado a Carlyle un tratamiento de héroe nazi.

En su *Filosofía de la historia,* Hegel discurrió el concepto «hombres históricamente mundiales». Estos seres eran esenciales para el desarrollo de la idea creadora: el logro de sus fines particulares involucra, inconscientemente, el de fines más amplios que pertenecen a la voluntad del Espíritu... oculta bajo la superficie de lo fenoménico. Según esta teoría, César acabó con la República porque su ambición personal –libre y consciente– servía, inconscientemente, a los fines del avance histórico. A estos adelantados de la historia les es dado un vago poder adivinatorio: entreven su curso y se vuelven agentes de su puntual obediencia. Sus congéneres «siguen a estos líderes de almas porque sienten el poder irresistible de su propio espíritu interno encarnado en ellos». Las reglas comunes de la ética no son aplicables a estos Hombres: «La coerción heroica», concluye Hegel en su *Filosofía del derecho,* «es una coerción justa».

Marx creyó voltear de cabeza a Hegel. En realidad, cambió la Idea de la Idea por la Idea de la Materia. El historicismo de ambos, como se sabe, es similar. «Los hombres hacen su propia historia», escribe Marx en *El 18 Brumario de Luis Bonaparte,* «pero no la hacen a su libre albedrío ... sino en aquellas circunstancias con que se encuentran directamente y que transmite el pasado». Para cumplir los designios de la Historia, la «misión de su tiempo», los grandes hombres del presente usan los «ropajes» de los grandes hombres del pasado: Desmoulins, Danton, Robespierre, Napoleón, buscaron en los Brutos, los Gracos, los Publícolas, César –esos «colosos antediluvianos»–, las «ilusiones que necesitaban para ocultarse a sí mismos el contenido burguesamente limitado de sus luchas y mantener su pasión a la altura de una gran tragedia histórica». En Marx, la grandeza de unos y otros es una máscara: lo único real es el baile de la Historia. A partir de Marx, el mito se abrió camino. La idea que Lenin tenía y proyectaba de sí mismo era la de un agente confidencial de la Historia... en el Tren de la Historia. La «coerción justa» de Stalin costó millones de vidas. No hay duda: si Bertrand Russell hubiese escrito un ensayo llamado «The ancestry of Communism», habría dado a Hegel tratamiento de héroe.

Los mitos decimonónicos complementarios del héroe y la historia prepararon el sangriento culto a la personalidad del siglo XX. Por fortuna, frente a Carlyle y Hegel hubo pensadores que retomaron la idea del individuo de excepción influyendo con cierto margen de independencia y predecibilidad en la historia. En Francia, el más notable fue Saint Beuve. En los Estados Unidos, un pensador entrañable: Ralph Waldo Emerson, creía también que «no existe propiamente historia, sólo biografía», pero lo creía de un modo distinto. En su ensayo sobre la Historia, Emerson incluyó un epígrafe breve y significativo sobre las semillas de grandeza que hay en todo hombre:

> Yo soy el dueño de la esfera,
> de las siete estrellas y del año solar,
> de la mano de César y el cerebro de Platón,
> del corazón de Cristo, y la pluma de Shakespeare.

Emerson —escribió Borges, quien también lo tradujo— profesaba una «filosofía fantástica»: el monismo. Fantástica pero no peligrosa sino formativa. En Carlyle los héroes imparten su caprichosa justicia desde el Olimpo; en Emerson bajan a la tierra; son *representantes* de los otros hombres, conquistadores de territorios nuevos para los demás, «hermanos mayores, aunque de sangre igual», «excepciones que necesitamos cuando todo se parece entre sí». En Carlyle mueven a la sumisión, en Emerson a la emulación. Frente al héroe, el primero habla de inclinación; el segundo, de una suave devoción. Los héroes de Carlyle se eternizan; los hombres de Emerson nos defienden de ellos mismos, rotan y se desplazan unos a otros. Son héroes que conocen sus límites:

«Admiro a los grandes hombres de todas las clases, a los que son grandes por sus hechos y a los que lo son por sus pensamientos ... Me gusta el primer César y Carlos V de España, y Carlos XII de Suecia, Ricardo Plantagenet de Inglaterra y Bonaparte en Francia. Aplaudo al hombre idóneo ... me gusta un amo que se mantenga firme sobre sus piernas de hierro, bien nacido, rico, hermoso, elocuente, cargado de dones ... Pero hallo que es más grande el que puede abolirse a sí mismo y a todos los héroes ... un monarca que da una constitución a su pueblo, un pontífice que predica la igualdad de las almas y dispensa a sus servidores de sus bárbaros homenajes, un emperador que puede prescindir de su imperio».

Por eso, aunque reconoce el genio de Napoleón, Emerson piensa que el resultado de su inmensa empresa fue nulo: «Todo se disipó sin dejar huella, como el humo de su artillería». Los hombres descubrieron que no los representaba: los oprimía. «Su egoísmo era mortal para los demás.» «Todo héroe», concluye Emerson, «es a fin de cuentas fastidioso.»

La consigna de Emerson era volver a Plutarco («Es el doctor y el historiador del heroísmo»): «Yo pienso que estamos más en deuda con él que con ningún otro autor de la Antigüedad. Cada una de sus *Vidas* es una refutación al desdén y la cobardía de nuestros teóricos de la religión y la política. Un valor salvaje, un estoicismo no académico sino de la sangre, brilla en cada anécdota y ha otorgado a ese libro su inmensa fama».

De haber escrito un ensayo sobre los ancestros de la libertad, Russell habría dado a Emerson tratamiento de héroe.

Años después, en un ensayo sobre «Los grandes hombres y su ambiente», William James recoge las ideas de Emerson:

«¿Cómo explicar el florecimiento súbito de Grecia, de la temprana Roma o del Renacimiento? ... Esas grandes fermentaciones públicas serían un misterio sin la intervención de unos cuantos genios. Su iniciativa inicia el fermento ... Cuando el determinismo histórico niega la enorme importancia de la iniciativa individual en la historia recuerda al más antiguo (pernicioso e inmoral) fatalismo oriental».

El propio Russell obedeció también aquella consigna. «Es muy saludable saber cómo eran las casas de los vecinos de Roma en las que vivían los romanos que Plutarco menciona ... pero el tipo de historia que ejemplifican las *Vidas* de Plutarco es tan necesario como el otro tipo más general.» Russell proponía mantener un equilibrio entre ambos estudios: una tensión creativa entre la historia social y la biografía. Con todo, prefería los estudios individuales:

«Creo que los individuos destacados han tenido una gran participación en el moldeo de la historia. No creo que si Shakespeare y Milton no hubiesen existido, algún otro hubiese escrito sus obras. Si los cien hombres de ciencia más destacados del siglo XVII hubiesen muerto en la infancia, la vida del hombre común en todas las comunidades industriales habría sido completamente distinta de lo que es. No creo en el valor intrínseco de una colección de seres humanos que existiese al margen del valor contenido en sus obras individuales».

Nuestro tiempo ha confirmado estas ideas. Sería inocente desprender del panorama actual un optimismo ciego sobre la libre voluntad individual en el moldeo de la vida colectiva, pero el siglo que termina ha contribuido, cuando menos, a equilibrar el cuadro: cercado por el azar, la necesidad, las pasiones y los elementos, el hombre tiene, con todo, un voto de calidad en la historia. Por eso la historia escrita no puede prescindir de la biografía. Por eso, a dos mil años de su obra, Plutarco nos representa a todos.

Paralelos mexicanos

El heroísmo que proviene de la genealogía clásica tiene poco que ver con el martirologio. Esto lo comprendió hace muchos años un mexicano excepcional que soñó con cambiar nuestra mórbida reverencia por los héroes violentos, recelosos y reactivos, vengativos y vengadores, destruidos y destructores; héroes vencidos, traicionados, asesinados. Había que intentar una reforma moral de la historia –escribió José Vasconcelos–, recordando en cambio a «todos los que en cualquier época y cualquier lugar, hayan dejado una huella benéfica, una obra, un servicio, en este suelo desventurado». En la nueva clasificación tendrían cabida muchos nombres desdeñados. Hernán Cortés, antes que ninguno: «Le tacharemos sus crímenes sin perdonarlos y todavía lo llamaremos grande. Grande, porque de reinos en pugna hizo una nación inmensa. Grande, porque fundó pueblos en todos los confines de un vasto imperio». La familia de los constructores incluiría a Vasco de Quiroga, Motolinía y Gante; también a virreyes como Antonio de Mendoza, Luis de Velasco y Revillagigedo. «Que se diga hoy», concluía Vasconcelos, «lo que un "partidarismo estúpido" vedó tácitamente: que en el siglo XVIII y desde finales del XVII hubo en nuestra patria la civilización más intensa que se conocía en América».

Una mirada plutarquiana sobre nuestra historia descubriría estas y otras grandezas. Luego de restituir a la era colonial su plena dignidad histórica a través de sus luminarias, abordaría con equilibrio nuestro siglo XIX. Los caudillos bajarían de su pedestal para volverse hombres de carne y hueso: geniales si se quiere, pero también dubitativos, contradictorios, caídos. La generación liberal seguiría pareciendo moralmente ejemplar, pero junto a ella comenzaría a reconocerse el patriotismo de los conservadores. El Porfiriato dejaría de ser un paréntesis accidental entre la Reforma y la Revolución. Una historia centrada «en una persona y un argumento» –como aconsejaba Cicerón– rescataría muchos nombres y aventuras que «reconfortarían el espíritu». Pondría en paralelo a Hidalgo con el otro gran ilustrado, su contertulio Abad y Queipo; a Morelos, con el autor de otra célebre retractación: el doctor Cos; a nuestros pequeños napoleones: Iturbide y Santa Anna; a Lucas Alamán y al doctor Mora; a Melchor Ocampo y Agustín Rivera; a González Ortega y Miramón; a Sierra y Altamirano; a José María Iglesias y Vallarta; a Juárez y Díaz.

Con el siglo XX el tratamiento sería más crítico. Los líderes han tenido más poder, más recursos, más conocimientos y experiencia, y han hecho más daño que bien. Nuestro pasado inmediato, con sus «perfidias, insidias y traiciones», cabe en un epígrafe de Daniel Cosío Villegas: «Todos los hombres de la Revolución Mexicana, sin exceptuar a ninguno, han resultado inferiores a las exigencias de ella». Con todo, no faltarían ejemplos de influencia benéfica. A partir de 1910 la galería paralela de retratos incluiría no sólo a los consabidos caudillos sino a hombres decisivos de segunda línea política así como a representantes de la vida civil: luchadores sociales, escritores, artistas, empresarios, eclesiásticos. Así se perfilarían las *Vidas* de Pani y Ortiz Mena, Flores Magón y Antonio Soto y Gama, Posadas y Rivera, Morones y Fidel Velázquez, Antonio Caso y José Gaos.

Para México, una historia a la manera de Plutarco sería un proyecto intelectual generoso y justo, un acto de piedad con muchas vidas y esfuerzos que no merecen el olvido, un abrazo de los hombres sobre el humo de las querellas y la mentira.

II
De la Reforma al Ateneo

Francisco Zarco

La virtud de Zarco

Hojear libremente los 20 tomos de su obra, encontrar de pronto un pasaje conocido, fijar la atención en algunos textos, discursos, piezas parlamentarias, leer, en fin, a Francisco Zarco, ha resultado para mí una experiencia triste. No se trata, por supuesto, de que algo falle en la admirable compilación y edición de Boris Rosen (Francisco Zarco, *Obra completa*, 20 tomos), a quien debíamos ya, entre otros aportes históricos, el rescate de las obras completas de Guillermo Prieto y de Ignacio Ramírez. Es más bien la pureza, la juventud, la esperanza de las páginas de Zarco lo que produce una inmediata desazón. ¿Cómo no contrastar aquella fugaz aurora del espíritu liberal, republicano, democrático, con los tiempos oscuros que vivimos? La obra de Zarco es el testimonio del México que pudimos haber sido, el proyecto que abandonamos hace más de un siglo y que ahora, cuando más lejos está de nuestro horizonte, representa casi nuestra única posibilidad de reconstrucción nacional.

Antonio Caso decía que los hombres de la Reforma «parecían gigantes». Política y moralmente lo eran, y Zarco quizás en mayor medida. En las dos décadas más turbulentas y definitorias de nuestro siglo XIX (1847-1867), se dedicó a servir a México como legislador, ministro de Gobernación y de Relaciones, pero sobre todo como editor y periodista. Sufrió persecución, cárcel, destierro. Exiliado en Nueva York durante la guerra de Intervención, desplegó una actividad asombrosa defendiendo a la República en todos los diarios imaginables de América. Con el triunfo de Juárez y su causa volvió a México para ocupar de nueva cuenta una curul en el Congreso. Contaba con 38 años y —en palabras de Daniel Cosío Villegas— «una madurez rara vez alcanzada a los 60». Moriría prematuramente dos años después.

No lo movía, como a Ocampo o a Ramírez, la pasión jacobina, el fanatismo antifanático, la tentación de fundar una religión paralela o de acabar con todas. Zarco se jactaba públicamente de ser católico, sin que ello representara contradicción alguna con sus creencias liberales. Sus críticas se dirigían al clero, no a la religión. Su cultura era menos científica que la de Ocampo pero tan literaria como la de Ramírez y quizá más enciclopédica que la de ambos. Encarnaba el liberalismo en su instancia más inteligente, generosa y equilibrada.

Entre sus numerosas intervenciones en el Congreso Constituyente de 1856-1857, emociona, por ejemplo, su defensa a la libertad de cultos. El artículo 15 redactado por la comisión respectiva había optado por una solución timorata: en vez de sancionar positivamente la libertad religiosa, impedía la expedición de leyes u órdenes que prohibiesen el ejercicio de cultos religiosos y protegía, de manera especial, a la religión católica. En su deseo de proclamar que «todos los habitantes de la República están en su derecho de adorar a Dios conforme a las inspiraciones de su conciencia», Zarco recorrió siglos de historia sagrada y tocó las más delicadas fibras teológicas, pero eligió como principio cardinal de su defensa un factor práctico: el concepto de tolerancia. «Yo he atribuido la pérdida de Texas, de California, de Nuevo México y de la Mesilla», declaró entonces, «a nuestra intolerancia ... si hace cincuenta años hubiéramos poblado la California ... ese nuevo Eldorado sería de México y no de los Estados Unidos.» Acotar la libertad de cultos significaba perpetuar la condición virreinal de aislamiento y, consecuentemente, el atraso histórico de México. El país no podrá madurar en el siglo XIX sin decretar la libertad de conciencia. Zarco perdió el debate pero ganó la historia: «La simiente fructificará más tarde o más temprano», señaló antes de la votación. De hecho, fructificó un par de años después, en las Leyes de Reforma. Con el tiempo, México probaría al mundo y se probaría a sí mismo que el fervor religioso de su pueblo no necesitaba aranceles espirituales ni albergaba sentimientos de exclusión con respecto a otros cultos. Era naturalmente libre y tolerante, y sólo reaccionaría con intolerancia ante la intolerancia.

En aquel congreso memorable, Zarco marchó siempre por delante de la mayoría moderada: contra la elección indirecta defendió el sufragio universal y directo, frente a las sutiles cortapisas a la libertad de prensa (no subvertir «el orden público» o «la moral») prefirió postular su carácter irrestricto, «por ser la libertad de prensa la más preciosa de las garantías del ciudadano». Fue un abogado permanente de la libertad en todas sus manifestaciones: de asociación, movimiento, comercio, trabajo, conciencia. Vindicó como dogma la soberanía popular, votó por una Corte de Justicia instituida por el pueblo, y sostuvo que en el país el sistema federativo «es el único que conviene a su población diseminada en un vasto territorio, el solo adecuado a tantas diferencias de productos, de climas, de costumbres, de necesidades».

Su discurso de clausura el 5 de febrero de 1857 fue una pieza maestra de sacralidad cívica. Zarco imaginaba que la Constitución, con sus plenas libertades y sus garantías individuales puestas a «cubierto de todo ataque arbitrario», contribuiría a «tranquilizar los ánimos agitados, calmar la inquietud de los espíritus, cicatrizar las heridas de la República». En realidad sería el pretexto que desencadenaría la guerra de Reforma, pero al cabo del tiempo la obra de aquel congreso, momento cumbre de la democracia mexicana, adquiriría su verdadera dimensión. Sobre revueltas y rebeliones, dictadura y revoluciones, México conservaría vigentes casi todas sus libertades cívicas y lograría esquivar los extremos de la tiranía absoluta. En este sentido, como ha sostenido Luis González, la Reforma fue el tiempo-eje de la historia mexicana.

«Es grandiosa la prensa», escribió Zarco, «porque pone las cuestiones políticas al alcance el pueblo, porque aconseja las medidas más convenientes y corrige los abusos y las faltas de la autoridad.» A raíz de los asesinatos de Tacubaya, Zarco se colocó a la altura de su propia definición: redactó un folleto condenatorio que removió las conciencias en todo el país. Era el reportaje puntual del modo en que los generales conservadores (Márquez y Miramón) habían ordenado y consumado la matanza de los médicos, estudiantes y civiles que atendían a los heridos del bando liberal. Se trataba, sostenía Zarco, de un hecho con pocos precedentes en la historia militar internacional, pero más allá de los detalles aterradores su propósito era, de nueva cuenta, vindicar a las personas: investigó a todos los hombres detrás de los nombres, libró del anonimato a las víctimas inocentes, les dio voz. Años más tarde, en un discurso cívico del 16 de septiembre de 1863, se tomó el cuidado de preparar la lista pormenorizada de los seguidores de Hidalgo: uno por uno, nombres, apellidos, fechas, orígenes, destinos. Lo movía la piedad por las personas en la historia, por eso brilló también en ese subgénero grave de la biografía que es la oración fúnebre. Nadie describiría como Zarco el alma cristiana y liberal de Santos Degollado:

«De cada época notable en los anales del mundo parecía tener la cualidad más bella y más estimable: poseía la virtud y el patriotismo del héroe de la Antigüedad, los sentimientos hidalgos y caballerescos de la Edad Media, la fe del apóstol y del mártir, las virtudes apacibles y serenas del gran fundador de la independencia americana, la adhesión al progreso, el amor a la civilización, a la libertad y la filantropía de nuestro siglo».

¿Quién encarna, en nuestro tiempo, las virtudes de aquellos hombres? Ese credo dogmático llamado «neoliberalismo», esa farsa llamada «liberalismo social», lograron arrojar una sombra de desprestigio sobre el liberalismo original, el liberalismo político, culminando en una atroz confusión de valores que viene de mucho antes, del Porfiriato y la Revolución, y en la que muy pocos saben, recuerdan, estudian, asumen o representan, el verdadero contenido de las palabras república, democracia, justicia y libertad.

Si los Constituyentes del 57 vieran o escucharan a muchos políticos, intelectuales y periodistas de hoy, se extrañarían de muchas cosas. No me refiero, por supuesto, a los que pertenecen a la esfera oficial u oficiosa (burócratas, funcionarios, empleados, diputados, senadores, periódicos, escritores) que son la irredimible antítesis de la Reforma. Los liberales eran, como escribió Cosío Villegas: «fiera, altanera, insensata, irracionalmente independientes»; los priístas son dócil, sumisa, sensata, incondicionalmente serviles. No me refiero tampoco a los que pertenecen al PAN, donde mal que bien, a pesar de sus orígenes clericales, se ha refugiado algo del espíritu jurídico de la Reforma. Me refiero más bien a quienes deberían ser los herederos naturales de la tradición liberal, a muchos de los políticos, periodistas e intelectuales que se consideran «progresistas».

Ellos, los liberales, creían en el individuo y la iniciativa personal; los nuestros, los progresistas, esperan todo de la mano protectora de un Estado «bueno» que ellos eventualmente representarían. Ellos tenían a orgullo vivir del trabajo independiente; los nuestros, con excepciones honrosas, suelen ejercer la «empleomanía». Ellos pensaban en términos prácticos, creían en la ciencia; éstos son metafísicos sociales. Ellos creían en la justicia sin adjetivos, la que un juez o un jurado imparten para reparar un daño o castigar un delito; los de ahora son deudores del mito de la «justicia social» mediante la cual el Estado se ha servido a sí mismo fingiéndose servidor de la sociedad. Ellos creían en la libre deliberación; éstos confunden la vida parlamentaria con el púlpito. Ellos ejercían el periodismo con apego a la verdad objetiva y con independencia del Estado y los partidos; éstos confunden el periodismo con la guerra santa o el profetismo apocalíptico. Ellos legislaban para desterrar los riesgos de una revolución, éstos aún creen que la Revolución es un género literario. Ellos separaron a la Iglesia del Estado; éstos, imaginándose en la vanguardia social del mundo, se enternecen frente a las nuevas formas teocráticas del sureste mexicano. Por fortuna hay herederos de la tradición de izquierda sensibles al legado liberal: Boris Rosen es uno de ellos.

En su ensayo sobre Juan Bautista Morales («El Gallo Pitagórico», célebre periodista liberal del siglo XIX), Zarco recordaba una famosa frase de Montesquieu («La virtud es la base de las repúblicas») para aplicarla a su admirado amigo: «Si el cielo nos diera muchos ciudadanos como Morales, México se habría salvado». A mediados del siglo pasado, el cielo nos dio a esos gigantes. Como apuntó nuestro gran liberal del siglo XX, Cosío Villegas, en el Centenario del Congreso Constituyente, debemos a esos hombres buena parte de nuestra vida civilizada, pero su legado, trágicamente, es ajeno y hasta contrario a la cultura política del México actual. Zarco, rescatado por Boris Rosen, podría enseñarnos a deletrear de nuevo las virtudes republicanas. Sólo ellas podrían salvar a México.

Andrés Molina Enríquez

Andrés Molina Enríquez, el profeta del mestizaje

Ante el ascenso del neoindigenismo, vale la pena recordar una vez más, como lo han hecho varias generaciones de mexicanos, a los vindicadores del mestizaje.[1] Un lugar especial en el elenco lo tendrían Vicente Riva Palacio, Justo Sierra y más tarde Vasconcelos, pero el sitio de honor corresponde a un viejo juez de pueblo, de barba blanca y venerable, como patriarca bíblico, que murió casi olvidado en 1940 y que espera todavía una biografía a la altura de su vida: Andrés Molina Enríquez.[2]

---

[1] Las fuentes sobre el mestizaje son inmensas. Abarcan desde las instrucciones de los virreyes, las crónicas de Juan de Cárdenas, la recopilación de Solórzano Pereyra (1680) y los versos de sor Juana hasta la bibliografía literaria del siglo XIX, comenzando por Fernández de Lizardi. En la historiografía, resalta la obra de Vicente Riva Palacio: «El virreynato, historia de la dominación española en México desde 1521 a 1808», en *México a través de los siglos*, Ballescá y Cía., 1884; y la de Justo Sierra: «México social y político», en *Obras completas*, UNAM, México, 1977; en el género de la imaginación social, dos libros de José Vasconcelos: *La raza cósmica* e *Indología*, reunidos en *Obras completas*, Limusa, México, 1961. Ya en nuestro tiempo, destacan las obras de Serge Gruzinski *(Los caminos del mestizaje,* Condumex, México, 1996), Solange Alberro *(Del gachupín al criollo o de cómo los españoles dejaron de serlo,* México, 1992), James Lockhart *(The Nahuas after the Conquest,* Stanford, 1992) y Jonathan Israel *(Race Class and Politics in Colonial Mexico, 1610-1670,* Oxford, 1975), Eva Uchmany y Wigberto Jiménez Moreno.

[2] La más profunda obra de hermenéutica sobre Molina Enríquez es el extenso prólogo de Arnaldo Córdova a *Los grandes problemas nacionales* (Era, México, 1978). Allí se analiza detalladamente su papel como ideólogo de la Revolución mexicana. Otro estudio académico excelente es el de Agustín Basave *(México mestizo,* Fondo de Cultura Económica, México, 1992); de él proviene la mayoría de los datos biográficos utilizados en este trabajo. Sobre la trascendencia de Molina Enríquez destacan cuatro de gran valor: la obra clásica de Frank Tannenbaum (sobre todo *México: la lucha por la paz y por el pan,* México, 1951); la reflexión de Richard M. Morse sobre el sentido neotomista en esa obra *(El espejo de Próspero,* Siglo XXI, México, 1979), y el texto «Darwinismo social e idealismo romántico», incluido en *Mito y profecía en la historia de México,* Vuelta, México, 1988), donde su autor, David Brading, revela magistralmente la calidad profética e interpretativa de Molina Enríquez.

Mis referencias de Molina provienen de la citada edición de *Los grandes problemas nacionales,* así como de *Juárez y la Reforma,* publicado originalmente en 1906 y reeditado por Libro-Mex Ediciones, México, 1961. De particular interés fue la edi-

En 1909, un año antes de las fiestas del Cententario, Molina Enríquez publicó un libro que, sin pasar inadvertido, no recibió la atención que merecía: *Los grandes problemas nacionales*. Su destino era convertirse, a un tiempo, en el evangelio de la Revolución mexicana y la profecía nacional de nuestro siglo xx. Basándose en autoridades de moda en la época (desde los evolucionistas Darwin y Spencer hasta rígidos deterministas étnicos como Le Bon o Haekel), Molina Enríquez creyó ver en el mestizaje la piedra de toque de la historia mexicana. El racismo implícito de algunas páginas, la abundancia interminable de disquisiciones seudocientíficas, el estilo farragoso y hasta la extensión misma del libro lo hubiesen relegado a la tumba de las bibliotecas si no fuera porque debajo de esa espesa capa se escondía una interpretación asombrosamente matizada y original de la vida mexicana en el siglo XIX, un diagnóstico de los males del país y, lo más notable, una visión cultural, política y social que se cumpliría a partir del siguiente lustro hasta mediados del siglo XX.

Andrés Molina Enríquez era él mismo un mestizo quintaesencial. Nació en 1868 en Jilotepec, un pueblo del Estado de México que había sido asiento de un antiguo señorío otomí conquistado por los mexicas a finales del siglo XV. Aliado de los españoles, Jilotepec fue el punto de partida de la conquista del norte y lugar natal de Conni, el cacique fundador de la ciudad de Querétaro. A la vieja raigambre indígena del pueblo se aunaba una fuerte huella española no sólo por su temprana evangelización franciscana (1529) sino por la leyenda (en la que Molina creía) según la cual en Jilotepec estarían enterrados los restos de la Malinche.

El padre de Molina era notario: escrituraba la propiedad inmueble en Jilotepec. La madre, hija –según Molina– de una «india de pura sangre», descendía de los antiguos pobladores. Al provenir de tales antecedentes profesionales y étnicos, era natural que Molina tomara conciencia a una edad muy temprana de los agudos problemas de la tierra que había en esa región entre las haciendas y sus dos rivales: las comunidades y los pueblos. Sin abandonar su estado, y gracias a una beca que se le concedió por «pertenecer a una familia pobre a la cual no le es posible sufragar los gastos de colegiatura», estudió en una de las instituciones laicas que los liberales habían fundado desde los años cua-

---

ción facsimilar que el gobierno del Estado de México hizo en 1992 de *La Hormiga*, el diario que Molina Enríquez editó en Sultepec hacia 1898. Los descendientes de Molina Enríquez han publicado partes fundamentales de su obra, sin que exista hasta ahora una recopilación completa o, como él diría, una recopilación *integral*.

renta de ese siglo en varias capitales de los estados, para rivalizar con los seminarios diocesanos: los institutos científicos y literarios. El de Toluca, donde estudió Molina, tenía una fama particular porque lo había creado Ignacio Ramírez y en él había cursado sus estudios Ignacio Manuel Altamirano.

Tras cursar leyes, Molina fue escribano de diversos juzgados (siempre en antiguas zonas indígenas), se hizo notario de varias localidades de su región, empezando por su propio pueblo, y más adelante llegó a ser juez de Primera Instancia. Tuvo a su cargo la Dirección de Fomento y la Oficialía Mayor en el gobierno de su estado y fue juez de letras en Tlalnepantla, donde trabó amistad con Luis Cabrera. En 1907, luego de dirigir un efímero periódico y de publicar varios libros y folletos muy influidos por Herbert Spencer, Molina dio clases de etnología en el Museo Nacional.

El primer opúsculo que publicó sobre la situación social del país se tituló *El evangelio de una nueva reforma* (1895). Su idea central era la abolición de la herencia, «causa de la injusta desigualdad que existe entre los trabajadores y los capitalistas». El eco marxista era engañoso. Contra las «estúpidas ideas socialistas y comunistas», Molina abogaba por un mundo de pequeños propietarios, sin grandes hacendados ni peones miserables. Su óptica era puramente rural, su igualitarismo de raíz cristiana, tal como su vocación de redentor social «capaz de soportar todo el dolor humano y de morir en la cruz como Cristo, para hacer bien a la humanidad». En ese mismo texto adelantaba también su visión de un país unificado en una sola «nacionalidad etnográfica»: la familia mestiza.

Hacia 1898, siendo escribano en Sultepec (asiento de unas minas explotadas en tiempo de Cortés), sacó a la luz un pequeño periódico que se vendía por suscripción: *La Hormiga*. Allí continuó esbozando su futura teoría y seguía de cerca los problemas sociales de la región. Un pequeño recuadro titulado «Los rebeldes de Amatepec» es significativo: «Hace algunos años un grupo de indígenas del pueblo de Amatepec se sublevó contra las autoridades constituidas por cuestiones de terrenos en las que ellos, dicho sea entre paréntesis, tenían razón. Las autoridades reprimieron severamente la sublevación y prometieron a los sublevados hacerles justicia».

Como en muchos otros pueblos de México, los indios eran poseedores históricos de sus terrenos. Las Leyes de Desamortización de la propiedad inmueble puestas en vigor por los liberales en 1856 para hacer circular la propiedad corporativa (en particular la de la Iglesia), habían afectado severamente la propiedad comunal de los pueblos.

Al amparo de esas leyes, los hacendados habían ampliado considerablemente sus tierras en detrimento de los pueblos y comunidades que carecían de otros títulos que no fueran los de la tradición o de algunos papeles virreinales. Éste era el caso de los indios de Amatepec. En el momento en que Molina escribía, los indios habían decidido aceptar los hechos consumados y acogerse a la oferta de pacificación que les hacían las autoridades: restringir los linderos de sus pueblos «a lo que quedaba sin repartir». Era el desenlace menos malo, decía el editor, que finalmente advertía la necesidad de «facilitar a los indios los títulos de adjudicación sobre los terrenos que poseen».

Molina fue testigo de varios episodios semejantes. «Una vez que los indígenas enajenaban sus fracciones, no tenían ya de qué vivir». Los pueblos y comunidades no padecían sólo la usurpación de sus tierras sino otros males que convertían la situación en un círculo vicioso: falta de créditos, de irrigación, de títulos. Como una inmensa mancha de injusticia e improductividad, la gran propiedad latifundista avanzaba en el país, privando de la tierra a sus antiguos poseedores. Ése era uno de los grandes problemas nacionales a que aludiría su libro. La solución consistía en restituir la propiedad usurpada a comunidades y pueblos como Amatepec.

Aquellas observaciones empíricas se incorporaron poco a poco en un *opus* gigantesco: una teoría etnocultural de la historia de México. Por tres siglos el país había sido propiedad de los españoles peninsulares. Con ayuda de algunos mestizos excepcionales (como Morelos y Guerrero) los criollos lograron la independencia y quedaron como dueños únicos del escenario, hasta que en la guerra de Reforma e Intervención vencieron los mestizos. El siglo XIX presenció la germinación de una nueva matriz que Molina llamaba «etnográfica», pero que su propio análisis revelaba como algo mucho menos restringido, una matriz social, económica, política, cultural: una matriz integral. La novedad de su análisis radicaba en el modo de poner en relación las tres grandes secciones étnicas de la población (15 por ciento de criollos, 50 por ciento de mestizos y 35 por ciento de indios) con las clases sociales (alta, media y baja) y las ocupaciones económicas (grandes propietarios, alto y bajo clero, profesionistas, comuneros y jornaleros, entre otros), para luego definir su papel en la historia y la política. Así interpretó todo el siglo XIX y extrajo conclusiones que el porvenir inmediato confirmaría.

A su juicio, el mestizo (entendido más como un concepto social y una actitud cultural que como una adscripción étnica) era el motor y el héroe colectivo de la historia mexicana: la encarnación de la nacionalidad, el heredero natural de la tierra prometida de México. Los otros dos grupos, los indios y los criollos, estaban destinados a asimilarse a la corriente central del mestizaje. Molina distinguía cuatro tipos de indios: los campesinos, «sumisos y serviles»; los propietarios «aislados», ensimismados en sus pueblos, lenguas y culturas; el bajo clero «semi-idolátrico», y los soldados, siempre resignados, adheridos a un caudillo, no a una causa. En el otro extremo estaban los tres tipos de criollos: los «señores», propietarios de minas y haciendas, «frívolos» y «flojos», con ideas más feudales y rentistas que capitalistas y con «regresiones al tipo conquistador»; los «criollos clero», dignatarios y ministros, y los «criollos nuevos», venidos de España o de otros países europeos (sobre todo de Francia) en el siglo XIX, con ideas liberales. Frente a ellos se alzaban el mestizo ranchero, el obrero, el profesionista e incluso el revolucionario, que encarnaban «la unidad de origen, de religión, de lengua, de propósitos, costumbres y aspiraciones».

El predominio criollo luego de la Independencia no había traído al país una era de prosperidad sino de anarquía, que Molina llamó «de desintegración». Su desenlace fue la cesión de la mitad del territorio a los Estados Unidos, pérdida que Molina consideraba «una reducción del territorio del país a sus límites sociológicos».

Acto seguido, a mediados de siglo había sobrevenido la disputa entre los criollos «señores» y «clero» (es decir, los conservadores) contra los criollos «nuevos» y los mestizos a propósito de la manzana de la discordia: el lugar de la Iglesia en la vida de México y, en particular, el destino de la inmensa propiedad inmueble que esta institución poseía virtualmente intocada desde tiempos virreinales. Si las Leyes de Desamortización —argumentaba Molina— se hubiesen dirigido únicamente a afectar a la Iglesia, tal vez la propiedad rural del país hubiera propiciado una mejor distribución de la propiedad, no sólo en beneficio de los criollos «nuevos» sino abriendo la pequeña propiedad de los mestizos y respetando escrupulosamente la propiedad comunal de los indígenas que, poco a poco, seguros de sus títulos, hubiesen ido «ascendiendo en la escala de evolución» hasta el «*status* ideal de propietarios individuales».

Desgraciadamente, apuntaba Molina, no ocurrió así. Y sin embargo, gracias a Juárez y a su grupo de civiles y militares liberales (mestizos en su gran mayoría), la República triunfó. Luego de una espera de siglos, los mestizos llegaban por fin al poder. Molina tenía una auténtica devoción por Juárez: «Para nosotros los mestizos», decía Molina, «Juárez es casi un Dios». Lo veía como un Moisés indígena que había conducido al pueblo mestizo a la tierra prometida. Pero era una tierra simbólica, una tierra política. Aunque en el norte, el occidente y el centro del país existía ya una significativa clase de rancheros mestizos, a otros más les faltaba la tierra de verdad: el suelo, el asiento y hogar. La solución radical que proponía Molina era dividir y vender las inmensas haciendas (había cerca de ocho mil en todo el país, una o dos más grandes que algunos países europeos).

En 1909 Molina Enríquez contemplaba la historia de México como un proceso sujeto a las rígidas leyes de la evolución: el país había pasado de las manos indígenas a las españolas, de allí a las criollas y más tarde a las mestizas, pero no se había consolidado aún como una patria homogénea. Y, sin embargo, había avanzado inmensamente en la tarea de su «integración» como el ser orgánico que el sociólogo imaginaba:

«jamás se han encontrado en un mismo territorio tantos elementos de raza y tan distintos los unos de los otros, por su origen, por su edad evolutiva y por sus condiciones de participación en la riqueza general, que fuera necesario unir en iguales tendencias, coordinar en equilibrados intereses y mantener una fraternal comunidad, para constituir una nación».

A juicio de Molina Enríquez, el artífice de esa obra de integración, «sin precedentes en la historia de la humanidad», era Porfirio Díaz. A diferencia de los otros mestizos de la historia mexicana (de Morelos, «el más grande de todos», o de sus propios compañeros liberales), Díaz no actuaba como jefe del Partido Liberal sino como un patriota que *integraba* en una sola la triple personalidad de militar victorioso, administrador probo y hábil político. En esa palabra residiría el «secreto de la paz porfiriana», en la palabra *integrar:* «El señor general Díaz inauguró .... la política integral ... esa política ha consistido primordialmente en rehacer la autoridad necesaria para la organización coercitiva, la cooperación obligatoria, verdaderamente militar, integral ... [cuyo] secreto fundamental ha sido la concentración del poder».

En su ejercicio del poder, Díaz proyectaba el proceso de integración encarnado en su propia biografía. El centro y el vehículo de integración era necesariamente el propio Díaz, convertido ya para entonces en el Padre de la Patria, único hombre en México capaz de hacer «sólidos y permanentes los ideales y las aspiraciones manifestadas, con lamentables intermitencias, por las distintas facciones de una misma e indiscutible nacionalidad». Así se comprendía que el resorte primario de la política de Díaz hubiese sido –como vio Molina Enríquez– la *amistad*, entendida como una transacción de beneficios a cambio de lealtad. Cada grupo étnico y social recibía el «tratamiento adecuado». A los «criollos conservadores» les daba puestos de brillo sin verdadero poder; a los «criollos del clero» los atraía «suavizando el rigor de las Leyes de Reforma»; a los «criollos nuevos» (se refería a los «Científicos», antecedente de los empresarios concesionados de la Revolución) los trataba con atención y confianza, abriendo para ellos la mano de las larguezas «con subvenciones, privilegios y monopolios». Frente a los mestizos, su actitud era de majestad y fuerza; su táctica, darles puestos secundarios en la burocracia o el Ejército. «Desgraciadamente», opinaba Molina Enríquez, prefigurando la empleomanía del siglo XX, «no todos los mestizos han podido caber dentro del presupuesto». Con respecto a los «indígenas dispersos» –los yaquis, por ejemplo–, su decisión invariable era reprimir y castigar (prefiguración de Obregón y Calles), pero frente a los «indígenas incorporados» –clero inferior, soldados, propietarios comunales y jornaleros– lo caracterizaba la «bondad», la disposición de apoyarlos o al menos de escucharlos (prefiguración de Cárdenas). A este vasto proceso de integración política (presagio del PRI corporativo en el siglo XX) Molina Enríquez lo llamó *amificación*.

Detrás de sus loas al caudillo, la teoría de Molina Enríquez escondía una implicación perturbadora: el ascenso de los mestizos era incompleto. Abarcaba solamente el ámbito político, pero en todos los otros aspectos era parcial. Si el gobierno de Porfirio Díaz no favorecía el ascenso integral de los mestizos, éstos igualmente lo harían, como el propio Díaz había ascendido: por la violencia.

México estaba destinado a ser una sola familia mestiza arraigada en un hogar y dueña de unos valores, pero la familia mexicana vivía una situación paradójica. Un mestizo gobernaba integralmente al país, mediante la fuerza de las armas y la persuasión amistosa, pero un sector muy amplio de mestizos vivía en su tierra como de prestado. Había que darle acceso a la propiedad, al crédito y al agua, además de propiciar reformas que afianzaran los valores mestizos, aquellos rasgos que componían lo que Molina llamaba «el ideal». Se integraba con varios elementos: origen, religión, tipo físico, costumbres, lengua, «estado evolutivo» y, finalmente, «deseos, propósitos y aspiraciones». «Un pueblo, una sociedad o un Estado no llegarán a ser en conjunto una patria, sino hasta que entre todos los grupos y unidades componentes, exista la unidad de ideal.»

Entre los indígenas –afirmaba Molina– el ideal no existía: «Cada grupo indígena es una patria mexicana». Todos suspiraban por Europa y creían «que los intereses extranjeros deben estar por encima de la vida nacional». Los criollos veían con desprecio a las «hordas indígenas», y reaccionaban con suspicacia y temor frente al ascenso de los mestizos, a quienes consideraban revoltosos, perezosos, viciosos, facciosos, jacobinos. Sus proyectos políticos desconocían, a menudo, la historia mexicana: algunos habían llegado a creer que la democracia era una salida para México, pero «el mismo señor general Díaz les contestó que creía morir antes de que el pueblo estuviese suficientemente preparado para ejercer las funciones democráticas. Tiene razón».

Para los mestizos había otras prioridades: elevar el censo de población «sin necesidad de acudir a la inmigración», hasta llegar a una cifra cercana a los cincuenta millones de personas, integrar definitivamente a la población en una sola nacionalidad y dar a esa nacionalidad el propósito común de ser una patria. El proceso de unificación había avanzado a través de los siglos, pero en cada aspecto del «ideal» faltaba un trecho y había claras resistencias que era preciso vencer.

A la unificación de origen se oponía la orientación extranjera de los criollos. Molina proponía derrotarlos definitivamente mediante una audaz alianza de los mestizos con el capital extranjero, por encima de los criollos. La unificación religiosa era «uno de los más activos factores de constitución nacional». Llevaba siglos de forjarse, gracias a la «influencia benemérita de los misioneros y ministros cristianos católicos». En México, la Iglesia había tenido la sabiduría de «amalgamar en una sola fórmula religiosa todas las formas católicas que presenta nuestra población». Todos los mexicanos eran católicos, pero unos lo eran mejor que otros: asidos a prejuicios medievales, católicos vergonzantes o católicos sin fe, los criollos eran inferiores a los mestizos, que eran «católicos sublimados», católicos «de la forma más elevada» que haya podido alcanzar la humanidad.

La unificación del tipo físico le parecía importante, no por motivos racistas sino estéticos: el mestizo estaba acostumbrado a considerarse inferior al criollo y eso mermaba el orgullo de sí mismo. Para contrarrestar este prejuicio, se requería el auxilio de los artistas: «Si nuestros pintores, en lugar de pintar tipos exóticos como manolas sevillanas u odaliscas turcas ... pintaran nuestros tipos propios, es seguro que contribuirían a fijar bien los rasgos hermosos de nuestro tipo general».

Contra la unificación de las costumbres conspiraba la minoría criolla enamorada siempre de la vida europea y recientemente del *American way of life*. La cocina, la habitación, el vestido, las prácticas comerciales y hasta las relaciones entre los sexos se habían «americanizado». Frente a tal tendencia, sólo la afirmación cultural de la familia mestiza, con sus valores tradicionales, podía luchar.

La unificación del lenguaje peligraba por la misma vía: la invasión del idioma inglés. Ya ni siquiera el legendario volcán Popocatépetl conservaba su nombre náhuatl: ahora era escenario del «*Popo Park*». Molina proponía ejercer una especie de proteccionismo cultural para combatir a las «lenguas extranjeras invasoras»: «No sacrifiquemos a los extranjeros que podamos atraer, ni a las empresas que con ellos puedan venir, ni a los negocios que con ellos podamos realizar ... nuestra existencia nacional».

Extrañamente, la unificación del «estado evolutivo» no pasaba, según Molina, por la escuela: «No creemos que los maestros de escuela puedan ser más afortunados que los misioneros». La solución estaba en acercar el progreso a los indios, para que éstos, selectiva y paulatinamente, se incorporaran a él: mejores caminos y mejor alimentación eran la prioridad. Ambos serían posibles si los mestizos ampliaban su base económica.

En su tesis sobre la unificación de los «deseos, propósitos y aspiraciones», Molina hacía un perfil del mestizo mexicano como la resultante física de dos vectores, el indio y el español: los mestizos son enérgicos porque reflejan de los indios y los españoles la energía común a las dos razas, aunque esa energía haya sido de distinta naturaleza, pues era de defensa en los indios y de agresión en los españoles; la «dignidad austera y noble» de los mestizos provenía supuestamente de neutralizar la taciturnidad india y la alegría española. En los párrafos más desafortunadamente idealistas de su obra, Molina sostenía que «apenas [podía] encontrarse un mestizo que no [tuviese] grandes propósitos». El ranchero, el estudiante, el empleado y el soldado mestizos eran depositarios de una inmensa energía de superación: «A esa infinita suma de energía se debe que se le atribuya lo que se ha llamado el espíritu revolucionario».

Había utilizado la palabra clave: revolución. Aunque Molina tenía la más alta opinión del gobierno de Porfirio Díaz y pensaba que la dictadura patriarcal era la única forma, la «forma científica», de gobernar a México, advertía no obstante una *compresión peligrosa e innecesaria*, casi una *sofocación* de la energía mestiza por parte del régimen. Era la influencia nociva de los criollos, dispuesta a «sacrificar la numerosa clase en que late el corazón de la patria». Pero la energía mestiza no toleraba la comprensión y podía estallar en un «cataclismo geológico»:

«el espíritu revolucionario existe en todas las unidades sociales que han llegado a acumular una gran energía. Todo esfuerzo compresor de las clases superiores será de conservación del *orden social* y todo esfuerzo de expansión de las inferiores tiene que ser para aquéllas *revolucionario,* y para ellas mismas *liberador* ... En México antes de la Independencia, para los españoles los criollos eran unos revoltosos, y ahora para los criollos los mestizos son y tienen que ser revoltosos».

En sus páginas finales Molina ofrecía una visión optimista del futuro: preveía una población de 50 millones, tan segura de sí misma que comenzaría a revertir la historia mediante una migración pacífica hacia los Estados Unidos. Gracias a la distribución equitativa de la «común *heredad»,* y unificado el ideal, México sería un país homogéneo y fuerte, como una vasta familia, semejante a Japón: una patria mestiza.

Las vastas limitaciones de la obra de Molina debieron ser evidentes aun para los lectores de su tiempo. La población negra, por ejemplo, aparecía muy poco en su cuadro étnico y cultural. Sus conjeturas eran a menudo descabelladas, sus generalizaciones fantasiosas y hasta risibles. Era claro, por principio, que no existía *un tipo ideal y único* de mestizo, indio o criollo. A la larga, por ejemplo, los criollos defendieron más el idioma español y la cultura mestiza que los propios mestizos, más proclives a la cultura norteamericana. Lo que es más grave, llevadas al extremo las ideas de Molina hubieran podido conducir al racismo persecutorio de los mestizos contra los indios, encastillados en su identidad étnica, o contra los criollos, étnicamente «imposibilitados» para ejercer el patriotismo. No obstante, la teoría funcionaba como una explicación de la dinámica nacional en el siglo XIX, una visión revolucionaria y una anticipación de muchos procesos políticos y sociales del siglo XX. En términos de cultura nacional, *Los grandes problemas nacionales* puede leerse como una profecía cumplida.

En 1910 México entraría en la vorágine de un «cataclismo geológico». Protagonistas centrales de la «energía liberada» serían los pueblos de raigambre indígena presionados por las haciendas y los mestizos de las ciudades y el campo, deseosos de crear o ampliar su «base económica». En plena lucha, la dirigencia revolucionaria recurriría a ellos para inspirar las reformas ejidales que intentaba satisfacer el reclamo zapatista y, más tarde, los artículos radicales de la nueva Constitución, sobre todo el artículo 27. El juez de Jilotepec acudió personalmente a Querétaro en tiempos del Constituyente, y así se convirtió en el promotor principal de la reforma agraria que creó el ejido y protegió –como en tiempos coloniales, aunque sin la relativa eficacia del Juzgado de Indias– a las comunidades indígenas.

A partir de su experiencia práctica y su capacidad de observación, Molina había construido por cuenta propia una teoría de la historia mexicana. Es obvio que no era ni podría ser la teoría científica que él reclamaba, pero sí alcanzaba a ser una explicación plausible. Hasta cierto punto, Molina Enríquez tenía razón: el México mayoritario, el México mestizo, se orientaría hacia una «común heredad», unida en lo cultural, desconfiada y excluyente de lo extranjero y los extranjeros, volcada sobre sí misma, regida por una Constitución inspirada en los ideales cristianos de justicia e igualdad, y proclive siempre a la concentración del poder en una sola persona. En las décadas siguientes, gobiernos sucesivos llevarían a la práctica casi todas las reformas propuestas por Molina Enríquez, no sólo en el ámbito agrario: su huella está en la obra cultural de Vasconcelos, en la política social y nacionalista de Cárdenas, y en la reafirmación del concepto integral y antidemocrático del poder que representó, hasta hace poco tiempo, el sistema político mexicano.

Molina Enríquez, en suma, fue el creador del paradigma ideológico dominante en el siglo XX mexicano. Inducido siempre por el Estado, aquel instrumento de unificación nacional alcanzó un éxito notable. Pero una vez lograda la unificación nacional, en las últimas décadas se ha revelado el lado oscuro del proceso: el *Leviatán* que por tantos años manejó al país como un Porfirio sexenal siempre dispuesto a perfeccionar la «amificación», bloqueo de la evolución política del país. Molina no pudo preverlo. Hombre de su tiempo, no creía en la democracia y pensaba que la formación nacional reclamaba casi orgánicamente la eternización del concepto integral del poder.

Hoy los mexicanos estamos empeñados en corregir, mediante la democracia, el aspecto político del paradigma. Para ello debemos volver la mirada al legado liberal que aquel imperioso juez de pueblo siempre desdeñó. Admitamos con Molina que la continuidad del Estado integral juarista, porfirista y revolucionario consolidó a la nación mexicana y que en *este* mundo –tal vez no en el *otro*– ese desenlace fue mejor que su alternativa, tan común en el siglo XX: la guerra civil entre culturas, razas, religiones, nacionalidades o regiones. Pero a partir de esa convicción compartida, los esfuerzos deben orientarse a hacer más próspera, libre y justa –y sí, más moderna– a la sociedad mexicana. La vía para lograrlo no está en reabrir anacrónica y tumultuosamente el capítulo racial de nuestra historia, sino en terminar por cerrarlo allí donde persiste –en Chiapas, sobre todo–, con métodos probados, como los que predicó y aplicó Molina Enríquez: una reforma agraria (ésa sí, integral), trato digno y protección eficaz a las comunidades indígenas, respeto pleno a su régimen interno, pero todo ello enmarcado en una actitud política que no idealice la vida indígena ni impida, a quienes en su seno lo deseen, el acceso a la «común heredad», que no es india ni española sino mestiza y mexicana.

Federico Gamboa, prisionero de su época

A Federico Gamboa le ha sucedido muerto lo que a Luis Spota vivo: el gremio intelectual lo ha declarado inexistente. Una encuesta publicada en la revista *Siempre!* con el título «¿Quién es Gamboa para los escritores mexicanos de hoy?», encontró, hace algunos años, que no era nadie, y en algunos casos, menos que nadie. Jaime Torres Bodet y Agustín Yáñez –santos Pedros– prefirieron no contestar. Juan José Arreola, Rosario Castellanos y Juan García Ponce fueron más generosos porque aceptaron que Gamboa había existido, aunque confesaron no haberlo leído jamás. Luis Spota tuvo frases generosas para su antecesor, mientras que, en el otro extremo, Carlos Fuentes asestó el golpe de gracia al pobre de Federico: «No sé nada de él. Es como si me hablaran de un general de los hititas».

El éxito de un escritor con el público de clase media es intolerable para cualquier otro escritor. Cada vez que el fenómeno se presenta, el clan intelectual procede a devaluar la obra y a expulsar al hereje llenándolo de anatemas: comercializado, superficial, oportunista, cursi... Existe un código practicado por todos los escritores –aunque nunca escrito–, por medio del cual uno puede evitar la excomunión. Este código –proteccionista en cierto sentido, librecambista en otro– ha servido indudablemente para mantener la calidad en la producción intelectual y prevenir a todo escritor contra los caminos fáciles: no hay más éxito que el que sancionan, primero, los propios escritores. Pero frente a esta práctica aristocrática –¿o gremial?– saludable, está el efecto inconveniente de aislar al productor intelectual de un público más maduro y receptivo de lo que el escritor supone. La idea de que el autor puede vivir con la sola retribución –moral, intelectual– de su propio clan, se ha ido desvaneciendo y la salida al público se ve cada vez más como la única posible. En este sentido, José Emilio Pacheco hizo bien en reeditar con prólogo y notas suyos, una selección del *Diario* de Gamboa, uno de los escritores más populares del siglo, habitante, hasta antes de su expulsión *post mortem,* del terreno intermedio entre el

Federico Gamboa

público y los cultos. De hecho, el libro debe verse como un capítulo de la obra de Pacheco en su «Inventario» de *Excélsior*, y ahora de *Proceso*, con la que él mismo ha trabajado por tender puentes entre la iglesia intelectual y su potencial feligresía.

Históricamente, el *Diario* de Gamboa es importante por lo que su personaje tiene de típico de su época y de trascendente a ella. Nadie es culpable de estar sumergido en un mundo de modas y vigencias, en un horizonte cultural del que es difícil sustraerse. En ese sentido fatalista, Gamboa es un típico prisionero de su época y, más precisamente, de su generación modernista, la última que, en la madurez, encontró acomodo en el mundo porfiriano. Como la de tantos otros contemporáneos suyos, la vida de Gamboa estuvo contaminada física, intelectual y moralmente con la abrumadora presencia de Porfirio Díaz. Como ellos, tenía una óptica positivista (más spenceriana que comtiana) para ver los problemas sociales, para mirar al pueblo. Fue antiimperialista, pero por razones muy distintas a las de los conservadores del siglo XIX y a las de los dependentistas de la segunda mitad del XX. Tuvo la fobia del progreso como todo buen modernista y un amor desmedido por París y lo parisiense. Fue, en fin, furibundamente antirrevolucionario porque sabía que con Madero se iniciaba una época distinta que por fuerza negaría brutalmente la anterior, a la que ellos pertenecían.

Pero Gamboa tuvo también actitudes que trascendieron su época, típicas entonces y ahora, sobre todo como intelectual integrado al poder. En este sentido, muchos escritores mexicanos se sorprenderían al ver que sus carreras guardan paralelos con la de este «general de los hititas».

Para Gamboa, Porfirio Díaz es la fuente de observación preferida lo mismo que el origen de todos los misterios. Es el personaje de la novela naturalista que nunca escribió. Su obsesión es estudiarlo de cerca, averiguar el enigma que esconde su rostro, ese rostro «avaro» para revelar «la idea que lo anima». Gamboa sueña con sorprender al caudillo en su intimidad, con sus hijos, ver si es capaz de ternuras y amores, pero siempre permanece lejos. Y es que Porfirio Díaz, con su «busto macizo, vastas espaldas, cuello fuerte» y «labios por desgracia poco practicantes de la sonrisa», pertenece a los «reconcentrados y solitarios», los que «se recrean a solas con su idea». Sólo cuando en una ceremonia durante las fiestas del Centenario, Díaz lee un discurso escrito por Gamboa y se conmueve hasta «cortársele la voz», uno siente que el escritor naturalista y sentimental ha hecho descender a su deidad a su propio mundo, lo ha encuadrado, en el único momento de diálogo real entre ambos.

El *Diario* está dominado por esta imagen totalizadora de Porfirio Díaz. Es el gran reconstructor nacional, el hombre que ha infundido al país un «progreso positivo», el «patriota sin mácula» en quien el país

«ha ido dejando la resolución de lo público y lo privado; lo mismo el aprendizaje de latín y griego que el uniforme municipal de los cocheros; los divorcios de matrimonios desavenidos que los enlaces de las ricas herederas con extranjeros más o menos nobles y azules; los límites de los estados y la política con vecinos y parientes; el resultado de las cosechas y lo que cada cual haya de comer en su domicilio; lo trascendental y lo infinitamente nimio».

Este paternalismo, que es visto como un gran regalo de la providencia para México, tiene su contraparte en otro de los rasgos porfirianos de Gamboa: la intranquilidad, la falta de paz en las conciencias. Gamboa hace, por ejemplo, continuas referencias al magnífico físico de Díaz, que promete «longevidad incalculable». Este proceso de *wishfull thinking* es muy típico del Porfiriato: nadie, literalmente, quería ver que Díaz era –como en el silogismo– mortal, y la intranquilidad de saber que lo era se resolvía finalmente en una plegaria: «Quiera Dios concederle extraordinaria [sinónimo de incalculable] longevidad y que sus recónditos deseos se realicen». La ceguera de los porfiristas ante la naturaleza humana de Porfirio, aunada a la certeza de que en un país tan tradicionalmente bronco como México, después del caudillo vendría, en verdad, el diluvio, es uno de los fenómenos más sugestivos de la historia moderna del país.

Gamboa no pertenecía a la generación de los «Científicos», de modo que la suya no fue –como afirma Pacheco– la primera generación educada en el positivismo. Sin embargo, en su actitud hacia el pueblo mantuvo esa convicción spenceriana muy típica de los positivistas. «La desigualdad irremediable», escribió, «que existe desde que el mundo es mundo y sólo habrá de acabar cuando el mundo se angelice o se haga pavesas.» El pueblo es un conjunto extraño, una supervivencia de otros tiempos por la que no se siente odio ni recelo sino sólo cierta curiosidad. A los ojos positivistas el pueblo representa un conjunto humano o animal ajeno, como en la descripción que hace Gamboa de los «zapatistas legítimos de aspecto feroz» o cuando evoca a los serranos de Tuxtepec entrando en la ciudad de México en el remoto 1876: «torvos, callados, siniestros». Habría que preguntarse si en esta incomprensión o indiferencia hacia el pueblo no existía más generosidad que en la explotación política del pueblo que permitió la revolución.

El antiimperialismo, la obsesión antiyanqui, es otra constante que permea el *Diario* y que parecería vincular a Gamboa con los conservadores del siglo XIX y los dependentistas del XX. Como otros modernistas, Gamboa fue antiyanqui más por cuestiones estéticas que sociales, políticas o económicas. Dominado por la moda arielista, Gamboa rechaza el *American way of life* por su supuesta pobreza humanística, por la suciedad moral de quienes todo lo compran en el *allmighty dollar,* por el acto de imperialismo literario de arrogarse para sí el título de «America», por el hollín de sus fábricas y por la brutalidad del racismo.

El afrancesamiento de toda esa generación está también presente en el *Diario.* París era la capital del siglo XIX y los modernistas hacían lo imposible por rodearse de una atmósfera parisiense. Que Gamboa imitara a Zola –cosa que ahora nos parece lamentable después de su excomunión– no es menos natural a que Rulfo haya seguido a Faulkner.

Su fobia a la revolución es el último rasgo en que, claramente, Gamboa no escapó a su generación y su época. Para ellos, la revolución es la barbarie o, con palabras de Gamboa, «el salto hacia atrás un siglo», una «embestida a la civilización», el «oprobio y la desesperanza» que colocaban a México «abajo de África». Consecuentemente, Madero es el «loco de atar», el «irresponsable» que acabó con ese mundo que, muy en el fondo, hombres como Gamboa sabían, pero no querían ver, finito. Su reacción tiene por ello mucho de mala conciencia.

Hombre fundamentalmente sentimental, Gamboa se volvió enemigo de toda novedad posterior a su época. Desde 1917 –a sus 53 años de edad– ve en todo cambio el signo del *soviet* en México. En 1922 deja de escribir novelas, un suicidio literario cometido contra una época que no le parecía suya aunque, paradójicamente, lo reconocía mucho más que en el Porfiriato. El enorme éxito de sus novelas, de *Santa* sobre todo; la primera versión cinematográfica en 1919; la impresión de la imagen de Santa en un almanaque de la Tabacalera Mexicana; el letrero «Los pecados de Santa» en alguna pulquería; la evidencia, en fin, de una clase media que lo celebrara y se reconocía en su obra, no mitigaron la amargura de Gamboa, quien antes que escritor era porfirista.

Lo trascendente de Gamboa, lo que lo relaciona con otros escritores en épocas posteriores, fue su vinculación con el poder. Como tantos otros escritores mexicanos, Gamboa fue diplomático y vio en esa variedad del servicio público una forma más limpia, más remota que la descarnada burocracia. En la práctica, la diplomacia no ha probado servir como seguro de «independencia relativa» para ningún intelectual con respecto al Estado y, muchísimo menos, al poder ejecutivo. Como todo intelectual en un puesto público, la obsesión de Gamboa fue estar bien con el presidente. Si cuenta con *Su* gracia es feliz; si —aunque sea momentáneamente— cae de *Su* gracia, o está «en observación», como le pasó a Gamboa, la vida pierde sentido. El éxito de su carrera literaria, los sueños de ser traducido al inglés, comprarse una casa en San Ángel y vivir de sus libros (tres cosas que Gamboa no logró, pero que pudo lograr) eran nada comparados con una sanción mínima de parte del detentador total del Ser en México. Esta lógica ha llevado a los más ambiciosos —y Gamboa lo era, aunque moderadamente— a querer para sí nada menos que la presidencia del país (es el caso de Vasconcelos) o, cuando menos, el Ministerio de Relaciones Exteriores. La entrega incondicional al poder —o al Porfirio en turno—, entrando y saliendo con las manos limpias y con las mejores razones del mundo, y descuidando a un público que aprecia en el intelectual al escritor antes que al embajador, no son rasgos privativos de Gamboa sino de muchos otros intelectuales en México.

El *Diario* de Gamboa contiene también escenas de interés, más allá de la tipicidad o trascendencia del personaje, que recogen momentos importantes de la vida del país. La gestión diplomática de Gamboa en Guatemala es uno de ellos; la intensidad de los últimos momentos compartidos con el presidente Francisco Carvajal en la ciudad de México en los que se siente, casi físicamente, que termina una era (días más tarde llegaban a la capital los ejércitos de la Convención de Aguascalientes); las fiestas del Centenario, en cuya organización participó Gamboa, son otros de los episodios nacionales narrados vívidamente en el *Diario*.

El mexicano urbano de clase media, cursi, sentimental que muchos llevamos dentro, no puede dejar de sentir simpatía por el buen Federico Gamboa expulsado de la iglesia intelectual por tener la desgracia de ser porfirista, lambiscón, imitador de Zola, exitoso, huertista, etcétera. En vista del triunfo obtenido por la Revolución, no es posible condenar demasiado a Gamboa por sus creencias. Y en cuanto a su obra, hay un México radiofónico y cinematográfico que se identificaba profundamente con la historia de Santa. La paz original de Chimalistac, el militar apuesto y perverso como la manzana del Paraíso, el éxodo del edén materno, la vorágine de la ciudad, Mimí Derba como regenta del gran burdel, el bueno y pobre de Hipo (nadie mejor que Carlos Orellana) ciego en Sodoma pero vidente de la santidad de su musa, la nueva tentación del torero irresistiblemente español, el vino que corre, la fama, la prosperidad efímera y la caída definitiva, la fidelidad de un amor imposible, la muerte y la última paz del sepulcro. Santa es todos los arquetipos en uno, todas las telenovelas en una. No por casualidad otro modernista trasnochado, Agustín Lara, compuso la música y la letra de la segunda versión cinematográfica de *Santa*. Gamboa, Lara, la XEW, el cine de los cuarentas, las telenovelas de los sesentas. Spota, Arreola en televisión; todos son momentos de una misma historia cultural si ésta no se escribiera sólo desde el punto de vista del productor.

Alfonso Reyes y Julio Torri

Julio Torri y Alfonso Reyes, amistad entre libros

Exilios

Si Julio Torri, acucioso coleccionista de epígrafes, hubiese escogido uno a partir del cual desarrollar la historia de su generación, habría recordado seguramente este párrafo de Alfonso Reyes hacia el final de *El suicida,* de 1917:

«Aquella generación de jóvenes se educaba –como en Plutarco– entre diálogos filosóficos que el trueno de las revoluciones había de sofocar. Lo que aconteció en México el año del Centenario, fue como un disparo en el engañoso silencio del paisaje polar: todo el circo de glaciales montañas se desplomó, y todas fueron cayendo una tras otra. Cada cual, asido a su tabla, se ha ido salvando como ha podido; y ahora los amigos dispersos, en Cuba o Nueva York, Madrid o París, Lima o Buenos Aires –y otros en la misma México– renuevan las aventuras de Eneas, salvando en el seno los dioses de la patria».

Epígrafe perfecto porque recoge las dos marcas profundas en la vida de los ateneístas: la pasión intelectual y el exilio. 1910 fue el año del apogeo y la caída. Entonces habían rebasado ya a la rígida academia porfiriana apelando a un público general, no sólo estudiantil, con temas inusitados y vivos, y con un nuevo medio de comunicación: la conferencia. Estaban a punto de tomar el poder cultural sin haber derramado gotas de sangre ni ríos de tinta. Los viejos positivistas de museo carecían del vigor, los argumentos y hasta de la fe para vencerlos, mientras que, ostensiblemente, Justo Sierra los protegía porque adivinaba en las nuevas doctrinas y entusiasmos las vértebras inmediatas de su última fundación (la Universidad Nacional) y porque en ellos hallaba, en lo personal, un alivio a su final desconsuelo agnóstico. Por más de dos años los ateneístas habían vivido la experiencia de acercarse juntos, sin tutorías, sin aulas, sin libretos, a los límites de la cultura occidental, inventando o reinventando por su cuenta un método socrático en el que cada uno aportaba lecturas, críticas y obsesiones: Vasconcelos (Estrella de Oriente), sus estudios budistas y los de Schopenhauer; Reyes (Euforión), los clásicos del Siglo de Oro; Caso, páginas del intuicionismo francés; Henríquez Ureña (Sócrates), tomos de literatura inglesa, alemana, los griegos... Representaban genuinamente un epicúreo banquete de cultura occidental, un avatar de las veladas humanísticas del siglo XVII presididas por Voltaire o el Doctor Johnson, un remoto y anacrónico latido de la Ilustración en la colonia Santa María de la ciudad de México.

La Revolución disolvió la tertulia. Una parte del grupo ligó su suerte a la de las diversas facciones del conflicto. De ella, la mayoría no sobrevivió al huertismo o al carrancismo; Vasconcelos hizo el milagro de integrar a los amigos en la Secretaría de Educación, pero ya en el cuatrienio callista, políticamente el Ateneo estaba liquidado. Algunos exilios fueron especialmente dolorosos. Jesús T. Acevedo, iniciador del nacionalismo arquitectónico, «se dejó morir», según la frase de Reyes, en algún pueblo del Midwest. Pedro Henríquez Ureña pudo haber permanecido en México, pero la envidia y la incomprensión provocaron su salida en 1914, reinicio de un peregrinaje que terminó finalmente en Argentina, donde encontró la paz pero no el reconocimiento ni la felicidad. Por su parte, Alfonso Reyes emprendió en 1913 un exilio que muy pronto sería voluntario –y que acaso siempre lo fue–, huida menos venturosa para él que para la literatura mexicana, y que se prolongaría hasta 1938. Otros personajes del Ateneo se escondieron por décadas en pequeños puestos burocráticos o en discretos y meritorios servicios a la academia. Antonio Caso fue una excepción: desempeñó un papel intelectual y social activo sin salir del país y al margen de la Revolución, el papel de caudillo filosófico de los estudiantes. Sólo Carlos Díaz Dufoó hijo y Julio Torri, dos personajes salidos respectivamente de una novela de Dostoievski y de una noche florentina de Heine, vivieron en la ciudad de México cobijándose de la tormenta con el paraguas literario del exilio interior.

Hay muchas cosas en la cultura mexicana que no se explican sin el primer momento de pasión intelectual. La dilatada prédica de Caso, el universalismo de Reyes, la política editorial de Vasconcelos en Educación, son, en una medida, eco de aquellas conversaciones platónicas. Simétricamente, hay muchas cosas que no se entienden en la obra literaria de los ateneístas sin recordar que es una obra escrita desde el exilio. Los estudios consagrados sobre el Ateneo –de *Pasado inmediato* en adelante– se han concentrado sólo en los años felices –para los cuales había documentación, testimonios y escritos abundantes– y han soslayado hasta ahora el segundo movimiento. Faltaban fuentes y distancias. Hoy empezamos a contar con ambas. No hace mucho se publicó en una edición francesa la correspondencia Reyes-Vasconcelos. El Fondo de Cultura Económica prepara ya el riquísimo intercambio epistolar entre Reyes y Henríquez Ureña. La misma editorial publicó el año pasado *Diálogo de los libros*, cuya sección final reproduce las cartas entre Reyes y Torri, reflejo de una amistad que fue más que un diálogo de los libros: un diálogo de amigos «leales y verdaderos».

Las cartas entre Reyes y Vasconcelos son cordiales pero no íntimas. Reyes le pide que lo considere su hermano, su hermano menor. Torri *es* su hermano, menor y mayor. Es, además, su único coteáneo exacto. Con Henríquez Ureña, por otra parte, Reyes conservó siempre un tono de discípulo, distancia que no existía con Torri. Vasconcelos no tenía demasiada paciencia con el *man of letters;* sus cartas, escasas por lo demás, no son respuestas a Reyes: son órdenes vestidas de sugerencias, invectivas proféticas y, a veces también, crudas y sorprendentes revelaciones personales. Henríquez Ureña, cuyo único ocio y negocio era leer y enseñar, sostuvo con Reyes el verdadero Diálogo de los libros. Con Torri, en cambio, las cartas son la bitácora de dos vidas, Reyes escribe desde París y Madrid, donde vivía con el incómodo presentimiento de su retorno tardío a México, pero rodeado, como sólo Franciso A. de Icaza lo había estado antes, de un inquieto clima literario: amigos, tertulia, editoriales, archivos, academia, reconocimientos. Lejos del «leal y verdadero Julio» vivía un exilio más estricto. Como Reyes, Torri estaba al día en la literatura occidental, pero su único alimento eran los libros, no sus autores ni los amigos con quienes discutirlos. Reyes pudo revivir en España y más tarde en Argentina el banquete del Ateneo. Torri nunca pudo o quiso sustituir a su leal Alfonso. Aquél sufrió –hasta donde sufre un epicúreo– por la lejanía. Torri –relativamente también– por la soledad.

La correspondencia revela más a Torri que a Reyes. Los matices del exilio interior pueden ser más amplios que los del exilio físico, sobre todo cuando se vive como Reyes, en un país afín, hospitalario, ávido de ser conquistado y enriquecido; o cuando se sobrevive, como Torri, aprendiendo latín en medio de los balazos. Torri refleja en sus cartas una respuesta crítica a su circunstancia y el trazo de un breve coto personal. Reconoce la precariedad cultural y hasta física en la que vive; no pretende huir de los acontecimientos pero tampoco los busca y, menos aún, busca dominarlos. Se deja llevar por el azar, cargado de sus amadas literaturas. Incómodo, fastidiado, pero sin quitar el dedo del renglón.

El exilio cercó a todos con un imperativo ético: trazar de nueva cuenta el mapa general de las actitudes humanas y deslindar dentro de él la misión del «hombre de espíritu». *El suicida* de Reyes, *La existencia como economía y como caridad* de Caso, el *Pitágoras* de Vasconcelos, son obras de soledad en las que el exiliado, el hombre al margen de la historia política, introduce escalas valorativas en los diversos afanes y busca justificar el propio afán como el más alto.

Muchos de los ensayos de Torri durante y después de la década revolucionaria son también variaciones y vindicaciones sobre «La balada de las hojas más altas», las hojas del espíritu. Pero su obra tiene rasgos únicos. Reyes, Vasconcelos, Henríquez Ureña tienen proyectos que rebasan su condición de exiliados, no importa cuánto tiempo permanecieron fuera de su origen. Torri, en cambio, sin salir de México, no sólo escribe literatura desde el exilio sino, exclusivamente, literatura *de* exilio, de exilio interior, literatura de precariedad, de inmersión.

Su peculiar «espíritu de contradicción», paradójico, ingenioso, tuvo seguramente raíces de temperamento: Torri era reservado, tímido y, como su admirado Charles Lamb, tartamudo. Pero algo debe también a un reparto generacional de actitudes. Bergson se teatraliza y vuelve prédica con Antonio Caso. El superhombre nietzscheano o Julien Sorel encarnan en los ideales heroicos de Vasconcelos. La propuesta suicida de Schopenhauer la recoge con eficacia de norma Carlos Díaz Dufoó hijo. Julio Torri aclimata a Rémy de Gourmont, Oscar Wilde, Charles Lamb y Heinrich Heine en un país de fusilamientos. Sus cartas a Reyes resultan, pues, el registro de sus diferencias con «el triste espectáculo del mundo», pero también la señal de una pequeña venganza cotidiana que a veces alcanza la escritura: la del humor.

Límites

En toda la correspondencia entre Reyes y Torri no hay una sola opinión política o ideológica. Un extranjero que la leyese sin ver orígenes y fechas tendría dificultad para advertir que estos epicúreos escribían en el centro de dos tormentas decisivas: la Revolución mexicana y la primera guerra mundial. Cuando Torri habla de la Revolución (dos menciones cuando más) lo hace sin patetismo, como una acechante espada de Damocles. No puede decirse que este primer límite fuera escapista. Hay, más bien, desdén, fastidio y hasta algo de malévola diversión con el viejo circo de los hombres haciendo lo de siempre, matándose como moscas.

Cualquier solemne mortal habría vivido el zigzagueo burocrático de Torri como un calvario. Torri lo tomaba como una novela picaresca. Pequeña selección: mantenido de papá –con algunas culpas– hasta los 21 años; abogado a los 24; secretario particular del director de Correos en época de Huerta; candidato a diputado –a regañadientes– por Coahulia; aterrado redactor de manifiestos villistas; encantado profesor de moral y derecho de una escuela comercial para señoritas; aburrido profesor de literatura castellana e hispanoamericana en la Escuela de Altos Estudios y en la Normal de Maestras; escéptico editor de Cultura; empleado del Departamento de Bellas Artes y de Gobernación del Distrito Federal, durante el carrancismo; arreglador de una librería de viejo; malévolo incorrector de estilo en discursos oficiales... Todo esto hasta 1920, cuando Vasconcelos lo hace director del Departamento Editorial de la UNM, de donde nacen las célebres ediciones de los clásicos.

De todos estos pasos hay divertidas referencias en las cartas, divertidas pero nunca autolesivas. Tampoco cínicas. Aunque se resigna, le duele tener «que ganarse la vida haciéndose traición». Su mayor felicidad, escribiría muchos años después, es no tener «que halagar a nadie para ganar mi pan». Como profesor, además de aburrido habría querido ser sádico: «No hay nada mejor que ser un profesor severo y enfermar con una mirada a cien pobres niños (injertándoles) la cabeza». Su vida burocrática era tediosa pero con bemoles:

«Me hicieron –por diez días– abogado consultor del Ministerio. No fue poca mi sorpresa al recordar que era abogado. Después, por no sé qué exigencias del presupuesto, me dieron un nombramiento de Inspector de Solfeo y Masas Corales, que disfruté veinte días. Iba a cobrar en una larga hilera de maestros y virtuosos (grandes melenas, desaseo de artistas, un clarinete que se asoma por el chaleco). Para no desmerecer entre tan noble compañía, traía debajo del brazo un Método Spontini de Mandolina, adquirido en el Volador. Mis amigos me abrazaban donde quiera que me hallaba pues mi Spontini me daba cierto aire de mártir».

Vasconcelos y Reyes ostentaban con cierto orgullo sus títulos de abogados. Torri, socio de Vasconcelos hacia 1920, relataba a su «caro Alfonso» escenas de celo profesional como ésta:

«Sigo trabajando de abogado. A veces huimos del despacho por temor de que nos llegue un cliente. En los juicios que sigo, mis simpatías están siempre por la parte contraria, de la única de que no tengo desagradables impresiones personales. Subiendo escaleras, haciendo antesalas y pegando timbres me gano la vida. He tenido aventuras horrorosas en el ejercicio de esta innoble profesión. Un día estábamos sentados en el despacho Vasconcelos y yo. Eran las cinco y media de la tarde. De pronto doy un brinco: a las seis terminaba el término para contestar una demanda hipotecaria, en que nuestro cliente perdía veinticinco mil pesos. Vasconcelos me dicta y escribo nerviosamente en la máquina. Terminamos; faltan diez minutos para las seis. Saco el papel de la máquina, y encuentro con que me había equivocado al poner el papel de copia. Con gran excitación copio el escrito. Faltan dos minutos para las seis, y estamos en la calle de Gante. Afortunadamente tengo timbres. Tomamos el automóvil y Pepe, perfectamente sereno, ordena al chauffeur que nos lleve a Cordobanes a la carrera. Llegamos a tiempo. Hallo al Juez, y le entrego la contestación. Vuelvo al lado de Pepe, que me espera en el auto, con una sonrisa paternal. Experimento la sensación de que soy irremediablemente un niño aturdido, y que Vasconcelos es un hombre cabal».

Le parecían detestables casi todos los especímenes intelectuales que lo rodeaban pero, a diferencia de Díaz Dufoó hijo, no sentía repulsión sino risa lastimera. Las cartas abundan en crueles y atinadas caricaturas. A Castellanos Quinto no le perdonaba su vulgaridad bohemia. A Agustín Loera y Chávez, director de la editorial Cultura, donde trabajaba, lo describía como un «maestrito lleno de efervescencias y entusiasmos por entidades abstractas». De los miembros de la siguiente generación (siete sabios y monosabios) tenía la idea de que eran «pulpos» y «neocientíficos», enfermos de entusiamo. Su fobia por los arrebatos predicantes de Antonio Caso está en su ensayo «De la oposición del temperamento oratorio y el artístico», que preside un epígrafe de Shaw: *«I don't consider human volcanoes respectable»*. (Este ensayo, por cierto, provocó una diatriba por escrito del volcán Caso contra la «marmita» Torri.) Todas las ínfulas de Martín Luis Guzmán caben en esta joyita:

«Aquí estuvo Martín Peer Guzmán, tan teorizante como siempre. La sopa con demasiada cebolla o un borracho a quien seguía un perro, le parecían comparaciones exactas de nuestra intelectualidad ... Le arranqué un día de varias disputas por no sé qué intrincadas paradojas, le recogí el sombrero, le sacudí el polvo y le llevé a un rincón a que me hablara de ti».

Las cartas revelan una capacidad largamente alimentada para descubrir taras en el prójimo, como: imbecilidad, indecencia, vulgaridad, malos pañales, malos modales, petulancia, ambigüedad, vanidad, sentimentalismo barato, o fino, cursilería, fanatismo, pedantería académica. Para Torri, la vida académica no tenía mucho que ver con el auténtico diálogo intelectual. Los eruditos confundían la creación con los «antecedentes» e «influencias»: «Consúltese, consúltese / por siempre jamás». En la academia, la literatura se vuelve una pieza de museo, materia sin vida, sin espontaneidad. Invocando a Dyonisos y Lucifer, sus númenes bienamados, Torri escribe: «¡Oh curiosidad, curiosidad, cosquillea para que no se amodorre mi inteligencia!»

Tampoco la genialidad lo convencía. O no del todo, por lo menos en el caso de Vasconcelos. Lo veía también, a su modo, como un *human volcanoe*, un dogma en erupción: «También he creído notar» le escribe a Reyes, «que [Vasconcelos] no acepta nada fuera de su sistema de estos días. A [ilegible] le llama "pequeño esclavo celta". Todos los libros ingleses los encuentra mediocres y para uso de las clases egoístas y acomodadas».

Le alarmaba, como a Reyes, la «condescendencia» de Vasconcelos con Shakespeare (¿reflejo del panfleto contra Shakespeare de L. Tolstoi?). «¡Ah! caro Alfonso: ¡Son tan limitados nuestros genios!»

Su propia humanidad sin ostentaciones era también un límite. En tiempos de empresas hercúleas, caudillos y reconstrucción nacional, Torri reconoce la ventaja de su pequeñez, una condición que lo haría más humano que los héroes: «... me dispongo a cumplir treinta y tres años sin haber conquistado la India, sin haber fundado una nueva religión, sin haber sido siquiera desterrado a una isla del Danubio».

...y sin esperanza de ser presidente de México, podía haber agregado para perfilar más obviamente a Vasconcelos. Tampoco lo seducía el profetismo intelectual, esa manía spengleriana, muy común en los años veinte, de entrever los códigos secretos de la historia: «Como tú, no comprendo muchas cosas de mi tiempo, no quiero por inútil, buscarles interpretación. Basta padecerlas y habituarse a vivir mezquinamente ¡Qué le vamos a hacer! Somos, con Talleyrand, sobrevivientes del *bon, vieux temps*. Paciencia. Como somos en el fondo tan irreales, casi nos basta con el recuerdo».

Pero su límite mayor es, por supuesto, Alfonso Reyes. En la confrontación de su propia cultura literaria, no menos universal acaso que la de Reyes, con la abismal diferencia entre la obra de ambos, está la mejor prueba de que Torri no era estricto o limitado por mezquindad. No hay brizna de envidia en las cartas de Torri, ni siquiera de adulación o silencio estudiado. Hay un suave reconocimiento de que es Reyes a quien favorecen las sirenas, y una alegría auténtica libro tras libro, un verdadero placer del placer ajeno. «Tus éxitos», escribía Torri, «repercuten en mi alma.» En 1914 se sintió profeta editorial y dio —casi— en el blanco: «Colecciono tus cartas; y con ellas tus dibujos, canciones de sobremesa y romances escolares, pienso publicar en 198... 5 tomos de obras inéditas tuyas, sin permiso de los herederos del autor, quienes entre 1958 y 1973 habrán impreso la edición completa y definitiva de tus obras (40 volúmenes)».

Reyes, por su parte, era entusiasta, generoso y justo con Torri. Le incitaba continua e infructuosamente a escribir y publicar, a no sentirse menos que los españoles, a viajar (Torri conoció el mar a los 30 años y Europa a los 60). La mejor prueba de que Torri era, realmente, su hermano, la dio Reyes en 1921 cuando Vasconcelos le ofreció la Subsecretaría de Educación. En ese momento, escribiendo a su leal Julio, *descubre* las razones profundas de su exilio, el temor a aceptar regalos de la engañosa providencia, sobre todo de la mexicana.

Al aspecto literario de la amistad le faltó, al menos del lado de Torri, la generosidad última: la crítica. Pero ¿cómo culparlo? Reyes no publicaba: bombardeaba.

La obra de Torri da cuenta de otros límites más profundos en el ámbito de la moral intelectual. Está escrita con ellos, *sobre* y *desde* la dificultad y el rechazo frente a cualquier facilidad del arte o el pensamiento, «el hastío del fárrago literario y de la explicación y de las concesiones y mutilaciones en provecho de la comunicación», «el horror a las amplificaciones», a la tentación de agotar el tema, el «aserrín insustancial con que se empaquetan usualmente los delicados vasos y las ánforas». Es afirmación, en cambio, de un coto solitario: «La verdadera historia de uno la constituye el rosario de horas solitarias o de embriaguez (embriaguez de virtud, de vino, de poesía, ¡oh Baudelaire amado!) en que nos doblega el estrago de una plenitud espiritual. Lo demás en las biografías son fechas, anécdotas, exterioridades sin significación».

El tono de las cartas desmiente la severidad de estos límites finales pero no su realidad. Eran un código y una actitud pero también un surtidor. Sí, en tiempos de expansión Torri estaba hecho de límites, pero no de mutilaciones. Henríquez Ureña calificó con dos palabras perfectas el desinterés selectivo del hermano diablo: budismo infuso.

Gustos

Para describir la dignidad aristocrática del exilio interior, Carlos Díaz Dufoó hijo citaba a Walter Pater: «Guardar como prisionero solitario su visión del mundo». Torri se retrajo desde 1910 a un coto privado pero nunca se sintió prisionero sino testigo. Su exilio no estaba hecho sólo de prevenciones. Había también pasiones, o mejor, gustos, gustos paganos. La amistad, el amor, el juego, los libros –coleccionó una espléndida biblioteca–, el oficio de escribir y de reír: «Mis únicos placeres de la vida son mis amigos, mis libros, el té del que me he vuelto muy aficionado. Todo lo demás es vida agria, desapacible, trabajosa».

Lo que hacía inhabitable a la ciudad de México no era la ausencia de luz, carbón o alimentos sino de amigos. Carta tras carta registra recuerdos «*saudosos*» de la tertulia del Ateneo: «¡Qué triste es viajar solo por libros!»

Los leves intentos de continuarla sin sus mayores puntales eran infructuosos aunque algo quedaba con los pocos que aún había, gente como él mismo: «Muy inteligentes, muy *dilettanti* y muy estériles continuamos admirándonos mucho y nos separamos unos de otros siempre con la convicción de haber asistido a una entrevista histórica y memorable».

El consuelo, pálido, eran las cartas a Reyes: «A escribirte», dice Torri, «dedico los mejores momentos de mi vida». Cuando por momentos hablan de la posibilidad de ser sustituidos en el afecto del otro la amistad se vuelve amor. Pero con todo lo íntima que era, guardaba siempre una distancia recíproca. Uno a otro se retan para contarse cosas innombrables, locas, cosas como para leerse y romperse al instante. Quizá por reserva frente a la posteridad, ninguno se atrevió, quizá por pudor o prudencia o porque en aquellos tiempos prefreudianos la amistad era menos simbiótica que ahora. No obstante, para Torri las cartas eran vehículo erótico. «Comprenderás que amo el género epistolar como una vieja princesa del siglo XVIII en una pequeña corte alemana.»

67

La mujer en Torri: bonito título para un ensayo no digno de la academia. Algunas claves: Torri admiraba a todos los ilustres viajeros enamorados: Casanova de corte en corte, Heine y sus lánguidas duquesas, Sterne en su viaje sentimental. No puede decirse que las damas lo rechazaran; antes al contrario, la lista de conquistas que recogen las cartas no baja de 15. Pero es claro que fueron de más a menos. Al principio eran secretarias; gringuitas gráciles, supersticiosas, metodistas, románticas, inocentes, «predestinadas a no entender nunca a los mexicanos»; incluso uno que otro enamoramiento serio que nunca terminó en matrimonio. Luego, con los años, Torri se vuelve, según su propia definición, «tenorio de feas». A su gran Alfonso le menciona —le confiesa, no le narra— sus «correrías melancólicas de solitario» por el rumbo de Loreto, «amores anónimos» que mantienen su espíritu esclavizado a la carne, «líos con feas complacientes», «consabidas mujeres que suavemente van tirando del faldón de nuestra levita hasta sumergirnos en la oscuridad y en la mala reputación».

Es una lástima que Torri nunca integrara a su literatura esas «infames aventurillas», «ridículas y miserables aventurillas» que eran «la sal de su vida» y de las cuales no tenía sino «recuerdos curiosos y amables». Se necesitaba —como ha dicho más o menos Gabriel Zaid— tener los pantalones de Novo para desplegar esa democracia amorosa de un libertino casanova de barrio. Las correrías de Torri, las «intrigas de harem», su piropeo interminable y el paciente acoso de sus alumnas, las criaditas que cortejaba, cierto legendario rincón de su biblioteca que atesoraba los más profusos libros eróticos, con historias que un Heine mexicano pudo convertir en gran literatura. ¿No cuenta Sterne en el *Viaje sentimental* (traducido por otro don Juan: Alfonso Reyes) sus amores con tiernas doncellas del pueblo? Vasconcelos, para escandalizar, se atrevió a mucho más. Torri, el «loco amigo», nunca fue bastante loco.

Una pasión de Torri: los niños. Casi cada carta tiene mención al hijo de Reyes. Torri no pierde la esperanza de volverse su maestro de malabarismo y florete, «su preceptor, maestro de baile acaso, *il Signor Torri*». Traduce a Barrie pensando en él. Prologa a Andersen y a Perrault. Esta ternura sólo prospera en espíritus traviesos y lúdicos. Torri estudia latín, griego y alemán (en plena revolución), juega tenis, monta a caballo y alrededor de sus cuarenta años decide, seriamente, aprender box. Pero hay algo en su amor por los niños que no toca siquiera la ironía. En 1921 escribió su «Oración por un niño que juega en el parque», epígrafe perfecto para su traducción de *Peter Pan*.

El humor de Heine empezó consigo mismo; fue la primera víctima de su propia maledicencia. Torri desliza continuamente esta burla en sus cartas. Medallón autobiográfico:

«... raro sujeto en lo personal, fracaso como profesor, fracaso como abogado y muchas otras cosas, manutención por la familia, fin de la familia; manutención por amigos, fin de los amigos; hospitales, hospicios, muerte pintoresca con hermanas de la caridad y gente que se descubre o hinca de hinojos; apoteosis final de Delacroix, Rimbaud *mexicain*, música de Debussy».

Todo el ingenio de Heine está en las cartas: maledicencia, ironía, contrastes, desproporción, juego de absurdos, ingenuidad fingida, solemnidad fingida, fingimiento fingido. Pero Torri era demasiado decente, pacífico, correcto (habría que decir, demasiado bueno), para atreverse a recobrar el mundo absurdo que veía su mirada de diablillo. Como Reyes, a Torri le faltó también integrar su negatividad literariamente, hacer literatura de mala leche, criticar. Le estorbó la cortesía. El humor de las cartas no es el de su obra. ¿Por qué?

Reyes definió en 1914 el de la obra: «Torri, nuestro hermano el diablo, un poseído del demonio de la catástrofe que siente el anhelo del duende por apagar las luces en los salones y derribar la mesa en los festines: un humorista de humorismo funesto, aciago, triste, pesaroso, inhumano». Quizá la explicación final de esta mutilación de la vertiente festiva en el humor esté un poco en la circunstancia. Torri no es sentimental –o no quiere serlo– pero no puede ocultar muchas veces su soledad y su defensiva condición de humanista en el escenario equivocado. «Extranjero en su patria es el título de la novela de mi vida», le escribe a Reyes, y el motivo aparece una y otra vez: «Somos desterrados de no sé qué época o país.» Pero no hay tampoco brizna de odio al país. Hay la idea de que las cosas buenas que se hacen en México –como los amados clásicos que Torri editaba y veía leer a gente humilde en los tranvías– son milagros frágiles que tarde o temprano se frustran por esa serie periódica de catástrofes que es la historia mexicana. Enraizado en su violenta circunstancia, esta encarnación literaria inglesa sólo pudo trasmutar el humor en patetismo: proponer mayor altura estética en los fusilamientos o ilustrar las ventajas de fallar, de fracasar, de perder bienes y amigos: *beati qui perdunt...!* El humor de Torri trae ecos del *Cándido* de Voltaire: epicúreo que la calamidad vuelve estoico.

Es innegable este fondo mexicano en su obra. Reyes lo advirtió en una carta temprana: «Tus fantasías mexicanas son una sorpresa para mí. Espero que cada vez irás logrando hacerlas más patéticas. Y creo que le has dado en el clavo. Aprovecha, hijo, todos tus recuerdos salvajes de Torreón; haz con ellos una creación nacional que no tendrá igual».

La hizo con cuentagotas. Hay que leer algunos ensayos de Torri como decantado del patetismo popular. Sonrisas de calaca.

Reyes quería el latín para las izquierdas. Torri habría querido, además del latín, el griego, el alemán, circo, la charla de café, la feria, romances tórridos y wagnerianos, box, equitación, vino, *five o'clock tea*, Peter Pan y una interminable embriaguez literaria. Sólo un ámbito cultural propenso a estas costumbres paganas habría reconocido e incorporado una obra y una actitud como las de estos dos hombres de letras que siguen condenando al exilio. Nuestros hábitos y gustos están muy lejos de la tertulia, la gratuidad y el amor. Lo actual es lo opuesto: «efervescencias y entusiamos por entidades abstractas», ánimos inquisitoriales, dogmatismo, ambición política y, permeándolo todo, una pobre y monótona solemnidad. De ahí que Reyes nos acompañe poco a pesar de vivir a la vuelta: en sus 20 volúmenes. De ahí también que la atrayente esterilidad de Torri parezca a la luz de ciertos fervores martirológicos, un acto de inmolación.

Las cartas muestran resortes menos heroicos: honestidad, humildad y pereza. El silencio de Torri parece un misterio que reclama explicaciones históricas y biográficas. Lo es, pero no del calibre romántico que pretende la leyenda. Torri ejerce sin patetismo la «noble esterilidad de su ingenio», y de la avaricia de las sirenas construye su literatura. Pero sabía que la verdadera grandeza está en la grandeza —la de Reyes, en este caso—, y sabía que además de ser un espléndido motivo literario o de análisis psicológico, la esterilidad es, también, esterilidad.

El día en que nuestros repertorios vitales contengan un mínimo de escepticismo político e intelectual, cierto estoicismo moral y unas togas epicúreas en el trato con el prójimo, Alfonso Reyes y Julio Torri condescenderán tímidamente a compartir la tertulia. ¡Cuánto habrá que aprenderles! Pero antes será necesario desfacer el terrible entuerto del que se habla al final de la correspondencia. Esa hermosa amistad construida por cinco décadas entre libros, a propósito de libros, títulos apremiantes de libros, libros que encantan y desvelan, citas librescas y personajes salidos de los libros, diálogo interminable sobre libros, esa leal amistad se dañó profundamente seis meses antes de morir Alfonso Reyes por obra de una cita en la que Reyes culpa a x del remoto robo de un libro y Torri piensa que x es Torri. No los separó la distancia, el tiempo, las opiniones, las revoluciones, las mujeres, las malas lenguas. Con ellos ocurrió algo más natural e irremediable: los separó un libro.

José Vasconcelos

Pasión y contemplación en Vasconcelos

> Siempre me he colocado del lado de los que procuran hallar en la tierra aproximaciones concretas a la belleza absoluta.
>
> José Vasconcelos

Para leer las Memorias

En un transparente prólogo a las *Páginas escogidas* (1940), Antonio Castro Leal comparó algunos cuentos de Vasconcelos con los paisajes del pintor holandés Ruysdael en los que una angosta faja de tierra sostiene un cielo inmenso. Esta imagen sería aplicable no sólo a la obra de Vasconcelos sino también a su vida, a condición de que el acto de sostener reflejase una tensión permanente, una lucha a un tiempo voluptuosa y amarga. De haber asumido el destino místico al que propendió siempre, Vasconcelos habría logrado separar de modo natural sus dos esferas, desvaneciendo sin esfuerzo la faja terrenal. Pero lo extraordinario de su vida está precisamente en la feroz tenacidad con la que intenta, sin lograrlo y por los caminos más contradictorios, desasirse. Su vida no es una estación: es un tránsito que se reinicia siempre. O mejor: es el lugar moral de un desgarramiento.

Jorge Cuesta percibió estos elementos antes que nadie, y más claramente que el propio Vasconcelos:

«La de Vasconcelos es la vida de un místico; pero de un místico que busca el contacto con la divinidad a través de las pasiones sensuales. Su camino a Dios no es la abstinencia, no es la renunciación del mundo. Por el contrario, tal parece que en Dios no encuentra sino una representación adecuada de sus emociones desorbitadas y soberbias, que no admiten que pertenecen a un ser hecho de carne mortal. Su misticismo es titánico».

¿Qué lectura corresponde a un destino así? No, desde luego, una lectura fáctica, aristotélica: recuento honrado y curioso de fechas, actos, fundaciones. Sería tanto como cerrar los ojos al cielo inmenso y reducir el paisaje a la faja terrenal. Cabría más bien una lectura inversa que comenzase por las nubes, una lectura descaradamente idealista donde la vida no transcurre sino que flota en sus esencias. Desde ese perfil espiritual la mirada platónica intentaría lo más difícil: reconocer los momentos de tensión con el mundo, comprender lo que algunos hombres padecen y gozan por llevar el cielo a cuestas o por querer abarcarlo.

Leer a Vasconcelos en sus propios términos puede no ser más que un ejercicio de circularidad. También de comprensión. No todos los lectores lo han entendido. Hay la convicción de que su vida se explica por la vida del país, por sus azares políticos, sus conflictos sociales, su mentalidad colectiva. Por mi parte, creo que su destino obedeció a voces ajenas o indiferentes a su tiempo y entorno. Las claves de su desgarramiento son dos estados del alma: el amor y la religión.

Leídas así, como la historia de un extravío místico en el mundo, como historia de amor y de fe —no como novela de la Revolución—, las *Memorias*, en particular *Ulises criollo* y *La tormenta* descubren, creo, su verdadero rostro. Los hechos terrenales se reducen a la condición de meros accidentes. Los acontecimientos que cuentan son otros, y deben leerse paralelamente a la autobiografía: los poemas, cuentos, ensayos, himnos, cartas que atestiguan el tránsito del alma por una *tormenta* no nacional sino íntima. Hay una revelación que espera a todo aquel que lea platónicamente las *Memorias:* Ulises criollo es, en verdad, José Vasconcelos.

Alma Mater

Hay casos de edipismo más famosos en la literatura mexicana: la sombra que se interpone entre Rosario y Manuel Acuña, la de Arturo, «el bohemio puro». Memorables edipos en verso. El Edipo en prosa de Vasconcelos ha pasado, como tal, un tanto inadvertido, pero es sin duda mucho más profundo, significativo y complejo. Más abierto también. A evocarlo dedica la tercera parte del *Ulises criollo*. La primera historia de amor que narra en sus *Memorias* no es la pasión por Adriana sino por la madre: Carmen Calderón. Todas las vidas de Vasconcelos parten de ese vínculo y en él concluyen.

El recuerdo de pasadas grandezas y abolengos habitaba por el lado materno aquella casa en Piedras Negras. Venían de Oaxaca, tierra de déspotas ilustrados: Benito Juárez y Porfirio Díaz. Quizá por reacción al mundo protestante que los circundaba y seguramente también por una arraigada vocación, la madre instruye a sus hijos, especialmente a José, en la práctica cotidiana y devota de la religión católica. Práctica no sólo ritual sino también, en cierta medida, intelectual y que no excluye ni el diálogo ni la polémica, las lecturas iluminadas de san Agustín y Chateaubriand, y que en algún momento de ira contra un tío librepensador incurre en la quema de libros heréticos. Junto a su madre, José vio aparecer fugaces objetos de otros mundos y una sonrisa milagrosa en la Virgen del Carmen. Si Vasconcelos inventó estos hechos, o si los soñó, lo cual es improbable, su significación no cambia. Ficticios o reales, revelan el dato fundamental de su vida: la religiosidad matrilineal.

La niñez de Vasconcelos transcurre en ámbitos apartados del catolicismo: la frontera norte; Campeche, ciudad liberal, cuna del agnóstico Justo Sierra; Toluca, donde había oficiado su fervoroso ateísmo «el Nigromante». En estas circunstancias, más que una educación religiosa formal, lo que la madre podía ejercer con su prédica y ejemplo era un rito de iniciación. Este carácter privado y defensivo, no social ni institucional, con que Vasconcelos accede al catolicismo, tendría consecuencias profundas en su religiosidad: la haría volátil, heterodoxa y –excepto, quizás, en su vejez– marcadamente personal: transmitida por personas, encarnada en personas.

A principio de los años treinta, en tiempo de aguda crisis vital, Vasconcelos intentó los primeros ejercicios autobiográficos que lo conducirían al *Ulises criollo*. Uno de ellos, el cuento quizá más personal que escribió, admite con sencillez e inocencia: «Yo fui primero mi madre»:

«Desde antes de la pubertad, cuando comencé a tener conciencia, me empecé a sentir como una especie de prolongación espiritual de mi madre. No sólo interiormente la heredaba, con las mismas maneras de ver las cosas, los mismos gustos y un idéntico reflexionar profundo y mudo que nos hacía parecer melancólicos; también en lo físico yo era el retrato disminuido de aquella fuente de mi propia esencia: cara alargada, ojos tristes y cierta palidez un poco lánguida, sacudida por frecuentes descargas de nerviosidad vivaz y aun, a ratos, luminosa. Cuando platicábamos juntos, en las largas conversaciones de mi despertar, éramos lo mismo; éramos como una misma alma que se asomase a la vida por dos seres de sentidos iguales, unos más experimentados, otros más lozanos; pero era una, sin divisiones, nuestra conciencia».

Por no separarse de ella piensa por momentos en abandonar sus estudios preparatorianos en México. Las páginas que Vasconcelos dedica en el *Ulises criollo* a narrar esta separación, son equiparables con las que en *La tormenta* refieren la ruptura con Adriana. Su muerte lo sorprende lejos, a los 16 años de edad. Desde entonces, recuerda el personaje de «Las dos naturalezas»:

«... yo viví para dos; para los dos que ya éramos: ella y yo; ese "ella y yo" que jamás vuelve a encontrarse en la vida. En cierta manera yo sentía que ella seguía viviendo y reencarnaba en mí: yo era como su propia conciencia trasladada a un nuevo cuerpo. Lo que ella había pensado yo lo volvía a pensar, y nuestros sentimientos se repetían en mi corazón a tal punto que no sólo vivía yo para ella, sino que me sentía tan anegado de su presencia que sus simpatías, sus parentescos y preferencias eran también la ley misma de mi corazón. A tal punto éramos idénticos la muerta y yo, que en sus más hondos resentimientos yo la heredaba por entero. Ni un solo resquicio de mi corazón dejó de sentirse anegado de su alma».

Hay seguramente otros hechos que marcan la vida de Vasconcelos desde su niñez: su experiencia cultural en la zona fronteriza, terreno de tensión, margen donde la identidad está por perderse y por eso se atesora más. La errancia familiar prefigura futuras odiseas. Pero ninguna otra experiencia lo moldea tanto, tan decisivamente como su adoración por la madre. Su legado fue doble: por una parte, la huella de una intensa armonía mística y erótica que Vasconcelos trataría de recobrar furiosamente toda su vida. Por otra, una disposición a reducir la religión al sujeto de la religión, paso previo a sentirse, a adivinar en sí mismo, un elegido.

Solo y único

Para procurar el reencuentro había que cubrir y superar rápidamente los papeles convencionales de la vida terrenal: una carrera de abogado, una temprana práctica profesional sirviendo a Dios, al diablo o a un bufete norteamericano, una fortuna rápida. Casarse por accidente, tener hijos. En 1910, a los 28 años de edad, Vaconcelos había logrado ya lo que a otros esforzados humanos les lleva y colma una vida. Pero su verdadera búsqueda y su sitio no parecían de este mundo.

La vertiente religiosa de su afán encontró compañía hacia fines del régimen porfiriano en el Ateneo de la Juventud. En la superficie, Vasconcelos no escapa a la actitud central de su generación, cuyo llamado es combatir al positivismo que «no encuentra el alma bajo el bisturí». El Ateneo es el eco tenue de una vieja crítica a la Razón y la Ciencia que se remonta al romanticismo y, aún antes, a Blake. En Nietzsche, el Ateneo encuentra el ideal heroico; en Schopenhauer, la estética de la voluntad, el misterio del desinterés; el gran personaje es Bergson, su prédica antiintelectual, la fe en la intuición como vía de conocimiento, el elan vital que se impone al concepto lógico y mecánico de la vida. Hay un aire espiritualista de familia en ciertas obras que en esos años escriben Reyes, Antonio Caso y Vasconcelos, un «dinamismo que se inicia en las cosas pero que transformándose por intermedio del hombre se dirige a lo divino». El tema es, en el fondo, idéntico: las escalas de la actitud humana, los rangos de la vida, desde las más inertes y biológicas hasta las de mayor calidad mística.

Pero entre Vasconcelos y los ateneístas son más las diferencias que las simpatías. Siempre se mantuvo un poco al margen de ellos, a quienes les parecía cálido pero indescifrable. Vasconcelos no intenta el apostolado académico de Caso, el apacible humanismo de Reyes, la estoica sabiduría de Henríquez Ureña, la bohemia de Gómez Robelo. No busca conocer los valores sino, heroicamente, encarnarlos. No publica en ninguna revista literaria y cuando lo hace es para introducir un sistema descabellado, pretensioso, totalizante y original, como su «Teoría dinámica del derecho». No imparte cátedras ni ciclos de conferencias. A las platónicas reuniones del Ateneo, presididas –para disgusto de Vasconcelos– por un busto del terrenal Goethe, acudía el «zapoteca-asiático» –como le decía Reyes– con los sermones de Buda. «El poderoso misticismo oriental nos abría senderos más altos que la ruin especulación científica. El espíritu (aquí Vasconcelos se refiere, claro, a *su* espíritu) se ensanchaba en aquella tradición ... más vasta que todo el contenido griego». Caso procuraba el saber para predicarlo: era un guardián de la cultura. Reyes y Henríquez Ureña perseguían el saber para trasmutarlo en literatura. Pero Vasconcelos despreciaba, en el fondo, los afanes del Ateneo. Andaba en busca, no del saber sino de la revelación: «Mis colegas leían, citaban, cotejaban por el solo amor del saber. Yo egoístamente, atisbaba en cada conocimiento, en cada información, el material útil para organizar un concepto del ser en su totalidad».

Búsqueda múltiple. La religión de la ciencia lo sedujo mucho más de lo que admitiría en el *Ulises criollo*. En un breve recuento histórico escrito en 1916 hablaría de la «lógica honrada y precisa del inglés Stuart Mill», de la «deslumbrante sociología de don Francisco Bulnes», y del «razonar sólido y el amplio vuelo de Porfirio Parra». En sus libros filosóficos había el prurito —casi siempre fallido o superficial— de no contradecir la verdad científica. Hacia 1908, Alberto Vásquez del Mercado lo recuerda disfrazado de riguroso mandil, dando órdenes apresuradas en un juzgado antes de una tenida masónica. En esos años practicó con fervor el espiritismo. Su gran consuelo fue Schopenhauer, bálsamo para el genio que espera, pesimista alegre, desdeñoso del éxito fácil y vacío. Toda lectura de anunciación profética lo seducía, y por eso mismo, con la probable excepción de Plutarco, hallaba pobres y decadentes —es decir, demasiado humanos— a los clásicos grecorromanos.

A pesar de que Vasconcelos fue un activo maderista de primera hora —otra diferencia con el resto del Ateneo—, la historia y la sociedad mexicanas no eran para él, como tampoco para sus amigos, realidades visibles. Hay una abstracción en todo lo que entonces escribe Vasconcelos, tenues referencias al destino cuya voz parece insinuarse pero cuyo mensaje permanece oscuro. Esperanza e ideal eran las palabras del instante, plenas de tensión retórica pero vacías de contenido social o propósitos morales concretos. Los pueblos y los hombres deberían realizar un acontecimiento misterioso e incontrolable cuya naturaleza jamás se aclara. Lo único claro de Vasconcelos no está en su mensaje idealista sino en el tono, en su rara exaltación profética: «Al oírlo», recordaba Martín Luis Guzmán, «quedábamos en suspenso, fulminados por su prosa». Durante las fiestas del Centenario pronunció la conferencia titulada «Gabino Barreda y las ideas contemporáneas», epitafio personal —y, a fin de cuentas, histórico— a la ideología oficial del Porfiriato: el positivismo. Aquel discurso fue el primer anuncio de que Vasconcelos se sentía «solo, único y llamado a guiar»: era un héroe nietzscheano capaz de cantar junto al abismo: «Y en el extraño dolor de la espera, un vislumbre del porvenir, rápido y trágico, muestra lo que nos falta inaprehensible y lejano; sentimos la inutilidad de nuestro individuo y lo sacrificamos en el deseo de lo futuro, con esa emoción de catástrofe que acompaña a toda grandeza».

Águila maderista

Entre 1911 y 1920, mientras el país experimenta la mayor transfiguración de su historia, Vasconcelos vive una aventura personal por encima de la circunstancia política y en cierta forma ajena a ella; el amor por Adriana y la lenta germinación de su fantasía filosófica. En esto, a pesar de su compromiso original y permanente con el maderismo, su actitud no es distinta de la de Caso predicando el Evangelio en medio de los balazos, o la huida de Reyes y Henríquez Ureña para salvarse de la barbarie. De una u otra forma, todo el Ateneo se exilia. Unos lamentan el estallido revolucionario; otros pocos, Vasconcelos entre ellos, lo celebran o cuando menos lo admiten como un cataclismo natural y necesario, «oleada devastadora y fertilizante». Pero ninguno de estos intelectuales, aun viviendo en el torrente revolucionario, posee un horizonte social o nacional. Extraña paradoja: el espiritualismo, el antiintelectualismo, armas efectivas y hasta revolucionarias contra la liturgia positivista, les vedaban la comprensión social de la Revolución. Andrés Molina Henríquez, viejo juez positivista, conocía la realidad mexicana infinitamente mejor. Los ateneístas no intentaban siquiera conocerla. Vivían en Grecia, no en México.

Muy pronto, cuando se publique una biografía profunda de Vasconcelos, vendrán quizá las evidencias contra esta hipótesis. El propio Vasconcelos la habría refutado. Fue, en efecto, un maderista influyente y comprometido desde un principio. Madero le tenía el mayor aprecio y confianza; lo habría visto quizás, a la larga, como el heredero perfecto. Conoceremos los detalles de su labor periodística en apoyo de Madero, su desempeño como delegado diplomático del constitucionalismo. Se aclararán sus relaciones con Villa, Zapata, Carranza, y sus fatigas como efímero ministro de gobierno de la Convención. Pactos, riesgos, alianzas. Incluso datos sobre su vida material: cómo financió su largo exilio. Podremos calibrar su influencia política, sus actividades de conspirador y, lo que es más importante, la consistencia moral que propone *La tormenta*.

Pero ¿cuál fue, íntimamente, la actitud de Vasconcelos frente a la Revolución? ¿Cómo la pensó? Ya en 1914 Alfonso Reyes —que nunca fue precisamente un ideólogo social— se quejaba con Henríquez Ureña: «Vasconcelos no tiene noción de los valores sociales». Y en 1926 Manuel Gómez Morin, representante de un grupo cuyo único horizonte es justamente el de los valores sociales, escribe esta respetuosa condena:

«Del caos de 1915 nació la Revolución. Del caos de aquel año nació un nuevo México, una nueva idea de México y un nuevo valor de la inteligencia en la vida.

»Quienes no vivieron ese año de México, apenas podrán comprender algunas cosas. Vasconcelos y Alfonso Reyes sufren todavía la falta de esa experiencia».

Hay pasajes en *La tormenta* y datos elementales —como su prolongada ausencia de México entre 1915 y 1920— que leídos ahora confirman parcialmente las palabras de Gómez Morin. El discurso de Vasconcelos ante la Convención de Aguascalientes es una prueba. En él toca y sanciona el programa económico y social de la Revolución, pero lo hace de prisa, como quien habla de medios, no de fines, de elementales problemas de la materia y no de trascendentales asuntos del espíritu. Vasconcelos se erige, quizá por primera vez, en conciencia histórica de la Revolución: la memoria viva de Madero. Se trata de una reducción del fenómeno revolucionario para ajustarlo a su afán místico personal: una encarnación. Desde la tribuna decreta que la historia desemboca en el sitio donde habla y lo santifica. Todo intento de reforma debería partir del «código verdaderamente santo» de 1857, fuente, a su vez, de inspiración y legitimidad para Madero. Había que aplicar desde luego, con eficacia quirúrgica, las ideas radicales de la Revolución, única vía para restablecer el orden constructivo y la concordia. Pero Vasconcelos advierte en términos de la más pura cepa liberal: «No olvide la Revolución, si quiere cumplir sus fines, el respeto que se debe a la personalidad humana, única entidad que suele estar por encima aun de las mismas revoluciones».

Si la legitimidad histórica proveniente de la Reforma y Madero confluía ahora en el presidente Eulalio Gutiérrez, su futuro secretario de Instrucción Pública, José Vasconcelos, podía pensar en rigor que todos los gobiernos siguientes, construidos, como el de Huerta, sobre la remoción violenta de aquel régimen, eran por necesidad usurpadores. A partir de ese momento Vasconcelos es ya, frente a sí mismo, en carne propia, un nuevo Madero. Cualquier liberal genuino, de entonces o de ahora, concedería que Vasconcelos entendió la naturaleza política del conflicto: la lucha por la libertad y la democracia.

Pero no la lucha por la tierra y el pan. Como fue el caso de Mariano Azuela y de Martín Luis Guzmán, Vasconcelos no reconoció, no *leyó* la naturaleza social y económica de la Revolución. Para interpretar lo que ocurría ante sus ojos o encontrar analogías históricas, los escritores del Ateneo estaban más cerca del *Facundo* de Sarmiento —con su oposición entre civilización y barbarie— que de una historia social. Incluso José Clemente Orozco, ajeno al Ateneo, ve sólo una lucha festiva y macabra, no una querella social. Hasta entonces, la Revolución era sólo la Revolución: el maderismo y «la bola».

Vasconcelos tampoco reconoció plenamente ciertas tensiones morales de la Revolución, de toda revolución. Le habría bastado una auténtica mirada cristiana. La caridad que predicaba Caso, o la piedad de Orozco frente a los «pobrecitos peones zapatistas», balaceados por los Batallones Rojos. O la indignación, la desesperanza, el asco ante la violencia. Pero ¿dónde están las obras, los panfletos, los llamados, los estudios de Vasconcelos en esa época, que se acerquen remotamente a *La querella de México* de Martín Luis Guzmán, o a *Los de abajo* de Azuela? El suyo es un vago dolor histórico. Le duelen las mitologías, no las personas. Lo que en el fondo lamenta y mitifica es su exilio. En Lima, en 1916, habla ya de sí mismo como «Ulises». En esa misma ciudad pronuncia el discurso «Cuando el águila destroce a la serpiente», en el que decreta la genealogía del mal: «La Colonia, cruel, mezquina, dolorosa, sombría», Iturbide, la dictadura porfirista. Huerta y, finalmente, el robo, la usurpación, la supuesta componenda con los Estados Unidos del régimen que él mismo llamó «carranclán». Pero junto a esta galería de «serpientes», Vasconcelos señala la filiación de las «águilas magníficas»:

«los héroes fundadores, Hidalgo, Morelos, Mina, Guerrero ... [La] docena heroica que se llama Ocampo, Lerdo, Prieto, Ramírez, Juárez, todos abnegados, firmes, buenos y libres.»

«Danos», invocaba a Dios, finalmente, «otra legión de héroes ... y ponlos a gobernar».

Una pequeña premisa –apenas disimulada– recorre los escasos escritos que Vasconcelos concedió a su país en esos años de tormenta: «El águila mayor, soy yo».

Adriana o su alma

Mientras llegaba la hora de volver a Tenochtitlan el águila remontaba el vuelo por Europa, los Estados Unidos y la América hispana en compañía de una «Venus elástica», Elena Arizmendi, la hermosa y enigmática Adriana de *La tormenta*. En torno a esa pasión, Vasconcelos escribió una de las más intensas historias de amor de la literatura mexicana. Páginas ajenas al romanticismo, lo son también al erotismo manifiesto y al subterfugio moral. Una vida y una narración que –según Octavio Paz– sólo admiten un adjetivo: encarnizadas.

La historia, descrita por Vasconcelos, es conocida y verosímil. Para él un divorcio debió ser casi teológicamente impensable. Desde un principio sabe que perderá a Adriana pero construye su amor a partir de esa certeza. Durante el maderismo «la dicha los reclamaba a todas horas». La plenitud es inexpresable, por eso en *La tormenta* Vasconcelos sólo la sugiere y entreabre, una y otra vez, con un ritmo literario que en sí mismo resulta una metáfora fiel del ritmo amoroso. Pero con Huerta y la Revolución constitucionalista empezaron el exilio y la caída. Contradicción insuperable: Vasconcelos es, antes que nada, un hombre tocado por el absoluto. «Sólo me conforma el infinito», dijo muchas veces. No condesciende a un amor fragmentario. Para él, Adriana es sola e irremplazable, seguramente la mujer que más amó en su vida. Pero es también un amor condenado de raíz a una existencia parcial, nunca absoluta. Fue su compañera y amiga intelectual, su amante y su soldadera. «Era espantoso», recuerda Vasconcelos en uno de sus frecuentes y admirables momentos desgarrados, «no poder darle toda la protección, todo el fervor que su naturaleza extraordinaria demandaba.» Optaron por durar.

En *La tormenta*, Vasconcelos narra cómo los celos vertiginosos volvían amarga, provisional, insuficiente toda posesión. Actos de piedad y rencor, de simpatía y crueldad, regidos por leyes caprichosas. Ritmos, desdenes y reencuentros, formas misteriosas en que la pasión se reanuda. Astucias siempre fallidas para burlar a la naturaleza; huidas que son bienvenidas y, en el fondo, soportándolo todo, un abrazo de huérfanos y «desamparados». Amagos de sacrificio como aquel en el que Adriana se mutila la trenza que debió ser prodigiosa; escenas absurdas, casi grotescas, como aquella en que Vasconcelos y su mujer consuelan a Adriana y la disuaden de entrar en un convento. Es difícil escribir sobre esas páginas y reflejar lo que reflejan. Páginas y momentos de humildad, ternura, miseria y humillación, por encima aun de la dignidad.

Pero quedaba el Infierno. Adriana lo abandona en Lima, a fines de 1916, y viaja a Nueva York. A Vasconcelos le obsesiona la mala yerba de los celos. Su afán —decía— era la reconciliación o la venganza. Quiso desasirse, descender hasta el fondo: «Contrariar una pasión es quedarse con el resabio de la ilusión mentida, agotarla es librarse». Buscó el reencuentro en Nueva York y lo que encontró fue el tragicomico *affaire* de Adriana con Martín Luis Guzmán, alias «Rigoletto». Vasconcelos, no cabe duda, vivió ese *affaire* como una traición liberadora.

La tormenta narra encuentros posteriores en los que el absoluto se ha corrompido. Escenas o fantasías marcadas por la tentación, la ferocidad, «la urgencia de echar el decoro al pozo», «enternecimiento, excusas, piedad». Pero ni la apuesta final, la del paso del tiempo, puede ayudarle entonces. Vasconcelos se repliega a su antigua creencia en la autonomía del alma. Sólo lo consuela el pacto que alguna vez habían hecho, comprometiendo zonas más profundas del ser: «Lo único que entre ella y yo quedaba vivo era el lazo de las almas, el juramento nunca repudiado de la alianza para la eternidad. Su alma estaba atada ...»

Pero no su vida. Cuando Adriana se casa finalmente con un extranjero, Vasconcelos le envía a su rival, como delicado regalo de bodas, una carta con los pormenores de su relación con la novia. Nunca sabremos si Adriana respetó siempre –o si lo hubo– aquel pacto. Por su parte, Vasconcelos logró liberarse del amor absoluto mediante una caída en la abyección.

Desconocemos la versión de Adriana. En una carta a Reyes, hacia 1915, Pedro Henríquez Ureña describe un día de playa en Nueva York con Vasconcelos y la «admirable, la calumniada Elena Arizmendi, a la que estimo muchísimo». El propio Vasconcelos despliega con saña su desdén –su incomprensión– por los propósitos independientes y profesionales de Adriana. Es más que probable que la pasión según Adriana haya sido distinta. Vasconcelos buscaba una totalidad, «la Carmen eterna que en Adriana encarnaba». Elena Arizmendi era más real que esa imagen. En Vasconcelos no buscaba algo ulterior, buscaba probablemente a Vasconcelos.

¿Pero qué pensar de la versión de Vasconcelos? ¿Qué sentido trascendente puede tener, en el supuesto de ser verdadera? Todo el sentido. Después de la pérdida de su madre, Vasconcelos había pasado largos años sin saciar la vertiente erótica de su afán. Hacia 1933 recordaría su primer bálsamo, «el refugio de los brazos cariñosos de la mexicana descalificada, única compañía de nuestra soledad de parias de cuerpo y alma» (aquellas prostitutas solían enamorarse). Otro refugio fue Serafina Miranda, su esposa, una oaxaqueña mayor que él a la que no menciona por su nombre en sus libros y que seguramente no fue tan prescindible en su vida como él pretende. Pero Elena Arizmendi fue la que introdujo en su vida la fe y el caos absoluto. Algunos amigos de Vasconcelos recordarían esa relación como su mayor locura. Es posible que la disposición de 1935 –cuando escribió *La tormenta*– haya borrado ciertos contornos de la realidad tal como la vivió en 1916. Pero el hecho de que, en medio de la mayor bancarrota, solo, sin dinero y amargado, haya recordado con tal intensidad y frescura, incluso con alegría, su amor por Adriana, muestra que esta historia fue, quizá, su tránsito más luminoso por la vida.

También fue un tránsito doloroso. Más allá del interés anecdótico o del halo de paradigma que José Emilio Pacheco ha señalado (Adriana como *la* amante quintaesencial), hay un sentido que el propio Vasconcelos entrevé sólo parcialmente en *La tormenta:* narra con valor su desgarramiento pero no sus extrañas derivaciones espirituales. Otros libros suyos las sugieren. En *Divagaciones literarias* (1911), recordando su estancia en Lima, habla de los «cinco años [que] duró el monstruo, mitad pulpo, mitad serpiente enroscado en [su] corazón». Adriana había sido –¿o era aún?– una ponzoña, un narcótico, una permanente alucinación. En uno de sus cuentos, «El fusilado», el protagonista encuentra una muerte apacible y altiva tras una emboscada. Sus últimos pensamientos son de desprecio –y contenida nostalgia– por la «compañera de días felices»: «Ya la sentía yo, un poco atrás de mí, llena de aplomo, conversando con el capitán enemigo; pronto se las arreglaría la perra para salvarse; volvería al fasto de las ciudades, a despertar la codicia de todos los ojos ... con esa rápida penetración que poseen los últimos instantes, me la representé ganándose amores nuevos».

En un ensayo célebre, «Libros que leo sentado y libros que leo de pie», también de esa época, Vasconcelos invoca «a la fiel Andrómaca [que] comparte el lecho del vencedor». En otro escrito, un súbito profeta exclama: «Vengo de estrangular a la sirena».

En cualquier mortal una separación amorosa provoca tristeza, no siempre ansiedad teológica. Pero Vasconcelos no era cualquier mortal. En Lima intenta todas las pócimas de salvación: correr hasta extenuarse, el consuelo de un buen amigo, el consejo de su humilde casera, un amplio surtido de confitería limeña, solidarias lecturas de Strindberg, Lope de Vega y hasta Kant, el recuerdo de una frase perfecta de un maestro de leyes: «No persigas mujer que se va ni carta que no viene». Pero para salvarse Vasconcelos necesitaba no un consuelo sino una conversión. Huérfano en su vertiente erótica, apuró con urgencia el camino de un particular misticismo.

Plotino criollo

Lima, 1916. Solo, exilado, Vasconcelos escribe a Alfonso Reyes. Sus palabras dejaron una huella tan profunda, que Reyes las evocaría 50 años después ante la tumba de su amigo:

«Qué hombre de una pieza voy a ser, si vivo desesperado y rugiendo interiormente, sin sombra de melancolía sino con puro humor que muerde el corazón: todos nosotros los de esta época que nos ha obligado a vivir trágicamente, vamos a morir jóvenes ... y de ruptura de las venas del corazón pero déjalas que se rompan solas, que sea el cuerpo el que se raje no el espíritu».

Necesitaba alcanzar una liberación absoluta que, como condición, retuviese el amor de Adriana en una esfera más profunda. Sus viejas lecturas lo ayudaron.

Desde los años en el Ateneo había profesado filosofías inusitadas. En Lima las renueva: el yoga, la teosofía, el budismo, todos lo confirman: «El que sirve a la carne se inutiliza para el espíritu». Esas lecturas, proseguidas de manera constante por más de diez años, rematan en sus *Estudios indostánicos* (1920) pero no en su salvación. En el fondo, la premisa de insustancialidad humana era imposible de asumir para un hombre con la soberbia y la vitalidad de Vasconcelos. Necesitaba encontrar *en este mundo* claves absolutas de redención. Recobrar el paraíso. Halló el mensaje de Pitágoras: cierto «ritmo está en la esencia de todas las cosas», un ritmo que asciende del orden material de la necesidad al orden espiritual de la belleza. Pero para atenuar la incomprensible pérdida de Adriana, justificar su desdicha y convocar un orden nuevo y absoluto, hacían falta más que álgebras iluminadas: le hacía falta una religión. Su redentor fue Plotino; sus evangelios, *Las Enéadas*.

Como se sabe, para Plotino (205-270 después de Cristo) el ser es una anhelante jerarquía de esferas. Cada esfera inferior deriva su existencia de una superior que la contiene en forma arquetípica y a la cual contempla en un anhelo reunificador. En la esfera límite –permanente, inmóvil y total– habita el *Uno*. A partir de él, en sucesivas emanaciones nostálgicas del origen, una realidad cada vez más imperfecta, fragmentaria y múltiple, desciende como en cascada. El *Uno* produce el *Nous*, una suerte de inteligencia cósmica. Ésta se degrada en un alma universal que a su vez deriva en las almas humanas, huérfanas casi de realidad si no fuese por su potencia de contemplar la esfera superior hasta merecer su esencia. En un nivel aún más bajo está la materia: inerte, oscura, irreal.

Esta arquitectura del ser impone una ética purificadora. «La magnanimidad», escribe Plotino, «es el desprecio de las cosas de aquí abajo.» Sólo mediante un profundo esfuerzo moral e intelectual puede el hombre domar y superar la deleznable vida del cuerpo y «despertar a otra forma de *mirar*, común a todos, pero que pocos ejercen». Los pobres hombres, presos en la cárcel corporal, pueden vivir condenados a su comercio amoroso, eco pálido de otros géneros superiores del amor.

Pero pueden también «huir», fugarse en «contemplación hacia la patria del espíritu». Son célebres sus últimas palabras: «Me esfuerzo en levantar lo que hay de divino en mí a lo que hay de divino en el universo». Liberación y camino de salvación, pero no sólo eso. Con el pensamiento de Plotino, Vasconcelos podía retener y sublimar −usemos por fin la palabra− lo más preciado de Adriana: la belleza. «Plotino», escribe Alfonso Reyes, «ha dejado páginas imperecederas sobre la belleza ... es uno de los fundadores de la filosofía estética.» Las *Enéadas* son:

«el remate de toda la cultura antigua, el punto en que por fin se aísla el concepto de belleza (ya no en homonimia con el bien) ... y se explica como la expresión victoriosa del espíritu en las apariencias sensibles ... cuando Plotino cierra el "arco tremendo de las emanaciones" a la hora final del éxtasis y cuando el alma humana retorna al cielo sumo, parece que todo el desfile de virtudes se le vuelve cosa instrumental y secundaria, que el bien mismo ha sido superado por otra especie más pura y más alta, la cual ya no es el bien sino la belleza, y acaba por concebir a Dios en términos de belleza».

Hay varias huellas de esta conversión vasconceliana a la doctrina de Plotino. En Lima proclamaba: «Vengo en línea recta de Plotino». A Alfonso Reyes le informa −aun antes de la separación de Adriana− que trabaja en un ensayo sobre «la sinfonía como forma literaria», donde sostendría que el futuro de la literatura no estaba en el discurso, el ensayo o el tratado −formas de la razón y la pluralidad−, sino en el género sinfónico. Una literatura musical y de síntesis, acorde con la ley estética, como *Las Enéadas* de Plotino. En julio de 1916 imparte una nostálgica conferencia sobre el Ateneo de la Juventud. A su juicio, el rasgo distintivo de la nueva generación era:

«la inspiración en una *estética distinta* de la de sus antecesores inmediatos, un *credo ideal* ... que no es ni romántica ni modernista ni mucho menos positivista o realista, sino una manera de *misticismo fundado en la belleza,* una tendencia a buscar claridades inefables y significaciones eternas ... noción de la afinidad y el ritmo de una eterna y divina sustancia».*

Seguramente ninguno de sus amigos se habría reconocido en esta definición. Al perfilar a cada uno, Vasconcelos proyectaba también su

---

* Cursivas de Vasconcelos.

propia imagen, su propia metafísica visual: Torri era un «extraño vidente»; Argüelles Bringas, un hipnotizador de «poderosas visiones»; Méndez Rivas, inspirado «luminoso»; Cravioto, «escultor de prosa»; Reyes, Euforión, «hijo de Fausto y la Belleza clásica»; Caso, un «libertador de los espíritus».

Es el primer momento en que su misticismo, vago e indeterminado, encuentra cauce. Había transitado de la exaltación nietzscheana al hinduismo, de los sermones de Buda a un fervor de iniciado por Pitágoras, pero la lectura de Plotino lo convirtió en monista estético. Sus escritos filosóficos de la época son variaciones obsesivas sobre el tema de Plotino: la liberación por el ascenso contemplativo a una esfera superior. En «El monismo estético» (1918) propone el *pathos* de la belleza como camino místico alternativo, y de hecho preferible al amor cristiano. Es el camino de «los grandes inspirados», «los verdaderos Budas» que evocan y realizan, sienten y reproducen el aliento de belleza natural que aspira a la Divinidad. Su interpretación de la *Séptima Sinfonía* de Beethoven revela la misma pauta vertical, desde la «angustia al deseo» y la «pasión dolorosa del amor particular» hasta el *pathos* desinteresado que triunfa sobre todas las desventuras. En la interpretación de esa obra por el ballet de Isadora Duncan, Vasconcelos imagina cómo «los pies extraen el jugo de la tierra y lo levantan ... en pos de aventuras celestes». El tema final «avanza orgulloso ... hiere y endereza, coordina y adapta sin gastarse como se gastó la vida en tanto esfuerzo inútil».

Es claro que una de las fuentes primordiales de la desmesurada síntesis filosófico-religiosa que intentó Vasconcelos, desde el *Monismo estético* hasta la *Estética*, se encuentra en *Las Enéadas*. Pero Plotino fue para Vasconcelos mucho más que una autoridad filosófica. Su propósito no era predicar la doctrina plotiniana para un público culto —como ocurrió con el bergsonismo de Caso—. Buscaba más bien encarnarla, traducirla en conducta práctica. Su primer paso fue proponerse escribir una obra filosófica como la de *Las Enéadas:* «El Bien, el Mal, la Dicha, la Inmortalidad, estudiados en tratados sucesivos según las luces de la época, según el plan del maestro neoplatónico ... una sucesión de volúmenes, irregularmente espaciados. "*Las Enéadas* modernas de un neoplatónico americano"».

El segundo, menos explícito en *La tormenta* pero más decisivo en su vida y su destino literario, fue ejercer, realmente ejercer, la forma de contemplación que prescribía Plotino como vía salvadora. Al dejar Lima, y luego del rompimiento definitivo con Adriana en Nueva York, Vasconcelos viaja por el oeste norteamericano. Entonces escribe

87

sus primeras estampas líricas, lecturas de la naturaleza con la partitura de Plotino. No son, seguramente, sus mejores páginas, pero sí son páginas reveladoras. Por momentos el paisaje no es más que una proyección biográfica o ideal de Vasconcelos: piedras que «en su seno llevan la discordia a semejanza de amores humanos deshechos», soles presos de su karma, confines redentores, «árboles que elevan su anhelo», panoramas en los que la naturaleza, a diferencia del hombre, «llena su misión sin fallas». Otros paisajes alcanzan cierto decoro y alguna autonomía, pero su felicidad literaria es menos importante que la actitud que los preside: una red de contemplar, el afán de disolver la pasión personal en el «concierto de las cosas».

Las pocas personas que aparecen en esas páginas no son personas, son motivos en el paisaje, modos fugaces de la belleza. Una linda mujer «pasea lánguidamente por el malecón y fija su mirada en el mar». Vasconcelos está a salvo: viene de «asesinar a Circe». Aún recuerda «los días que las pasiones envenenaron», pero se ha libertado (la palabra aparece con frecuencia) de aquel «poder malsano». La mira y le señala —como un nuevo Zaratustra— dos caminos y una misma meta: librar los combates del mundo: amar, luchar, organizar y al cabo «triunfar para luego renunciar». O el camino más difícil, predicado por gnósticos y maniqueos: «Ser castos o estériles para que desaparezca la raza dudosa de los hombres a fin de que el espíritu se informe en otras maneras de existencias: ángel, semidiós o fuerza consciente y creadora».

Además de buscar una integración contemplativa o proyectar su estado espiritual en los paisajes, imaginó, más directamente, paisajes del alma. Un ejemplo notable es «El fusilado», cuento en que lo decisivo no es la emboscada militar y la traición amorosa —la Revolución y Adriana—, sino la liberación del personaje inmediatamente después de morir, la vida nueva que se inicia en el «bendito instante que nos arranca el hombre ... bestia que aspira a ser alma». El cuento puede leerse como una fantasía de metempsicosis. En realidad es una dramatización sobre algunos motivos, muy obvios, de *Las Enéadas*. El alma narra su viaje astral. No sufre cuando recuerda sus días terrenales ni la orfandad de sus hijos porque «El espíritu puro tan sólo conoce la alegría», los blandos de corazón alcanzan la beatitud, los infames reencarnarán en especies inferiores; el pasado se va apareciendo «vivo y hermoso», lo mismo que el futuro. Una muerte que justificaba una vida:

«Y aquel mi apasionamiento excesivo que en el mundo me causaba martirios, y la censura de las gentes, aquí transformado en afán inmenso, me sirve para abarcar más eternidad ... Al ir descubriendo estos prodigios comprendí que no andaba muy descaminado en el mundo cuando sostenía conmigo mismo la tesis de la conducta como parte de la estatuaria; es decir, resuelta, grande, de manera que pueda representarse en bloques; acción que merezca la eternidad. Porque lo ruin y lo mediocre no subsisten; el asco o la indiferencia los matan.

»Los eternos incrédulos alzarán los hombros diciendo: ¡Bah!, otra fantasía. Pero pronto, demasiado pronto, verán que tengo razón. Descubrirán, como he descubierto yo, que aquí no rigen las leyes corrientes sino la ley estética, la luz de la más elevada fantasía».

Con todo, en 1919 no lo define la beatitud sino la tensión. Se ha liberado de Adriana pero no lo sacia la vida contemplativa. En momentos de desfallecimiento escribe sus «Himnos breves». En *La tormenta* recuerda que «hubiera querido aumentarlos hasta componer un volumen, porque sentía que era mi manera natural de expresión». En uno de ellos el hombre interroga a su alma y la encuentra vacía:

«Somos nada. Una sola mañana en los campos vale más que todo el diario vivir de los hombres.
»En la noche llena de estrellas hay más ternura infinita que en todos los corazones humanos.
»El cielo, la pradera, la montaña, el viento, la luz, todo esto en perpetua armonía y en perpetuo conflicto, significa más que todas las inquietudes de la conciencia. El yo es mudo, la Naturaleza es elocuente.
»Señor, somos nada. Danos fundir este pálido reflejo del mundo que es nuestra alma, en la esencia infinita de panoramas gloriosos. Y que la angustia nuestra se resuelva en el ritmo de júbilo que anima al cosmos».

Es el mismo afán de sus estampas de viaje, una voluntad inquieta e insatisfecha de absorción, olvido y paz. Por esos días da con una fórmula que había leído en Schopenhauer pero a la que impone significación distinta. Es la expresión más pura de la tensión en que aún vivía:

«¡Pesimismo alegre! Tal es la fórmula. Pesimismo respecto de la vida terrestre en todas sus formas. Horror de la vida social en todos sus arreglos malditos. Horror del cuerpo humano, que es modelo de ruindad y de absurdo. Horror de la vida de las especies: monstruo que vive de sí mismo, devorándose a sí mismo. Horror de nacer: accidente terrible que las antiguas religiosas califican de pecado. Horror de engendrar. Horror y asco de todo amor de sexos. Desdén y piedad de toda dicha meramente humana. Inconformidad aun con el más logrado y brillante de todos los destinos. ¡Horror del planeta! ¡Pesimismo del planeta! ¡Pesimismo de nosotros mismos, porque nuestra conciencia es una minúscula y el mundo es múltiple, infinito! Disgusto y horror tales, sí; pero de todo esto nace alegría.

»Alegría porque ya todo lo perdimos, porque ya nada nos detiene, porque si todo se va también todo es vano. Alegría porque en el fondo inescrutable hemos advertido un proceso de tránsito. Alegría porque en lo más revuelto del plexo hemos percibido un curso que sobrepone a los fenómenos: un ir que complace al corazón y se iguala con la fantasía. Una corriente libertadora. ¡Devenir estético y divino, nuevo y triunfante! Por todo el universo resuena, de todas las cosas se levanta, en todas las almas vibra. Pasa por el mundo como un gran himno de victoria».

La breve correspondencia que cruzaron Vasconcelos y Reyes en esos años confirma esta imperfecta aunque tenaz conversión plotiniana, y contiene una revelación sorprendente. Cuando «Ulises criollo» regresa a Ítaca-México se abre para él un hermoso futuro, un desenlace inusitado. El afán místico se resuelve y encuentra forma. El 16 de septiembre de 1920 —fecha más que simbólica—, siendo ya rector de la Universidad Nacional, Vasconcelos anuncia a Reyes sus proyectos. Mientras escribe, en su despacho los jóvenes Samuel Ramos, Eduardo Villaseñor y Daniel Cosío Villegas inician la traducción de la primera obra clásica que editaría la Universidad; no es difícil adivinar cuál: *Las Enéadas* de Plotino. La traducción parcial que finalmente editaría la Universidad era del propio Vasconcelos. La carta a Reyes lo retrata por entero:

«Amo la belleza, pero como un camino que conduce a Dios. El Camino, eso es la belleza, y me aparto de los creyentes al pensar que Dios es un ser que no se parece en nada a lo humano. Soy inhumano, no puedo amar lo humano, ni a los otros, ni a mí mismo; todos necesitan ser rehechos; porque todo esto que somos merece piedad pero no amor ...

»Ahora para mí el mundo no es más goce. Mi cuerpo todavía esclavo puede sufrir y a veces sufre, pero mi alma vive de fiesta. Esto, ya te digo, es la gracia que yo hallé por el triple camino del dolor, el estudio y la belleza. El dolor obliga a meditar; el pensamiento revela la inanidad del mundo y la belleza señala el camino de lo eterno. En los intervalos en que no es posible meditar ni gozar la belleza, es preciso cumplir una obra; una obra terrestre, una obra que prepare el camino para otros y que nos permita seguir a nosotros mismos».

La gran novedad está en el proyecto de obra pública que le insinuaba a Reyes, algo quizá no muy cercano al ideal de Plotino. Cierto, Plotino quiso construir una ciudad a la memoria de su venerado Platón, pero es problable que desde las alturas celestiales mirase con perplejidad los afanes de esa fugaz emanación mexicana que encarnaba José Vasconcelos. Habría condenado los desplantes nietzscheanos, el celo compulsivo con que su discípulo emprendería su «obra terrenal» y su excesiva contaminación política. Vasconcelos le habría parecido un filósofo demasiado «lleno de mundo». Pero la perplejidad mayor vendría en 1921: Vasconcelos convertido en el san Pablo de Plotino... en México. Su obra posterior no fue –no quiso ser– una obra política sino una arquitectura espiritual: una Enéada educativa.

Enéadas educativas

El sentido apostólico de aquella Secretaría de Educación es un lugar común. Era, claro, una empresa redentora, pero lo que interesa es averiguar el sentido personal de esa redención. A nadie se le ocultaba desde entonces el aliento religioso de la obra. Los discursos de Vasconcelos son explícitos. Busca que la Universidad «derrame sus tesoros y trabaje para el pueblo». Una educación intensa, rápida, efectiva, obra de «cruzados», de «fervorosos apóstoles» plenos de «celo de caridad» y «ardor evangélico». Alfonso Reyes expresó estos caminos de religiosidad mejor que nadie: «Con el tiempo se apreciará plenamente tu obra. Te has dado todo a ella –buen místico al cabo–, poseído seguramente de aquel sentimiento teológico que define San Agustín al explicarnos que Dios es acto puro ...»

Desde 1921 se oyeron voces disonantes que ponían en duda, no la justificación moral de la cruzada sino su eficacia práctica. Gómez Morin fue definitivo: Vasconcelos confunde la religión con la organización educativa.

Todo esto recuerda la definición weberiana de profeta y revelación: «Es el portador individual del carisma, renovador o fundador religioso que por virtud de un llamado personal reclama para sí la posesión de un mensaje enteramente nuevo e imperioso». La revelación profética, explica Weber: «envuelve, tanto al profeta como a sus seguidores, en una visión unificada del mundo ... Para el profeta, la vida del hombre y la de la tierra, los sucesos sociales o cósmicos, esconden un significado coherente... (La acción profética) conlleva siempre ... un esfuerzo por sistematizar todas las manifestaciones vitales en una sola dirección ...»

Es, sin duda, el caso de la fundación educativa de Vasconcelos. Pero ¿en qué consistía su mensaje? ¿Cuál era su revelación?

La verdadera novedad está en concebir la educación como ascenso, como palanca de la creatividad. Sólo con esta clave mística se entiende el lema de la Universidad: «Por mi raza hablará el espíritu». En cuanto a las formas de elevación, Vasconcelos es muy claro: «Las escuelas no son instituciones creadoras». Su verdadera apuesta está en los libros y en el arte:

«La moral la han hecho: Buda en los bosques y Jesús en los desiertos. La idea nace en la soledad o en la lucha; en la congoja o en la dicha, pero nunca en la quietud de las aulas. La luz, la fe, la acción, el gran anhelo de bien que conmueve a esta sociedad contemporánea ... se define en los libros; en los libros de nuestros contemporáneos y en los libros grandes y generosos del pasado: por eso un Ministerio de Educación que se limitara a fundar escuelas, sería como un arquitecto que se conformase con construir las celdas sin pensar en las almenas, sin abrir las ventanas, sin elevar las torres de un vasto edificio».

Vasconcelos desplegó una particularísima fe en el libro. Después de él, Moisés Sáenz, inspirado en Dewey, volvió a centrar la acción educativa en la escuela como un sitio en donde el niño aprendiera a socializar. Bassols y, antes que él, Lombardo, pugnaron por una escuela dogmática y doctrinaria. Vasconcelos confió en una redención silenciosa, anónima, diferida: el encuentro de un niño con un libro. Cosío Villegas lo dijo alguna vez con exactitud:

«Entonces se sentía fe en el libro, y en el libro de calidades perennes; y los libros se imprimieron a millares, y a millares se obsequiaron. Fundar una biblioteca en un pueblo pequeño y apartado parecía tener tanta significación como levantar una iglesia y poner en su cúpula brillantes mosaicos que anunciaran al caminante la proximidad de un lugar donde descansar y recogerse».

Pero ¿qué libros quiso editar y, en alguna medida, editó Vasconcelos? No fueron libros humanistas. No fuentes de crítica, sabiduría, escepticismo, humor, sino lecturas de revelación, de anunciación profética. El siglo XVIII casi no entraba en sus planes. No había piedad editorial para Gibbon, Hume, los enciclopedistas o Voltaire. Montaigne y toda su venerable genealogía grecolatina, con excepción de Plutarco, le parecían intrascendentes. Era inútil traducir su fórmula, «libros para leer sentado»; amenos, instructivos, pero incapaces de elevarnos. Los libros inmortales eran los que apenas comenzados nos impulsan a subir. «En éstos», escribe Vasconcelos, «no leemos, declamamos, alzamos el ademán y la figura, sufrimos una verdadera transfiguración.» «Libros para leer de pie [que] nos arrancan de la masa sombría de la especie», libros rebeldes contra todo humanismo, que «reprueban la vida sin por ello transigir en el desaliento y la duda». «La verdad», pensaba Vasconcelos, «sólo se expresa en tono profético» y conforme a este decreto ideó su programa:

«Se comienza con la "Ilíada" de Homero, que es la fuerte raíz de toda nuestra literatura y se da lo principal de los clásicos griegos, los eternos maestros. Se incorpora después una noticia sobre la moral budista que es como anunciación de la moral cristiana y se da en seguida el texto de los Evangelios que representan el más grande prodigio de la historia y la suprema ley entre todas las que norman el espíritu; y la "Divina Comedia", que es como una confirmación de los más importantes mensajes celestes. Se publicarán también algunos dramas de Shakespeare, por condescendencia con la opinión corriente, y varios de Lope, el dulce, el inspirado, el magnífico poeta de la lengua castellana, con algo de Calderón y el "Quijote" de Cervantes, libro sublime donde se revela el temperamento de nuestra estirpe. Seguirán después algunos volúmenes de poetas y prosistas hispanoamericanos y mexicanos; la Historia Universal de Justo Sierra, que es un resumen elocuente y corto; la Geografía de Reclus, obra llena de generosidad, y libros sobre la cuestión social que ayuden a los oprimidos, y que serán señalados por una comisión técnica junto con libros sobre artes e industrias de aplicación práctica.

»Finalmente se publicarán libros modernos y renovadores, como el "Fausto" y los dramas de Ibsen y Bernard Shaw y libros redentores como los de Tolstoi y los de Rolland».

El proyecto privilegiaba a cinco autores. Dos místicos antiguos: Platón y Plotino, y tres «místicos» modernos: Tolstoi, Rolland y —en el criterio de Vasconcelos— Pérez Galdós. Mientras que de Shakespeare —demasiado humano para cualquier moralista— se publicarían sólo seis comedias, de los tres visionarios modernos se editaría la obra completa en 12 tomos de cada uno. La de Galdós, por ser «el genio literario de nuestra raza ... inspirado en un amplio y generoso concepto de la vida». La de Rolland, porque «en sus obras se advierte el impulso de las fuerzas éticas y sociales tendiendo a superarse, a integrarse en la corriente divina que conmueve al Cosmos». Se editaría la obra de Tolstoi porque para Vasconcelos representaba la genuina encarnación moderna del espíritu cristiano.

La fundación de la revista *El Maestro* ilustra también este fervor de elevación libresca. En su primer número, Vasconcelos hace «Un llamado cordial» a escritores y lectores en el que propone a la revista como un evangelio. Aquí se expresa y perfila, con nitidez, el fundador del que habla Weber. Ha venido —advierte— para «voltear de raíz los criterios» con que se ha organizado la obra de gobierno.

«Convencidos ... de que sólo la justicia absoluta, la justicia amorosa y cristiana puede servir de base para organizar a los pueblos ... escribiremos para los muchos con el propósito constante de elevarlos, y no nos preguntaremos qué es lo que quieren las multitudes, sino qué es lo que más les conviene, para que ellas mismas encuentren el camino de redención.»

El Maestro se repartiría gratuitamente —«La verdadera luz no tiene precio»—. En sus páginas, los escritores prescindirían de la crítica y la vana búsqueda de notoriedad. Más que escritores serían arquitectos: «Seremos constructores hasta en la crítica». El envío final es casi un himno a Plotino:

«Publicaremos los hechos que interesan a la generalidad, las verdades que son la base de la justicia social, las doctrinas que se proponen hacer del hombre el hermano del hombre y no su verdugo, y daremos a conocer las expresiones de la belleza que es eterna y no de la belleza pueril que los hombres fabrican y las modas cambian. ¡Verdad, Amor y Belleza Divina, tal sea el lema radiante de los que en esta publicación escriban!»

Libros y revistas para hacer de cada niño, de cada lector, no un simple mortal sino un ángel, un semidiós, un Prometeo... un Vasconcelos.

La otra palanca educativa, imprescindible en un manto de redención estética, eran las artes. Vasconcelos decía entonces que había que hacer de cada escuela mexicana un «palacio con alma» para que los niños, pobres, descalzos y hambrientos, vivieran en palacios las mejores horas de su vida y guardaran recuerdos luminosos de su escuela. Se veía a sí mismo como un restaurador estético. En el estilo había que volver a la vieja tradición colonial, al siglo XVIII. Moralmente, los edificios escolares aspirarían a ser templos, como en el siglo XVI. A Diego Rivera se le encomendaron ciertas soluciones fundamentales para concluir el estadio que se construyó junto a la escuela Benito Juárez. La palabra construcción era clave: «Hagamos que la educación nacional entre en el periodo de la arquitectura».

La estética permeaba todo el proyecto. La educación de párvulos preveía la observación de la naturaleza, juegos y cantos, recitaciones, dramatizaciones y dibujo. (El «Silabario de San Miguel» —y cualquier otro silabario— estaba superado, podía esperar.) Muy ligadas a esta pedagogía estética están otras invenciones vasconcelianas: museos, conservatorios, orfeones, teatro popular, métodos indígenas para la enseñanza del dibujo. Dos ideas afines eran el aseo obligatorio —jabón y alfabeto— y la ocurrencia de que los niños escucharan música de Palestrina en la escuela. El teatro al aire libre que se escenificaría en el nuevo estadio tendría un papel estelar. Vasconcelos imaginaba fastos romanos: «un gran ballet, orquesta y coros de millares de voces», un arte colectivo que expresara los afanes de redención estética de la humanidad. En esos días pensaba que la ópera —con algunas excepciones, Pace Wagner— tendía a desaparecer. La música y el baile —recuérdese a Isadora Duncan interpretando a Beethoven— serían el arte unificado del futuro:

«Para comenzar a hacer algo en el sentido indicado, será necesario llevar al estadio, no la repetición de los géneros más gastados, sino los brotes más lozanos del arte popular, los sones originales, los trajes vistosos de donde han de surgir nuevas artes suntuarias, los bailes que crean música y líneas generadoras de belleza. La noción de este arte colectivo está ya diseñada en las conciencias, como lo aprueba el éxito que se obtuvo cuando mandé retirar de los festivales al aire libre las romanzas y solos, para substituirlas con coros y orquestas. Lo que es preciso hacer y lo único que falta es un lugar a donde pueda llevarse lo que produce el teatro y lo que produce el pueblo. Todo ello prosperará bajo la luz del Sol y al aire libre de este estadio, que la ciudad entera ha de ver levantarse como la esperanza de un mundo nuevo».

Este impulso entronca con el descubrimiento de México y lo mexicano que había nacido en plena Revolución con los poemas de López Velarde, la música de Ponce, los óleos de Saturnino Herrán y el afán de reivindicar, en palabras de Gómez Morin, «todo lo que pudiera pertenecernos: el petróleo y la canción, la nacionalidad y las ruinas». El súbito reconocimiento de las riquezas pasadas y presentes —piedad histórica, búsqueda de identidad, nacionalismo— no es obra directa de Vasconcelos, pero creció y se afinó con su impulso. El mejor ejemplo de esta confluencia es su reinvención de la pintura mural.

Hacia 1931, en el pequeño ensayo «Pintura mexicana», subtitulado «El mecenas», Vasconcelos pone en boca de Dios estas palabras:

«En el seno de toda esta humanidad anárquica aparecerán periódicamente los ordenadores: para imponer mi ley, olvidada por causa de la dispersión de las facultades paradisíacas. Serán mis hombres de unidad, jefes natos ... ¡Por ellos vence el ritmo del espíritu! Budas iluminados unas veces, filósofos coordinadores otras, su misión será congregar las facultades dispersas para dar expresión cabal a las épocas, a las razas y al mundo».

Para Vasconcelos, sin el *fait* de su plan, de la doctrina religiosa que —como intermediario de Dios— les había transmitido, los muralistas habrían quedado en «medianías ruidosas». Su éxito dependió de «la fidelidad con que supieron acomodarse al plan espiritual de aquellos instantes raros de libertad y creación ... Sin San Buenaventura y sin san Francisco no habría Giottos ni Fray Angélicos». En 1921 se había dado ese milagro. Su papel no era el de un mecenas nuevo, un nuevo Julio II, sino el de un iluminado, el portador de un ideal de *elevación* para quien ejecuta la obra de arte y para quien la contempla. Una vez más un motivo plotiniano: «... los que sirven orgullosamente a un ideal, se sobreviven; se trasladan al plano eterno ... Y en sus obras hallamos el temblor de las mismas manos que tejen y destejen la creación».

¿Cristiano a lo Tolstoi?

«Fui un Cristiano Tolstoiano.» Así definiría, en años de inminente reconciliación con el catolicismo, el sentido personal y religioso de su obra educativa. El motivo de servicio desinteresado al prójimo en la forma y medida que dictase la propia capacidad, fue sin duda auténtico. Esa dedicación, había dicho Tolstoi, era el mejor viaje a Tierra Santa. «En México», le escribe a Reyes en 1920, «hay ahora una corriente tolstoiana. Desgraciadamente la mayor parte de nuestros amigos no la entiende; son otros y generalmente los de abajo los que procuran cumplirla.» En la revista *El Maestro* hizo publicar en varias entregas una homilía de Tolstoi: el evangelio del trabajo según el sabio campesino Bondareff.

Su exhortación a los intelectuales para que se inscribieran como misioneros, refleja también motivos tolstoianos, con excepción de la última frase: «Es menester que el intelectual se redima de su pecado de orgullo, aprendiendo la vida simple y dura del hombre de pueblo, pero no para rebajar su propia mente, sino para levantarla junto con la del humilde».

Un tolstoiano más cabal, Antonio Díaz Soto y Gama, habla entonces de Vasconcelos como «de un vidente», y de los misioneros como encarnaciones de Cristo, maestros en la «moral práctica». El solo recuento de esa floración educativa parece confirmar también la vuelta piadosa al pueblo: escuelas de indios, técnicas y rurales; maestros ambulantes que bajo el brazo debían llevar el alfabeto, la aritmética, temas higiénicos, vidas ejemplares y canciones populares. Una vasta retribución moral al pueblo que, a su vez, parecía responder: había puntuales profesoras de nueve años, campañas en barrios y plazas, aulas improvisadas debajo de los árboles, generación espontánea de escuelas en sitios remotos.

Con todo, el «cristianismo tolstoiano» de Vasconcelos era más tolstoiano que cristiano y menos tolstoiano de lo que él pretendía. Usaba con frecuencia las palabras justicia, libertad, igualdad, pero lo hacía afectándolas con una excesiva consistencia ideal. En un ensayo publicado en 1924 que alcanzó cierta notoriedad, «La revulsión de la energía», retoma sus preocupaciones filosóficas y postula una interpretación monista del ser al amparo —textualmente— de «nuestro padre Plotino». En ella hay un párrafo que habría sublevado a cualquier cristiano, incluyendo a Tolstoi: «El fenómeno ético no es definitivo, sino un periodo intermedio de la acción humana. Una actividad limitada al hospital, a la casa de locos, al valle de lágrimas de esta vida terrestre ... "Ama a tu prójimo" no quiere decir precisamente "Socórrelo", quiere decir eso y algo más: quien sólo lo socorre practica la caridad, que es faena dudosa».

«La caridad es faena dudosa.» La moral no es más que la «estética de la conducta», una variante de la estatuaria. En esta doble creencia está todo Vasconcelos. Su propósito íntimo, personal, era desatar al país, «fugarlo» a un rango superior de existencia, a una «era estética» indiferente a los deleznables conflictos de la tierra en la que «no sólo las naciones, sino también los individuos, regirán sus actos, ya no por el móvil de la codicia y el odio, sino por la luz de belleza y amor, que es innata en los corazones».

Por momentos —tal es el secreto de su permanente profecía— Vasconcelos logró, en verdad, «levantar lo que había de divino» en la existencia de México. Pero sólo por momentos. Su empresa educativa falló, como fallaría finalmente su empresa política, porque en el conflicto entre dos actitudes —la humanística y la religiosa— en lugar de optar por cualquiera de las dos, las trastocó. Bien visto, su drama no fue muy distinto al que desgarró la vida de Tolstoi. Como él, Vasconcelos no trató de mejorar la vida en la tierra sino de reemplazarla por entero con una vida «más elevada». En ambos, el múltiple tejido de lo humano provoca asco (palabra clave en Vasconcelos), intolerancia e impaciencia. Por eso, como su madre, según narra al principio del *Ulises criollo* —y como Tolstoi—, detesta a Shakespeare. En la República estética de Vasconcelos no había duda, celos, traición, sensualidad ni humor. Habría un agostamiento —elevación, habría dicho— de la conciencia humana. Todos los hombres serían ángeles.

Pero no lo son. De haber sido un plotiniano cabal, Vaconcelos se habría desasido entera y alegremente de las miserias cotidianas y habría alcanzado una sostenida experiencia mística. Pero, como Tolstoi, era un místico de los sentidos, un imperioso místico extraviado por caminos terrenales. De ahí su desgarramiento y el desgarramiento de quienes lo quisieron o lo siguieron. Una y otra vez antepondría sin misericordia —pero de un modo que ferozmente lo comprometía— las leyes de su insaciable afán de absoluto, belleza y plenitud, a la vida de otros seres humanos, «demasiado humanos». Y a la suya propia.

En los momentos límite de su vida Vasconcelos no siguió el ejemplo de aquel otro místico extraviado por un reino que no era el suyo, y que en su tránsito practicó y predicó una virtud de valles, no de cielos ni de montañas: la caridad.

Visiones

De pronto, en algún momento de exaltación ministerial, en el viaje bolivariano a América del Sur o inaugurando alguna escuela, pensó

¿Por qué no? Platón, padre espiritual de Plotino, lo había prescrito: el filósofo debe ser rey. Vinieron a su memoria analogías históricas que lo justificaban: Vasco de Quiroga, Motolinía, Gante, el virrey De Mendoza, Revillagigedo, los intelectuales de la Reforma, Mitre; recordó a Andrés Bello, educador, escritor, gramático en el poder. Y nadie como Sarmiento: educador, fundador de la primera escuela normal de la América española (1824), autor del *Facundo* y de tratados de educación popular; viajero por gusto y por necesidad; estupendo autobiógrafo y biógrafo de héroes; gran sistematizador de teorías sociales, pero sobre todo un presidente constructor cuyas fundaciones comprenden centenares de escuelas, bibliotecas, observatorios astronómicos, jardines botánicos y zoológicos, parques, carreteras, ferrocarriles, inmigración, barcos, líneas telegráficas y hasta nuevas ciudades. Sí, un Sarmiento mexicano.

Antes de salir al exilio discurrió un antecedente más cercano, más cargado de significación. En su discurso final a los maestros en 1924 se refirió a él, de un modo casi explícito, como su anterior —pitagórica— encarnación: «¡Quetzalcóatl, el principio de civilización, el dios constructor, triunfará de Huitzilopochtli, el demonio de la violencia y el mal, que tantos siglos lleva de insolente y destructor poderío!»

No hay que confundir este exilio con el que siguió a su desastre electoral. En 1925 salía por voluntad propia, dueño de un crédito moral casi unánime y con la certeza de que, como Quetzalcóatl, regresaría. Por eso tuvo buen cuidado en acentuar esa filiación. Después de su labor educativa, a pesar de «los Calles» —y debido a ellos— el país entero reclamaría su regreso. La Revolución, con sus vuelcos y alternancias, no había terminado. Vasconcelos presentía su ascenso a la Presidencia casi como un acto de justicia estética.

De esa esperanza plena nació el viaje por los paraísos terrenales de Europa y Medio Oriente que describe en *El desastre*. De allí nació también su más desorbitada fantasía: *La raza cósmica*. Es el segundo momento profético en Vasconcelos, cuando el fundador se transforma en visionario. *La raza cósmica* no es una utopía. Es, en el sentido bíblico del término, una *visión:* un lienzo absoluto e irresistible del futuro. Al leerlo, Unamuno, que no era mal profeta, sonrió y dijo: «El gran fantaseador».

Una visión metahistórica. Junto con España —decretaba Vasconcelos—, la raza hispanoamericana había caído a abismos teológicos en Trafalgar. Mientras parecía que Dios condujese los pasos del sajonismo, la raza ibérica fragmentaba su geografía en pequeñas repúblicas y perdía su espíritu en dos extremos: el dogma y el ateísmo. Pero, por fortuna, el destino no deparaba la predestinación. Mediante una óptica racial típica de fin de siglo y no muy distante de las peligrosas alucinaciones de Spengler, Vasconcelos anuncia el designio divino: seremos la cuna de la quinta raza, la definitiva, que fundirá los cuatro fragmentos raciales que habitan el planeta. Cerca del Amazonas se levantará la ciudad eterna, Universópolis, allí los hombres vivirán transidos de amor y belleza. En el trópico, todos los aspectos de la vida se transformarán:

«... la arquitectura abandonará la ojiva, la bóveda y en general, la techumbre, que responde a la necesidad de buscar abrigo; se desarrollará otra vez la pirámide; se levantarán columnatas en inútiles alardes de belleza, y quizá construcciones en caracol, porque la nueva estética tratará de amoldarse a la curva sin fin de la espiral, que representa el anhelo libre; el triunfo del ser en la conquista del infinito. El paisaje lleno de colores y ritmos comunicará su riqueza a la emoción; la realidad será como la fantasía. La estética de los nublados y de los grises se verá como un arte enfermizo del pasado. Una civilización refinada e intensa responderá a los esplendores de una Naturaleza henchida de potencias, generosa de hábito, luciente de claridades».

Esta imagen extraña no tiene que ver con la arquitectura prehispánica sino, quizá, con la apresurada revisión de algún manual de hermetismo neoplatónico. Puede leerse ahora como un texto absurdo, pero Vasconcelos no lo escribió con una sonrisa. *Veía* el futuro imperio estético. ¿Cómo accederíamos a él?

No por designio, sino por emanación, por desbordamiento. Vasconcelos funde la ley comtiana de las tres etapas históricas con el evangelio ascendente del neoplatonismo y discurre su propia ley de los tres estados: el económico o guerrero, el intelectual o político y el espiritual o estético. El primero corresponde a la ley de la selva, trivial asunto para la balística y la economía (que Vasconcelos definió alguna vez como «la cocina de la inteligencia»). El segundo nivel corresponde —hay que suponer— al presente, la cultura occidental en su vertiente aristotélica: la tiranía de las reglas y la razón. El tercero no es otro que el alma plotiniana, cielo unánime donde la norma será la fantasía, la inspiración, el júbilo amoroso, el milagro de la belleza divina. «Los muy feos», advierte Vasconcelos con exclusión, quizá, de sí mismo, «no procrearán, no desearán procrear ... El matrimonio», repite varias veces en clave autobiográfica, «dejará de ser consuelo de desventuras ... y se convertirá en una obra de arte.»

Vasconcelos no acostumbraba hacer distingos. Desdeñaba el análisis, la deducción, «la microideología del especialista». Su misión era la inversa: «Descubrir en los datos una dirección, un ritmo y un propósito». Su inconveniente como visionario era que descubría en los datos no *una* sino *la misma* dirección, el mismo ritmo, idéntico propósito. En el fondo, concibió una sola visión y la trasmitió desde diversos ángulos. En la *Indología* define la filosofía iberoamericana como otra variación sobre el tema de la belleza: «Convertir lo físico al ritmo de la emoción y al propósito inmaterial». Es el viejo ideal hispanoamericano de Bolívar y Rodó, supeditado por Vasconcelos a su particular monoteísmo estético.

Hacia 1926 el vuelo místico toleró nuevamente, y buscó, instrucciones crecientes de realidad. Se renovó el motivo de su filiación maderista. En su mente, mágica antes que lógica o histórica, 1928 *era* 1910. Más que filiación, en Vasconcelos hay que hablar de encarnación maderista. Fetichismo casi: repetir el cuadro como una nueva y definitiva toma cinematográfica, dar una nueva oportunidad a la Revolución de 1910 para ser lo que pudo y debió ser.

De este resurgimiento maderista hay un testimonio anterior: una conferencia que Vasconcelos impartió en Chicago en 1926 en torno a la democracia en América Latina. Se trata, en el fondo, de una apelación *pro domo sua* al gobierno y la opinión norteamericanos, pidiendo un corte histórico en el apoyo a las dictaduras y una ayuda efectiva y respetuosa a los movimientos democráticos en el continente. Una defensa de la democracia que habría suscrito cualquiera de los grandes liberales de la Reforma. Es extraño, si se piensa en el Vasconcelos de los cuarentas, leer de su pluma frases como: «La República Restaurada es el único periodo decente de la historia mexicana». Lección de rigor republicano: su tema son los riesgos, las máscaras y los magros frutos del poder personal. Sin democracia —argumenta, por una vez argumenta, Vasconcelos—, el resultado es la dictadura militar o burocrática: el caudillismo latinoamericano o el predominio de una casta burocrática rusa. Su Envío —guiño a nuestros días— habla de la necesidad de una regeneración moral, pero la asocia directamente a un proceso de auténtica democracia: «Sólo es justo discutir y criticar a la democracia después de haberla instaurado».

¿Cómo conciliar a este discípulo de Stuart Mill con el dictador estético de *La raza cósmica*? Cambiando de lógica: de la aristotélica a la teatral. Todo confluía en un mismo ascenso hacia el desenlace: el admonitorio «volveré» de 1924, la certeza de encarnar la civilización frente a la barbarie, el turno histórico para un Sarmiento mexicano, el séptimo libro de *La República* de Platón, las visiones cósmicas, el ensayo de redención estética en la Secretaría de Educación y la legitimidad histórica proveniente del maderismo que volvía a encarnar. Con credenciales así, más allá de los inconvenientes transitorios de la realidad —cuestión de balística, política y economía–, Vasconcelos no concebía, en su fuero interno, posibilidades a la derrota.

Durante su exilio, desde su columna de *El Universal* había incitado permanentemente a una rebelión cívica. Había advertido los riesgos de una pérdida de identidad ante el avance sajón, tema que se le volvió obsesivo después de 1929. Había insistido en que México necesitaba un filósofo en el poder, un Buda iluminado. No sin desfallecer —por momentos dudaba del futuro y soñaba con un retiro en los Himalaya–, abonó semana tras semana el terreno de su candidatura. Y como no hay redentor sin apóstoles, contra ellos lanzaba, para templarlos, sus invectivas: «¡Qué triste es ver jóvenes carentes de pasión por lo inflexible!» Esos mismos jóvenes formarían meses más tarde sus únicos batallones.

Ningún redentor desdeña el misterioso poder del destierro, la ausencia que hace germinar la huella, y, más tarde, el súbito poder de una vuelta anunciada, puntual. Vasconcelos lo sabía –o lo sentía– y lo ejerció.

La pasión del 29

Su vuelta a la capital, su Domingo de Ramos, culminó con un discurso desde un balcón en la Plaza de Santo Domingo. Todo el sentido de su campaña está en sus palabras finales:

«... y recuerdo que hace muchos años, que hace tal vez mil años, pasó por aquí Quetzalcóatl, y vio a los aztecas como están hoy los mexicanos, divididos en veinte o en cincuenta banderías, aislados, dedicados al asesinato como ocupación nacional. Y entonces Quetzalcóatl quiso librar a la raza inculcándole la laboriosidad, poniendo en las funciones públicas hombres que tuvieran más amor al trabajo que al dinero y no quisieran otro dinero que el que fuera producido por el trabajo. Quiso enseñar a trabajar, a construir, porque sólo de esta manera se vencen las actividades de la destrucción. Pero el profeta fue entonces hostilizado por los mercaderes, fue perseguido por los fuertes y finalmente arrojado de la patria; y su doctrina se echó en el olvido, y siguió el festín caníbal, y siguieron ufanándose de su poder todos aquellos que lograban matar más mexicanos.

»Pero entonces apareció por los mares el castigo de la conquista. Y así hoy, nosotros, amenazados por otra clase de invasores más poderosos que aquéllos, nos encontramos con el festín de Huitzilopochtli, una vez más después de tantas, desde que nuestra pobre nación se apartó de la doctrina limpia de Madero, y la revolución ha venido fracasando porque asesinó a su nuevo profeta, porque aniquiló a la nueva encarnación de Quetzalcóatl.

»Yo siento en estos instantes como si la voz misma de Quetzalcóatl tratase de hablar por mi garganta y dijese a los mexicanos: "Es necesario que no usemos las armas unos contra otros, que nos entreguemos a las lides de la paz y del trabajo, que cese la matanza, que conservemos esta pobre sangre nuestra"».

Vuelta en un sentido múltiple. Con él, volvían los arquetipos del Prometeo mexicano: Quetzalcóatl y Madero. Un Quetzalcóatl moderno, un Madero culto. Gracias al plebiscito que realizaba por el país, el pueblo volvería a reaccionar como lo hizo con Madero, sólo que ahora de un modo definitivo. Vuelta como retorno al origen, a la legitimidad. Y vuelta también como reinicio, como una nueva posibilidad de «purificar a la Revolución», de volverla a su cauce.

El discurso revela también la naturaleza del programa de Vasconcelos. Ciertos fervores ideológicos —muy comunes en la actualidad pero muy poco conscientes de sus propias premisas metafísicas— lo considerarían inocente, insustancial. Pero Vasconcelos no sentía, ni tenía por qué sentir, la necesidad de inventar un programa alternativo a la Revolución porque ese programa —salvo en los capítulos de libertad religiosa— era el suyo. De ahí que su acento recayese en el factor moral: las conquistas de la Revolución no peligrarían con él; al contrario, la renovación moral que proponía era la condición misma de que esas conquistas, en efecto, se realizaran. Como sustento de su programa, Vasconcelos usaba honradamente una palabra extraña: honradez.

Una vuelta, un programa moral y un motivo más: Vasconcelos se refiere a sí mismo, quizá por primera vez, como un profeta. Es, en el fondo, el arquetipo al que aspira. Antonieta Rivas Mercado, la gran Valeria, quiere ver en él a Prometeo. Es un error comprensible: en momentos cruciales ciertos hombres habitan arquetipos que colindan en proporciones pero que son distintos. En 1929 Vasconcelos había dejado atrás a Prometeo. En su campaña habla muy poco de los beneficios del fuego. En la campaña, es una voz más grave la que habla.

Era su tercer momento profético. Primero, en 1921, inspirado en Plotino, había sido un fundador educativo, sombra disminuida de los grandes fundadores de religión. Después, extraviado todavía en *Las Enéadas*, fue el profeta visionario, el vidente. En 1929 Vasconcelos era ya un tipo distinto de profeta. Antonieta Rivas Mercado lo entendió así: «... a veces, sacudido por cólera potente, cuyo ejemplo ha de irse a buscar en los profetas terribles del Antiguo Testamento, atacaba, no a la fruta podrida que se desprendía de la rama sino la tibieza, la inercia de sus partidarios, incapaces de convertir en acto fecundo el anhelo cierto».

Durante la campaña no hubo más visiones estéticas. Hubo una súbita traslación del motivo de la belleza al motivo del bien. Uno a uno, conforme avanzan los signos ominosos de derrota, aparecen los tonos de profetismo hebreo: la violencia convulsiva, la sensibilidad al mal y la injusticia; indignación, agitación, angustia con los caminos equivocados de la sociedad; conflicto y tensión entre la realidad empírica y la concepción mística del profeta para quien el mundo es una totalidad provista de *un* sentido. El estilo áspero en que las palabras braman, queman. Isaías habla de la «filosa espada» de sus palabras. Para Valeria, las palabras de Vasconcelos caían en «frases desnudas, en ráfagas luminosas». Eran, según él mismo, «dinamita espiritual». Palabras perdidas, literatura profética.

No era sólo por un golpe retórico que Vasconcelos proclamaba: «Los Diez Mandamientos son mi programa por encima de la Constitución». Lo eran en un sentido profundo: su campaña era más admonitoria que programática: «Desgraciados los pueblos que no se cansan: desgraciados los pueblos que no saben volver cada día si es necesario a la defensa de sus derechos».

Vasconcelos no invita al país, no argumenta ni propone: emplaza. La suya es, por momentos, una campaña amenazante, como si oscuramente él se sintiese víctima de un engaño. Como si tras las palabras dijese: en realidad he decidido bajar de mi esfera mística a esta deleznable actividad humana, sólo a condición de que México se eleve y cumpla. Así reflexiona en *El proconsulado:* «Lo de la política representaba un deber del momento, pero, según mi destino profundo, no era otra cosa que una aventura, útil quizá para los demás, para mí peligrosa porque embrutece, empequeñece ...» Quizá por eso escribe en campaña su *Tratado de metafísica.* En cada sitio sella un pacto: «El país», advierte, «no jugará conmigo ... yo he vuelto a librar al pueblo y no a desempeñar una farsa».

Como en el Antiguo Testamento, su mensaje positivo es casi nulo. El crítico, en cambio, abarca muchos aspectos: el engaño electoral, el neolatifundismo de los generales enriquecidos por la Revolución, el saqueo a los bancos oficiales, la conspiración de Morrow —nueva encarnación de Poinsett—, el descastamiento. En lugar de inclinarse a sus escuchas, Vasconcelos les exige llegar a una octava demasiado alta. Se impacienta, por ejemplo, al confirmar que la misma gente que lo aplaude por la mañana acude en la tarde a una corrida donde torea un matador coludido con el callismo. Porque en su fuero interno sabe quizá que perderá las elecciones, ordena la reacción al fraude: la revolución armada, desde luego, y otras medidas contradictorias, semejantes a las de Gandhi: resistencia pacífica a pagar impuestos, a usar o manejar el transporte público, etcétera. Vasconcelos encarna entonces para sí mismo, más que nunca, no sólo la conciencia moral e histórica de México, sino la historia misma. México tiene en él, gracias a él, una nueva y última oportunidad de salvación: «Se juega tu destino, México». Vasconcelos o el abismo.

De nueva cuenta, su temple místico —fiero, magnánimo, inflexible— irrumpía en el pobre destino de personas «demasiado humanas». Y ocurrió lo natural: la gente empezó a morirse por esa causa. Su vehemencia profética había sido ya responsable indirecta de la muerte de un joven peruano en 1926 en Lima. Ahora lo rodeaba una generación de mártires potenciales: sus jóvenes apóstoles. Uno de ellos, Andrés Henestrosa, recuerda:

«Todos nos creíamos destinados al sacrificio, porque todos nos creíamos de limpio corazón inmaculado. Por eso abrazamos ardientemente el vasconcelismo; habíamos ido a esa lucha no a vivir ni a triunfar, sino a dejar en las barricadas de México y en el asfalto de México ... aquella existencia que sólo alcanzaba sentido si la sacrificábamos por lo que hay de más entrañable en el mundo: la libertad, que creíamos amagada».

Con la derrota electoral se abrieron tres opciones acordes con el temperamento de Vasconcelos y una imposible. Ésta es, quizá, la que mayor bien le hubiese hecho al país. Era la opción que le sugería Gómez Morin. Calles había institucionalizado el poder; en un sentido histórico, no mentía cuando en 1928 había proclamado el ocaso de los caudillos; el país entraría en un cauce pacífico e institucional a pesar del propio Calles; la revolución violenta era cosa del pasado. Gómez Morin vio con realismo inusitado este cuadro y pensó en institucionalizar a la oposición. Hubiese bastado una interpretación más humana y menos milenarista del vasconcelismo por parte de Vasconcelos: entender la campaña no como un fin sino como un principio, no como una vuelta —habían pasado 20 años desde el maderismo, una generación— sino como el esperanzado inicio de un poderoso movimiento civil. El sistema político mexicano hubiera nacido a la auténtica modernidad. Ese partido de oposición no hubiese requerido de apoyos eclesiásticos. Hubiese representado el ala maderista y liberal dentro de la Revolución. Gómez Morin fue el vidente, pero el profeta Vasconcelos, desdeñoso de todo lo que no fuese el absoluto, no lo escuchó. Miguel Palacios Macedo, uno de los hombres que con mayor fidelidad, valor e inteligencia apoyó a Vasconcelos, le pidió con sencillez y respeto: «Haga que esto dure». Pero Vasconcelos proclamó que él no era Gandhi.

Las tres opciones acordes con la sed de infinito eran: el milagro de una nueva revolución, el destierro del profeta o su muerte. Muy pronto fue claro que lo primero no ocurriría. Las condiciones objetivas, el agotamiento histórico, el relevo generacional, el azar, le arrebataron la posibilidad de reencarnar al Madero triunfante de 1911. Aunque emitió el «Plan de Guaymas» y siguió con precisión la ruta de Madero, le faltó la red subterránea de lealtades que el maderismo tendió entre 1908 y 1910, y mil elementos más. Biográficamente el hecho central es éste: aunque justificaría su destierro argumentando una infinita espera del estallido revolucionario, en su fuero interno contó siempre con la posibilidad de que, en efecto, no sucediese. Las verdaderas opciones eran, entonces, sólo dos: el destierro o la muerte.

El destierro tendría un enorme valor como aguijón histórico. «Prometeo encadenado» no por los celos de los dioses sino por la apatía de su propio pueblo. O, con palabras de Valeria, «encadenado a la dura roca, desde la cual sin reposo, veía hundirse en un abismo las manos que su fe alzara».

Un enorme valor, pero no un valor absoluto. Vasconcelos había guiado su vida de acuerdo con una frase de Plotino: «No ceses de esculpir tu propia estatua», y en la lógica de la estatuaria lo congruente no era el destierro sino la muerte. No el suicidio sino la muerte incierta en la lucha, o al menos el desafío a la muerte. Había exigido siempre a los demás el absoluto. Algunos habían dado ya —y darían— sus vidas: única ofrenda absoluta. Un nuevo Madero debía ser, hasta el final, fiel a Madero. ¿Lo sería?

La mejor evidencia de que Vasconcelos vivió este dilema como una *falta* con el absoluto, está en un párrafo de Andrés Henestrosa sobre «El final del vasconcelismo»:

«Llegamos a Mazatlán, y el plan era levantarnos en armas. Habían durante un año, de noviembre de 28 a noviembre de 29, predicado la rebelión de suerte que estaba en la obligación de tirarse al monte. Para eso no había hecho nada, no había comprado un cartucho, no había comprado una pistola ... pero una noche, la del 13 de noviembre, pareció que todo estaba arreglado. Tuvimos lo que él llamó un "consejo de familia"... en el hotel Las Olas Altas. "Por primera vez en la historia de este maldito país la inteligencia va a andar a caballo", repetía Vasconcelos. Yo estaba empeñado en que se muriera y le quise razonar la razón de que para él había llegado el momento. Me dijo: "Yo, Andrés, he gozado de la vida; he sido amante de la gloria, como dice D'Annunzio ... y con la muerte, durante los años de la Revolución, he jugado. De modo que para mí ya es hora". La frase final está en Martí, textual. Cuando Martí desemboca en 1895 en las costas cubanas, dice: "Para mi ya es hora". (Vasconcelos no lo había leído.) Quedamos, pues, en que al día siguiente en la mañana, nos levantaríamos en armas. Habían estado ahí Bouquet y un joven, Arámburu, que le había ido a ofrecer unas armas y unos hombres. A las cinco de la mañana yo desperté: me vestí en la oscuridad y esperé el llamado para salir a la Isla de los Chivos, que estaba cerca. Como nadie me habló, a las 7 fui a verlo y pregunté por qué no había estallado el movimiento, y me dijo: "Después que usted se durmió cambiamos los planes"».

«Para mí ya es hora.» Vasconcelos debió sentir el reclamo del sacrificio, única acción que en esa circunstancia, para usar sus palabras, «merecía eternidad». Si no como Martí, vencido por una bala anónima, hubiera querido morir quizá como el personaje de «El fusilado»: sin temor, risueño, desdeñando a la eterna mancornadora –la mujer o la política– y tras ella a toda la «evanescente realidad terrestre». Una muerte que dejaría a sus hijos como herencia permanente una imagen final: «su temple altivo». Una muerte heroica. Pero Vasconcelos no acudió. Esta vez él mismo era la víctima de sus exigencias de absoluto y arrastraría esta *caída* hasta su muerte, 30 años después.

Su pasión desmedida tuvo también, aunque él no podría nunca reconocerlo, consecuencias sonrientes, si no desde el punto de vista divino, sí en un plano más modesto: evitó el sacrificio inútil de una generación y resaltó la limpieza de su campaña. Si la historia fuese –como es improbable– maestra de la vida, deberíamos mirar a 1929 en busca de un testimonio de afirmación cívica y moral. Borrada la historia, o desvirtuada, queda la literatura. Cuando en 1929 Vasconcelos optó por vivir, México perdió a un santo laico, pero ganó una presencia más cercana y perdurable, más humana: la de un escritor.

La Antorcha de Amós

La vida de Vasconcelos es un largo tránsito por paisajes espirituales (libros, fundaciones, visiones, profecías, iluminaciones, exilios) y breves, desgarradas visitas a la tierra. Estas visitas terminaron en 1929.

En cierta forma, Vasconcelos no regresó nunca de su exilio. Como en «El fusilado», una parte suya murió y despertó liberada y alegre en una esfera distinta, en un cielo inmenso. Allí nace una extraordinaria veta espiritual cuyo análisis y descripción no intentaré. Baste decir que no ha sido vindicada como se merece. Es el Vasconcelos fiel al motivo plotiniano, filósofo y literato de la estética, la mística y las emociones. Ya no su vidente o profeta. Algo más modesto y profundo: su rápsoda, su pintor. Comienza quizá con algunos hermosos ensayos de *Pesimismo alegre* (1931). «Eros vencido», por ejemplo, casi un poema en prosa sobre las escalas del amor. O «Elogio de la soledad», prosa que colinda con el himno. Años más tarde vendría el encanto de algunos relatos en *La sonata mágica* (1933), las prodigiosas descripciones naturales en el *Ulises criollo* (1935), la historia de amor en *La tormenta* (1936), las estampas de viaje en *El desastre* (1938) y, quizá como remate del predominio plotiniano, un libro por momentos sublime: la *Estética* (1935). Vasconcelos dijo de ella: «Es la obra de mi vida».

Pero el tema de la belleza no podía sostenerse. Le faltaba esperanza. En «Las dos naturalezas», el cuento autobiográfico en que recuerda su identidad con la madre, el personaje alcanza, en su tristeza, a su padre. Ya maduro, está solo, y como él, «empujando la rueda sin descanso ni fin»: «Y si en tanto trance he podido mantener altivo y tranquilo el semblante es porque era él mismo quien se asomaba, contagiándome de serenidad ... compartí, reviviéndolas, aquellas horas en que mi padre se quedaba en una habitación oscura, sólo con la luz de su cigarro y entregado a la infinita melancolía de existir».

«Vasconcelos, este gran hombre, quiere morir», escribió en una carta que circuló en 1930 Romain Rolland. De esta tristeza y de la rebeldía frente a la injusticia de 1929 parte una segunda veta espiritual que recorrerá la obra de Vasconcelos en los años treinta y que, con mayor frecuencia que la corriente estética, aparecerá en la vejez.

Esta segunda disposición preside otra serie de obras escritas por Vasconcelos, sus «libros para leer de pie». «Un libro noble siempre es fruto de desilusión y signo de protesta.» Para Vasconcelos sólo cuentan los libros escritos para revelar «la terrible verdad» y «ésta sólo se expresa en tono profético, sólo se percibe en el ambiente trémulo de Catástrofe». A esta serie pertenece su labor en *La Antorcha* (abril 1931-marzo 1932) y *Bolivarismo y monroismo* (1934). Los cuatro tomos autobiográficos y *La breve historia de México* son también, en un sentido, literatura del pesimismo combativo. Conforme avanza la década de los treinta, este género vasconceliano desciende al panfleto y se renueva finalmente, antes de morir, con la publicación de *La flama* (1959).

Más que literatura es una veta que tiende a la taumaturgia, género que resalta las virtudes mágicas de cada palabra. En un ensayo titulado «El poder de la palabra», Vasconcelos escribe:

«Miramos los vocablos y los pronunciamos como el que juega con pólvora sin tener lumbre; como podría rodar entre filisteos la vara milagrosa de Moisés sin que nadie sospechara sus virtudes. Sólo la mano del profeta puede hacerla vibrar para conmover pueblos y sacar linfas de la roca. Así son las palabras. Sólo una alma conmovida y sincera les puede desentrañar el poder que se impone a los tiempos. Los profetas hebreos hablaron, removieron, pusieron en acción las palabras, y han pasado y se han hecho polvo faraones y emperadores pero el verbo de Israel sigue conmoviendo a los pueblos. ¡La verdad se expresa dentro de un torbellino!»

Este torbellino vasconceliano fue la revista *La Antorcha*.

En una carta a Teófilo Olea y Leyva escrita a mediados de 1933, se leen estas palabras dirigidas también a nosotros, lectores en 1983:

«Hay un Vasconcelos que debieran ustedes venerar, que les hará bien releer; un Vasconcelos que no podrán olvidar los mexicanos que mañana revisen esta sombría época nuestra y es el Vasconcelos de *La Antorcha* en su segunda etapa: *La Antorcha* de París y Madrid. *La Antorcha* de este Vasconcelos que a ustedes ya no les gusta, pero que alguna vez hará llorar, si no a sus hijos, por lo menos a sus nietos. Llorar de vergüenza, de impotencia; de vergüenza y rabia por lo que perdieron perdiéndome».

Es imposible, en verdad, leer sin conmoverse esos 13 números de *La Antorcha*, con su pequeño formato, el modesto papel, sus erratas en francés, los epígrafes continuos que son como recuadros de altivez: «A los que Dios ama, los castiga y los prueba», «La soledad es la patria de los fuertes y el silencio es su plegaria». En *La Antorcha* hasta los anuncios eran doctrinarios: «La Enciclopedia Espasa es tan buena como la británica y mejor que cualquiera norteamericana», «Eduque a sus hijos en castellano. La esclavitud comienza cuando se entrega el alma al idioma extraño».

Su objetivo explícito es claro y único: «Defender los intereses morales y materiales de Hispanoamérica», removiendo la «conciencia envilecida» de sus hombres. Revista de combate, su premisa es la lucha cósmica entre dos civilizaciones: la hispanoamericana —no tanto la latina— y la anglosajona. *La Antorcha* abre todos los frentes de lucha intelectual. Al hojearla sorprende que la imaginación halle tantos cauces. Su objetivo profundo es menos evidente: continuar un combate perdido en 1929, tomar venganza, cobrar cuentas, señalar responsables: atizar la memoria.

Una primera sección, «El drama hispánico», recogía y valoraba la información, por lo general exigua, proveniente de los países de habla hispana. Aplausos al movimiento estudiantil salvadoreño, opuesto a los empréstitos yanquis; alegría por la moratoria argentina contra los banqueros de Wall Street —gandhismo bancario—; reseñas elogiosas sobre novelas típicamente latinoamericanas, como *Doña Bárbara;* un apoyo irrestricto —que más tarde avalaría con emoción en *Bolivarismo y monroismo*— a la lucha de Sandino. Particularmente notable es su bienvenida a la República española. La publica junto con una lista de los intelectuales en el exilio; ve en ellos el espíritu de Pérez Galdós, defiende a Manuel Azaña y finalmente proclama que la República traicionaría su vocación más profunda si se desinteresara por Hispanoamérica. «España debe atreverse», es el título de su llamado más vehemente, aunque de una cepa liberal y republicana más bien dudosa:

«Confiemos en que esto de España es un comienzo. Confiemos en que España consolidará la República; la librará del peligro soviético, mediante un sincero reparto de tierras a los labradores. Y librándola de la amenaza bolshevista, la pondrá a salvo del peligro mayor, la dictadura con pretexto de reprimir al comunismo.

»Confiemos en que España resolverá su problema religioso, sin escuchar la voz de los protestantes que sufrirán si no ven que se desata en España otra carnicería como la de México. Confiemos en que España se librará de influencias ajenas y será ahora de verdad española. A los de América nos interesa la España europeizante. Amamos nuestra vieja España de los misioneros civilizadores. Y todavía recordamos que la libertad no es preciso ir a copiarla de Cartas políticas escritas en inglés. Nos llegó, nos formó, el decoro cívico de los viejos Ayuntamientos. Y este espíritu de Cortes y Asambleas municipales, produjo lo mejor que hay en nuestras tierras; la insistencia en la lucha por la libertad. La acción municipal acaba de manifestarse en la Metrópoli, bastante fuerte para tirar un reino. El Municipio castellano sobrevivió a la Monarquía, la derrocó. Éste es el mejor, primer mensaje, que la República puede enviar a los miembros todos de la familia dispersa en naciones. La República española no debe conformarse con ser un acontecimiento europeo; puede ser un acontecimiento de trascendencias raciales, mundiales. Sus ecos resonarán en Chile, en el Perú, en México y en Filipinas. Toda una raza despierta».

Además de seguir con atención la actitud de nuestros países frente al mundo anglosajón buscando las señales de una insurrección multinacional, intentó otros métodos de combate. Escribió sobre la invasión yanquizante de los rotarios, el mecanismo de los Racket, biografías de los banqueros de Wall Street. No sólo atacó el frente material: también el intelectual. En un artículo abordó «El mito Dewey», viendo en él al Morrow de la filosofía social, padre del ascéptico *«social worker»* que «hace un trabajo cerebral delante de situaciones que apenas alcanza a aliviar el corazón»; educador de Robinsones, no de Odiseos: «auténtica plaga intelectual».

En *La Antorcha*, Vasconcelos publicó esbozos de *Bolivarismo y monroismo*. Admitía, por ejemplo, que habíamos perdido el imperio terrenal. Pero nos quedaba el otro, vacante por la inanidad del pensamiento sajón. Había que imitar a los hebreos o los iberos, oprimidos por los romanos pero inmunes a su filosofía. «Tomemos del yanqui la máquina, no la metafísica.» Más allá de particularismos nacionales, apelaba al universalismo hispanoamericano. Había que construir, si no una raza cósmica, al menos una filosofía superior:

«¿Será imposible que nosotros, que no podemos hacer Imperio, no hagamos tampoco Metafísica?

»Padeceríamos entonces de doble suicidio. No viviríamos conforme a la carne, ni conforme al alma. En cambio, si acertamos a hacer filosofía, entonces, entonces ya podemos sonreír, porque contamos con el instrumento que derrota a los Imperios.

»En vez de acomodarse a la práctica, procurar regirla por la norma que nos viene de arriba, eso significa liberación desde Prometeo hasta el Gandhi. Y para nosotros el dilema es claro: o parias irredentos como el *fellah* egipcio, cuyas espaldas sin alma azota cada nuevo conquistador, o siervos temporales según el cuerpo; pero dueños del fuego sagrado, tesoro de espíritu que engendra el porvenir».

Todos los temas convergen en uno. Si su ascensión a la Presidencia de México en 1929 hubiese sido un acto de justicia cósmica, su derrota —obra del procónsul Morrow— debía ser también, por extensión, una derrota cósmica. Aunque, bien visto, no era Morrow quien lo había vencido, ni era él el derrotado. La lucha entre ambos era el eco tenue, el espejo platónico de otra lucha en esferas superiores, titánicas y permanentes: las civilizaciones.

En *La Antorcha* no había sátira al describir el plan imperial de dominio. Había escarpelo, frialdad descriptiva, el cuidado racional de quien interpreta y revela la estrategia enemiga. Son también páginas de combate en las que sobrevive aún el eco de la esperanza. Las visiones de *La raza cósmica* y la *Indología* transformadas en argumentos proféticos. Estos motivos desembocarán finalmente en *Bolivarismo y monroismo*, libro que traslada el espíritu y las enseñanzas de 1929 a toda la América hispana. En él Vasconcelos afirma con toda congruencia: «Sandino es el mayor héroe de los tiempos que corren».

La Antorcha reservó sus páginas de odio al referirse a México. La imagen de un México envilecido, esclavo de Wall Street, es el tema que recorre cada renglón, cada inflexión de la revista. A veces Vasconcelos comienza a hablar sobre Argentina o Cuba y una palabra lo desvía a su verdadero asunto: la doble tragedia de México: «la casta de constabularios corruptos» que lo gobernaba y el abyecto servilismo frente a los Estados Unidos.

Son páginas que no perdonan. Uno a uno desfilan los personajes de la traición. Primero los verdugos: una galería de callistas asesinos; páginas de Martín Luis Guzmán; Calles con sus varias denominaciones («El Turco», «La Plutarca», etcétera); el ejército mexicano, que en lugar de defender a la nación defiende a los «aventureros que legalizan el Pacto y garantizan propiedades de extranjeros», ejército de mercenarios contra su propio pueblo: constabularios.

Después de los verdugos, los amigos. Páginas contra los jóvenes universitarios que protestan contra la dictadura de Machado en Cuba pero olvidan el crimen de vasconcelistas en Topilejo. Para Vasconcelos, fuera de los libros de Martín Luis Guzmán, Blasco Ibáñez, Mariano

Azuela y el *Germán de Campo* de Bustillo Oro, «todo lo escrito en México en los últimos veinte años es tan mediocre y tan falso que se irá quedando, como ya está, entregado a las librerías de ocasión; lo que pasa con todos los libros que pagan los gobiernos». Perdida al final del número cinco, hay una daga contra su entrañable Alfonso Reyes, en la que Vasconcelos omite, por lo menos, la mención explícita:

«Y a propósito, *La Antena* que tan buenas colaboraciones posee en Panamá, ¿qué necesidad tiene de reproducir un triste discurso, en que, con pretexto de Virgilio, se hace la apología de la mentira agrarista de México y el elogio del rufián que la dirige?

»En Panamá, cuyo pueblo ha lapidado la Legación callista, no prenden esos engaños. Entendemos bien que *La Antena* misma ha sido sorprendida: vio en el rubro Virgilio y no imaginó la enorme capacidad del ingenio nuestro, cuando se complican la burocracia y la literatura. A fin de afianzar un empleo, a fin de evitarse la suerte que ya tocó al pobre González Martínez, se desprestigian y después ni se los agradecen. Pero yo, que conozco el alma limpia de los panameños, les indico este error que, llevados de su buena fe, han cometido; el error de servir con un órgano acreditado, de instrumentos para una propaganda vergonzante».

Después de los amigos, el pueblo, «la más resignada casta de cuantas habitan el mundo» (diría en *La tormenta*). *La Antorcha* contiene decenas de referencias crueles, irónicas, llenas de rabia y asco contra su propio pueblo, pueblo cobarde que pactó con la iniquidad: «Un pueblo que permitió cruzado de brazos, baja la frente, abyecto el criterio, las matanzas de Topilejo, se merece que le saquen de la bolsa las monedas, y el puntapié posterior».

La Antorcha es la monocorde y desgarrada escritura de un hombre que no olvida. No había sido derrotado. Había ganado «todos los votos». Una y otra vez repetía: «No fui yo quien desistió de la lucha sino todo un pueblo fatigado que no pudo hacer bueno el compromiso de pelear para la defensa del voto». Si a catorce millones de mexicanos «se les olvidaba el ultraje», Vasconcelos estaba «dispuesto a ser conciencia por los catorce millones y a tener honor por cuenta de los catorce millones de olvidadizos». El obsesivo tema del olvido:

«¡Olvidar el pasado! Sí se olvida el pasado cuando hemos cometido un error, pero cuando es un elemental deber de justicia el que está clamando, el olvido del pasado sería peor que la complicidad, porque sería la más baja de las cobardías. La justicia no tiene pasado. No corre el tiempo en asuntos de honor. Y la República no puede considerar liquidada una afrenta a su destino mientras sigan explotándola, vejándola, los mismos que se han burlado de su albedrío».

Para borrar toda huella del olvido, «pensó en llamas»: publicó una antorcha. Es la última floración de profetismo en Vasconcelos. Su tono ya no sólo recuerda a los profetas hebreos sino que perfila a uno en particular, el más sombrío: Amós. No es, como Isaías, meditativo y visionario; ni grave y doliente, como Jeremías. Es un pesimista inmisericorde. El único que profetiza *contra* su pueblo: «Escuchad esta palabra de Yahvé *contra* vosotros, hijos de Israel, contra toda la familia que hice yo subir del país de Egipto».

La voz del Señor se compara con el rugido del león a punto de caer sobre su presa. Amós se ensaña en la desgracia: «Ha caído, no volverá a levantarse la virgen de Israel». En Amós no hay perdón ni ternura: hay repugnancia. Como en Vasconcelos.

Al finalizar la década de los treinta, aquella antigua melodía plotiniana que paulatinamente se había remontado hasta la Biblia, calló para siempre. Vasconcelos se acercaba a sus sesenta años. Pero aún faltaba la derrota definitiva: el profeta contra sí mismo.

Antonio Caso,
el filósofo como héroe

> Entonces los hombres parecían gigantes.
>
> Antonio Caso

Ariete del Ateneo

Antonio Caso, autor de *La existencia como economía, como desinterés y como caridad,* fue desinteresado y caritativo con sus alumnos, pero económico con sus biógrafos. No escribió, como Reyes o Vasconcelos, páginas autobiográficas. Tampoco dejó en los archivos ajenos, como Pedro Henríquez Ureña, una vasta cátedra epistolar. Aunque escribió varios libros, su medio de comunicación natural fue la cátedra que sobre todas las ramas imaginables de la filosofía profesó por cerca de cuarenta años en la Universidad Nacional. Con todo, la singularidad de su estilo magisterial no favoreció y quizás inhibió, en sus muchos discípulos, el impulso a comprenderlo y estudiarlo como persona, no como dador de prestigio. Si bien existen trabajos apreciables sobre su pensamiento, hay muy pocos acerca de su vida. Vacío problemático en un hombre que solía predicar: «Iguala con la vida el pensamiento».

Nació con la era porfiriana, en 1883. Fue hijo del ingeniero de caminos Antonio Caso. Vivía en la colonia Santa María, donde llegó a formar una buena biblioteca con hermosas ediciones francesas. Un busto de Goethe presidía las reuniones que solían hacerse en aquel salón, «el propio templo de las musas» según Alfonso Reyes. Respecto de su temperamento juvenil contamos con un testimonio, cursilón pero valioso, de Isidro Fabela:

«Desde sus años mozos tenía entre nosotros, sus compañeros, el procerato del talento y la cultura. No sólo era pensador sino artista. Sus primeras manifestaciones artísticas las expresó en *versos románticos* que recitaba con labios temblones que acusaban sus sentimentales desbordamientos.

»Además de poeta era músico de admirable ejecución e interpretación, de gran hondura emotiva».

Antonio Caso

En 1906 Caso escribe un «Canto a Juárez». Ese mismo año concursa por oposición para la cátedra de historia que Justo Sierra había dejado vacante en la Preparatoria. Aunque la pierde, su naciente prestigio le vale un nombramiento de orador oficial en las fiestas patrias del 15 de septiembre de 1906. Caso tenía la bendición que todos los jóvenes buscaban en esos años: la «facilidad de palabra», fórmula de la época que abría todas las puertas: «había que ser orador», recordaba Alfonso Reyes, «orador a toda costa y sobre todo, es lo único que vale en la tierra».

El culto por la oratoria era uno de los vínculos formales de aquel porfiriato crepuscular con la fogosa aurora de la Reforma. Se veneraba el recuerdo de Prieto, Ramírez, Zarco y Zamacona. Pese a que tal vez se había olvidado el mensaje liberal, persistía su tono. De ahí esta página de Caso publicada en la revista *Savia Moderna* en marzo de 1906. Su título es «El silencio»; su tema, un elogio del no silencio, un canto a la palabra:

«Es, sin duda, la palabra, el más amplio de los símbolos estéticos del pensamiento. Más que las formas esculturales o pictóricas, más aún que el sonido musical, la frase reproduce los variados matices del espíritu ... gracias a ella, lo espiritual se materializa, lo indecible se define ... así como en el milagro eucarístico Dios desciende a la hostia que comulgan los fieles, así en la eucaristía de la palabra, el genio, ese dios, desciende al verbo y de ahí va a cumplir su éxodo redentor ...»

Ese mismo año Caso conoce al grupo de jóvenes que hacían la revista *Savia Moderna* y con quienes integraría, años más tarde, una auténtica guerrilla cultural: los humanistas dominicanos Pedro y Max Henríquez Ureña, el dogmático ateo Alfonso Cravioto, y varios bohemios irredentos: el arquitecto Jesús T. Acevedo y los poetas Ricardo Gómez Robelo, Roberto Argüelles Bringas, Rafael López y Manuel de la Parra. La presencia de Henríquez Ureña disipa emanaciones etílicas del grupo, y le da forma y profundidad intelectual. En oposición a la vida académica positivista —apolillada y reiterativa como el propio régimen— los jóvenes toman la calle y reinventan la conferencia. En vez del Evangelio según Comte, los rebeldes difunden el de Nietzsche. Muy pronto se incorporan otros: Alfonso Reyes, José Vasconcelos.

Hacia 1907 nace el proyecto que para Henríquez Ureña sería el verdadero definidor del grupo: una serie de conferencias sobre Grecia. Aunque no llegan a realizarlas, el gran esfuerzo de preparación marca por sí solo el renacimiento de las humanidades en México:

«Una vez», recuerda el escritor dominicano, «nos citamos para releer en común el *Banquete* de Platón. Éramos cinco o seis esa noche; nos turnábamos en la lectura, cambiándose el lector para el discurso de cada convidado diferente; y cada quien la seguía ansioso, no con el deseo de apresurar la llegada de Alcibíades, como los estudiantes de que habla Aulo Gelio, sino con la esperanza de que le tocaran en suerte las milagrosas palabras de Diótima Mantinea ... La lectura acaso duró tres horas; nunca hubo mayor olvido del *mundo de la calle*, por más que esto ocurrió en un taller de arquitecto, inmediato a la más populosa avenida de la ciudad.»

El primer periodo de aquel movimiento de liberación cultural fue una generosa apertura a todos los vientos de Occidente. De pronto, en el taller del arquitecto Acevedo, aquellos jóvenes deciden apropiarse de la cultura universal por la vía directa de la lectura imaginativa y desinteresada. Uno de ellos, José Vasconcelos, aduciría años después las ventajas de un latinoamericano culto sobre cualquier europeo: los franceses no leen a los ingleses, los ingleses desdeñan a los alemanes, los alemanes a los franceses. En cambio, un latinoamericano al margen del banquete puede tomar parte en él de modo tardío, pero más amplio y fructífero, más universal. Aquella tertulia lo confirmaba. Parecía, por momentos, una concertada borrachera de cultura:

«Nos lanzamos», escribe Henríquez Ureña, «a leer a todos los filósofos a quienes el positivismo condenaba como inútiles, desde Platón, que fue nuestro mayor maestro, hasta Kant y Schopenhauer. Tomamos en serio (¡oh, blasfemia!) a Nietzsche. Descubrimos a Bergson, a Boutroux, a James, a Croce. Y en la literatura no nos confinamos dentro de la Francia moderna. Leíamos a los griegos, que fueron nuestra pasión. Ensayamos la literatura inglesa. Volvimos, pero a nuestro modo, contrariando toda receta, a la literatura española, que había quedado relegada a las manos de los académicos de provincia».

La segunda etapa, acorde con la efervescencia política que desde 1908 vivía el país, fue de militancia cultural. No bastaba con asimilar privadamente la cultura universal, había que destruir la filosofía oficial y tomar el poder en la academia. Para esta empresa contaron con un aliado decisivo: Justo Sierra, el ministro de Instrucción Pública del régimen porfiriano, venerado maestro de historia universal y patria. En una velada en memoria de Gabino Barreda, Sierra sorprende a los jóvenes con una confesión pública que, en su caso, no era sino el arribo al puerto final del escepticismo, y que en los jóvenes se convirtió en punto de partida:

«Dudamos», había dicho Sierra, «en primer lugar, porque si la ciencia es nada más que el conocimiento de lo relativo, si los objetos en sí mismos no pueden conocerse, si sólo podemos conocer sus relaciones constantes, si ésta es la verdadera ciencia, ¿cómo no estaría en perpetua discusión, en perpetua lucha? ¿Qué gran verdad fundamental no se ha discutido, no se discute en estos momentos? ... ¿No basta esta especie de temblor de tierra bajo las grandes teorías científicas, para hacer comprender que la bandera de la ciencia no es una enseña de paz?»

Con semejante aval, Caso y Henríquez Ureña no podían menos que emprender la lectura de Bergson, Boutroux y William James. Su propósito era la total renovación de la filosofía en México, la puesta al día del país en una crítica que llevaba decenios de ejercerse en Europa, contra la ciencia y otros sueños de la razón. En 1909 Caso dicta una serie de siete conferencias sobre el positivismo. A fines de ese año, a instancias suyas, se funda el Ateneo de la Juventud. Durante las fiestas del Centenario, José Vasconcelos pronuncia un discurso célebre –«El credo del Ateneo», diría Henríquez Ureña– en que desacredita al positivismo. Para entonces, el acceso de los ateneístas al poder académico estaba prácticamente asegurado. Los sagaces «Científicos» orquestaban este acomodo. Caso y Henríquez Ureña debían dirigir la Escuela de Altos Estudios en la recién fundada Universidad Nacional. La Revolución, empero, cambió los planes.

Entre 1910 y 1914 los ateneístas activos sostienen una lucha en dos frentes: uno, el de los viejos positivistas que veían en la fundación de la Universidad un acto *contra natura* –es decir, opuesto a la ciencia, el orden y el progreso–; otro, el de la legislatura maderista, que criticaba acremente a la Escuela de Altos Estudios reprochándole su elitismo: «No son altos, sino bajos, los estudios que el país requiere». Los ateneístas –principalmente Reyes, Caso, Henríquez Ureña– no abandonan los altos estudios pero –golpe de sinceridad y audacia– discurren una vertiente de «bajos» estudios: en diciembre de 1912 fundan la Universidad Popular, primer momento en que la cultura mexicana adquiere carácter misionero, inaugural respuesta educativa a la realidad revolucionaria.

En 1914 el Ateneo se disuelve. La mayoría de sus integrantes se exilia y dispersa. Paradójicamente, 1914 es el año de su triunfo cultural. La Escuela Nacional Preparatoria adopta un nuevo plan de estudios elaborado en buena medida por Pedro Henríquez Ureña y en el cual las humanidades −la literatura y la filosofía en particular− vuelven a aparecer como materias obligadas. El movimiento de liberación cultural llegaba a su término precisamente cuando, fuera de las arcadas de San Ildefonso, otro movimiento de liberación, social e histórico, iniciaba su ascenso y su búsqueda.

A todo lo largo de aquella campaña, Antonio Caso fue un auténtico guerrero de la cultura. «Qué espíritu tan fuerte y tan sencillamente fuerte» era Caso, según palabras de Alfonso Reyes. Hombre de choque, «abanderado», orador de fuste en un ámbito donde las batallas se ganaban todavía a golpes de oratoria, el único capaz de encerrarse solo −como torero de la filosofía− con siete miuras del positivismo y salir en hombros. El imperturbable crítico Pedro Henríquez Ureña apreciaba estas prendas y la efectividad emotiva de Caso: «Es el más guiado por el instinto, entre todos nosotros, aunque por haberse enfrascado en el estudio es *también* el que más piensa en cosas elevadas ... el más entusiasmado».

Sin embargo, de la consistencia intelectual de Caso tenía opiniones menos elevadas en 1909. Admitía su «conocimiento seguro de la evolución del pensamiento europeo» y un «criterio independiente», pero señalaba otros rasgos que lo apartaban del rigor intelectual: «afectividad, sentimiento artístico, seducción del misterio»:

«La personalidad que ahora vemos en Antonio Caso es la de un amante de las cuestiones filosóficas, poseedor del abundante don de la palabra. Dos elementos que pueden ser antagónicos, se dirá; en efecto, en Caso el afán de precisión conceptual vuelve inelegante, iterativa, la frase, muchas veces; otras, el flujo verbal desvirtúa las ideas o las engendra falsas. Si el primer defecto es leve, hasta útil cuando se habla a públicos de espíritu lento, el segundo es grave. Para mí, gran parte de los errores que se deslizaron en las conferencias fueron hijos de esa censurable confianza en el poder verbal».

Las diferencias entre Caso y Henríquez Ureña nunca los llevaron al borde de una separación. La amistad de un crítico −solía decir el dominicano− es una bendición de los dioses. Seguramente Caso coincidía con él y aceptaba de buen grado aquellas críticas. Todos reconocían, por lo demás, la autoridad intelectual y aun moral del Sócrates del Ateneo. Aquellas diferencias, sin embargo, no eran accidentales ni se borraron con los años. Por el contrario, desde entonces revelaban la existencia de dos corrientes en el Ateneo, dos actitudes frente a la cultura: la religiosa y la humanística. Por mucho tiempo, un sector importante de la cultura mexicana se nutriría del juego dialéctico fruto de esas dos posiciones, representadas, cada una, por un par de exponentes ateneístas: José Vasconcelos y Antonio Caso, la primera; Pedro Henríquez Ureña y Alfonso Reyes, la segunda.

Vasconcelos llevaba libros sobre budismo a las sesiones de lectura. Era el representante de «la *filosofía antioccidental*, de la *filosofía molesta*». Antonio Caso abrazaba ecuménicamente toda la filosofía universal, aunque en lo íntimo lo sedujese el espiritualismo cristiano. En 1906 había publicado un pequeño ensayo en que describía poéticamente «la tesis admirable» del «muy grande y muy profundo Plotino de Lycópolis», pero la dotaba, por decirlo así, de un sesgo cristiano. Para Caso, Plotino no postula la contemplación de la belleza sino el ascetismo filosófico. Un año después, en su conferencia sobre Nietzsche, Caso exalta al filósofo alemán por revelar la cara dionisiaca de Grecia, opone a la voluntad de poder «una creencia más humana, más científica, más consoladora, la creencia que con su sangre y su carne vienen infundiendo hace muchas generaciones las madres cristianas a sus hijos». En octubre de 1909 publica en la *Revista Moderna* una serie de ensayos cuyo título definitivo habla por sí solo: «Perennidad del pensamiento religioso y especulativo».

Durante los siete años que duró la campaña humanística y antipositivista en su doble movimiento de apertura y ruptura, de asimilación y destrucción (de 1907 a 1914), la hegemonía correspondió a la corriente de Henríquez Ureña. Caso, el lector apasionado de todas las obras, el expositor brillante y claro de doctrinas y doctrinarios, el ariete, en el fondo era todavía un hombre en búsqueda de una definición vital, condición que no dejaron de explotar los seguidores de Henríquez Ureña. Uno de ellos señalaba, hacia 1914, la índole negativa de la obra de Caso: la sola destrucción del positivismo. Otro devoto del crítico dominicano, Julio Torri, «poseído del demonio» –según Reyes–, «humorista de humorismo funesto, inhumano», llegaría hasta la inhumanidad al describir indirectamente a Caso en un ensayo breve cuyo epígrafe –extraído de Bernard Shaw– lo decía todo: «*I don't consider human volcanoes respectable*».

Faltaba en Caso un camino positivo. La negatividad o el solo epicureísmo intelectual no lo definían ni lo satisfacían. Tampoco el saber por el saber. En términos filosóficos su postura era ecléctica y demasiado inclusiva: ponderaba el idealismo, el intuicionismo y el antiintelectualismo. Su religiosidad personal no hallaba aún salidas intelectuales. Tenía clara la necesidad de combatir la doctrina enemiga, pero su prédica no afirmaba con nitidez una nueva doctrina.

La política pudo ser una salida posible. El 2 de abril de 1909 Caso es el orador en la Gran Convención Nacional del Club Reeleccionista. Su discurso –según Henríquez Ureña– es lo suficientemente ambiguo como para dejar contentos a tirios y troyanos y salvar su relativa independencia. Un mes después aparece como director de *El Reeleccionista*, donde publica artículos en que, a un tiempo, duda de la democracia y propugna la libertad de opinión. Lo cierto es que, a diferencia de su amigo Vasconcelos –director, simétricamente, de *El Antirreeleccionista*–, Caso no tenía ambiciones políticas, y si las tuvo, al haber militado en favor del porfirismo las canceló.

El régimen porfiriano le hereda dos posiciones académicas: una cátedra de sociología en la Escuela de Leyes y un puesto como secretario de la Universidad. A defender con celo religioso la institución creada por su maestro Justo Sierra dedicará muchas batallas de su vida: contra los positivistas (1911), los carrancistas (1917), Vasconcelos (1923) y Lombardo Toledano (1934). Su primera polémica en defensa de la UNM fue regocijante. La sostuvo a principios de 1911 contra Agustín Aragón, el sumo sacerdote de la Iglesia Comtista Mexicana. Caso debió gozar su ridiculización del pobre don Agustín. Usando la piqueta se sentía en su elemento. Su artículo inicial comenzaba con este párrafo digno de Torri: «En la *Revista Positiva*, el silencioso e inadvertido órgano seudofilosófico del comtismo ortodoxo que con tenacidad tan admirable como infecunda dirige, edita, escribe y lee, trece veces por año, desde hace ya muchos, don Agustín Aragón, etc.»

Pero aquella polémica ocurrió todavía en tiempos de don Porfirio. Los años que siguieron hasta 1914 no fueron felices para Caso. Descartado para la política por sí mismo y por la propia política, acosado amable y amigablemente por los críticos del ala humanística, su vida no se perfila con claridad, ni siquiera en lo material o profesional. En la Escuela de Altos Estudios desempeña varias cátedras, cuyo único inconveniente está en que son libres, es decir, gratuitas. Aunque en 1913 funda la primera Facultad de Humanidades en la que Reyes, Henríquez Ureña y Caso dan, respectivamente, las clases de literatura española, literatura inglesa y estética, las puertas del templo mayor de la cultura –la Escuela Nacional Preparatoria– permanecen cerradas para el joven Caso. Cuando en 1913 muere Porfirio Parra, el más cercano discípulo de Barreda, su cátedra de lógica no la ocupa Caso sino Samuel García. El positivismo que mataba Caso, gozaba aún de buena salud.

Durante el régimen huertista Caso resulta efímeramente preso. Se opone a la militarización de la Preparatoria repitiendo a los cuatro vientos una frase de aquel furibundo y melancólico maestro del 98 español: Joaquín Costa: «Haced de cada cuartel una escuela, no de la escuela un cuartel». No le falta valor. En abril de 1913 redacta un artículo notable: «El conflicto interno de nuestra democracia»; en él describe, con claridad y pesadumbre, la condición a la vez deseable y utópica del ideal democrático. Ante el «apostolado político de Francisco I. Madero» (las palabras son suyas), Caso halla una justificación profunda en el quijotismo generoso e imperfecto de la Constitución del 57. Descubriendo a los liberales *se descubre liberal:*

«En este creciente derrumbamiento de hábitos y tradiciones que es una de las nobles características de nuestro tiempo, el gobierno tiene que ser democrático aun cuando fuere imperfecto ... Mientras nuestro pueblo no exija a sus gobiernos la práctica de instituciones liberales, las prescripciones del derecho serán ilusorias ... y el conflicto interno de nuestra democracia persistirá, en sus dramáticos efectos, nutriéndose constantemente de sí mismo».

Con todo, esta primera afirmación doctrinal y política no alivia la desdicha. Antes de salir al exilio, Reyes lo encuentra «solo y triste en una banca del zócalo junto al kiosko». Meses más tarde escribe al propio Reyes una de las pocas cartas que se han publicado y que refleja puntualmente el ánimo del joven Caso: llevaba años de ejercer, como solía decir, la *pars destruens,* sin hallar aún para su vida la *pars aedificans.* Se trata de un testimonio invaluable de Caso poco antes de convertirse en «el Maestro» Caso:

«A propósito de barbarie, no se ofenderá su acendrado patriotismo si le hablo de México ... esta parte de la América española es hoy un desventurado suelo de infamia y de muerte azotado por todos los vientos del odio e incapaz de nutrir a un pueblo libre. Vivimos un desquiciamiento infernal ... los estudios carecen de dimensiones, nada tienen que ver con un país en el que la barbarie cunde como quizá nunca ha cundido en nuestra historia ...
»"Celo sin fe" ... sí mi querido Alfonso, devoción sin entusiasmo, esfuerzos sin premio, es lo que ha de formar nuestra divisa, principalmente en los días aciagos de batallas y crímenes. Ser mexicano culto es una de las inadaptaciones más incuestionables del mundo, ¡qué remedio!

»Nuestro grupo se ha disuelto ... yo, solo, completamente solo. Hube de vender a la Biblioteca Nacional parte de mis libros para poder comer. Tengo una hija más que no pongo a disposición de usted ni de nadie y extraño sobremanera nuestros días de largas charlas fáciles, nuestros bellos días de la dictadura porfiriana "a mil leguas de la política" ... aquellos días de pláticas deliciosas y "libres discusiones platónicas"».

En 1914, con la reforma a los planes de estudio en la Preparatoria, Caso inaugura sus cátedras de lógica e historia de las ideas filosóficas. Pero la sensación de soledad no lo abandona. Es cotidiana y cierta. Durante los últimos días de Pedro Henríquez Ureña en México, a mediados de ese año, los dos amigos —el crítico y el orador, el humanista y el filósofo— se sentían «en la cúspide de una pirámide de escombros». «Pobre de nuestro Antonio», lamentaba Reyes desde el exilio, «aquel corazón de oro, aquella sabiduría, aquel entusiasmo intelectual, aquella gracia, aquella elegancia.»

«El Maestro» Caso

1915. Año límite del huracán revolucionario. Villistas, zapatistas y carrancistas dirimen sus diferencias a balazo limpio y no tan limpio. Es la guerra civil, la anarquía, el caos. La ciudad de México, siempre tan obsequiosa con el vencedor cualquiera que éste sea, es ahora una doncella maltrecha a la que nadie respeta. Faltan víveres, carbón, agua, luz. En las esquinas se forman democráticas colas para comprar los alimentos indispensables. A lo lejos, en las faldas del Ajusco, aparecen por la noche las teas amenazantes de los zapatistas. El traqueteo de los máuseres y carabinas es ya parte del concierto cotidiano. Sin duda, pensaría Caso: «vivimos un desquiciamiento infernal».

Pero ese mismo año de 1915, en el ojo del huracán, el filósofo de 33 años descubre una gran novedad: cuenta con un público devoto. En enero, a instancias de José Vasconcelos —efímero ministro de Instrucción Pública del gobierno convencionista—, los profesores y alumnos de la Preparatoria eligen a su director por sufragio universal y directo. La votación favorece a Caso por amplia mayoría. A partir de ese momento y hasta 1920, Caso se convierte en el profesor absoluto de aquella pequeña comunidad cultural y académica. En la Preparatoria da clases de psicología, lógica, ética; en Leyes, de sociología; en Altos Estudios enseña historia de los sistemas filosóficos y un memorable curso de estética. Ese mismo año salen a la luz sus dos primeros libros: *Problemas filosóficos* y *Filósofos y doctrinas morales*. Al leerlos, Henríquez Ureña escribió a Reyes: «Caso, tres notabilísimos artículos sobre política en su último libro. Es escritor». A lo que Reyes respondió, no menos convencido: «Sí. Caso llegará a ser escritor sumo por la cantidad de espíritu divino que tiene».

Quien mejor percibía la irradiación de ese «espíritu divino» era la nueva generación de discípulos que lo seguía devotamente. Vicente Lombardo Toledano, Manuel Gómez Morin, Alfonso Caso, Daniel Cosío Villegas, son sólo algunos nombres destacados entre una cauda de muchachos que antes de franquear los 20 años recibían el bautizo intelectual por la palabra de Caso.

El sermón que selló el pacto entre el pastor y su grey fue una serie de conferencias sobre cristianismo que Caso dicta hacia el invierno de 1915, en un recinto de la Universidad Popular Mexicana situado en la Plaza del Carmen. En aquel ciclo, Caso ofreció a su auditorio una síntesis del cristianismo a la manera de Carlyle, siguiendo la biografía moral de 10 héroes del cristianismo: san Juan Bautista, el precursor; san Pablo, el apóstol; san Agustín, el padre de la Iglesia; Carlo Magno, el rey medieval; Gregorio VII, el papa más grande de la historia; Francisco de Asís, el «místico dulce y seráfico de las bienaventuranzas»; Lutero, el reformador; santa Teresa, la «santa» por antonomasia; Pascal, el jansenista, y finalmente el santo del anarquismo cristiano: Tolstoi. Dejemos a Daniel Cosío Villegas el relato de aquella procesión de discípulos y héroes:

«... llegábamos partiendo de la Escuela Nacional Preparatoria, y como solía faltar la luz eléctrica, nos alumbrábamos con velas de estearina cuya débil flama protegíamos con la palma de la mano. El aspecto del salón resultaba tétrico, pues con el propósito de ahorrar velas, sólo quedaban encendidas dos, pegadas sobre la mesa a uno y otro lado del conferenciante. No veíamos, pues, sino el rostro de Caso, y eso como si estuviera labrado a hachazos, tan brutal así resultaba el contraste de la luz y la sombra, y veíamos también, sólo que fugazmente, una mano, si llegaba a atravesar la reverberación de la vela. Miré y escuché a Antonio Caso mil veces más dando sus clases en condiciones enteramente normales, y por eso puedo estar seguro de que aquellas de la Universidad Popular no desmerecieron de ninguna otra».

En Altos Estudios el público de Caso rebasaba con mucho al ámbito estudiantil. A su curso de estética acudían damas de sociedad y otras damas, lo mismo que la comunidad artística en pleno: Saturnino Herrán, Ramón López Velarde y Enrique González Martínez fueron discípulos puntuales de aquellas homilías. La cátedra de historia de la filosofía no era menos concurrida ni brillante. Todo en Caso era carismático: su melena romántica, el mentón que sugería firmeza, y los ojos: misterio y penetración. Para fortuna nuestra contamos con un testimonio de primera mano en que Concha Álvarez –profesora normalista– recuerda una deslumbrante lección de Caso, compendio de conocimiento, oratoria y actuación:

«Se hizo el silencio expectante. Empezó a hablar el maestro. El tema del día era Sócrates. Ante nuestros ojos asombrados resucitó la sociedad fastuosa y refinada de Atenas, la ciudad llena de las obras de arte más grandes de todos los tiempos.

»En ese ambiente situó a Sócrates. "Feo", chato, ventrudo, allí donde todos los hombres eran hermosos. Recorría las calles de Atenas inquietando los espíritus de sus conciudadanos con preguntas capciosas: ¿Qué es el bien? ¿Qué es la virtud? ¿Es una ciencia? ¿Se puede enseñar?"

»"Los atenienses se irritaban, sentíanse lastimados, confundidos. La ironía de Sócrates rompía la cáscara de su vida fácil, les preocupaba. Y Atenas empezó a odiar al terrible dialéctico ..."

»Y así continuó la cátedra, hasta la muerte del filósofo, que describió según la célebre *Apología* de Platón: "Sentí que mis lágrimas corrían en abundancia y me cubrí la cara con el manto para llorar sobre mí mismo. Pues no era la desgracia de Sócrates la que lloraba sino la mía, al pensar en el amigo que iba a perder".

»Terminó la clase. Nadie se movió de su asiento. Un silencio recogido, emocionado, siguió a sus últimas palabras. Fue después, pasada un poco la emoción, que estalló el aplauso».

Casi sesenta años después, en una tranquila cerrada de la colonia Hipódromo, otra discípula fiel guardaba celosamente los cuadernillos en que había tomado palabra por palabra, aliento por aliento, con minúscula letra, el Evangelio según Caso. Era Palma Guillén, la primera maestra en filosofía graduada en México. El historiador aprendiz que llegó a importunarla hojeó aquellos manuscritos y sintió que de algún modo mágico compendiaban toda la filosofía.

Ahora bien, ¿en qué consistía el mensaje de Caso? ¿Cuál fue el secreto de su carisma y cuál su hallazgo personal e intelectual? La clave está en un breve ensayo de Ramón López Velarde sobre Caso publicado en aquel año caótico de 1915: «El licenciado Caso ha socorrido muchas miserias, ha acrecentado muchos caudales ... Encarece la comprensión total de la existencia por la razón y por los complejos sentidos ocultos. Trabaja para la comodidad de la vida interior».

Había quedado atrás la aniquilación del positivismo. Ahora la única realidad visible era el incendio destructivo y renovador que se propagaba por todo el cuerpo social: ideas, hombres, instituciones. En esa circunstancia no cabía ya la huida al exterior. Por lo demás, la guerra mundial suponía un aislamiento forzado. El único movimiento posible en aquella atmósfera cultural era la inmersión, no la evasión o el exilio interno –que sólo algunos epicúreos construyeron frágilmente–. «Tuvimos que buscar en nosotros mismos», recuerda uno de los discípulos de Caso, «un medio de satisfacer nuestras necesidades de cuerpo y alma. Empezaron a inventarse elementales sustitutos de los antiguos productos importados.»

No es casual que en esos días el poeta consentido de la juventud fuese Enrique González Martínez. Su poesía, aunque por momentos sensual o llena de dolor, era una incitación panteísta «a buscar en todas las cosas un alma y un sentido ocultos», poesía que invitaba al recogimiento y la meditación, a la búsqueda de senderos ocultos y reinos subjetivos. «El camino eres tú mismo ...», predicaba González Martínez. Su obra era un principio de orden íntimo y reconstrucción espiritual en el ámbito de un mundo en caos.

A esta poesía de intimidad y repliegue correspondió, en la filosofía, la prédica de Antonio Caso. Desde 1906 había explorado sus propios senderos ocultos y afirmado, con timidez, su religiosidad. Pero la circunstancia de 1915 tenía que hacer aflorar, por natural oposición, su cristianismo personal. En un primer momento concuerda con González Martínez: «El mundo», escribe en enero de 1916, «existe para el perfeccionamiento de cada existencia humana individual». Y Caso predica con los mismos tonos: «Vuelve a ti, sé tu mejor tesoro. El mundo es la gran ilusión concomitante a tu realidad espiritual: es uno de los aspectos del espíritu. Saliste ya a la vida y sólo hallaste en ella motivos suficientes para creer que nada hay más grande que tu propia conciencia».

No obstante, al final del recorrido por su «jardín interior», lo que Caso encontró no fue un símbolo –la hoja desprendida, el búho sapiente– sino un pozo de piedad cristiana. De pronto, recordando las vidas de Francisco de Asís o de Tolstoi y confrontándolas, tal vez inconscientemente, con la violenta circunstancia de 1915, Caso vio en el cuadro mexicano una metáfora de la condición humana: *la existencia como economía y como caridad*. De esa metáfora nació su libro esencial, editado en 1916.

Dos epígrafes resumían el contenido. «*Struggle for Life*», de Darwin, y una cita de Pascal: «Todos los cuerpos juntos, todos los espíritus, y todo lo que juntos crean, no valen el menor movimiento de caridad».

Es el instante central en la vida de Caso, el tronco de su *pars aedificans*. El mundo se le aparece —resabios comtianos— como una escala de tres niveles ascendentes. El primero es el de la economía y el egoísmo, el fondo fisiológico de la vida: «Vivir y luchar son sinónimos. La vida, en su economía, es un triunfo alcanzado sobre el medio, sobre el enemigo o sobre el semejante».

Al ámbito de la economía pertenecen no sólo los afanes de supervivencia, también los de conocimiento. «El ideal económico de la ciencia puede ser más sutil, más humano, menos animal, pero es siempre egoísta.»

En un segundo nivel está el arte. Siguiendo claramente a Schopenhauer, Caso explica cómo el arte rompe la ley del menor esfuerzo en un movimiento de desinterés innato, inexplicable, con reglas económicas. Pero el nivel más alto de humanidad, por encima incluso de la fe y la esperanza, correspondía a la más antimexicana de las tres virtudes teologales: la caridad. Hablando de ella, incitándola, Caso llegaba al arrobamiento. La verdadera esencia del cristianismo estaba en el amor proyectado fuera de sí mismo, en el *ser activos* y *perfectos*, ser todo *in actu*, nada *in potentia*, en realizarse como abnegación. El párrafo final del libro resume el espíritu misionero de Caso y su mensaje a un mundo cuyo único dato fehaciente era el dolor:

«Lo que aquí se dice es sólo filosofía, y la filosofía es un interés de conocimiento. La caridad es acción. Ve y comete actos de caridad. Entonces, además de sabio, serás santo. La filosofía es imposible sin la caridad; pero la caridad es perfectamente posible sin la filosofía, porque la primera es una idea, un pensamiento, y la segunda una experiencia, una acción. Tu siglo es egoísta y perverso. Ama sin embargo a los hombres de tu siglo que parecen no saber ya amar, que sólo obran por hambre y por codicia. El que hace un acto bueno sabe que existe lo sobrenatural. El que no lo hace no lo sabrá nunca. Todas las filosofías de los hombres de ciencia no valen nada ante la acción desinteresada de un hombre de bien».

Que se trataba de un hallazgo personal es un hecho que atestiguan varios escritos suyos de esa época. «No debe hablarse de teologías sino de religiones, y más bien que de religiones, de religiosidad personal», decía Caso repitiendo a James. Una vez encontrado, Caso difundió

–en la cátedra, los libros o el periódico– el viejo mensaje de piedad y humanismo como único camino de salvación, ya no sólo para México sino para el mundo:

«El remedio de nuestra situación contemporánea no puede surgir sino del fondo de la conciencia humana; ha de surgir de una consideración religiosa, de un ímpetu cristiano interior y profundo, del desdén por la civilización fundada en la exterioridad, el industrialismo y el militarismo, del amor sincero al semejante ... de todo lo que condensan, en fin, dentro de su simplicidad divina las sentencias evangélicas: *la salvación está en vosotros. Mi reino no es de este mundo*».

Cierto: Caso dio cátedras de filosofía, no de religión. Pero la tensión que presidió todas ellas no se explica más que como un acto de religiosidad; un acto, precisamente, de desinterés y caridad.

Ideólogo de México

1921. Año de la reconstrucción nacional. Pocos recuerdan o quieren recordar el pasado inmediato. En política internacional o en economía, en educación o en obras públicas, la idea no es el borrón sino la cuenta nueva. El gobierno festeja el centenario de la consumación de la Independencia y realiza las primeras dotaciones agrarias. Los pozos petroleros alcanzan una producción sin precedente. Con el triunfo de los sonorenses nadie ponía en duda que *la* Revolución –no importa contra qué otra revolución– había triunfado.

Un flamante y avasallador caudillo intelectual llegó a la escena: José Vasconcelos. Su propuesta era, en el fondo, tan mística y activa como la de Caso, aunque en sentido inverso: de apertura y extroversión. Para aliviar los males de su tiempo, Caso había predicado una vuelta a los orígenes cristianos. Para cantar a la época que se inicia, Vasconcelos recoge los elementos que desde 1915 habían aflorado en la pintura de Herrán, en la música de Ponce o en los poemas de López Velarde, y en un golpe de intuición estética propone un nuevo evangelio para la cultura, la academia y la educación: el evangelio de México.

Antonio Caso no desaprueba la novedad de la patria y el vasto programa de Vasconcelos, pero tampoco lo secunda con demasiado entusiasmo. Al crearse la Secretaría de Educación Pública, Caso es elegido por unanimidad, otra vez, rector de la Universidad. Aunque en 1922 acompaña triunfalmente a Vasconcelos por su gira latinoamericana y en ella conquista nuevos auditorios con discursos bolivarianos, el mundo en torno le era extrañamente ajeno: demasiada positividad, demasiados paraísos terrenales. Caso se refugia en la Universidad, a la cual Vasconcelos no concede importancia ni presupuesto: «Para Caso», escribe el ministro a Alfonso Reyes, «la Universidad debe ser una institución de brillo, destinada a conceder borlas doctorales y títulos honoríficos. Toda iniciativa de trabajo, de verdadera enseñanza, de servicio real era [para él] impropia y hasta absurda».

Estas palabras son posteriores a la renuncia de Caso como rector en 1923. Es obvio que ambos entendían cosas distintas cuando se hablaba de «verdadera enseñanza» y «servicio real». A juicio de Caso, Vasconcelos había atropellado de varias maneras la autonomía universitaria por la que Caso había luchado en 1911, y con mucho mayor denuedo y dificultades, en 1917, contra la legislatura carrancista. Los detalles del distanciamiento entre ambos —en el que Vicente Lombardo Toledano desempeñó un papel central— son muy conocidos y quizás intrascendentes. Lo importante es recordar las razones de Caso: «Mientras la Universidad Nacional no recobre su autonomía y deje de ser juguete de las arbitrariedades ministeriales, la educación pública seguirá redondeando su fracaso. Se acusa a la Universidad de que "no es digna de ser libre" ... ¿Cómo puede ser digna si no es libre?»

Sin embargo, a partir de entonces, en términos políticos y en términos psicológicos, Caso se refugió definitivamente en la Universidad. Era el coto privado que reproducía la circunstancia de 1915. En la Universidad podía seguir ejerciendo su sacerdocio cultural como catedrático y como valladar ante un Estado pujante y nuevo que de modo natural trataría, una y otra vez, de neutralizar la autonomía. En la Universidad pudo seguir siendo, siempre, el ariete y el maestro.

Pocos meses después de la renuncia de Caso se inició el movimiento delahuertista, llamado revolución por sus actores y revuelta por el gobierno y por la historia. Aquella enésima proyección de la vieja película mexicana suscitó en Caso una reflexión sobre la historia del país. No cabía, como en 1915, la prédica caritativa. La violencia de 1923 no era ya una violencia social sino una puramente facciosa. En 1915 la Revolución había tenido un elemento de redención por el dolor, pero ¿cómo explicar el nuevo estallido cuando la propia Revolución había triunfado? Caso intentaba un balance histórico en un momento de confusión pública y redefinición personal: acababa de cumplir 40 años.

Si *La existencia como economía y como caridad* caracteriza autobiográficamente la religiosidad cristiana de Caso, el libro *El problema de México y la ideología nacional* (1924) revela su actitud laica y liberal. El conjunto de ensayos está dedicado «A México, con mi filial amor». Tres temas predominan en él: una mirada por la historia mexicana, la evocación de sus mejores hombres y un llamado profético al país para «hacerse valer».

De Justo Sierra, su maestro de historia y su padre intelectual, Caso había aprendido que la historia «es, a un tiempo, simpatía y libre examen, severa dilucidación de acciones humanas y caridad para los desfallecimientos de las gentes; escepticismo y bondad». Esta lección, aunada a la severa experiencia revolucionaria, guió la mirada de Caso. Todos los hechos, por lamentables que pareciesen, debían tener una razón y un sentido.

El problema de México era un problema de destiempo y *bovarismo* (soñarse diferente de como realmente se es). Nuestra historia −decía Caso− no avanza de modo concertado, sino a través de saltos violentos. En el origen de cada salto está siempre un conflicto insoluble entre la *imitación extralógica* de valores deseables de otras naciones y la pertinaz realidad mexicana que se resiste a adoptarlos.

«¿Culpa de quién?», pregunta Caso: «de nadie; de la fatalidad histórica que nos refirió a la cultura europea, desde el Renacimiento, y que nos hace venir dando tumbos sobre cada uno de los episodios de nuestra historia atribulada.

»Así será siempre nuestra vida nacional ... Consistirá en una serie de tesis diversas, imperfectamente realizadas en parte y, a pesar de ello, urgentes todas para la conciencia colectiva ...»

Tampoco la psicología del mexicano favorecía un progreso en el sentido recto. El mexicano no se conoce ni se reconoce a sí mismo sino en la Revolución: «La enorme mayoría de los pobladores de este país no se distingue por los dones excepcionales de una individualidad psíquica poderosa sino por la riqueza absurda de emociones hondas y vehementes que saltan ... sobre ... la razón».

En Justo Sierra habían luchado dos actitudes contradictorias frente a nuestra historia: confianza en la evolución y escepticismo ante la falibilidad de las empresas humanas. Caso desplegaba la misma generosa comprensión del problema mexicano, pero tenía razones de más peso para ser escéptico en punto a su solución: «El drama no terminará nunca. Un siglo hemos gastado en perenne revuelta y así seguiremos ... hasta poner de acuerdo los ideales extranjeros, pero no extraños, con lo propio y vernáculo; y si carecemos de capacidad y fortaleza pereceremos en la contienda».

Con todo, había que creer en algo o en alguien, había que salvar alguna etapa de la historia y acogerse a ella. De nueva cuenta, pero con mayor claridad que en 1914, Caso traza un arco de identidad biográfica y moral con los liberales de la Reforma. En aquel año había recordado, a la manera de Carlyle, la genealogía del cristianismo. En 1923 correspondía vindicar, definiéndose a sí mismo de ese modo, a los forjadores de la ideología nacional: eligió tres hombres representativos... Ignacio Ramírez, Gabino Barreda y Justo Sierra.

A los últimos dos, el maestro positivista y el historiador, Caso les dedica páginas de reconocimiento. Comprende y justifica el afán ordenador de Barreda igual que el amoroso escepticismo de Sierra. Con ambos tiene una deuda histórica: creer en la cátedra y amar a México. Pero ninguno le es más afín que «el Nigromante»: es el «formidable ariete de un nuevo sistema de ideas cuyo anhelo era una nación autónoma y moralmente libre ... humanista lleno de coraje cívico que amó tan profundamente como si aborreciera». Ya en 1917 Caso había lamentado la desaparición de la «plebeya y generosa marmita romántica», aquel temple «verboso y desmelenado», generoso e inconexo, aquel «entusiasmo en mangas de camisa» con su «poesía de motín y asonada». Ahora en 1923, podía escribir que «la Reforma era, acaso, el capítulo más glorioso de la historia patria», la época en que «los hombres parecían gigantes». («Ebrios de humanidad y justicia» los había llamado desde 1915.) Entre ellos, ninguno como Ramírez, el «demiurgo de la nueva patria»: «Tuvo eficacia y osadía, constancia y amor. Fue grande; uno de los mexicanos más grandes y más puros».

El párrafo final es diáfano. Como Caso recuerda a Ramírez, le gustaría ser recordado: «... en las nuevas ideas que sostenemos sentimos el soplo de su gran osadía y reverentemente le amamos. ¡Ojalá tuviera cada episodio revolucionario de México un Ignacio Ramírez para representarlo y justificarlo ante la posteridad!»

El tercer elemento de aquel libro secretamente autobiográfico fue un llamado. Había que renunciar al bovarismo, a la imitación extralógica, y optar por una adopción orgánica e inteligente de los valores ajenos que fuesen pertinentes. «Lo ideal no es lo irreal», insistía Caso. Los idealistas debían volver sus ojos a los hombres de México, a nuestras costumbres y tradiciones. En todo ello había que cribar, a sabiendas de que, en el fondo, el hallazgo sería siempre el mismo. «No Cristo Rey sino Cristo pueblo: he aquí la máxima y el acto que nos pueden salvar.»

¿Hay contradicción entre el liberalismo de Caso y su afirmación cristiana? Fernando Salmerón ha visto con claridad que se trata de los dos elementos fundamentales y no necesariamente antitéticos de la identidad de Caso. Habría que agregar: son las dos vertientes sucesivas de su biografía. En 1923 Caso reconoce la naturaleza negativa, si bien creadora, del jacobinismo, pero recuerda que esa misma negatividad creadora caracterizó sus propias campañas en el Ateneo. En 1923 el positivismo estaba prácticamente liquidado, así que nuevas tendencias hegemónicas y positivas comenzaban a sustituirlo: la burocracia estatal y cierto dogmatismo marxista. La Universidad se constituía en el espacio natural de nuevas campañas por la libertad de cátedra, de expresión y de crítica. Un Ateneo permanente.

Por otra parte, cuando se trataba de afirmar una doctrina, Caso se limitaría a proponer, una y otra vez, la religiosidad cristiana. Era el hallazgo de 1915. Así lo entendió José Gaos, que estudió y comprendió a Caso: «La raíz de su pensar, por serlo de su sentir, es, en fin, un eticismo que se inspira, libre de vinculaciones confesionales, en el cristianismo».

Liberalismo y cristianismo. Afirmación de una negatividad y negación de sí mismo: negación y abnegación. ¿No son también elementos fundamentales y no necesariamente antitéticos de la identidad mexicana?

La huella

La paradoja mayor en la vida del maestro Caso fue no dejar discípulos en la cátedra. Salvo algunas excepciones menores, nadie siguió su carrera pedagógica ni ejerció la filosofía del modo peculiar en que él lo hizo. Su estilo estaba anclado en la circunstancia de origen; era, por decirlo así, un estilo revolucionario que envejeció con la Revolución. Las nuevas promociones lo encontraron extraño. Cuando al principio de los años veinte, Jorge Cuesta asiste por primera vez a una de sus clases, el resultado es desalentador: «El entusiasmo pedagógico era algo que no había encontrado todavía en mi vida escolar. La exaltación de sus gestos y su voz sólo consiguieron atemorizarme. Yo pretendía ... que la filosofía era un ejercicio intelectual esforzado pero tranquilo».

Era, en el fondo, la misma crítica que Samuel Ramos haría en 1927 y que veinte años antes había expresado Henríquez Ureña. Nuevos vientos literarios e intelectuales llegaban al país, obras y autores muy lejanos a las preocupaciones y creencias, a los temas y el estilo de Caso. Todo ello ampliaría de modo paulatino la brecha entre el filósofo y un público juvenil que seguía venerándolo como leyenda viva, como persona noble y expositor brillante, pero ya no como pensador.

La paradoja de Caso se explica también por sus motivaciones internas. Su pragmatismo filosófico –como vio muy bien Ramos– trata de «inculcar un concepto activo de la existencia en el cual lo esencial es la acción, no la contemplación especulativa». De esto se sigue, en efecto, que Caso intentaba, más que promover la filosofía, suprimirla. Su frase favorita apunta a ese imperativo de acción: «Iguala con la vida el pensamiento»; lo mismo ocurre con su prédica de caridad y su culto carlyleano por los héroes.

Para Caso la verdadera filosofía no se enseñaba: se ejercía. Era, en palabras de López Velarde referidas a Caso, «la más heroica de las aventuras humanas». Su metafísica desembocaba necesariamente en una ética religiosa. Resulta natural, entonces, que sus discípulos legítimos no fueran filósofos sino hombres de acción de la vida pública mexicana. Miles pasaron por la cátedra de Caso y de ella obtuvieron un principio ético o una lección intelectual, pero ninguna generación recibió influencia más profunda que la de 1915.

En otro sitio he intentado demostrar cómo la religiosidad fue la clave en los caminos paralelos de Vicente Lombardo Toledano y Manuel Gómez Morin. El primero marchó muy cerca de Caso. Fue profesor de ética y notable orador, pero también, a despecho de sus errores y su ambición, un hombre que persiguió activamente el bien de los demás. Esto mismo cabe afirmar de Gómez Morin. Maestro menos brillante que Lombardo –creía menos en la redención educativa que en la otra–, su abnegación universitaria y política está fuera de discusión y ambas son incomprensibles sin el antecedente de Caso. Cada uno a su manera ejerció el cristianismo que propugnaba Caso. No el de la fe o el de la esperanza, sino el de la caridad.

En todos los miembros restantes de aquella generación –Samuel Ramos, Ignacio Chávez, Manuel Toussaint, etcétera– hay cuando menos una huella de Caso: la entrega sin cortapisas a la labor académica e intelectual. En Daniel Cosío Villegas la marca no me pareció evidente cuando preparaba su biografía. Ahora la veo clara. El «amor filial» a México, que Caso aprendió de Sierra, pasó intacto a Cosío Villegas (sus libros fundamentales están dedicados a la patria mexicana). De Caso proviene también su interés por la sociedad y la historia de México, y –dato fundamental– su dilatada devoción por los liberales de la Reforma. La mitad de Cosío, podría decirse.

En las generaciones siguientes su influencia se desvanece. El caudillaje intelectual de Vasconcelos bloquea hasta 1929 un posible renacimiento del de Caso. Pero su vida conocería un momento más de tensión y modesta gloria: la polémica con Lombardo Toledano, su discípulo predilecto, a quien ahora llamaba renegado. De nuevo, como en 1909, Caso defiende la libertad de conciencia ante un dogmatismo más sugestivo, sutil y poderoso que el positivismo. No era una moda intelectual lo que Caso combatía en 1934; era toda una ideología con pretensiones de religión. Frente a ella, el liberalismo y el cristianismo parecían vincularse de modo natural.

Al cerrar la década de los treinta un joven caudillo filosófico llegó de España y atrajo instantáneamente la atención de la juventud: José Gaos. Caso lo recibió con entusiasmo, hecho que confirmaba una vez más la frase de Reyes: Caso tenía un «corazón de oro». Sin amargura, vio alejarse definitivamente su época de caudillo en aquel decenio que compendiaba su vida y pensamiento. En los años posteriores debió de ver sólo un corolario. Pero no lo imagino vencido por la nostalgia. Su mensaje le parecía tan vigente en 1943 como en 1915. El «desquiciamiento infernal» abarcaba el mundo entero. Para encararlo reiteró su llamado original, reeditando, en su versión definitiva, *La existencia como economía, como desinterés y como caridad*. Y sería un error pensar que Caso terminó su vida en el ascetismo y la contemplación. Todavía tuvo fuerzas para dar clases, fundar El Colegio Nacional, enfrascarse en polémicas filosóficas y en amores tempestuosos. Viejo ariete del romanticismo.

Finalmente, cabe una pregunta: ¿qué representa ahora, a cien años de su nacimiento, Antonio Caso? Apenas un recuerdo. Quienes aún conservan la memoria histórica saben que sin el sacerdocio de Caso la cultura mexicana hubiese perdido por años la tensión, los horizontes y la continuidad. No falta quien relea las palabras de Octavio Paz sobre Caso en *El laberinto de la soledad:* «Su persistente amor al conocimiento, que lo hizo proseguir sus cátedras cuando las facciones se acribillaban en las calles, lo convirtió en hermoso ejemplo de lo que significa la filosofía: un amor que nada compra y nada tuerce».

Lo cierto es que la *intelligentsia* mexicana ha olvidado su mensaje y no siempre por malos motivos. Desde nuestra perspectiva no podemos compartir el entusiasmo antiintelectual de Caso, su desdén por la ciencia en un país precientífico. Sin embargo, percibimos que las ideologías dogmáticas contra las que al final de su vida luchó han acrecentado su poder e influencia, sobre todo en los propios ámbitos intelectuales. Enfrentarlas ahora es una necesidad tan clara como lo fue combatir el dogmatismo positivista en 1910. Para hacerlo conviene recordar el hermoso ejemplo de Caso y releer sus obras buscando en ellas no tanto lo que afirman como lo que niegan, no un evangelio personal sino una permanente rebeldía crítica. Para ello no es necesario ser o parecer gigantes; ni siquiera ser o parecer cristianos. Basta con adoptar como lema que nos sirva de guía, fiel y cotidianamente, el título de la mejor obra de Caso, la que no escribió pero encarnó: la existencia como libertad.

III
Formadores del México moderno

Daniel Cosío Villegas

Don Daniel, profeta

No sé si la pequeña anécdota que voy a narrar parezca apropiada a la solemnidad inherente para un aniversario luctuoso. Yo he terminado por pensar que representa con fidelidad el universo anímico de don Daniel Cosío Villegas poco antes de su muerte y creo que arroja una cierta luz sobre el sentido de su vida.

La escena debió ocurrir a fines de 1975. Caminábamos pausadamente sobre la ruta prescrita en su jardín de la Segunda Cerrada de Frontera, en San Ángel. Meses antes había ocurrido el desagradable episodio de un libelo difamatorio titulado *Danny, discípulo del Tío Sam*, que el régimen había encargado y hecho circular profusamente. A raíz del episodio, Cosío había perdido las ilusiones sobre el progreso de la libertad política en México. De pronto se detuvo y me preguntó: «¿Se ha dado usted cuenta del monto que ha alcanzado la deuda externa?» Yo ignoraba la cifra. «Son veintiséis mil millones de dólares», me dijo. Luego, con una mueca de coraje seguida por un movimiento pendular de la cabeza que denotaba tristeza e impotencia, agregó: «Ya nos llevó la chingada».

Nunca me habló con mayor gravedad. Casi siempre tenía una salida irónica para abordar los problemas. Con un ribete de humor se vengaba de una realidad pobre, mezquina, tonta o simplemente incomprensiva. No aquella vez. Algo profundo y definitivo me quería transmitir, algo con la fuerza de una profecía. Su amiga Victoria Ocampo —la gran editora de la revista *Sur*, con quien Cosío sostuvo una intensa correspondencia que valdría la pena publicar— se refería a él, invariablemente, como «*Cher Prophète*». Para Cosío Villegas, su nombre, Daniel, había sido un destino. ¿Cuántas variantes del profetismo bíblico había ejercido?

De joven, junto a Vasconcelos, había anunciado la aurora de la educación en un «ambiente evangélico» de cultura: «Entonces sí», recordaba con nostalgia en 1965, «se sentía en el pecho y en el corazón de cada mexicano que la acción educadora era tan apremiante y tan cristiana como saciar la sed o matar el hambre». Muy pronto adivinó su siguiente momento profético. Cosío lo ejerció sobre todo por la vía escrita privada. Fueron cartas y documentos admonitorios a los revolucionarios que conocía, desde los más cercanos como Marte R. Gómez hasta los más encumbrados como los generales Calles y Cárdenas. En aquella época su prédica consistió en advertir sobre los posibles peligros que acechaban a la promisoria Revolución mexicana. El generoso impulso de la reforma agraria –para citar sólo un ejemplo– podía desvirtuarse en el burocratismo tecnocrático de los callistas o el reparto irracional y desordenado de los cardenistas. Ninguno de sus interlocutores apreció las críticas. Más aún, desconfiaron a tal grado del profeta que lo empujaron hacia las fronteras del Estado, a la zona para ellos marginal de la cultura. Cosío aceptó la posición de buena gana y desarrolló una creatividad editorial sin precedente. Era un depositario intelectual de la Revolución.

A partir de 1940, y muy claramente desde 1946, el profeta sintió que las metas de la Revolución se habían agotado y que ese proceso no era atribuible a la propia Revolución o al pueblo que la encarnó sino a los líderes: «Todos los hombres de la Revolución Mexicana, sin exceptuar a ninguno, han resultado inferiores a las exigencias de ella». Días antes de la toma de posesión de Miguel Alemán, Cosío sacó a la luz el ensayo político más celebre del siglo XX: «La crisis de México». La traición al ideal maderista, el fracaso de la reforma agraria, la distorsión paternalista en la política obrera, el desastre de la educación y la vergüenza nacional de la corrupción eran llagas que sería difícil curar. Lo más doloroso en la visión del profeta era la posible pérdida de la identidad. El «único rayo de esperanza, bien pálido y distante», según apuntaba, era la «reafirmación de los principios y depuración de los hombres». Como los graves profetas bíblicos, exigía arrepentimiento a los gobernantes y anticipaba visiones de ruina y desolación.

Cosío Villegas sufrió denuestos y amenazas por aquel texto. Cuando el historiador argentino José Luis Romero se sorprendió de verlo libre, Cosío le confió con pesadumbre que «el perdón puede resultar una pena mucho más severa que la cárcel o la muerte». Porque el perdón, en su caso, significaba el desdén hacia sus advertencias. Vista desde el mirador de hoy, su invectiva parece un caso de clarividencia: «México principiará a vagar sin rumbo, a la deriva, perdiendo un tiempo que no puede perder un país atrasado en su progreso, para confiar sus problemas mayores a la inspiración, la imitación y la sumisión a los Estados Unidos, no por vecino rico y poderoso, sino por el éxito que ha tenido y que nosotros no hemos sabido alcanzar». Cosío profetizaba nada menos que el «sacrificio de la nacionalidad», una maldición sin duda, pero una maldición, por supuesto, involuntaria. En su archivo personal guardó una hoja suelta de papel con una transcripción a lápiz de una cita de Renan, en que se identifica con Casandra: «Los espíritus estrechos acusan siempre a los clarividentes de desear las desgracias que anticipan».

El desarrollo económico, la estabilidad política y la paz social que alcanzó el país en los cincuentas y sesentas suavizaron un tanto las críticas del profeta, pero no mellaron su convicción sobre «las verdaderas llagas de México, las llagas políticas». Entre ellas, ninguna más irritante y peligrosa que la concentración imperial de poder en manos del presidente en turno. El desempeño del gobierno en 1968 confirmó sus prevenciones. Ningún lector de aquella época olvidará los artículos que comenzó a publicar en julio de 1968 en *Excélsior*. En cada uno de ellos resonaba la voz condenatoria y la mirada vidente del profeta, como aquel inmediatamente posterior al 2 de octubre: «El gobierno caerá en un descrédito que nada ni nadie lavará jamás ... el estudiante (en cambio) ha dado un ejemplo cívico que no se producía en el país desde hace casi treinta años, que no se olvidará fácilmente y que está destinado a ser imitado mañana».

Envejeció de manera ejemplar, ejerciendo apasionadamente la crítica sobre todos los males del cuerpo y el alma de México. Por un momento creyó –y tuvo razón en creer– que la Revolución estaba a tiempo de corregir el rumbo social y económico sin sacrificar lo logrado en los dos ámbitos y propiciando a la vez un progreso en la más olvidada de sus metas originales: la libertad política. Para su desgracia y la nuestra, el cambio que esperaba no sólo no ocurrió: se empantanó en un fango de demagogia.

A fines de 1975, cuando conversábamos, el desenlace era claro: se había perdido el control de la economía y la libertad política era cada vez más frágil. México seguía a la deriva, perdiendo un tiempo que no podía perder; pero lo más angustiante para Cosío era presentir que su propia vida se apagaría quizá pronto –estaba consciente de su enfermedad pulmonar– sin que «este país sin ventura», al que tanto amó y sirvió, retomara el camino certero de la Revolución mexicana.

Por eso pronunció aquel desahogo. Ya no había sitio para la admonición o la advertencia. Solamente para la condena y el lamento. ¡Hasta qué grado tenía razón! ¡Hasta qué extremo nos ha llevado la concentración del poder y la corrupción que invariablemente lleva consigo! Creo que murió con esa tristeza a cuestas. Pero en esta hora difícil de nuestro país constató la vigencia de su doble fórmula –«reafirmación de los principios, depuración de los hombres»–, admiró más que nunca su fidelidad al ideario liberal republicano; pienso que es necesario reeditar creativamente su obra crítica, y prefiero recordarlo en otro de sus momentos proféticos, cuando en 1971 se despidió de sus lectoras y lectores, a sabiendas de que tarde o temprano regresaría:

«No permitas que este país se eche a perder; no permitas, aun a costa de tu vida, que desaparezca su aspecto sonriente, alegre, único que ha reconfortado al mexicano de las muchas penalidades que ha padecido y de las que aún le aguardan. No consientas, en suma, que ... la imaginación quede sin alimento, el impulso sin objeto, el porvenir sin color, el cielo sin una estrella en qué enganchar un carro para volar al infinito».

Alfonso Taracena, muralista

Década tras década, diariamente, desde el despertar del México contemporáneo, un hombre escucha, recoge, recorta, pondera testimonios y versiones de nuestros hechos históricos; un hombre registra el pulso del tiempo. La frecuencia de sus apuntes, reunidos en forma de anales, no condesciende con la trivialidad. Un criterio secreto y riguroso hilvana las mil madejas de su historia. El cronista asienta el dato significativo, sorprendente, revelador, aprieta el nudo que soltaría el hilo. Sus decenas de volúmenes dan vueltas al calendario mexicano, dejando a su paso el vastísimo lienzo de nuestra vida política y cultural. Ese milagro de paciencia y devoción, ese mural histórico no tiene, como sus antecedentes pictóricos, el propósito de adoctrinar, ni siquiera de conmover. Su afán es más noble y más difícil: «narrar las cosas», de acuerdo con la frase de Ranke, «como en verdad sucedieron». De ahí el sentido de su título: *La verdadera Revolución Mexicana*.

Desde mediados de siglo y durante casi veinticinco años, la historiografía académica mexicana concentró sus esfuerzos y entusiasmos en la práctica de métodos cuantitativos y estructurales. Frente al prestigio de las series de precios, las tablas demográficas o la estadística aplicada, la historia narrativa pareció, por un momento, una reliquia romántica, una intrusión innecesaria de la literatura en un campo científico. Es natural que en esos años la obra de don Alfonso Taracena pareciera prescindible.

Hoy, tanto en Francia como en México, los historiadores vuelven a las personas y a la narración. Los tiempos largos, las arduas series matemáticas no lograron probar ninguna ley histórica y con frecuencia desembocaron en la conclusión obvia, en la generalización indiferente al tiempo o el lugar. Descubrieron mediterráneos. Ahora, cada vez más se privilegia lo concreto, lo particular, lo irrepetible. No se pide a la historia que revele un sentido único: se busca en ella la pluralidad de sentidos. Es natural que quienes estudiamos al México contemporáneo hayamos vuelto a Taracena.

Alfonso Taracena

Además de su aliento y detalle, su historia tiene cualidades de amenidad, exactitud, curiosidad. A diferencia de las historias oficiales y a despecho de su extensión, la de Taracena es económica: párrafos breves, bosquejos, pistas, hechos provistos de un comentario sucinto, irónico, terminal. Cuando transcribe lo hace con bisturí, no para llenar páginas. *La verdadera Revolución Mexicana* puede leerse como quien hojea un periódico antiguo que hubiese desbrozado la noticia inútil, efímera o dudosa, dejando sólo la pulpa de la verdad, sobre todo en un aspecto: las motivaciones de los principales personajes históricos.

Con todo, la historia requiere configuraciones distintas a las del calendario. Hasta como obra de consulta, el acceso a la obra no es sencillo: ¿cómo buscar un acontecimiento o seguir una biografía o una trama en el caudal de los días? Por fortuna, vivimos en la era de las computadoras. Para multiplicar las posibilidades de acceso e información al vastísimo mural de Taracena, bastará con que el gobierno del estado de Tabasco, que lo reedita, construya en volumen aparte y mediante un procesador de palabras, un cuidadoso índice analítico comentado por temas, lugares, personas, sucesos, etcétera. El mural aparecería entonces en sus múltiples dimensiones.

El libro que ahora publica la editorial Jus, *Historia extraoficial de la Revolución Mexicana* es, en cierta forma, una versión compendiada de la *verdadera* historia y, como aquélla, está llena de anécdotas esclarecedoras y muy a menudo nuevas. Para mencionar sólo una: en ningún sitio podrá hallarse mejor documentado el posible suicidio de Carranza. Usted escoja al personaje: por más extraño o secundario, lo encontrará. Pero lo entrañable de estas páginas es la pasión por la justicia que Taracena hereda de su amigo y maestro José Vasconcelos y que éste, a su vez, aprendió del hombre más generoso y limpio de nuestro siglo mexicano: Francisco I. Madero. Desde el mirador de una historia que pudo ser distinta de haber comprendido y respetado a Madero, desde el mismo mirador en que Vasconcelos escribió sus memorias y sus proféticas diatribas, década tras década, diariamente. Taracena ha registrado —y a sus 91 años, registra aún— el pulso extraviado de nuestra historia moral. Hay un trasfondo de violencia en sus textos: son los ecos de la Revolución en la indignación de una mirada que tenazmente niega esa forma política de la injusticia: la falsificación histórica.

Octavio Paz

Octavio Paz,
Y el mantel olía a pólvora...

> De tal estirpe de intelectuales combatientes, procede Octavio Paz.
>
> José Vasconcelos

A mitad del siglo y en el centro del mundo, un poeta mexicano escribe un libro sobre México. Tiene 35 años de edad y un largo itinerario de experiencias poéticas y políticas tras de sí. Luego de cumplir con sus labores diplomáticas (era segundo secretario de la Embajada de México en París), dedica a su obra las tardes de los viernes y los fines de semana. Aunque extraña «el sabor, el olor de las fiestas religiosas mexicanas, los indios, las frutas, los atrios soleados de las iglesias, los cirios, los vendedores», no lo mueve sólo la nostalgia. Su íntima tristeza no es reaccionaria. Sus sentimientos en torno a su lejano país son complejos y contradictorios. No lleva la X en la frente sino en las entrañas.

Su pasión mexicana es original y secreta. Es un buzo en las aguas vitales del país: las aguas subterráneas y las aguas del pasado. Mejor aún, es un alquimista en busca de esa «invisible sustancia», la «mexicanidad». Adivina que en México, en sus hombres y mujeres, hay «un pasado enterrado pero vivo, un universo de imágenes, deseos e impulsos sepultados». Desde muy joven lo embarga un agudo sentimiento de soledad y una duda sobre la propia identidad: «la angustia de no saber lo que se es exactamente». De pronto, pensó que su biografía íntima confluía en la historia colectiva, la expresaba y se expresaba en ella. Por eso ha querido «romper el velo y ver»: «Me sentí solo y sentí también que México era un país solo, aislado, lejos de la corriente central de la historia ... Al reflexionar sobre la extrañeza que es ser mexicano, descubrí una vieja verdad: cada hombre oculta un desconocido ... Quise penetrar en mí mismo y desenterrar a ese desconocido, hablar con él».

Aquel libro, revelador de mitos, llegaría a ser en sí mismo un mito, el espejo fiel que había anticipado López Velarde, la piedra filosofal de la cultura mexicana. Tan deslumbrantes fueron sus hallazgos, tan compartidos, que ocultaron su carácter de «confesión», de «confidencia», y a los ojos del público lector sepultaron, enterraron vivo, al otro, al desconocido. Y sin embargo, el poeta habló con él. Es el secreto personaje de *El laberinto de la soledad*, autobiografía tácita, laberinto de *su* soledad.

«Los mexicanos debemos reconciliarnos con nuestro pasado». Fórmula para la integración moral de México, la frase es, asimismo, una declaración sobre la vida del poeta. El tiempo comienza en aquella casona de campo en Mixcoac adonde se ha ido a vivir la familia Paz. Un Settembrini y un Naphta de tierras mexicanas disputan sobre el destino del país ligado dramáticamente al de sus propias vidas. No un joven como Castorp, sino un niño, el futuro poeta, es testigo mudo de las diferencias. «El mantel olía a pólvora», y seguiría oliendo a pólvora por muchos años, porque a diferencia de Castorp, don Ireneo Paz y Octavio Paz Solórzano, el liberal y el revolucionario que cruzarían la conciencia histórica del niño, no eran sólo figuras emblemáticas o tutelares, eran su abuelo y su padre, el centro mismo de la familia, «figura que se bifurca en la dualidad de patriarca y de macho. El patriarca protege, es bueno, poderoso, sabio. El macho (el caudillo) es el hombre terrible, el chingón, el padre que se ha ido, que ha abandonado mujer e hijos».

En 1910 el patriarca presintió la vuelta del pasado telúrico, el del país y el suyo propio. Aunque su primera reacción fue reprobar la «estúpida revolución» de Madero, el recuerdo de sus propias campañas antirreeleccionistas al lado de Porfirio Díaz contra Juárez y Lerdo, y la memoria de los años en que dejó trabajo y familia para lanzarse a la aventura política, despertaron al caudillo que corría en sus venas. En 1911 *La Patria* (diario que editaba desde 1877) tomó sus distancias del dictador y atacó a los «Científicos». A sus 75 años, don Ireneo tenía las agallas para pasar a la oposición y sufría un largo confinamiento en la cárcel de Belén. El 7 de junio de 1911, día de la entrada de Madero a la ciudad de México, *La Patria* anunciaba en un gran titular, con la foto del Apóstol: «ECCE HOMO, tenía que triunfar y triunfó».

Pero una cosa era la renovada esperanza en la libertad y otra, muy distinta, la amenaza de la revolución zapatista. Acaso don Ireneo la vinculaba en su memoria con las huestes indígenas del «Tigre de Alica», protagonistas de una sangrienta guerra étnica en el occidente de México. Para *La Patria*, Zapata era el «tristemente célebre Atila del Sur» y sus soldados «chusmas alzadas», «gruesas bandas de endemoniados» de las que el «suelo patrio» debía «purgarse». Al sobrevenir la caída de Madero, aquellas páginas editoriales llegaban a una convicción escéptica: «el pueblo mexicano no comprendió la libertad, ni acertó a disciplinar su carácter». Sólo la educación liberal resolvería en el largo plazo el problema político del país. Entre tanto, no había más remedio que «acogerse al huertismo».

El 31 de marzo de 1914, mientras en Torreón luchan encarnizadamente las fuerzas federales y las villistas, cuando en la ciudad de México corren rumores sobre la «muerte casi segura del feroz Emiliano Zapata», la redacción de *La Patria* recibe una noticia que anunciará el día siguiente «con toda felicidad»: el «primer alumbramiento de la esposa del Lic. Octavio Paz, hijo de nuestro director, dando a luz un robusto infante». Se llamaría Octavio, como su padre, y pasaría su infancia al lado del octogenario patriarca.

Al sonoro rugir de un clarín, don Ireneo congregaba a su familia en el patio. Aunque cultivaba, como Cándido, hortalizas, inquieto siempre, a veces se ausentaba. Su nieto lo acompañaba en algunas de esas campañas: una visita a Mimí Derba –la actriz de moda– o el cobro de algunas rentas. Otro lugar de encuentro era la biblioteca, que contenía joyas de historiografía sobre la Revolución francesa y álbumes con imágenes de sus héroes políticos y literarios: Mirabeau, Danton, Lamartine, Victor Hugo y Balzac. Tal vez fue en ese altar cívico, entre retratos de Prim, Castelar, Napoleón, donde el nieto lo escuchó hablar de Juárez y de Porfirio, de los zuavos y los plateados. Había sido certero con la pluma y con la espada. Rebelde, revoltoso, revolucionario, el título de uno de sus punzantes periódicos lo describía a la perfección: *El Diablillo Colorado*.

Después de muerto, su nieto no lo confinó al olvido: a través de los años leyó con indulgencia sus novelas, poemas, leyendas históricas; hojeó con regocijo el malévolo *Padre Cobos;* se sorprendió ante las mil vicisitudes que narra en *Algunas campañas,* y al cabo de medio siglo, al poner el pasado en claro, escribió:

> Mi abuelo a sonreír en la caída
> y a repetir en los desastres: *a lo hecho, pecho.*
> (Esto que digo es tierra
> sobre tu nombre derramada: *blanda te sea.)*

La libertad y el poder fueron los temas de su vida. Desde 1884 apoyó a Díaz –el «gobernante que ha sabido sacar, de entre los escombros casi, una nacionalidad respetable»–; al final rompió con él, creyó fugazmente en el maderismo, temió que el zapatismo fuese una guerra de castas, apoyó a Huerta y terminó sus días pensando que «la Revolución había sustituido la dictadura de uno, el caudillo Díaz, por la dictadura anárquica de muchos: jefes y jefecillos». Su fluctuación reflejaba una duda genuina sobre la madurez cívica del pueblo mexicano y un miedo de que el país –que personas como él habían reformado, defendido y construido– volviese a los días de desintegración y anarquía.

En los obituarios, la prensa olvidó sus años porfiristas y lo recordó como lo que era, «el decano del periodismo», «uno de los más esforzados paladines del liberalismo». Había vivido el ciclo entero: de la guerra a la paz, de la paz a la guerra. El último sobreviviente de su época, el último liberal.

Octavio Paz Solórzano decía que su padre no entendía la Revolución. Nacido en 1883, condiscípulo de Antonio Caso y José Vasconcelos en la Escuela de Leyes, quería para sí un destino de leyenda, como el del patriarca. A principios de 1911, cuando ascendía apenas la estrella de Zapata, «el Güero» Paz viaja por la zona de Zumpango. Quiere ver los hechos de primera mano. Es el anuncio de su posterior incorporación a la Revolución del Sur.

El triunfo del maderismo parecía el presagio de una vida tranquila para el joven abogado: en 1911 Paz Solórzano publica un «Novísimo manual del elector», consolida su despacho (Relox 23, Teléfono Ericsson 1622), casa con Josefina Lozano («Pepita», la hermosa española del rumbo de Mixcoac), y con ella viaja a Ensenada, donde ocupa varios puestos dependientes del ministro de Justicia, Jesús Flores Magón. Pero ni los tiempos ni el carácter del joven abogado propician la vida pacífica. Ha tenido pleitos casi a muerte con el prefecto de Mixcoac y volverá a tenerlos con algún cacique de Ensenada. Es hombre de armas tomar. En mayo de 1914, recién nacido su hijo, «se va a la Revolución». Sobre los pasos de su amigo, el abogado anarquista Antonio Díaz Soto y Gama, llega a pie hasta el campamento zapatista. El 5 de agosto de 1914, don Ireneo condesciende a publicar un «gran documento para la historia»: el Plan de Ayala. Tres semanas más tarde aparece el último número de *La Patria*, el 11 767.

Nuevo evangelista, Paz recoge testimonios de la Revolución del Sur. En abril de 1916, Zapata lo comisiona como agente de la revolución en los Estados Unidos. Era tarde para su causa, pero Paz no lo sabía. Sus despachos, escritos a salto de mata, desde sitios y circunstancias inverosímiles, son un compendio de estoicismo y candidez: «me quedé sin comer en varias ocasiones e hice el recorrido a pie», escribía a Zapata desde Chautzinca, en los dominios del general Domingo Arenas, y agregaba: «... la situación militar es muy favorable a nosotros, pues los carrancistas sólo tienen en su poder las vías férreas, los puertos y las capitales ... se anuncia por todas partes que salen Carranza, Obregón y Luis Cabrera ... Wilson no sabe qué hacer y está dando palos de ciego ... se aproxima nuestro anhelado triunfo».

Volvió a vivir las peripecias, los riesgos, las privaciones de su padre, pero no tuvo su fortuna. En San Antonio conspiró incansablemente por un año. Sus cartas a Soto y Gama trasminaban frustración, desconcierto, amargura, casi desamparo. No faltó quien informara al cuartel general de su súbito alcoholismo. En 1918 se estableció como editor en Los Ángeles, desde donde escribió a Jenaro Amezcua: «yo he estado en este país, enteramente solo y sin recursos de ninguna clase y en varias ocasiones atado de pies y manos». Y sin embargo, empeñado como estaba en buscar la unidad de los exiliados revolucionarios, pidió ayuda para sacar de la cárcel a Ricardo Flores Magón y siguió creyendo «en el triunfo de la revolución, de la verdadera revolución».

Durante los años veinte, intentó por varias vías construir una carrera política. Por desgracia, sus apuestas, hijas todas de la convicción zapatista, fueron o resultaron equivocadas. Ligado al Partido Nacional Agrarista, la caída de Obregón fue también su caída. Es entonces cuando retoma francamente la vocación intelectual de don Ireneo: publica en diarios y revistas las leyendas históricas de *su* revolución y escribe una *Historia del periodismo en México*. Sus temas eran muy distintos de los del abuelo: no el poder y la libertad sino la justicia y la igualdad. Su generosa pasión era seguir siendo el abogado del pueblo, defender a sus amigos, los campesinos de Santa María Aztahuacán, a los de Santa Martha Acatitla, a los del rumbo de Los Reyes, seguir con ellos la fiesta, la borrachera interminable de la Revolución, subirse al tren, hombrearse con la muerte y quizá morir entre ellos, como se moría en la Revolución. La Revolución lo había arrebatado en 1914, ¿había vuelto alguna vez? Muchos años más tarde, su hijo describiría su sino:

> Del vómito a la sed,
> atado al potro del alcohol,
> mi padre iba y venía entre llamas.
> Por los durmientes y los rieles
> de una estación de moscas y de polvo,
> una tarde juntamos sus pedazos.

La firma del poeta Octavio Paz se parece a la de su padre: la misma *O* característica, abierta y sin remate, el mismo ritmo, la misma inclinación. ¿Cuántas veces habrán visto esa rúbrica en los papeles de O. Paz editores? «Después de muerto lo confiné al olvido. Aunque olvido no es la palabra exacta. Lo tuve presente pero aparte, como un recuerdo doloroso.» A su madre la tuvo presente siempre, aun en la distancia: ella mitigaba el desamparo, la zozobra, el hueco, la carencia. «La mujer es la puerta de reconciliación con el mundo»: no sólo su madre, también su tía (amiga de Gutiérrez Nájera, quien lo inició en la literatura) y, años más tarde, las mujeres que amó. Ellas –múltiples caras de Ariadna– le abrieron la puerta hacia su pasión más profunda, la poesía, y lo salvaron del laberinto. El padre, en cambio, no era puerta de salida sino muro de silencio. El hijo hubiera querido compartir su soledad, comulgar con él, poner la vida en claro. Era difícil:

> Yo nunca pude hablar con él.
> Lo encuentro ahora en sueños,
> esa borrosa patria de los muertos.
> Hablamos siempre de otras cosas.

Sin embargo, había sido testigo de su vida y por momentos, como al abuelo, lo acompañaba. De ambos abrevó la pasión política. Fue él quien lo acercó al «verdadero México», el de los campesinos zapatistas, y quien lo inició en el conocimiento de la *otra* historia de México, enterrada pero viva:

«Cuando yo era niño visitaban mi casa muchos viejos líderes zapatistas y también muchos campesinos a los que mi padre, como abogado, defendía en sus pleitos y demandas de tierras. Recuerdo a unos ejidatarios que reclamaban unas lagunas que están –o estaban– por el rumbo de la carretera de Puebla: los días del santo de mi padre comíamos un plato precolombino extraordinario, guisado por aquellos campesinos: "pato enlodado" de la laguna, rociado con pulque curado de tuna».

El legado mayor estaba implícito: si el patriarca había sido un rebelde liberal, y el padre un revoltoso zapatista, el nieto debía inventar para sí un «sino de relámpago», buscar por cuenta propia a «la gran Diosa, la Amada eterna, la gran Puta de poetas y novelistas», la que en su modesta variante mexicana fue y vino por todo el país, alborotando los gallineros femeninos y arrancando a los jóvenes de su casa paterna: es la Revolución la palabra mágica, la palabra que va a cambiarlo todo y que nos va a dar una alegría inmensa y una muerte rápida.

«De joven», recordaría muchos años más tarde, «quise ser revolucionario, héroe, fusilado, libertador.» Son los fervorosos años treinta. Lo arrastra «el viento del pensamiento, el viento verbal». Cree que el porvenir está en Rusia, donde la humanidad ha comenzado a vivir el destino que Marx le tenía prometido. En las revistas que funda o en las que participa, «revolución» y «poesía» son vasos comunicantes. Tras la muerte de su padre en 1936, abandona la casa paterna. ¿Qué busca en Yucatán, como maestro en una escuela para campesinos? Es un cardenista social, pero también un *narodniki* anacrónico, como su padre. ¿Qué despierta en él la guerra civil española? El mismo entusiasmo que en tantos intelectuales de Occidente y una esperanza íntima: hallar en esa «espontaneidad creadora y revolucionaria», en esa «intervención directa y diaria del pueblo», una secuela ampliada y venturosa de aquella otra revuelta poética e histórica, la del sur, la de México.

«La Revolución», descubre en su *Laberinto*, «es una súbita inmersión de México en su propio ser ... Es un estallido de la realidad: una revuelta y una comunión, un trasegar viejas sustancias dormidas, un salir al aire muchas ferocidades, muchas ternuras y muchas finuras ocultas por el miedo a ser. ¿Y con quién comulga México en esta sangrienta fiesta? Consigo mismo, con su propio ser. México se atreve a ser. La explosión revolucionaria es una portentosa fiesta en la que el mexicano, borracho de sí mismo, conoce por fin, en abrazo mortal, a otro mexicano.»

En *El laberinto de la soledad* la historia de México a partir de 1821 y aun antes, durante la Colonia, es una máscara impuesta sobre un rostro auténtico. La Independencia y la Reforma son una triple negación del pasado (indígena, cristiano y español) y una imposición de ideas europeas. El Porfiriato es una simulación de orden y progreso. Sólo la Revolución, palabra mágica, remueve la máscara: es un advenimiento que deja entrar la luz y el aire, libera, reconcilia, recobra, expresa. ¿Y con quién comulga Octavio Paz; a quién abraza, en esa descripción casi teofánica? Comulga con Octavio Paz, «el que se fue por unas horas / y nadie sabe en qué silencio entró». Abraza a Octavio Paz, el otro, el mismo.

Árbol adentro, su Revolución es la mexicana, la igualitaria, la utópica, la comunitaria, la verdadera, la zapatista. A partir de ese origen, de ese encuentro, Paz será siempre, en el sentido literal de la palabra, un hijo de la Revolución mexicana. El movimiento hacia ella ha sido un acto poético de amor y filiación. Pero no podía bastarle, porque en el sentido inverso, árbol afuera, necesitaba encontrar *su* propia revolución, aquella en la que él fuese protagonista. ¿Una revolución violenta? Sus armas personales –lo sabía ya muy bien– eran otras. Había roto con el sino de su estirpe, pero no con su estirpe ni con la voluntad de participar en un cambio radical de los destinos humanos.

Por largos años esperó su advenimiento. Hacia 1950, al conocer y denunciar la existencia de los campos de concentración en la Unión Soviética, transfirió su esperanza a «la oleada revolucionaria de los países de la periferia». Al ceder ésta, la vio alzarse en la «espléndida actitud» de los jóvenes de Occidente, nuevos nómadas de la era industrial, reinventores del Neolítico, desdeñosos del futuro, idólatras del instante, y en la no menos comisoria de los jóvenes del Este, no desengañados, hastiados del marxismo. En el verano de 1968, desde un hotel en los Himalaya, escuchó con «emoción increíble» las noticias sobre la rebelión de los estudiantes parisenses y vio en la posible fusión del movimiento estudiantil y la clase obrera el cumplimiento de la profecía de Marx, el principio de la revolución en Occidente.

La buscó también en los libros y sus reverberaciones. En los poseídos de la literatura rusa, en los textos canónicos de Marx y Lenin, en los textos heréticos de Trotski, en las polémicas entre Sartre y Camus que dividieron los tiempos modernos, en la poesía subversiva y la subversión poética, «hinchada la lengua de política», en el Café parís de la ciudad de México o en algún bar de París, con José Revueltas o con Kostas Papaioamou, Paz quiso encontrar la clave de la historia, y con ella el perfil de la inminente revolución. Se enamoró de esa idea, es verdad, pero a diferencia de toda su generación, esperó despierto, denunciando públicamente desde 1950 las simulaciones y los crímenes de los gobiernos revolucionarios del siglo xx. Poco a poco logró devolver la transparencia a las palabras, deslindar la «revuelta» y la «rebelión», voces de libertad, de la «revolución», voz del poder, «doctrina armada». No renunciaba aún al mito rector de su pasión política, pero lo sometía a juicio. Entonces escribió su «Canción mexicana», donde recordó a su abuelo y su padre. Ellos le hablaban de grandes episodios nacionales, héroes de verdad, «y el mantel olía a pólvora»:

> Yo me quedo callado:
> ¿de quién podría hablar?

De pronto, los vientos de Occidente trajeron olor a pólvora. Al estallar el movimiento estudiantil mexicano, Paz entiende que el error ha sido esperar. Esta vez no espera: actúa. Sus despachos (inéditos) al secretario de Relaciones Exteriores, Antonio Carrillo Flores, son un testimonio que lo honra. El 6 de septiembre le escribe:

«Aunque a veces la fraseología de los estudiantes ... recuerde a la de otros jóvenes franceses, norteamericanos y alemanes, el problema es absolutamente distinto. No se trata de una revolución social –aunque muchos de los dirigentes sean revolucionarios radicales– sino de realizar una *reforma* en nuestro sistema político. Si no se comienza ahora, la próxima década de México será violenta».

El 3 de octubre escribe el poema epitafio «México: Olimpiada de 1968». Tras hacer un «examen de conciencia», el 4 de octubre envía una larga carta reprobatoria de la política gubernamental y presenta su renuncia: «No estoy de acuerdo en absoluto con los métodos empleados para resolver (en realidad: reprimir) las demandas y problemas que ha planteado nuestra juventud». Bien visto, era su primer acto en la arena de la política después del fugaz intento de la guerra civil española. Pero esta vez la rebelión, la espontaneidad, la iniciativa eran *suyas:* hijas de su biografía y de su libertad. Porque en ese acto valeroso que recorre el mundo, Paz cumplía también con un ciclo íntimo, la promesa inscrita en su linaje: irse a la revolución. En comunión con la revuelta estudiantil, el rebelde se va a *su* revolución en el acto de romper con una revolución petrificada. Con un poema y una renuncia en la plaza pública de Tlatelolco, Octavio Paz se convirtió en protagonista de su propia «Canción mexicana».

Posdata es el manifiesto de su revolución personal. Pero, ¿se trata de una revolución? En el momento de su mayor radicalidad democrática, Paz descubre una veta profunda de la historia mexicana: la Reforma. El adversario no es el orden colonial sino su sucedáneo: la pirámide del poder –que es a un tiempo realidad tangible y premisa subconsciente–, y en particular el PRI: «Cualquier enmienda o transformación que se intente exige, ante todo y como condición previa, la reforma democrática del régimen». La reconciliación con el pasado ocurre ahora con la herencia liberal a través del ejercicio cotidiano de la crítica: «La crítica es el aprendizaje de la imaginación en su segunda vuelta, la imaginación curada de fantasía y decidida a afrontar la realidad del mundo. La crítica nos dice que debemos aprender a disolver los ídolos: aprender a disolverlos dentro de nosotros mismos. Tenemos que aprender a ser aire, sueño de libertad».

Era la segunda vuelta de Paz a México. Libre de ataduras oficiales, llegaba en 1970 a deshacer todos los equívocos, pero se encontró con el mayor equívoco de todos: la revolución, no la libertaria sino la otra, la «Gran Diosa», la «Amada eterna», la «gran Puta» había embrujado a la generación juvenil del 68. Ellos no querían remedios contra la fantasía ni disolvencias de ídolos e idolatrías, no querían ser aire sino «viento verbal», «héroes, libertadores, fusilados», guerrilleros en todas sus variantes: en la sierra o en la calle, en el aula o el café, en la estación de radio o la redacción de periódico, en la voz o en el papel. Algunos esperaban que Paz encabezara un partido de izquierda. Él tenía en mente una enmienda intelectual y moral de México, y contribuiría a ella como escritor independiente. Los papeles se habían invertido. En un eco remoto de las discusiones de Mixcoac, volvió la lucha de generaciones: revolucionarios contra liberales.

Mientras Occidente descubría o confirmaba en el *Archipiélago Gulag* de Solyenitzin (1973) que el mito abstracto de la revolución había costado decenas de millones de vidas concretas, los caminos de Paz y los jóvenes del 68 se bifurcaban para no encontrarse más. «Ahora sabemos», escribió, «que ese resplandor, que a nosotros nos parecía una aurora, era el de una pira sangrienta.» Nadie en la izquierda lo escuchó. El sueño de comunión se disipaba en un alud de excomuniones. Con un puñado de amigos, en 1971 Paz fundó *Plural* y en 1976 *Vuelta*. Sus trincheras de editor militante, como su padre, como su abuelo. En ellas condenó sin descanso ni omisión a los gorilas de América Latina, pero su pasión crítica se concentró en la más impopular de las causas: abrir los ojos a la izquierda mexicana sobre la realidad de la Revolución rusa y, por extensión, de todas las revoluciones marxistas del siglo XX.

Más allá del encono, la ingratitud o las pulsiones parricidas, el rechazo de los jóvenes del 68 al hombre que los había defendido tuvo un aspecto doloroso: la incomprensión. Paz entablaba su polémica con los representantes de la izquierda mexicana (académica, partidaria e intelectual) porque seguía creyendo en el socialismo: «es quizá la única salida racional a la crisis de Occidente». En esa medida, urgía a la izquierda a hacer el mismo examen de conciencia que practicaban otras izquierdas de Occidente. No había salida política ni moral sin poner el pasado en claro: culpables eran todos, desde los comisarios hasta los inocentes espectadores.

Y lo más vil: fuimos
el público que aplaude o bosteza en su butaca.
La culpa que no se sabe culpa,
la inocencia,
fue la culpa mayor.

Él asumió la culpa, ellos no. A partir de 1989, la historia, cuyo oráculo había interrogado tantas veces, le dio por fin la razón. A ellos no. Una revuelta de los pueblos oprimidos, una rebelión de los escritores disidentes acabó con «el mito sangriento» de la revolución comunista. Ellos se quedaron callados. ¿De quién podrían hablar?

A mediados de los setentas Paz hizo la crítica del Estado mexicano: trazó su génesis patrimonialista, analizó la sociología de sus grupos y reveló su anatomía política y moral. Su célebre ensayo «El ogro filantrópico», salva al Estado mexicano, con la condición de que propicie la pluralidad política. En 1984, al cumplir 70 años, Paz confesaba una omisión en su propio ideario personal: «En México hemos tenido muchas revoluciones, pero hay una revolución inédita: la maderista». El año del terremoto sobre la ciudad de México publica «PRI: Hora cumplida», y tras el fraude de Chihuahua, remacha: «Soy uno de los que creen que la democracia puede enderezar el rumbo histórico de México y ser el comienzo de la rectificación de muchos de nuestros extravíos históricos». De pronto, el antiguo revolucionario revalora el siglo XIX y la herencia liberal: es «una verdad que debemos recobrar. La salvación de México está en la posibilidad de realizar la revolución de Juárez y Madero». Como en un poema circular escrito por Octavio Paz, Octavio Paz descubría en él, intactos, los temas políticos de su abuelo don Ireneo.

Los temas y los dilemas. Bajo esa luz hay que ver su posición política en los años recientes. Más vigoroso incluso que su abuelo, rebelde y revoltoso como su padre, fiel a su estirpe combatiente, Paz sigue en la trinchera. Pero al mismo tiempo, a sus 81 años, con todo el siglo de experiencia a cuestas, ve a México desde un mirador distinto al nuestro, un mirador patriarcal. ¿Qué encuentra ahora Octavio Paz, desde el fondo de su historia, que es la nuestra? Desatender su visión no sería solamente un acto de insensatez sino de soberbia.

Sus contemporáneos se han ido. Sólo queda él, pero ya no está solo. Parricidio al revés, carta de creencia, pacto de sangre, su vida ha sido una metáfora, no de la ruptura, de la tradición. En ella se abrazan liberales y revolucionarios. La obra de Paz es un milagro aún mayor: en ella comulgan las generaciones de México.

Cara al siglo

Pasado en claro

Cerca de los setenta años, Octavio Paz publica su primer libro de política internacional. Aunque su obra ensayística y aun su poesía son hasta cierto punto inseparables de las tensiones del siglo XX, nunca antes se había propuesto reunir y ordenar sus reflexiones sobre bloques, sistemas y países, trazar en una sola visión la geografía de sus pasiones políticas e ideológicas. Decidió hacerlo en un tiempo nublado. ¿Por qué no antes? Hubo quizá momentos de mayor intensidad, tiempos de claridad y tormenta: pero para Paz —y para el siglo— eran todavía tiempos de ensayo y esperanza, no de sedimentación y balance.

Al concluir en Occidente la festiva década de los sesenta, luego de un largo peregrinar de casi treinta años, Paz regresa definitivamente a México y en ese momento emprende un nuevo viaje, esta vez interior, en busca no del tiempo perdido sino de un juicio moral sobre el tiempo vivido: el suyo, el de su generación y su época. Después de mil jornadas se detiene a poner el pasado en claro. El título de su más reciente libro de poemas —el mismo de la revista que dirige desde 1976— es una clave biográfica: *Vuelta*. Y aunque su tema parezca impersonal, *Tiempo nublado* debe verse también como una estación más en un proceso que le llevará años y que culminará, tal vez, en una autobiografía.

Tres experiencias fundamentales en la vida de Paz confluyen en *Tiempo nublado:* su compleja relación con la izquierda, una cierta perplejidad frente al imperio norteamericano, y sus años en Oriente. La primera, la más antigua, parte de una fe común en los años treinta: la fe en el fracaso histórico del capitalismo y el simétrico ascenso del socialismo. Como muchos amigos suyos de la Escuela Nacional Preparatoria —José Revueltas, Efraín Huerta, José Alvarado, entre varios otros—, Paz se acercó inicialmente al marxismo con un propósito no académico sino casi religioso. Más que creer puntualmente en la doctrina o la explicación materialista de la historia, Paz vivió el marxismo de un modo similar al de los estudiantes del 68: como una profecía —y, por momentos, una poesía— de liberación. Literatura y política entreveradas, confundidas. Aquella generación de muchachos nacidos durante la Revolución mexicana no soñaba sólo con repetir el destino de sus padres y abuelos sino con rebasarlo inscribiendo su lucha en el camino de la revolución verdadera y definitiva: la bolchevique.

Con un entusiasmo mesiánico, entre lecturas de Andreiev y Dostoievski, «pasaron de la visión a la subversión y de ésta a la política» e inventaron «sinos de relámpago, cara al siglo y sus camarillas». Algunos los tuvieron. Desde la trinchera literaria y, por momentos, no muy lejos de la otra, participaron, con distinta suerte, en casi todos los movimientos progresistas de la época: la república y la guerra civil españolas, la reforma agraria cardenista, la causa antifascista. En el «Nocturno de San Ildefonso» —otra vuelta a la tuerca de la memoria— Paz invoca a los «espectros amigos» y resume su vocación colectiva en dos líneas:

El bien, quisimos el bien:
enderezar al mundo.

La forma en que la historia desfiguró aquellas intenciones nacidas más de la soberbia que de la bondad desvela, aún ahora, las noches de Paz. Para entender la acritud y, por momentos, la iracundia de su reacción, hay que imaginar la intensidad de su adhesión original a la mística revolucionaria y ponderar las muchas facetas —intelectuales, políticas, morales— de su desengaño. El proceso no fue súbito ni lineal: tardó decenios. Es un tema complejo que Paz ha tocado en su poesía pero cuya historia íntima esperan aún sus lectores. A la primera decepción, ocurrida durante su viaje a España en 1937 (la evidencia de los crímenes comunistas contra el PSOE), siguieron año tras año los desencantos: el Pacto Ribbentrop-Stalin, el asesinato de Trotski, la rigidez estética y moral del arte comprometido, las noticias sobre los campos de concentración en la URSS (que Paz denuncia en la revista *Sur* en 1951), la invasión de Hungría y muchos otros Kronstadt particulares que, sin embargo, no ahogaron en él la esperanza de un socialismo auténtico y posible. Hacia 1968 llegó a pensar que los estudiantes tomarían el papel de los obreros en la construcción de la utopía. A principios de los setentas, ya en México, explora la posibilidad de fundar un partido político, socialista y democrático. Aún ahora se declara socialista (de haber sido español habría votado por el PSOE), pero esto no contradice, más bien reafirma, su profunda decepción del marxismo-leninismo y los regímenes que, para emplear sus palabras, usurpan el nombre de socialistas.

Bertrand Russell vio con escepticismo desde 1920 la teoría y práctica del bolchevismo. Los intelectuales franceses tardaron mucho más en convencerse de que la URSS no era el reino futuro de la abundancia y la libertad, sino un régimen de opresión sin precedentes en la historia humana. Gravitando siempre más cerca de la cultura francesa que del mundo anglosajón, Paz llegó probablemente a su visión definitiva del régimen soviético después del *Archipiélago Gulag* de Solyenitzin. A partir de entonces ha dedicado buena parte de su esfuerzo público a la contraprofecía: denunciar a la URSS, sus satélites y simpatizantes, propagandistas de la nueva fe que, en sus palabras, «es rabia filosófica, razón descendida a la tierra en forma de patíbulo, ideología que golpea con la cruz y funda con la sangre, comunión obligatoria a la que adoran millones». En la ideología marxista-leninista que fundó a la URSS y que con variantes profesa la izquierda en Occidente, Paz no ve únicamente una explicación histórica desmentida por los hechos, una moral de la impunidad y la intolerancia, una política jesuítica y una profecía incumplida. Ve un manto de oscurantismo que amenaza con cubrir el planeta. De ahí que el tono y el sentido de sus palabras al tratar estos temas tengan siempre la impregnación, la gravedad de un desencanto religioso. En marzo de 1974, al comentar el libro de Solyenitzin, escribía: «Casi todos los escritores de Occidente y de América Latina ... hemos sufrido la seducción del leninismo ... nuestras opiniones políticas ... no han sido meros errores o fallas en nuestra facultad de juzgar. Han sido un pecado, en el antiguo sentido religioso de la palabra: algo que afecta al ser entero».

Dos años después el tono es de franca, dolorosa confesión:

> Enredo circular:
>   todos hemos sido,
> en el Gran Teatro del Inmundo,
> jueces, verdugos, víctimas, testigos,
>   todos
> hemos levantado falso testimonio
>   contra los otros
> y contra nosotros mismos.
>   Y lo más vil: fuimos
> el público que aplaude o bosteza en su butaca.
> La culpa que no se sabe culpa,
>   la inocencia,
> fue la culpa mayor.
>   Cada año fue monte de huesos.

> Conversiones, retractaciones, excomuniones,
> reconciliaciones, apostasías, abjuraciones,
> zig-zag de las demonolatrías y androlatrías,
> los embrujamientos y las desviaciones:
> mi historia.

Una segunda experiencia que perfiló la conciencia política de Paz fue su perplejidad, su distancia, su incomodidad frente al imperio norteamericano. Hacia 1943 Paz inició una estadía de algunos años en las entrañas del monstruo, primero en California, más tarde en Nueva York. Después de haber soñado con la inminencia del socialismo universal —cobijando, además, y sin contradicción, la idea de una grandeza mexicana siempre pospuesta pero latente siempre—, Paz descubre el verdadero imperio. Por las calles de San Francisco caminan los «pachucos», gestos arcaicos en un mundo moderno, nómadas de identidad. Su impreciso rostro —pensó Paz— es el nuestro. ¿Cómo descubrir sus auténticos rasgos y cómo salvarlos? ¿Cómo vivir, comerciar o simplemente colindar con una civilización a un tiempo arrogante y ciega, imperiosa y encastillada? ¿Había o hay entre América Latina y los Estados Unidos posibles confluencias, o se trata de un binomio histórico cuyo sentido final es la contradicción, la incomprensión y el conflicto?

La tercera experiencia, el largo tránsito por las laderas del Este, ocurrió en dos tramos. A principio de los cincuentas —luego de varios años en París— pasa algunos meses en la India, Japón y Hong Kong. Un decenio más tarde, como embajador de México en la India, conoce Indochina, Vietnam, Birmania, Tailandia y, más de cerca, Ceilán, Pakistán y Afganistán. Del Cercano Oriente visita Líbano. Estos viajes —podría pensarse— dejaron una huella profunda en la conciencia poética de Paz, no en sus ideas políticas. Verdad a medias: las querellas ideológicas y los temas políticos que le preocupan son, en general, problemas de Occidente, pero las frágiles utopías que todavía consiente su escepticismo deben mucho al Oriente.

Tres jornadas que son, al mismo tiempo, tres búsquedas: frente a la izquierda, una incitación a la contrición histórica y una fórmula que concilie justicia y libertad; frente a los Estados Unidos, una afirmación de identidad y un diálogo atento y comprensivo; frente al Oriente —hacia el Oriente—, una puerta a la utopía. Tres experiencias superpuestas a otras estructuras aún más profundas: el petrificado fondo mexicano, lava de identidad —la madre española, el abuelo liberal, el padre revolucionario zapatista— y, siempre presente también, la vieja civilización europea: voces de ciudades, de amigos, de libros.

La nueva Roma y sus inquisidores

En la visión de Paz, la nube más ominosa de nuestro tiempo es la URSS. Dedica varias páginas a discutir su naturaleza histórica, a *nombrarla*. Políticamente —explica Paz— se trata de un despotismo totalitario; en lo económico es un monopolio estatal manipulado por una casta burocrática; en términos sociales impone una rígida estratificación. No muy lejos de las ideas de Alain Besançon y Cornelius Castoriadis, Paz prefiere una definición dual: burocracia ideológica más sociedad militar, ideocracia y estratocracia, convento más cuartel, religión y milicia. De nuevo, como en la Edad Media, la unión militante entre el poder y la idea. Acaso cabría desprender de la lectura de Paz una imagen: la URSS como una de esas *matrioschkas* de madera policromadas, típicas del arte ruso: muñecas que dentro de sí llevan una muñeca que dentro de sí...: el Secretario General —la *matrioschka* mayor— confisca al aparato que a su vez confisca al Comité Político que confisca al Partido que confisca al Estado que confisca a la minúscula *matrioschka* de la Sociedad Civil.

Esta condición confiscatoria tiene sus inconvenientes. Paz enumera los principales. El más grave, quizás, es el económico. La casta burocrática centralizada bloquea de mil maneras la producción agrícola e industrial; está en continua contradicción con los responsables directos de las fábricas o las granjas y con los sufridos consumidores que hacen cola hasta para hacer cola, y si de explotación se trata: «La inhumanidad de la industria, rasgo presente en todas las sociedades modernas, se acentúa en la URSS porque ... la producción no está orientada a satisfacer las necesidades de la población sino la política del Estado. Lo más real, los hombres, está al servicio de una abstracción ideológica».

A las contradicciones económicas y sociales Paz agrega las tensiones nacionales y religiosas dentro de la URSS, cuestiones que, a su juicio, el Estado burocrático ruso no ha logrado resolver: nacionalismos vivos a pesar de las persecuciones y un Islam beligerante que no se detendrá a las puertas de la URSS. Los disidentes no son, desde luego, un riesgo mortal para el régimen, pero su valor simbólico mina día a día la legitimidad del monopolio. Con todo, Paz no se hace ilusiones: la presencia rusa en el mundo —más imperial, en sentido estricto, que hegemónica— seguirá creciendo en la misma medida en que se agudicen las contradicciones internas. Se trata, como ha explicado Castoriadis, de una *estratocracia (stratos:* ejército) cuya finalidad natural y última es la guerra. A este proceso de militarización de los intereses nacionales corresponde una política exterior «congruente, perseverante, dúctil e inflexible que combina dos elementos que aparecen en la creación de los grandes imperios: una voluntad nacional y una idea universal».

Rodeando a esta inmensa *matrioschka*, en sus fronteras y lejos de ellas, aparecen pequeñas copias más o menos fieles de la original. Paz distingue con el mismo acierto y la misma riqueza de información su naturaleza histórica y también las *nombra:* son satélites, no aliados de la URSS, súbditos políticos e ideológicos, pequeños cúmulos que avanzan obedientes tras el inmenso nubarrón ruso. Más decisivos para la suerte de Occidente son los partidos comunistas europeos. Aunque Paz admite que el eurocomunismo significó un sesgo político y moral, su veredicto sigue siendo reprobatorio. Para ser verdaderamente democráticos y modernos, y aun para ser efectivos, los partidos comunistas tendrían que ejercer una autocrítica de raíz que dejara a un lado no sólo los dogmas marxistas sino incluso los elementos políticos rousseaunianos: la fe en una «voluntad general» que pueda prescindir del voto. Para dejar de ser órdenes religiosas y militares tendrían que redescubrir la tradición libertaria y pluralista y —punto central en Paz— criticar nada menos que al mito mayor: la Revolución.

«El fracaso de las revoluciones del siglo XX ha sido inmenso y está a la vista. Tal vez la edad moderna ha cometido una terrible confusión: quiso hacer de la política una ciencia universal. Sería la llave de la historia, el sésamo que abriría las puertas de la cárcel en que los hombres han vivido desde los orígenes. Ahora sabemos que esa llave no ha abierto ninguna prisión: ha cerrado muchas.»

Es el antiguo creyente de la década de los treinta quien finalmente puede confesarse: «Convertir a la política revolucionaria en ciencia universal fue pervertir a la política y a la ciencia, hacer de ambas una caricatura de la religión. Pagamos con sangre el precio de esta confusión».

Hay quienes no se han enterado del precio de la confusión y quienes, aún ahora, derraman sangre por ella. Son los terroristas, especie europea en extinción salvo en Irlanda y el país vasco, donde los móviles apenas tocan la ideología marxista. Hacia 1978, en la versión original del ensayo donde se refiere a ellos, Paz predijo su futuro aislamiento tal como finalmente sucedió en Italia y Alemania. La relación que estableció desde entonces entre la rebelión libertaria de 1968 y el terrorismo de los setentas vale para Europa tanto como para México: muchos rebeldes del 68, reprimidos por la autoridad, terminaron por identificarse con el verdugo: «Incapaces de apoderarse del Estado y restablecer el terror ideológico se han instalado en la ideología del terror».

Pero lo que verdaderamente ocupa a Paz no es tanto el mundo socialista ni los efímeros terroristas de horca y cuchillo, sino los de lápiz y papel: los intelectuales de izquierda en Occidente seducidos por la omnisciencia revolucionaria, sobre todo los neoescolásticos latinoamericanos. *Tiempo nublado* es, en buena medida, un libro escrito para (frente, contra) ellos:

«Sus abuelos juraban en nombre de Santo Tomás, ellos en el de Marx, pero para unos y otros la razón es un arma al servicio de una Verdad con mayúscula. La misión del intelectual es defenderla. Tienen una idea polémica y combatiente de la cultura y del pensamiento: son cruzados. Así se ha perpetuado en nuestras tierras una tradición intelectual poco respetuosa de la opinión ajena, que prefiere las ideas a la realidad y los sistemas intelectuales a la crítica de los sistemas».

Desde las universidades, los diarios, los partidos y, a veces, como en América Central, desde las guerrillas, los nuevos cruzados siguen queriendo «enderezar al mundo» sin la humildad que faltó también a la generación de Paz. En cada país, explica éste, los fieles reunidos en partidos que son iglesias militantes practican la misma política y reproducen, a menudo inconscientemente, la lógica inquisitorial del Estado totalitario. Se trata de una nueva moral, una versión laica de la guerra santa cuyas raíces psicológicas exploraron Orwell y Koestler entre otros, y que Paz ve como una experiencia seudorreligiosa que termina en el silencio y la muerte:

«El absoluto logra conquistar la adhesión de muchas conciencias porque satisface la antigua y perpetua sed de totalidad que padecemos todos los hombres ...
»Al comienzo, los revolucionarios están unidos por una fraternidad en la que todavía la búsqueda del poder y la lucha de los intereses y las personas son indistinguibles de la pasión justiciera. Es una fraternidad regida por el absoluto pero que necesita además, para realizarse como totalidad, afirmarse frente al exterior. Así nace el otro, que no es simplemente el adversario político que profesa opiniones distintas a las nuestras: el otro es el enemigo de lo absoluto, el enemigo absoluto. Hay que exterminarlo».

En *Corriente alterna* (1967), Paz cifraba aún cierta esperanza en un cambio en el interior de la URSS: «Creo en el espíritu del pueblo ruso casi como en una revelación religiosa ... por fortuna para ellos y para nosotros Moscú no es Roma». En *Tiempo nublado,* luego de Praga, el Gulag, Afganistán y, sobre todo, Polonia, piensa que Moscú, para desgracia nuestra y del pueblo ruso, sí es Roma, una nueva y más intolerante Roma católica. Más allá de la profunda justificación de su crítica, ¿hasta qué grado acierta Paz en su visión interna de la URSS? ¿Qué tan exacta es su idea sobre el designio imperial ruso?

No faltan sovietólogos occidentales que llegan al extremo de hablar de «pluralismo» en la URSS. Son los Chamberlain intelectuales. Llevan la asepsia científica a extremos de ingenuidad. Pero en México hay quien llega más lejos. La discusión de Paz en torno a la naturaleza histórica de la URSS debería servir para desterrar un mito que por desgracia prospera aún en este país, donde —según Henri Lefebvre— habitan los últimos y más puros estalinistas del siglo: el mito de la URSS como un Estado socialista o al menos obrero. Por otra parte, las contradicciones económicas que señala Paz son conocidas: ni Bréznev las ocultaba. Los países satélites —Hungría antes que todos— avanzan hacia cierta privatización en algunas áreas de la economía. La descentralización y la «renovación moral» auspiciadas un tanto débil e infructuosamente por Andropov y congeladas por el juvenil Chernenko prueban el peligro de esclerosis.

Su apreciación sobre el polvorín de los nacionalismos es igualmente plausible: el siglo XX ha sido la era de las insurgencias nacionalistas más que clasistas. Con todo, en la práctica el Estado burocrático ruso ha manejado con pinzas maquiavélicas la cuestión. Los ucranianos, por ejemplo, como otras nacionalidades, hablan su propia lengua, conservan sus propias fronteras, mantienen algunas de sus antiguas costumbres culturales y tienen su propia caricatura de parlamento. Nada garantiza a Moscú la paz perpetua, pero es un hecho que en la URSS no hay nada parecido a la ETA o al IRA. La explicación radica, claro, en la eficacia omnipresente y represiva del *big brother,* pero el calculado federalismo desempeña también un papel. La minoría totalmente oprimida sigue siendo, como en la época zarista, la judía.

Paz menciona otras contradicciones no menos profundas: el dogmatismo estatal frente al total descrédito ideológico del marxismo, la enrarecida escolástica de la academia frente a la occidentalización de la juventud. Ambas son mutaciones de largo alcance en la mentalidad rusa que tarde o temprano se traducirán en cambios de estilo o de fondo en el aparato. Pero estos y otros factores de conflicto que se desprenden con claridad de la lectura de Paz pueden ocultar la vertiente orwelliana de estabilidad que también existe en la URSS: el despotismo internalizado. Tres datos: los obreros rusos no se solidarizaron, ni siquiera levemente, con «Solidaridad»; los intelectuales son, por lo general, conformistas; y, por inaudito que parezca, en algunos sectores del pueblo ha renacido el culto a Stalin.

Cualquiera que sea la gravedad de las contradicciones internas, la salida natural ha sido y será, como señala Paz, buscar válvulas de escape al exterior. Esta tendencia y la militarización del Estado empalman de maravilla con la historia rusa, la reciente y la remota. Paz recuerda sus rasgos específicos: paneslavismo, nacionalismo acendrado, vocación imperial. Le faltó quizás agregar un elemento: paranoia, incluso la justificada paranoia: de Napoleón a Hitler no todos los vecinos de Rusia han sido siempre —como lo es, dolorosamente, Polonia y lo son los países de la «Europa secuestrada»— geopolíticamente inocentes. Esta condición histórica explica el designio exterior soviético y quizá lo intensifica, pero es obvio que no lo justifica. Donde las opiniones varían es en sus consecuencias para la diplomacia.

Hay quien piensa que si la agresividad rusa fuese producto de la paranoia y la inseguridad más que de un impulso ideológico paneslavo o leninista, la política exterior norteamericana estaría exacerbando esos motivos y haciendo el juego a la línea dura dentro del monopolio ruso: el Ejército. Quienes sostienen esta línea chamberlainiana recuerdan los dulces años de la *détente;* quienes la impugnan no olvidan la debilidad del pastor Carter y el desastre en Afganistán. Mientras los delfines Gorbachev o Romanov ascienden al trono, la moneda está en el aire con su cargamento de misiles. ¿La vocación imperial rusa llegará a los extremos del reino milenario que soñó y buscó Hitler? Paz lo cree, a mi juicio sin completa razón. Paranoia o no, la única forma de negociar con la URSS es —por lo menos— desde la paridad de fuerzas.

Con todo, una cosa es la vocación que se desprende de la ideología y otra la conducta real. En Chile, durante el régimen de Allende, la URSS no movió un dedo. Desde entonces, a pesar de Afganistán, la URSS ha sufrido varios reveses, sobre todo en África: primero Egipto y ahora, cada vez más, Angola, Mozambique y Etiopía. El comunismo soviético se ha vuelto un mal producto de exportación: no aporta dinero ni eficacia técnica, aporta armas y hombres armados —por lo general cubanos—. Muchos países del tercer mundo prefieren lo primero y la URSS simplemente no puede darlo. A raíz de sus problemas económicos ha optado por concentrar 90 por ciento de su ayuda material (6.8 billones de dólares en 1982) en tres satélites incondicionales:

Vietnam, Mongolia y Cuba. En suma, la realidad material y política dicta el avance o retroceso de la URSS tanto o más que la ideología. Ni una ni otra presagian un cielo despejado.

Pero además de la política y la historia está la moral. Octavio Paz es el precursor en México de una crítica que ahora practican incluso algunos súbitos desestalinistas. Fue, junto con Revueltas, la primera voz mexicana en la tradición de escritores que −desde una perspectiva liberal o socialista− han denunciado el fenómeno central de nuestro siglo: el totalitarismo. Lista interminable y creciente: Serge, Cilinga, Souvarine, Camus, Arendt, Breton, Gide, Papaioannou, Orwell, Aron, Koestler, Kolakowski, Djilas, Silone, Howe, Bell, Caludin, Semprún. El esfuerzo de Paz, como el de Vargas Llosa, tiene un mérito particular: supone un alto costo de impopularidad porque para el público lector universitario en México y en Perú, igual que en otros países del tercer mundo, el marxismo en sus muchas variantes conserva aún sus viejos prestigios mesiánicos. A despecho de la experiencia totalitaria del siglo XX, y como si fuese la detentadora −rentista− única de la verdad, la justicia y la historia, una parte de nuestra izquierda tiende a cobrar dividendos morales. Sin negar la semilla libertaria del marxismo, Paz ha sido el primero en negarse a pagarlos.

El mayor acierto en su caracterización de la izquierda latinoamericana es, a mi juicio, el empleo de categorías extraídas de la historia y la sociología religiosa. Para cualquier demócrata la política es una pasión, para un cruzado es una religión, una religión de inquisidores. En América Latina los cruzados pueden incluso reprobar la experiencia soviética, pero siguen creyendo que, llegada su oportunidad, ellos sí sabrán construir el mundo feliz que el marxismo nos tiene prometido. Paz ha visto ya esa película. Son las mismas esperanzas que abrigó su generación sólo que manchadas definitivamente por una historia de dolor, opresión, miseria y millones de vidas humanas. Negarse a ver estos hechos y a rehacer, a partir de ellos, su ideología política, es, en efecto, el pecado mayor de los partidos comunistas −salvo, quizás, el italiano− y de muchos, no todos por fortuna, de nuestros intelectuales. Frente a esta petrificación intelectual y moral, la crítica de Paz es impecable: si la tragedia de Polonia no provocó una revolución democrática en el interior de la izquierda latinoamericana, nada lo hará. A estas alturas era tiempo de que los creyentes aplicaran al nuevo Leviatán la famosa frase de Marx sobre el capital: «Viene chorreando sangre y lodo por todos los poros, de los pies a la cabeza». Sobre todo por la cabeza, tratándose de intelectuales.

Nueva decadencia de Occidente

Han sido precisamente los nuevos inquisidores —que confunden los argumentos con los adjetivos— quienes desprenden de la crítica de Paz a la URSS una adhesión al otro imperio. En *Tiempo nublado* los Estados Unidos no son un sol, ni siquiera un trozo de cielo claro: son la otra gran nube, aunque globalmente menos densa y ominosa que la soviética. Es un error —escribe Paz— «equiparar la política exterior de Estados Unidos con la URSS como si se tratase de monstruos gemelos». Con todos sus errores y fallas, los Estados Unidos buscan más una hegemonía (dominio económico) que un sometimiento imperial y directo sobre pueblos y territorios. Puertas adentro, además, «han preservado ... las libertades fundamentales»: «No se trata de defender ni al capitalismo ni al imperialismo sino a unas formas políticas de libertad y democracia que subsisten todavía en Occidente».

Porque *Tiempo nublado*, en efecto, no defiende al capitalismo ni al imperialismo. Si algo ha preservado Paz de su matriz socialista y su identidad mexicana es la negación del capitalismo como solución y su oposición histórica al imperialismo norteamericano. En *Tiempo nublado* su crítica va más lejos. Para Paz, no sólo los Estados Unidos sino Europa están en una encrucijada moral, mortal: les falta *temple* histórico. Si en la URSS peca el régimen político, en Occidente peca la sociedad. Los rasgos que describe Octavio Paz recuerdan en algunos momentos pasajes de Gibbon; en otros, prédicas de Solyenitzin: vacío de fe, nihilismo superficial, resignación, dimisión, caída de tensión vital, glotonería, abandono, abdicación moral, chabacanería, placer al servicio del comercio, frivolidad, degradación del erotismo, renacimiento de las supersticiones. «Se viven ahora más años», afirma Paz, «pero son años huecos, vacíos.» Su crítica tiene, al mismo tiempo, ecos de Eliot y nostalgias socialistas: ascos, rechazos, desprecios. Al leerlo, se comprende mejor su entusiasmo por la chispa libertaria del 68.

El cansancio de Europa es un viejo tema. Europa es más rica y tolerante, pero ¿para qué? La placidez del trabajo y el consumo se traducen en un repliegue vital, una pasividad ante el futuro y ante el vecino soviético. No hay más líderes como Churchill y De Gaulle en el horizonte. El dictamen de Paz se confirma por varias vías: el pacifismo *(better red than dead)*, la astenia económica y tecnológica europea frente a los Estados Unidos y Japón y la obsesión antimalthusiana de ciertos países europeos, en especial Alemania y Francia: demográficamente, Europa es cada vez menos europea.

Sin embargo, *Paris sera toujours Paris*. Paz lo cree. Sus valores fundamentales son producto de la imaginación europea, y si critica a Europa, lo hace justamente en nombre de ellos. Europa está cansada pero no perdida. Los Estados Unidos son otra cosa. Nuestros problemas de incomunicación con ellos son parecidos a los que sufren sus aliados europeos. Aquí, la intuición psicohistórica de Paz da en el blanco: los Estados Unidos siguen siendo, como en su origen, «*Fortress America*»:

«Si pudiesen, los norteamericanos se encerrarían en su país y le darían la espalda al mundo, salvo para comerciar con él y visitarlo. La utopía norteamericana —en la que abundan, como en todas las utopías, muchos rasgos monstruosos— es la mezcla de tres sueños: el del asceta, el del mercader y el del explorador. Tres individualistas. De ahí el desgano que muestran cuando tienen que enfrentarse al mundo exterior, su incapacidad para comprenderlo y su impericia para manejarlo. Son un imperio, están rodeados de naciones que son sus aliados y de otras que quieren destruirlos, pero ellos quisieran estar solos: el mundo exterior es el mal, la historia es la perdición».

Si el mundo exterior es el mal y ellos nacieron en estado de «pureza histórica», los norteamericanos oscilan entre dos actitudes extremas: cerrarse al mundo o intervenir violentamente en él para cambiarlo. No hace mucho la revista inglesa *The Economist* publicaba un editorial que parecía calcado de *Tiempo nublado*. Ambas actitudes, decía, el aislacionismo y el intervencionismo, se basan en un «moralismo» que se aviene mal con la tradición europea en las relaciones internacionales: «Los europeos han vivido por siglos en el mismo continente y saben que no pueden subsistir ignorándose o tratando de cambiar drásticamente el uno al otro. Cada país tiene sus intereses. El propósito de la política exterior es hacerlos compatibles. Las cualidades que se requieren son acomodo, ajuste, compromiso».

Justamente las que les faltan a los norteamericanos. Los europeos no han pretendido resolver de raíz o ignorar los problemas: su intención ha sido *aliviarlos*. Ayunos de imaginación y experiencia, los norteamericanos «sustituyen la visión histórica por el juicio moral», oscilando entre dos extremos de la imprudencia: la ingenuidad del reverendo Carter y la paranoia del ayatollah Reagan. El resultado está a la vista en Asia y en América Latina: una estela de odio y problemas no resueltos. La realidad no es dúctil a la moralina norteamericana. Su presencia en el mundo, escribe Paz con razón, es sinónimo de incomprensión, insensibilidad e «incapacidad de orientarse en la historia».

Pero está la otra cara de los Estados Unidos. Paz no teme mencionarla. Su actitud es congruente con la premisa fundamental del libro: el mal mayor del siglo es el totalitarismo y sólo Occidente, con los Estados Unidos a la cabeza, podrá enfrentarlo. Por desgracia, comenta Paz recordando a Tocqueville, la democracia tiene, en ese sentido, sus inconvenientes: «Es claro que la política de una gran potencia no puede estar supeditada a los cambiantes y divergentes intereses de distintos grupos». Así, frente a la nueva Roma y sus centuriones militares e ideológicos, los Estados Unidos parecen doblemente débiles: los lastra su sonambulismo histórico y los limita, paradójicamente, la falta de un poder central.

Junto a los tres sueños individualistas de la utopía norteamericana —el asceta, el mercader y el explorador— sobran ya quienes reclaman a Paz su falta de insistencia en el cuarto: el explotador. En términos globales los Estados Unidos se han aferrado muchas veces al mito de *«Fortress America»*, pero no en el ámbito norteamericano: desde mediados del siglo pasado los mexicanos y centroamericanos padecemos los embates del «destino manifiesto». Paz no esquiva estos hechos. Los subraya en los ensayos finales de *Tiempo nublado*, pero su propósito no es la denuncia sino el conocimiento de la historia norteamericana con fines de diálogo.

Diálogo entre la moral y la historia. Diálogo, no supeditación de una a la otra. La edad moderna ha perpetrado muchos crímenes, desde justificaciones históricas o a partir de falsas armonías entre moral e historia. No siempre es inconveniente juzgar las situaciones sin atender a la historia, aplicándoles sólo un criterio moral estricto. Muchos años antes de Freud, Madame de Staël escribió: «El que todo lo comprende, todo lo perdona». ¿Qué forma de diálogo entre historia y moral conviene a nuestras naciones? Es la gran pregunta. No podemos renunciar a la historia que, en el caso de América Central y México, no es otra que la de una permanente y cuidadosa exacción: el lugar más desdeñable y explotable del mapa, los *«banana countries»*, vasta región de gente oscura e inferior. Esta dignidad herida explica a Cuba, Nicaragua y El Salvador mucho más que las desigualdades sociales en esos países. Pero sería inútil y costoso fincar nuestra existencia en el recuerdo obsesivo de los abusos yanquis. A pesar de su sordera y de que sus métodos han cambiado poco desde los tiempos del *«big stick»*, estamos —como escribe Paz— condenados al diálogo. Hay que señalarles las llagas que nos ha dejado su historia, pero no con el objeto de perpetuar indulgentemente nuestra pasividad, nuestro papel de víctimas, sino como una raíz para el diálogo.

Éste será un mérito más de *Tiempo nublado* cuando sea traducido al inglés. Paz acude a la historia como ejercicio de simpatía y crítica, no como contabilidad del resentimiento. Y tiene cosas importantes que decirles: «Los norteamericanos tienen que aprender a oír *otro* lenguaje, el lenguaje enterrado ... aquella sabiduría que han olvidado las democracias modernas pero que los griegos no olvidaron sino cuando, cansados, se olvidaron de sí mismos: la dimensión trágica del hombre».

¿Podrán aprenderlo? Si lo balbucean hallarían tonos y temas imaginativos, efectivos y generosos para acercarse al polvorín centroamericano. No lo intentan siquiera porque conservan, como apunta Paz, los rasgos autistas de su fundación. Y por otro motivo: ellos también «vienen chorreando sangre y lodo por todos los poros». Menos sangre y menos lodo: los lava, un poco, su democracia.

Laderas de utopía

Más allá de los densos nubarrones de los imperios y las hegemonías, al oriente de los mapas y la historia, hay espacios de claridad. La tradición judeocristiana y el eurocentrismo bloquearon por siglos el reconocimiento de civilizaciones más antiguas y más sabias. Hoy, en una hora oscura de Occidente, mirar al Este puede ser, más que un acto de sensatez, uno de supervivencia.

La novedad del Oriente comenzó por Japón. La apertura a Occidente no ha destruido hasta la fecha su cultura tradicional. Los japoneses, todos lo sabemos, han tenido el genio de la imitación creativa: sus ideas, sus técnicas, su religión, sus instituciones, provinieron del extranjero —en particular de China—, pero los japoneses las adaptaron con naturalidad y pertinencia. Y lo que ayer hicieron con China, lo han hecho hoy con los Estados Unidos. ¿Cómo no ver en esa inteligente transición a la modernidad dentro de la democracia una lección para América Latina?

La China de Mao perseguía, en apariencia, una doble negación: la de su propio confucianismo y la de Occidente. En el fondo, el cambio sobrevino impregnado de tradicionalismo. Paz dedica páginas deslumbrantes a los ecos históricos de la China comunista: Mao es Chi-huan-ti, los turbantes amarillos del siglo II se asemejan a los guardias rojos, los mandarines recuerdan a la nueva burocracia. Paz no ignora los costos humanos de la Revolución cultural, pero su visión de Mao no es enteramente negativa: «Su programa», escribe, «era una fantasía cruel». Pero una fantasía al fin. Ahora mismo, en busca de las cuatro modernizaciones, China parece confirmar su «genio pragmático, imaginativo, flexible y nada dogmático». Es la profundidad histórica lo que, con plena razón, hechiza a Paz. De su propio país, heredero de una historia no menos compleja y profunda, quisiera repetir seguramente lo que piensa de China: «Mi amor y mi admiración por el pensamiento, la poesía y el arte de ese país son más fuertes que mi escepticismo».

La revolución iraní lo sedujo, al menos en un principio. Era la comprobación histórica de su antiguo ensayo sobre la revuelta, la revolución y la rebelión. Era la insurrección de lo divino, un movimiento de las entrañas históricas que quizá removió en Paz sus propias entrañas zapatistas: «Ambiguo portento, pues las religiones son lo que las lenguas eran para Esopo: lo mejor y lo peor que han inventado los hombres. Nos han dado al Buda y a San Francisco de Asís; también a Torquemada y a los sacerdotes de Huitzilopochtli». Después del episodio de los rehenes, del terror y la guerra contra Irak, Paz ha perdido el breve encanto: «La abnegación, de nuevo, al servicio de una perversión». Su excelente descripción histórica de la propensión suicida en el chiísmo mueve a la comprensión, no a la absolución. En el caso iraní, como en otros, la historia no avala a la moral. No hay concepto más peligroso que el de «derechos históricos».

Y claro, está la India, ese jardín en la poesía y la vida de Paz. En el Irán monoteísta la civilización europea se detuvo en una petrificación. En la India –plural y politeísta– ocurrió lo contrario: una recreación. La India representa, para Paz, el crisol de Oriente y Occidente: no el lugar histórico de la felicidad sino de algo más importante: la autenticidad y profundidad humanas. En *Tiempo nublado* apenas se menciona a las personas –tal es el poder de las ideologías, los intereses, las civilizaciones, las fuerzas impersonales–, pero el libro tiene un héroe: Gandhi.

«El movimiento de Gandhi, que fue a un tiempo espiritual y político, ha sido una de las grandes novedades históricas del siglo XX ... la acción política de Gandhi es inseparable de sus ideas religiosas. En ellas encontramos una impresionante combinación de elementos hindúes y europeos. El fundamento fue el espiritualismo hindú ... el cristianismo tolstoiano y el socialismo fabiano ... fue un verdadero sanyasi y en su autobiografía dice: "Lo que he buscado y busco es ver a Dios cara a cara"; sin embargo, buscó a Dios no en la soledad de la cueva del ermitaño escondido del mundo sino entre las multitudes y en las discusiones políticas. Buscó a lo absoluto en lo relativo, a Dios entre los hombres. Unió así la tradición hindú con la cristiana.»

A los dos grandes logros políticos de la India moderna que menciona Paz –la preservación del Estado nacional y el mantenimiento de la democracia– podría agregar recientemente una cierta prosperidad financiera y agrícola. El pueblo de Buda y Gandhi vive a años luz del fanatismo ideológico y del hedonismo material, y ha sabido adaptar la mejor tradición política de Occidente a su genio particular. No es casual que hablando de la India, Paz revele el núcleo de sus convicciones sobre nuestro tiempo: «El gandhismo es una semilla de salvación, como la tradición libertaria. La suerte de ambas está ligada a la de la democracia».

Se diría que para Paz la profundidad histórica de Oriente es garantía, si no de modernidad política, al menos sí de prudencia y autenticidad. Tiempo antiguo, tiempo despejado. Civilizaciones que no «han olvidado aquella vieja sabiduría: la dimensión trágica del hombre».

El rincón del diablo

Nubes altas y bajas, zonas permanentemente grises, espacios de claridad: nuestro tiempo. ¿Pero cuál es la forma del tiempo latinoamericano? En la costa atlántica de México hay una expresión para designar el lugar de los presagios, un punto casi negro en el horizonte donde las nubes se repliegan y concentran antes de la tempestad: el rincón del diablo. Paz y sus lectores vivimos en él.

Fuera del riesgo de una guerra atómica que acabaría con treinta mil años de tiempo humano, Paz piensa que el mundo socialista y el occidental —petrificación y decadencia— están presos en un movimiento de larga duración: no cambiarán en el futuro cercano. Las viejas civilizaciones de Oriente que en el siglo XIX resistieron a los mercaderes coloniales y en el siglo XX a los centuriones ideológicos, cambiarán aún menos o, fieles a sí mismas, cambiarán lentamente. A diferencia de ellas, América Latina podría cambiar —está cambiando ya— de un modo dramático y, lo que es más grave, en algunos lugares, infiel a ella misma.

Nutrido por el antiguo resentimiento contra el yanqui, el manto del nuevo oscurantismo la asedia de mil formas: la guerrilla rural y urbana es sólo una de ellas, limitada por ahora a América Central, Colombia y Perú. Otras, como el adoctrinamiento en las universidades, parecen extraídas de aquellas páginas de Gibbon sobre el triunfo del cristianismo en tiempos de Constantino: el mismo «celo de intolerancia que sutilmente se insinúa» sobre el cuerpo social, adormeciéndolo, restándole el sentido de la libertad.

Quienes podrían detener su avance hacen lo contrario: lo propician. Los Estados Unidos, supuestos herederos de la tradición libertaria, nos oprimen comercialmente y tienen una visión racista y miope de la región. Nos comprenden tanto como comprendían a los apaches. El «traspatio». Con la pequeña diferencia de que el «traspatio» tiene el tamaño de la civilización occidental en su vertiente latinoamericana, más viva y actuante de lo que los norteamericanos *«in their wildest dreams»* alcanzan a entrever. Al alejarse la posibilidad de una conciliación histórica con los Estados Unidos, ¿hacia dónde volverse?

En la obra de Paz hay respuestas. Mirar primero hacia nosotros mismos, entender nuestro desencuentro con la modernidad para así, en lo que sea pertinente, entroncar de un modo propio con ella. Esquivar la tentación solitaria y el hedonismo material. Adaptar —adoptar— la modernidad, como los orientales, a nuestro genio peculiar y hacerlo además sin coerción. Este entronque de nuestra historia con los valores de la libertad política y la democracia, no será fácil. *Tiempo nublado* incluye vastos catálogos de nuestra antimodernidad política desde la Colonia —y aun antes— hasta nuestros días: teocracias indígenas, herencia hispanoárabe, sociedades jerárquicas y cerradas, decadencia intelectual, ahogo de la crítica, espíritu neotomista, contrarreforma, disgregación geopolítica, caudillismo, inestabilidad, militarismo, patrimonialismo, tiranos con y sin banderas, y propiciando este desgarramiento histórico, frotándose las manos, el Tío Sam. Con todo, escribe Paz, las desventuras de América Latina *«no han empañado la legitimidad democrática* en la conciencia de nuestros pueblos».

Tiene razón. Aun los dictadores del siglo XIX invocaban la democracia. Las revoluciones de independencia y la influencia de Rousseau habían dejado una huella muy clara: la soberanía reside en el pueblo. Esta tradición no negaba por entero a la cultura política hispana: en cierta forma, a pesar de los rasgos autoritarios de la Colonia, la continuaba. Y aunque ninguna de estas corrientes hubiese sido «democrática» en el sentido anglosajón del término, suponían, de cualquier modo, un espíritu democrático: la apelación o la sanción última del pueblo. Por otra parte, las ideas e instituciones políticas propiamente anglosajonas penetraron también más de lo que se admite en nuestras culturas y no sólo en las capas superiores. La democracia, en suma, era «una suerte de acta de bautismo histórico de nuestros países».

Cuba —explica Paz— cambió las reglas del bautismo por las de otra legitimidad: la legitimidad revolucionaria. Ahora en Cuba, y quizá mañana en Nicaragua y en otros países de la región, gobierna un régimen totalitario no muy distinto a su matriz bolchevique: dueño de la historia, la verdad, la moral, la economía y, sobre todo, la libertad de los hombres. Que los hombres quieran o no esa libertad, no quita un adarme al carácter totalitario del régimen de Castro, ni resta validez a la tesis de Paz sobre la mutación de legitimidad.

Para Paz, la democracia es el último baluarte de América Latina. «El cambio sin democracia conduce a la opresión.» Sabe que la historia de estos países reclama la observancia de esa forma política universal. El resurgimiento democrático en Argentina que tarde o temprano arrastrará a Chile y Uruguay, es un hilo de luz en el rincón del diablo y abre —como escribió Paz premonitoriamente— «coyunturas para una acción democrática continental». La democracia no es el fin último ni único del hombre, pero en *nuestro* tiempo nublado es probablemente el que con mayor urgencia debemos defender. Una vez perdido no habrá marcha atrás.

La democracia es el baluarte final de Octavio Paz; pero no la estación que su antigua fe presagiaba. A la democracia volvió por una obstinada serie de desencantos. En el inicio, como su generación y su época, Paz descreyó de toda labor fragmentaria de mejoramiento social. Su sueño era más ambicioso: la liberación del hombre. Con el tiempo, antes que la mayoría de su generación y su época, comprendió que la revolución bolchevique se había petrificado, pero no por ello condescendió al escepticismo sino que transfirió su fe a otros posibles agentes de liberación: las revoluciones periféricas; las revueltas nacionalistas y antiimperialistas; el papel de Europa como palanca del tercer mundo; una América Latina que recobrara su rostro histórico y la marcha de su propio país, México, hacia el desarrollo pleno. Todas estas creencias se desmoronarían vertiginosamente. Ya en la segunda edición de *El laberinto de la soledad* (1959) se reconocía el derrumbe general de la Razón y la Fe, de Dios y la Utopía: los hombres sólo compartíamos la intemperie. Años después, las revueltas y revoluciones condujeron a cesarismos y dictaduras burocráticas; Europa entró en un crepúsculo histórico; América Latina en un nuevo ciclo de postración, y México, sin alcanzar el desarrollo, en una profunda crisis política y moral. Trampas de la fe.

1968 lo salvó del escepticismo político. En ningún otro país aquella rebelión generalizada culminó en un sacrificio cuyas reverberaciones alcanzarán seguramente al siglo XXI. Aunque no lo presenció, para Paz el 68 fue igualmente axial: poco tiempo después de renunciar a la Embajada en la India escribe *Posdata,* donde el mexicano «ya no es una esencia sino una historia» y donde las palabras clave —voces y pancartas del 68— ya no son teológicas sino terrenales: crítica y democracia. En términos políticos, gracias al 68 Octavio Paz encontró el sinónimo humilde y humano de la palabra liberación: libertad.

De ahí a su reencuentro con el liberalismo político del siglo XIX no había más que un paso. Al cabo de cuatro décadas, después de un triple viaje por las ideologías religiosas del siglo XIX, los extremos del materialismo occidental y la quietud histórica de Oriente, Paz regresó a México con una cierta misión. Resistir —como filósofo pagano del siglo III— la «nueva omnisciencia revolucionaria», la nueva Iglesia; criticar el vacío del mundo occidental, sobre todo del norteamericano; y aprovechar, en fin, la lección del Oriente: oír la voz de la profundidad propia y acatarla. Aquellas tres experiencias, aquellas tres búsquedas se han disuelto-resuelto en las viejas estructuras originales de un liberalismo corregido por el zapatismo: negar la opresión para afirmar la identidad. Sólo un invento europeo permite, por momentos, esa difícil conjunción: la democracia.

La «historia es el error», escribió Paz en 1973, pero siguió creyendo en la libertad individual, la identidad nacional y la democracia. Diez años más tarde, la verdad —y la poesía— aconseja intercalar en aquel verso, tímidamente, una palabra: casi.

Alguien lo deletrea

Hablaba poco de Dios. Creo que descreía. En materia de religión estaba más cerca de su jacobino abuelo que de su madre, la piadosa doña Josefina. Estoy cierto de que en las tres religiones monoteístas veía un legado de intolerancia incompatible con su actitud de pluralidad. Le divertía contar la anécdota de un fervoroso musulmán que en los Himalaya le dijo, casi a señas: «Moisés, *Kaput;* Jesús, *Kaput;* sólo Mahoma vive». Paz pensaba que también el más reciente profeta estaba *Kaput* y que la única religión coherente con el misterio de nacer y morir era el budismo. Octavio —nombre latino al fin— era un personaje del mundo clásico: buscaba la sabiduría de Sócrates, no la de Salomón; releía a Lucrecio, no la Biblia ni san Agustín; no admiraba a Constantino sino a Juliano «el apóstata», restaurador del Panteón pagano. Por su curiosidad universal en el arte, el pensamiento y la ciencia, era un hombre del Renacimiento; por su espíritu libre, liberal y hasta secretamente libertino, era un filósofo del siglo XVIII. Por su arrojo creativo y su pasión política y poética, fue un revolucionario del siglo XX. En suma, un humanista pleno, no un espíritu religioso.

Y, sin embargo, escribió su libro cumbre sobre sor Juana. Un dominico, el padre Julián, lo invitaba a hablar sobre temas teológicos que por momentos lo atraían casi tanto como a su amigo Luis Buñuel. Quiso que en *Vuelta* rescatáramos un debate de 1942 sobre misticismo en el que habían intervenido, además de él mismo, Vasconcelos, el padre Gallegos Rocafull y José Gaos. Interpretó certeramente la obra y la vida de su amigo José Revueltas como una extraña, apasionada y atea imitación de Cristo. Y alguna vez me confió una de las razones de su gran afecto por Gabriel Zaid, con quien Paz mantuvo una conversación ininterrumpida por casi medio siglo desde el día en que hablaron por primera vez en Monterrey: «Nunca olvidaré que Zaid encargó un novenario en la muerte de mi madre».

El hombre que luchaba como león contra el inexorable avance de la muerte, el viejo rey Lear maldiciendo al avaro destino que le escatimaba unos años más, o siquiera unos meses, no se abría a la esperanza de lo trascendente. «Casi todos se quiebran frente a la muerte», me dijo Alejandro Rossi. «Octavio fue coherente hasta el final: no pidió un sacerdote.» Con todo, en aquel último discurso en Coyoacán había mirado hacia el cielo, como invocándolo; las nubes se disiparon de pronto y apareció el sol.

Años atrás, en una entrevista notable, Carlos Castillo Peraza le preguntó a Paz por el significado de las famosas líneas de su poema «Hermandad»:

> también soy escritura
> y en este mismo instante
> alguien me deletrea.

Paz declaró su postura agnóstica. No sabía si ese «alguien» era un hombre como él o un ser lejano, más allá de los hombres, pero en ese momento olvidaba un pasaje de su poema «Pasado en claro», en el que aparece una tercera posibilidad, la suya propia:

> Dios sin cuerpo,
> Con lenguajes de cuerpo lo nombraban
> Mis sentidos. Quise nombrarlo
> Con un nombre solar,
> Una palabra sin revés.

Era el Dios inmanente del amor y la poesía.

El sol de Octavio Paz

Frente a la página en blanco, llena no de limpidez sino de muerte, de su muerte, me propongo lo imposible: hacer justicia a su vida. ¿Qué decir? Ningún recuento, por más detallado que sea, puede expresar la pasión, la inteligencia, la grandeza que puso en todos sus empeños. Pero este país desmemoriado suele ser cruel con sus mejores hombres; por eso importa combatir el olvido; por eso, ahora y siempre, importa recordar.

Fue ante todo un poeta. Así se definía y así quería ser recordado. Un poeta del amor y de la poesía. Alguna vez escuché de parte de un familiar suyo una anécdota mínima, nunca recogida. De muy niño, jugando en Puebla con sus primos, Octavio dijo de pronto, muy serio, que la palabra calcetín debería corresponder no a una prenda de vestir sino a una campanita, por el sonido final: «tin». Desde entonces, hasta aquel día en Coyoacán, cuando convocó al sol del antiplano para que nos alumbrara de esperanza, y las nubes obedecieron y se disiparon, y el sol iluminó su rostro de profeta desafiante y tierno, Octavio Paz fue un poseído, un sacerdote, un amante de las palabras. Un poeta.

Fue también un pensador. Occidente ha sido desdeñoso de los ensayistas de habla hispana. No los ha tomado en serio. Lo nuestro, para ellos, es la poesía y la novela, no el pensamiento. Octavio Paz logró lo que sólo José Ortega y Gasset pudo en nuestro siglo: poner su *pica* en el *Flandes* del pensamiento occidental. Su curiosidad era insaciable, y toda ella dio frutos: hizo suya la tradición occidental y las culturas del Este; exploró el arte de los pueblos, su filosofía, su historia, su ciencia; escribió textos luminosos sobre los temas límites del hombre: la libertad, la creación, la justicia, el amor; se exigía y exigía como el que más; habitaba los linderos últimos del conocimiento y allí se detenía. Aunque a veces, en su poesía, alguien nos deletrea.

Fue el más grande, y el más generoso, de los escritores mexicanos. Nadie como Octavio Paz escribió tanto sobre literatos y artistas de México, de sor Juana Inés de la Cruz hasta los escritores de Medio Siglo que se formaron en sus obras. Desde que comenzó a publicar, a principios de los años treinta, hasta nuestro días, varias generaciones de intelectuales reconocieron la calidad solar de su obra: Vasconcelos escribió con entusiasmo sobre sus libros, los transterrados emprendieron con él la revista *Taller*, «los Contemporáneos» lo adoptaron desde un principio como el hijo pródigo, fue la figura tutelar en la generación que hizo la *Revista Mexicana de Literatura;* regresó a México en los años setenta, no para presidir o imperar en la cultura, sino para fundar *Plural* y luego

Vuelta, para ponerle casa a la disidencia, a la diversidad, a la tolerancia, a la crítica, para declarar la guerra a las abstracciones armadas que en nuestro siglo asesinaron a millones de personas concretas. En esas revistas, en esos textos lúcidos e implacables, Octavio puso la libertad a buen resguardo, puso la libertad bajo palabra. Y, venturosamente, vivió para ver a esa misma libertad, en todas las latitudes, reivindicada.

Fue un minero del alma mexicana. Por el río subterráneo de su sangre corrían vetas católicas y liberales, andaluzas y aztecas, reformistas y revolucionarias. Buscando la salida al laberinto de *su* soledad, las recogió a todas. Por eso vio en la Revolución la comunión de México consigo mismo, la fugaz reconciliación de este país con sus pasados. Y luego, con el pensamiento que vigila al pensamiento, escribió que «la crítica es el aprendizaje de la imaginación en su segunda vuelta, la imaginación curada de fantasía y decidida a afrontar la realidad del mundo». Y pensó que «México no tiene esencia sino historia», y que esa historia no era un advenimiento místico sino una tarea de todos los días.

Fue valeroso ante la vida, leal en la amistad, dichoso y pleno cuando encontró el amor, y estoico ante la presencia de la muerte. Hubiera querido morir, como don Ireneo —cuyo rostro se dibujaba cada vez más en el suyo—, de una muerte instantánea, como de rayo. Esa gracia final no le fue concedida. Pero más que su propia muerte, al final lo perturbaba la sombra de anarquía que —según sus palabras— «parece cernirse, por momentos, sobre México». Había nacido en 1914, el año de la anarquía en México y el mundo; era nieto de un rebelde e hijo de un revolucionario. Pero no aspiraba al orden de las falsas utopías que detestaba o, menos aún, al orden impuesto por la fuerza. Aspiraba a un salto histórico, un salto hacia la libertad responsable ejercida por todos en esta casa nuestra que es México.

Fue, alguna vez, el sol naciente de la literatura mexicana. Cruzó el cielo y se detuvo en su centro por casi un siglo. Ahora nos duele el oro viejo de su luz crepuscular. Pero mañana descubriremos que Octavio Paz nos deletrea.

Jesús Reyes Heroles

Jesús Reyes Heroles, cambiar para conservar

> Era un hombre que entre dos sociedades, una que no acaba y otra que no empieza, buscaba el acomodo, la transacción, y con ellas la suave transición.
>
> Jesús Reyes Heroles

Lo conocí en una comida en la Secretaría de Gobernación, cuando todo el mundo le decía, con razón o sin ella, «don Jesús el del gran poder». Me saludó con su sonrisa cálida y nerviosa, una palmada y ningún apretón de manos. En la mesa estaban, que yo recuerde, Octavio Paz, Julio Scherer y Vicente Leñero. Acababa de frustrarse la idea del regreso de Scherer a *Excélsior*. Íbamos a hablar sobre el futuro de la prensa en México.

Parecía más viejo de lo que era. Parecía tan sabio como era. Por primera vez veía sus gestos característicos. Por astucia y curiosidad, Reyes Heroles sabía escuchar. Escuchaba entre bocanadas de humo que, sospecho, le servían también para disimular sus emociones. Las disimulaba mal. En cualquier discusión su cara de póquer bajaba las cartas. Si no estaba de acuerdo fruncía el ceño, ladeaba la cara y decía: «No crea usted, mire ...» o, más perentoriamente: «Óigame usted: no ...» Si estaba de acuerdo asentía con discreción: no era «cobero».

—Convénzase, Julio, usted necesita un periódico: la revista le queda chica.

—Chica pero independiente, don Jesús.

La conversación giró hacia el liberalismo. Todos en la mesa nos sentíamos liberales, cada uno más liberal que el otro. Lo cierto es que comimos y bebimos con liberalidad. Don Jesús dejó la metafísica para los postres y contó algunas anécdotas maravillosas. Aquélla, por ejemplo, en que Porfirio Díaz visita en 1883 a su compadre, el presidente Manuel González. «No tengo ambiciones presidenciales, compadre», le dijo, a lo que el famoso manco no contestó de inmediato sino que empezó a abrir y cerrar los cajones de su escritorio. «¿Qué busca, compadre», inquirió Díaz. «Al pendejo que se lo crea, compadre», respondió González.

Scherer se quedó con su revista, don Jesús —efímeramente— con su gran poder. A la salida comenté con Octavio Paz la paradoja: el mis-

...imo secretario de Gobernación, cuyo papel es la conservación, busca el cambio. ¿Quería controlar la crítica o propiciarla?

Buscaba las dos cosas. «Cambiar para conservar, conservar para cambiar», era su lema. Algo debía esta convicción a su sitio generacional. Había nacido en 1921, en el gozne de dos generaciones. Una, la llamada Generación del 29, llegaría a ser una generación fundamentalmente conservadora y consolidadora del sistema: los institucionales. La otra, la de Medio Siglo, sería una generación fundamentalmente crítica y cosmopolita. Emparedados entre la institucionalidad y la crítica, los nacidos en el periodo presidencial de Obregón llegarían a sentir, no sin contradicción, ambas urgencias.

Pero la vida temprana de Reyes Heroles es más individual que colectiva. Estudia derecho, vive un tiempo en Argentina, ejerce con éxito la profesión de abogado, se ejercita en varios tableros: leyes, economía, industria editorial. En 1952 su voto razonado es para su austero paisano Ruiz Cortines. Es entonces cuando se incorpora a la administración pública.

La comparación le parecería odiosa —ya lo veo haciendo una mueca de reprobación—, pero sólo la carrera de Alberto J. Pani se le compara. Estuvo en Ferrocarriles, Diesel Mexicana, Pemex, Sidermex, IMSS; fue secretario de Gobernación, de Educación, presidente del PRI y, por momentos, moralmente, Presidente de México. Tuvo, como Pani, más de siete vidas. Pero más que Pani y otros funcionarios públicos, quienes por eficacia o equilibrismos brincan de sexenio en sexenio, Reyes Heroles fue un funcionario creativo. No estaba allí para decir «ajá» al «señor presidente», sino para mejorar las cosas, a veces con reformas, a veces con revoluciones.

Objetivamente su misión fue conservar en el sentido de consolidar. Pero su método era el cambio. El ejemplo mejor fue la Reforma Política. Había que romper la cerrazón mutua entre el gobierno y la izquierda y él lo logró: hizo que el gobierno reconociese una fuerza política real y quiso que la izquierda dejara las brumas y las sectas a cambio de las voces y los votos. Forzó a ambos hacia la responsabilidad y la madurez, hacia la realidad. Lo otro era el populismo. Por temperamento, por cálculo y convicción odiaba la salida fácil del populismo. Quien detestaba la «coba» en el trato privado no podía aprobarla en el público. Políticamente, conocía los riesgos: el populismo era una bomba de tiempo, un financiamiento social carísimo. Pero su objeción mayor era moral: significaba condenar al cuerpo político a la adolescencia perpetua, a la dependencia y la mentira.

Hizo más contra el populismo dentro que fuera. Siendo presidente del PRI durante el régimen de Echeverría, limitó varias veces —*soto voce*— los excesos del mandatario. Hacia el fin del sexenio, cuando don Luis acarició el dulce sueño de la reelección, Reyes Heroles descalificó el intento con firmeza. En el sexenio siguiente muchos celebramos la diarquía inicial: López Portillo, que comenzó tan bien, se encargaría de la presidencia económica y Reyes Heroles de la política. El dúo funcionó hasta que la soberbia quiso. Pero antes don Jesús nos salvó de muchas desmesuras presidenciales. Una de ellas, según me contó alguna vez, fue disuadir a «Pepe» del deseo de nombrar para la Secretaría de Educación no a su caballo —como Calígula— sino a una persona aún más cercana.

«Si Reyes Heroles persevera», dijo López Portillo al aceptar su renuncia, «llegará a ser el José Ortega y Gasset mexicano.» Logró algo mejor: «Llegó», como la frase de Píndaro que solía repetir, «a ser él mismo».

Conservar y cambiar confluyen en una palabra: continuar. Reyes Heroles bregaba, contenía, ideaba, influía, transigía, manipulaba, creaba, pensando siempre en la continuidad. Pocos mexicanos como él han sentido la voz imperativa del pasado. En los años cincuenta, mientras otros filósofos, escritores o historiadores buscaban la raíz de México en la fenomenología del relajo, la zozobra, la soledad, o en el pasado indígena o colonial, Reyes Heroles descubrió una veta de identidad, una veta de continuidad: el liberalismo mexicano como un movimiento que vincula la Independencia, la Reforma y la Revolución.

En *El liberalismo mexicano* y otros libros y ensayos, afina su hallazgo. El liberalismo mexicano es un proceso que parte de 1808, recibe un jalón con los precursores de la Reforma (1833-1834), entra en una fase intensa de Ayutla (1854) a la guerra de Tres Años (1859), se oculta en el «intervalo» porfirista, renace en 1910 y sigue, hasta ahora, sin solución de continuidad.

El ciclo se inició en 1808, pero no por generación espontánea. Reyes Heroles documentó magistralmente las influencias españolas y novohispanas en el pensamiento liberal, la huella de teólogos del siglo XVI y humanistas del XVIII. Distinguió con claridad los vientos predominantes en cada etapa. Francia (Constant, Rousseau, Montesquieu) en los años veinte; Inglaterra, los Estados Unidos *(El federalista)* y Tocqueville a mitad del siglo.

Para Reyes Heroles el liberalismo mexicano se distingue del liberalismo constitucional inglés, del liberalismo ético-político, en ser eminentemente social. El *leit-motiv* es el problema de la propiedad, el deseo de «adelantar a las clases indigentes». En abono de su tesis invocó siempre el célebre voto particular de Ponciano Arriaga en el Constituyente de 1857: «limitar en lo posible los grandes abusos introducidos por el ejercicio del derecho de propiedad». Aunque el voto de Arriaga y otros votos similares no se incorporaron al texto constitucional, Reyes Heroles pensó que encarnaban el verdadero espíritu de la Reforma. Admitiendo que los liberales «no abordaron la reestructuración de las clases sociales ni la concentración de la propiedad laica», los eximió siempre de responsabilidad en la consolidación de los latifundios. El Porfiriato, sostuvo en cambio, propició deliberadamente la acumulación de la propiedad. El Porfiriato fue un paréntesis, un intervalo, un error.

En la visión de Reyes Heroles, la Revolución de 1910 y la Constitución de 1917 no hacen sino retomar la tradición latente de liberalismo social. Y no sólo en el problema de la propiedad, sino en dos temas esenciales: el nacionalismo y el federalismo. «El federalismo, con el transcurso del tiempo, nos ha servido como instrumento de unidad nacional conservando rasgos peculiares de las distintas colectividades e integrando un todo. El todo afirma, incorpora la personalidad de sus partes: los estados.» Entre liberalismo y federalismo, pensaba con razón Reyes Heroles, no hay confluencia: hay identidad. «La centralización, en cambio, tarde o temprano lleva al conservadurismo.»

Nadie antes de Reyes Heroles había otorgado a la Revolución una base de legitimidad ideológica tan amplia. Cabrera y Lombardo Toledano, cada quien desde su óptica, postulaban la especificidad de la Revolución, su carácter necesario y único. Reyes Heroles, con mayor perspectiva y parsimonia, va más lejos, ve más lejos: somos un río turbulento, a veces subterráneo, siempre continuo.

Por mi parte, creo en la continuidad del liberalismo social mexicano, pero no tal como la concibió don Jesús. Hay, en efecto, un hilo conductor que va de Bartolomé de las Casas y Vasco de Quiroga a Francisco Javier Alegre y a Clavijero, que pasa por los «Sentimientos de la Nación», recorre el siglo XIX, vota en 1857 con Ponciano Arriaga, protesta en 1901 con Camilo Arriaga, llega a Querétaro, renace con Lázaro Cárdenas y persiste tenuemente en nuestros días. No sé si habría que llamarlo liberalismo, porque engloba muchos matices, quizá demasiados, y vindica valores distintos de la libertad, aunque tan preciados como ella: justicia e igualdad. Con todo, creo que desde los tiempos de la Conquista, y a despecho de la vertiente opresiva y oscura de la Colonia, México construyó una tradición de libertad e igualdad natural que arraigó en la cultura del pueblo y nos libró muy temprano de la esclavitud, la servidumbre y el racismo.

Imantado quizá por la Revolución, Reyes Heroles olvidó un poco la dimensión *ético-política* del liberalismo, una dimensión muy clara en los escritos tempranos del doctor José María Luis Mora. Sin esa dimensión se borran los perfiles propios de la República Restaurada. Como se sabe, durante la breve etapa de 1867 a 1876, México ensayó una vida política realmente democrática: división de poderes, plena libertad de expresión y prensa, elecciones libres y limpias, magistrados independientes. Si, como sostuvo toda su vida Cosío Villegas, la República Restaurada fue un momento irrepetido en la historia moderna y contemporánea de México —con la fugaz excepción del maderismo—, entonces el problema de la continuidad histórica se complica. ¿Qué periodos son de ruptura y cuáles de continuidad?

Desde el punto de vista social hay historiadores que niegan la ruptura entre el liberalismo de la Reforma y el Porfiriato. Aunque no al grado de don Jesús, creo, con él, que se equivocan. El Porfiriato buscó el progreso material con una avidez que no tuvieron los liberales de la Reforma. Para alcanzar ese progreso, en efecto el Porfiriato desechó actitudes humanitarias y adoptó un positivismo adocenado que justificaba la desigualdad. Hasta aquí es clara la ruptura. Y sin embargo ¿no fueron similares, a fin de cuentas, las ideas sociales del porfirismo y la República Restaurada? ¿No fueron ambos, por ejemplo, insensibles al problema de las comunidades indígenas?

Desde el otro punto de vista, el ético-político, el Porfiriato es también, en efecto, una ruptura, pero por razones distintas de las que esgrimió don Jesús. El Porfiriato negó a la República Restaurada porque segó la vida política mediante la represión, la domesticación de los poderes legislativo y judicial, el centralismo, el acoso a la prensa, la doma de los intelectuales, el culto a la personalidad, el sufragio inefectivo y la reelección, etcétera. Pero es el caso que, en términos ético-políticos, la Revolución ha estado más cerca del Porfiriato que de la República Restaurada. Las libertades básicas —tan básicas como el aire— existen y resisten, pero nuestro progreso político, no hay duda, ha ido a la zaga. Es verdad, como afirmaba Reyes Heroles, que liberalismo y federalismo son, o deberían ser, una identidad, igual que el centralismo y el conservadurismo. Pero ¿no apuntan todas las evidencias, incluso las que el propio Reyes Heroles en sus últimos años padeció y combatió, a la naturaleza centralizadora y por lo tanto conservadora de los regímenes de la Revolución?

Ruptura, continuidad. Reyes Heroles quiso siempre evitar la primera pero no creía en la gratuidad de la segunda. Las glorias o las desdichas del pasado no garantizan un flujo natural, seguro. No son siquiera garantía de flujo sino –cuando faltaba la imaginación creativa– de parálisis. Muchas veces le oí referir una frase de Blake: «Espera veneno del agua estancada».

Por eso fue un lector apasionado, aunque un poco secreto, de los clásicos ingleses y de aquel francés con alma inglesa: Tocqueville. Tengo para mí que Edmund Burke, el gran reformador, era un autor suyo de cabecera, y su obra no un evangelio sino una lección de cómo cambiar, incluso radicalmente, pero con el mínimo dolor humano. No tenía gran simpatía por el Burke conservador de las *Reflections on the Revolution in France* y, sin embargo, asumió algunas de sus premisas: no creía en la historia como martirio ni como férrea racionalidad.

En su último ensayo, «Mirabeau o la política», Reyes Heroles recuerda y glosa frases de Burke que parecen autobiográficas: «Son las oposiciones y conflictos de intereses las que ponen frenos a las acciones precipitadas y erigen la deliberación en una necesidad. Del compromiso nace, naturalmente, la moderación y el impedimento para el poder arbitrario»

Como Burke, Reyes Heroles creía en la política del compromiso, pero a diferencia del inglés pensaba en un compromiso *dentro* del manto estatal: la pluralidad en la unidad. Propendía al cambio, pero al *cambio* desde el Estado en bien de la sociedad. Contra Ortega y Gasset, para quien «el gran político debe pensar que la perfección del Estado se halla fuera de él, en la perfección de la nación», Reyes Heroles argumentaba que la «identidad sociedad y Estado condujo a formas plebiscitarias y dio fundamento al totalitarismo, que hacía residir la sociedad en el Estado». A los preceptos del liberalismo constitucional clásico, cuyos riesgos en México, a su juicio, eran el desmembramiento y la pulverización, Reyes Heroles oponía una concepción integrista:

«Pocos dudan que la representación política a la clásica resulte en nuestros días estrecha para representar adecuadamente a la sociedad. El camino es, por un lado, ampliar el concepto de representación y, por otro, introducir nuevas formas de participación de la colectividad, formas que abarquen a la sociedad en su extensión y variedad, ensanchar a los contactos existentes entre sociedad y Estado y crear nuevos para que cada vez, en mayor medida, la sociedad esté en el Estado, sin identificarse con él».

Así, modificándose *internamente*, el Estado seguiría beneficiando a la sociedad y a la nacionalidad. Reyes Heroles era un lector de Burke pero no un copista. Su utopía estaba más cerca de la tradición española que de la inglesa. Era un arquitecto político. Su obra integradora fue admirable. Donde tocó hizo el bien. Pero de aquí en adelante, para alcanzar un mayor progreso político, el llamado es distinto: la democracia no es un edificio, es una plaza.

Le incomodaba la dicotomía entre el intelectual y el político. Pensaba que era falsa. Para avalar la complementariedad de las dos funciones o su correspondencia dialéctica, le bastaba, como a Descartes, su propio caso: era el intelectual-político químicamente puro.

Su perfil vital podría parecer un poco extraño en otras tradiciones donde la función del intelectual es la crítica al poder. En la antigua tradición española sus precursores son legión. El propio don Jesús los recordaba: Saavedra Fajardo, Gracián, Quevedo. Hombres que buscan «extraer de la experiencia y de los ideales, normas para la acción», ciencia y experiencia trabadas: «El arte de reinar», decía Saavedra Fajardo, «no es don de la naturaleza sino de la especulación y la experiencia». Son hombres que no conciben la vida intelectual como distinta, o menos aún, opuesta a las tareas del Estado, sino como una función integrada que se guía por sanciones positivas. Aunque nunca rozan la disidencia, ejercen e incluso promueven un margen muy amplio de libertad y pluralidad dentro de un marco de premisas inmutable pero no opresivo.

Quizá Reyes Heroles estuviera más cerca de los mandarines chinos que de Maquiavelo. Para los intelectuales-políticos de raíz hispana, la política no es un artificio sino un arte. De ahí –escribe Reyes Heroles glosando a Gramsci– «la necesidad de estudiar historia, ser "cultísimo", conocer el máximo de elementos de la vida actual y conocerlos no en forma "libresca" como "erudición", sino de una manera "viviente", como sustancia concreta de intuición política». De ahí, también, los vasos comunicantes entre política y cultura: «Concebir la política como una actividad cultural. Por el verbo, por la reflexión y la decisión, el político del más alto rango procura moldear, valiéndose de ella hasta donde es posible, una realidad rebelde, nada plástica».

Para hacer política de altura –como la de Azaña– y no de cabotaje –como la de Ortega–, Reyes Heroles exigía al intelectual-político cualidades difíciles:

«Que el intelectual sea modestamente receptivo a la realidad, se deje influir por ésta, la capte y exprese sin desprecio, aquilatándola como fuente de cultura; y el político se mantenga vinculado con el mundo de las ideas, procure racionalizar su actuar y encuentre en el pensar una fuente insoslayable de la política».

En la memoria de sus amigos y en los pliegues de sus obras, a veces disfrazadas o recluidas en las citas, están las máximas de sabiduría política de Reyes Heroles, un género que no desdeñaron los intelectuales-políticos, los historiadores-políticos de la Antigüedad y el Renacimiento. Reflexiones sobre la distancia, el tiempo, la mesura, el derecho, la discreción, la reputación, las apariencias ... los ingredientes del quehacer político. Le gustaban, recuerdo, los binomios dialécticos y las paradojas: «en política la forma es fondo». En su «Mirabeau o la política» aparece de pronto esta reflexión contra Julien Benda, que pensaba en los intelectuales como depositarios religiosos —clérigos— de la verdad: «Poco tiene que ver profesión o actividad con la mitomanía y la sobrestimación que conducen a los sueños de grandeza. No es raro que el político maneje la verdad; pero, como el que no lo es está esgrimiendo la mentira, ocurre que se engaña con la verdad. Además, ya decía un clásico barroco: la verdad disimulada no es mentira.»

Alguna vez me confesó, para mi sorpresa, su admiración por Gómez Morin: «Qué lástima que Vasconcelos haya desoído su consejo de fundar un partido en 1929: hubiera sido un partido distinto del PAN». Lo que admiraba, en Gómez Morin y en Lombardo Toledano, era al intelectual-político, al constructor de instituciones económicas, políticas o sindicales. El intelectual como crítico del poder —el intelectual que necesita esta hora de México— no le quitaba el sueño pero tampoco le agradaba. No obstante, sabía admirar también al intelectual sin más, como Pedro Henríquez Ureña, o al político natural, como Plutarco Elías Calles. Pienso que políticamente se sentía más cerca de Carranza que de Obregón o Madero. La fuerza pura o el idealismo puro le provocaban la misma desconfianza. Y sin embargo, por razones morales y familiares —era yerno de Federico González Garza— respetaba a Madero.

Sabía admirar y sabía tolerar. Su jacobinismo jarocho era inconfundible, pero no le impedía tener amistades en círculos religiosos, escribir ensayos sobre Gutiérrez Estrada y leer, devotamente, a Lucas Alamán.

A raíz de la crisis económica lo vi varias veces en su oficina de Cedros. Nunca le advertí un dejo de pesimismo aunque tampoco se sentía seguro: «la bestia está amarrada con hilitos». «Vamos a salir», insistió, «va usted a ver que en unos años creceremos de nuevo pero con mayor fuerza y solidez.» El sistema, a su juicio, no estaba en crisis. Había que ajustar mil cosas: «Deben cuidarse los candidatos municipales, la reforma política debe llegar al Senado, la prensa debe ser más profesional ...» Ajustar, cambiar, pero no transigir en lo fundamental; la unidad del sistema. «Recuerde», me dijo, «a Nietzsche: "lo que no me mata me fortalece"».

No lo venció la crisis ni lo vencieron los años sino la enfermedad. En 1968 había escrito, en torno a Ranke, un párrafo que ahora resulta cruelmente paradójico: «Hacer historia exige años y ayuda a tenerlos. La historia, que ayuda a la longevidad, parece ser que la demanda. Los años dotan de altura para el juicio histórico; obligan a poner entre interrogaciones lo que se aseguraba; otorgan capacidad de duda e imponen, a veces, el recurrir a puntos suspensivos».

«Mala cosa es llegar a viejo sin llegar a sabio», dice el bufón al rey Lear. Don Jesús llegó a la sabiduría antes que a la vejez, incluso a la sabiduría suprema del estoicismo. En su ensayo sobre Mirabeau deslizó, como solía, una frase que pocos advertimos: «Ni la salud es condición indispensable del buen político, ni la enfermedad lo es. Lo importante en uno u otro caso es el espíritu que ni dilapida la salud ... ni se abate ante la enfermedad».

Debieron servirle sus clásicos latinos en esa hora difícil. Quizá percibió un eco entre la súbita consunción de su vida y la crisis de un mundo político que, como pocos, había contribuido a integrar. Por primera vez en muchos años, y acaso en siglos, la continuidad parecía exigir una pluralidad de espacios abiertos. Creo que en su fuero interno don Jesús Reyes Heroles consideró esa posibilidad para México y no la desechó: puso puntos suspensivos. «Las etapas de transición», escribió, «se caracterizan por el hecho de que ciertas formas, que llegan al agotamiento, que ya dieron de sí todo lo que podían dar, tienen que ser sustituidas por otras nuevas formas, ciertos viejos modos por nuevos modos.» Su espíritu era demasiado universal para negar, no sin perplejidad, que las nuevas formas, los nuevos modos, se resumen en una palabra: democracia.

Antonio Ortiz Mena

Antonio Ortiz Mena,
el presidente que no fue

Toda biografía, es obvio, encierra un haz de lecciones, pero hay biografías que son, en sí mismas, una moraleja nacional. Es el caso de Antonio Ortiz Mena. Su obra representa un capítulo estelar del siglo XX mexicano. Inversamente, la incomprensión, el abandono, la destrucción sistemática de esa obra, son un capítulo vergonzoso de nuestro pasado inmediato. Contrastada con el fracaso de los economistas ideológicos que llevaron al país al desastre (1970-1982) y con los que desde aquella fecha no supieron o no pudieron reconstruirlo; la trayectoria de este abogado sagaz que aprendió economía en la práctica es una muestra de que el servicio público, en todos sus niveles, no requiere tanto de títulos académicos como de esas raras cualidades entrevistas por Lucas Alamán desde el siglo XIX: probidad, inteligencia, decoro y, sobre todo, experiencia.

Conocí a don Antonio Ortiz Mena en las oficinas del Banco Interamericano de Desarrollo en Washington, en octubre de 1987. Sostuve con él una serie de conversaciones sobre el México que le tocó vivir y más tarde conducir, desde los años de la revolución maderista hasta sus dos periodos al frente de la Secretaría de Hacienda, la etapa del «desarrollo estabilizador»: 1958-1970. Reviso ahora esos apuntes —llenos de penetrantes observaciones, anécdotas notables e ideas clarísimas— y encuentro en ellos una coherencia vital digna de una gran biografía. Con Ortiz Mena ocurre lo que con otras figuras de inmensa influencia en la historia mexicana: José Ives Limantour y Alberto J. Pani en la política económica, Luis N. Morones y Fidel Velázquez en la organización laboral, Eugenio Garza Sada, Pablo Díez y Emilio Azcárraga Vidaurreta en la zona empresarial, Luis María Martínez en la vida religiosa y eclesiástica, Jaime Torres Bodet en el ámbito de la cultura. Todos estos hombres —y otros más: la lista es relativamente amplia— ocupan, por así decirlo, un segundo plano en la fotografía nacional, son los que aparecen detrás de los presidentes y caudillos —hablándoles, a veces, al oído—, pero su impronta en la vida mexicana es acaso más decisiva, en la medida en que su influencia fue transexenal. Son los que vertebraron, consolidaron, administraron y, en no pocos casos, crearon, el edificio institucional de México.

Ortiz Mena es un hombre del norte, nacido en Parras como Madero, con raíces sonorenses, como Calles y Obregón. Viene de una remota estirpe de políticos modernizadores y de empresarios mineros. Pasó su niñez en la ciudad de México, estudiando en dos escuelas que le abrirían horizontes amplios: el Colegio Alemán y el Franco Inglés. En la Escuela Nacional Preparatoria y en Jurisprudencia, fue alumno de Antonio Caso y de los «Siete Sabios». Esta generación, llamada de «1915», tuvo como marca distintiva la fundación de instituciones. En aquellas aulas, Ortiz Mena y sus condiscípulos (entre ellos Miguel Alemán y Antonio Carrillo Flores) heredaron la encomienda histórica de cuidar con responsabilidad y acrecentar con visión las nuevas instituciones.

El primer dato específico en el caso de Ortiz Mena es su larga experiencia como abogado litigante. Trabajó como pasante en el despacho privado Cancino y Riba, se desempeñó por un tiempo en los Juzgados de Paz, y finalmente estableció un despacho privado. La defensa legal de organismos públicos, personas físicas o morales fue su verdadera escuela. Manejó varios asuntos, algunos en contra de la Secretaría de Hacienda. En un caso sonado defendió al gobierno y ganó en todas las instancias un pleito contra la toma ilegal de 4 000 camiones del Distrito Federal por parte de la Alianza Camionera.

Paralelamente, desde principios de los años treinta Ortiz Mena dio inicio a una larga trayectoria de servidor público que se volvió exclusiva a fines de esa década, cuando cerró su despacho. Fue asesor y más tarde jefe jurídico del Departamento del Distrito Federal. Trabajó en la modificación de leyes, emisión de decretos, formulación de amparos y proyectos de planificación. Tuvo contacto no infrecuente con el general Cárdenas y colaboró de cerca con un hombre amante de los números, reacio a las abstracciones y preocupado por introducir una racionalidad en las instituciones del Estado mexicano: Adolfo Ruiz Cortines. En tiempos de guerra, Ortiz Mena prestó sus servicios en el Departamento Nacional de Propiedades, dependiente de la Procuraduría General de la República, que administraba los bienes incautados a los súbditos del Eje. En ese periodo, participó en la redacción de diversas leyes de excepción que si bien limitaban las garantías individuales, promovían el autocontrol del ejecutivo y sus ministros. Más tarde se incorporó al Banco Nacional Urbano y de Obras Públicas, del cual sería subdirector en tiempos de Alemán. Allí tuvo a su cargo la planificación de la ciudad de México y otras obras (la ampliación de la avenida de los Insurgentes, la presa Obregón, por ejemplo). Pero su verdadera oportunidad llegó la mañana del 30 de noviembre de 1952, cuando don Adolfo Ruiz Cortines lo recibió en su casa de San José Insurgentes y le dijo: «Pollo», así les decía a todos sus pupilos, «tengo un problema financiero en el Seguro Social. La proyección de la curva de egresos nos muestra una tendencia al crecimiento mucho más acelerada que la de los ingresos. Si no se revierte pronto nos encontraremos un problema financiero y, a la larga, político».

El género de la historia institucional en México es tan inusual como el de la biografía. El día que se escriba la historia del IMSS se revelará hasta qué grado ese periodo fue un laboratorio y un presagio de la extraordinaria gestión de Ortiz Mena al frente de la Secretaría de Hacienda. Pronto alcanzó la salud financiera que le pedía Ruiz Cortines, pero ésta era sólo el cimiento necesario. Ortiz Mena aplicó al IMSS los principios de descentralización, subsidiaridad y autogestión. Se amplió la cobertura del Instituto en todo el país a través de unidades médicas independientes que actuaban como cooperativas autónomas, y así cuidaban rigurosamente sus recursos humanos y materiales. Se fomentó la figura del médico familiar (tan importante en la tradición mexicana, decía Ruiz Cortines, como la del cura), que atendía personal y permanentemente a un número razonable de afiliados y hacía visitas domiciliarias. Se apoyó a los doctores familiares con programas de capacitación e investigación y con personal de apoyo: trabajadoras sociales, enfermeras, especialistas en pediatría, etcétera. Se creó la Casa de la Asegurada, institución inspirada —¿quién lo diría?— en las células comunistas pero cuyo objetivo no era vigilar la salud ideológica de los vecinos sino su salud física, la recreación y la economía doméstica de las familias afiliadas. Se erigieron unidades de vivienda popular pensadas como espacios generadores de convivencia y creatividad. Se promovió el teatro popular y se hicieron inversiones inmobiliarias, como la adquisición del antiguo Parque Delta.

Recuerdo que al escuchar a Ortiz Mena tuve la impresión de que en el fondo de ese funcionario pragmático había un utopista. Su biografía adquiriría el perfil de un arquitecto institucional o social. La cercanía de tres médicos ejemplares me demostró que la realidad no se apartaba mucho de la imagen que trasmitía Ortiz Mena. El doctor Fausto Zerón Medina, que dirigió los esfuerzos del IMSS en Jalisco durante ese periodo, confirmó el celo casi apostólico que, contra viento y marea, se puso en esa labor pionera. El doctor Eduardo Turrent recorría como médico familiar la ciudad de México —barriadas, pueblos, tugurios— en sus ocho visitas diarias a domicilio. Y el doctor Luis

Kolteniuk era –ahora lo veo claramente– un médico de cabecera a la antigua usanza: el ojo clínico infalible, el oído atento a los dolores del cuerpo y el alma, y la disponibilidad sin descanso para sus pacientes. Todos fueron soldados de aquel IMSS promisorio. Vocaciones individuales, se dirá, pero inseparables, pienso yo, de un Estado responsable que las promovió, que las hizo posibles.

Con esta ética dirigió Ortiz Mena las finanzas del país por doce años. Sus irrecusables paradigmas son el tema de su libro: *El desarrollo estabilizador: reflexiones sobre una época*. Ahora nos parece increíble el desempeño de México en esos años en que la estabilidad cambiaria y monetaria fueron las condiciones necesarias para lograr el crecimiento sostenido de la economía y de los salarios reales, fortalecer la confianza y alentar así el ahorro y la inversión. Los números no mienten: seis por ciento de crecimiento anual del PIB; inflación casi nula y por momentos menor a la norteamericana; crecimiento de 3.5 por ciento en los salarios reales industriales; finanzas públicas sanas, estabilidad en el tipo de cambio y las reservas del Banco de México; empleo limitado y estrictamente etiquetado del crédito externo en proyectos específicos, autofinanciables y productivos (la deuda externa en 1970 llegaba apenas a cuatro mil millones de dólares); complementariedad del sector público y el privado; promoción selectiva y productiva de empresas públicas (programa nacional fronterizo, Cancún).

Quienes a partir de 1970 atacarían a Ortiz Mena como si fuese un Colbert mexicano, un campeón del liberalismo a ultranza, no sabían lo que estaban diciendo: Ortiz Mena instrumentó ventajosamente la nacionalización de la industria eléctrica (que en esa circunstancia era una medida racional) y nunca adoptó la teoría del Estado pasivo, pequeño o indiferente ante las necesidades sociales. En aquellos 12 años planeó un seguro educativo, avanzó en la reforma fiscal, creó el ISSSTE, proyectó al Estado como inversionista en programas de fertilizantes en América Central, fomentó la reconversión industrial de empresas como Cordemex, propició las inversiones en petroquímica. «Yo no tenía compromiso ideológico», me explicaba en 1987; «uno puede ser keynesiano y monetarista, según el caso.» Y en efecto, con López Mateos gastó para arrastrar la inversión privada, y con Díaz Ordaz se contuvo para «no provocar frenones y acelerones». Fue, ésa es su grandeza y su vigencia, el gran instrumentador de la llamada «economía mixta». Al reflexionar con nostalgia sobre aquel fugaz milagro sólo advierto una limitación, si bien grave: Ortiz Mena no fue lo suficientemente visionario como para modificar el proteccionismo industrial y empujar al país hacia unas aguas en las que ya estaba preparado para nadar: las de una apertura –paulatina y selectiva, si se quiere– a la competencia internacional.

El «futurible» en historia consiste en el no tan ocioso ejercicio de pensar «lo que pudo haber pasado» en vez de lo que pasó. Aplicado a la biografía política de Ortiz Mena –y la de México– ese ejercicio puede ser doloroso. Imaginemos que en octubre de 1969 el presidente Gustavo Díaz Ordaz destapa a su secretario de Hacienda. ¿Qué hubiese ocurrido? Los partidarios del entonces candidato electo dirán que una revolución, así estaba el horno social de México, a ese extremo había llegado –según ellos– la desigualdad, el rezago del campo, la entrega del país a la burguesía y a los intereses extranjeros. Pero lo cierto es que la demolición absoluta, piso por piso, del edificio construido por Ortiz Mena y la inusitada supeditación de la economía nacional a los dictados de Los Pinos (en donde sesudos economistas explicaban al presidente que la economía era una fiesta interminable con cargo al crédito externo y el pastel era infinito e inagotable) dio comienzo a una crisis que no sólo revirtió los índices de crecimiento sino que atizó la inflación y ahondó la desigualdad, agudizó el drama del campo, derruyó la confianza del sector privado sin ganarse la del sector obrero, multiplicó exponencialmente la burocracia y la corrupción, convirtió al Estado no en promotor sino en un empresario faraónico e improductivo y, lo más triste, hipotecó al país –por la vía del endeudamiento– al capital exterior. En los años posteriores a la «docena trágica», sobre todo durante el sexenio de Salinas de Gortari, el cargo a los economistas en el poder es también serio: habían vuelto a la sana visión de Ortiz Mena pero no lograron revertir la reversión, no tuvieron el valor de sacar la economía de Los Pinos y devolverle su autonomía, no supieron acotar al presidente imperial.

Con Ortiz Mena como presidente las cosas hubiesen sido distintas, acaso no tan exitosas como su gestión en Hacienda, pero seguramente mejores de como por desgracia ocurrieron. Desde la devaluación de 1954 –cuando convenció a los líderes obreros sobre las razones de la medida– mostró que era un gran comunicador. Durante el periodo de López Mateos –cuando tranquilizó al sector privado explicando el sentido de la nacionalización de la industria eléctrica– confirmó sus dotes notables como negociador. Ambas prendas provenían de su experiencia como abogado. Era un financiero nato, un pujante empresario del sector público, un conocedor profundo de la técnica jurídica y legislativa, un instrumentador eficacísimo; era todo eso, pero nunca se pronunció de verdad sobre el tema toral del México desde fines de los sesentas: el tema del monopolio político del PRI. México encaraba en 1970 un problema político real que reclamaba una apertura difícil. A los estudiantes agraviados del 68, al contexto internacional de guerra fría, al ascenso de las ideologías revolucionarias no se les podía enfrentar sólo con prudencia económica. Se requería una visión democrática que no estaba en el horizonte intelectual de don Antonio y su generación. La crítica y la autocrítica no eran su signo ni su temple. Mucho menos la rebeldía de la Generación del 68. Tenían, ésa es la verdad, un concepto demasiado tutelar de su misión en el país. Pero México había cambiado. La solución era abrir, desatar, liberar. En la economía esa salida se retrasó 15 años irrecuperables. En la política fueron 30: apenas estamos viviéndola. ¿Las hubiera propiciado Ortiz Mena? Tal vez. Lo único claro es que no hubiera destruido su obra para comprar a la disidencia: hubiera negociado incansablemente con ella, le hubiera dado razón en algunas cosas, hubiera compartido espacios de responsabilidad práctica.

¿Ortiz Mena utopista? No lo fue en su momento, por los resultados tangibles de su proyecto. El milagro fue real pero efímero. Para no haberlo sido se requería la continuidad que los dos gobiernos siguientes le negaron. Y, sin embargo, había elementos, si no utópicos al menos frágiles en su diseño. Desde 1958 –apuntaba el propio don Antonio– el IMSS se deslizó a la centralización y la burocratización, la Casa de la Asegurada y las uniones médicas se volvieron un suculento botín de políticos y líderes sindicales, aparecieron la corrupción y la improductividad. ¿Fallas humanas? No solamente: fallas estructurales. La obra de Ortiz Mena estaba diseñada para una escala demográfica limitada, no para los crecimientos exponenciales que sobrevinieron después. (En su abono adicional, hay que decir que a Ortiz Mena le preocupó el problema demográfico y seguramente lo hubiese convertido en una prioridad.) Pero había otro elemento, demostrado palmariamente en el siglo XX: la improductividad es consustancial al Estado interventor.

Ahora se habla mucho en Europa, y muy pronto se hablará en México, de la «tercera vía». Todos los partidos políticos sin excepción atacarán al neoliberalismo, se deslindarán del «viejo» socialismo y propondrán una alternativa supuestamente nueva que vincule la sensatez económica con la vocación social. Descubrirán el hilo negro que por casi veinte años tejió cuidadosamente aquel lúcido mexicano. Yo no tengo candidato a la presidencia en el año 2000. No creo que los intelectuales debamos ejercer el «dedazo» que tanto criticamos. Pero para el periodo retrospectivo 1970-1976 sí tengo un candidato: don Antonio Ortiz Mena.

IV
El ejercicio de la crítica

Luis González y González

Luis González,
un historiador a través de los siglos

> Las golondrinas van y vienen pero los acontecimientos, las costumbres, el vivir sencillo de nuestros padres, ya no volverá.
>
> Luis González Cárdenas

De Alfonso Reyes escribió Octavio Paz que no era sólo un escritor sino una literatura. De Luis González y González cabe decir que no es un historiador sino una historiografía. Movido por un apetito insaciable de conocer y dar a conocer, dedicado desde hace medio siglo al culto exclusivo de la vida intelectual, ha frecuentado casi todos los géneros históricos, ha estudiado casi todos los periodos de nuestro pasado, ha practicado casi todos los oficios relacionados con la exigente musa que ahora nos convoca.

Hace cerca de veinte años, en un congreso de historiadores que se llevó a cabo en Pátzcuaro, sus amigos y discípulos lo festejábamos por cumplir el ciclo vital de 52 años y haber accedido así al título de *Patzitzi* con que los antiguos tarascos decretaban la honrosa jubilación de sus mayores. La palabra pasó al uso común en México transformada en un vocablo con resonancias despectivas, opuestas a su sentido original: «pachicho». El tiempo ha pasado, pero no en balde, como lo prueba la creatividad de Luis González y la invariable fidelidad de su familia intelectual, ahora que algunos de nosotros estamos cerca de convertirnos en «pachichos», es una bendición poder reunirnos de nueva cuenta alrededor del hombre más respetado y querido de la tribu.

El lector –o «clionauta» en la terminología gonzalina– que se embarque en sus *Obras completas,* tiene asegurado un viaje integral por la historia mexicana. Si le parece que los vaivenes de nuestra política colindan con el caos, le conviene hojear la vida azarosa en tiempos de Santa Anna, narrada en *El siglo de las luchas.* Si quiere consolarse de las desgracias económicas de hoy, no hay mejor receta que compararlas con la era de Juárez, tal como aparecen en el mismo volumen.

Si el lector se interesa en lo particular dentro del marco de lo universal, puede escoger diversos cuadros del lienzo multicolor llamado *La magia de la Nueva España,* donde se encuentra «El entuerto de la Conquista», el retablo sobre «El barroco, primer estilo cultural de México», el tratado de «Magia, ciencia, luces y emancipación», el retrato sobre «El optimismo inspirador de la Independencia». Si el lector prefiere ver lo universal en lo particular, el padre de la microhistoria en México recupera un siglo de vida cotidiana en San José de Gracia, Sahuayo y Zamora. Otra faceta de esta mirada microscópica está en sus ensayos biográficos –nada hagiográficos–, verdaderas cátedras de «cómo llevarse con los próceres», lecciones de cómo ampliar la nómina de los héroes y dirigirla hacia territorios distintos del poder: el saber o el crecer. Gracias a esa corrección en la óptica moral de la historia, cronistas como Bernal Díaz y Jerónimo de Mendieta, sabios como Clavijero y Humboldt se vuelven más biografiables que los caudillos de la historia nacional.

Mal acostumbrado por la retórica oficial, quizás el viajero persista en creer que México nació con la Revolución mexicana. De ser así, Luis González lo disuadirá amablemente, no sólo ampliando sus horizontes hacia otros tiempos y otra gente, sino penetrando hasta los cimientos del siglo XX. Para concebir, entre otros libros, *Los artífices del cardenismo* o *Los días del presidente Cárdenas*, el historiador y sus colaboradores (Berta Ulloa, Luis Muro, Guadalupe Monroy) compilaron, leyeron, catalogaron, resumieron la increíble cifra de 24 078 fichas sobre todos los temas imaginables de la vida mexicana entre 1910 y 1940. El resultado está en las *Fuentes para la historia contemporánea de México*. Esa obra, que para mayor utilidad deberá aparecer en la modalidad de disco compacto, es un monumento a la memoria mexicana, una especie de pirámide del saber.

El oficio de historiar se agota a veces en la escritura de libros. No es el caso de Luis González. Ha sido, ante todo, un escritor de la historia, pero también su oficiante múltiple. Antes de ser el maestro socrático que es, supo ser el discípulo platónico de los transterrados españoles (Gaos, Miranda, Iglesia, Altamira), los grandes historiadores mexicanos (Zavala, O'Gorman) y franceses (Febvre, Bataillon, Chevallier). Por largas décadas dio clases en colegios, universidades e institutos. Ahora imparte conferencias en todas las *matrias* de la patria. Sus cursos han recorrido los puertos de nuestro pasado, pero el más perdurable, a mi juicio, ha sido el de «Teoría y método de la historia», un tratado sobre *El oficio de historiar* (tomo I). No contento con su prédica escrita, a fines de los setentas convirtió la historia en objeto de evangelización: nuevo misionero, fundó El Colegio de Michoacán. Los frutos de ese esfuerzo de seriedad académica fueron tantos y se lograron en tan poco tiempo, que dieron pie a nuevas fundaciones en el país.

De las mil y una noches que sus amigos y discípulos hemos pasado conversando con él, a la escucha de su juicio ponderado e irónico, situado a años luz de la confusión metafísica o la pasión ideológica, de esas noches quisiera recordar una, en el verano de 1983 en Zamora, Michoacán. En aquel tiempo, Luis González pasaba temporadas solo, pastoreando los primeros pasos de su fundación. Tenía una casa pequeña por la salida a Jacona, no lejos de La Luneta. No sé cómo cabían en ella los anaqueles metálicos de su biblioteca. Ahora sé que era sólo una parte de ella, y que las otras estaban en México y en San José de Gracia. En todo caso, el suyo no era un acervo de bibliófilo: me consta, por las sutiles marcas a lápiz y las discretas apostillas, que todos los libros de aquel santuario habían sido leídos.

Para mí, aquello fue como un festín o una borrachera de historia. Me había invitado a pasar unas semanas con él. Ambos trabajaríamos en nuestros respectivos libros, pero en aquella noche el calor era infernal. Una fuerza aérea de zancudos, rencorosos, carnívoros, me había elegido como presa. De pronto, advertí una luz. Caminé hasta el pasillo, y a través de la puerta entreabierta del cuarto contiguo, conocí uno de los secretos del historiador: mientras el resto de los mortales duermen, él –cigarra de la historia, lechuza de Clío, tecolote del pasado– trabaja. En el silencio de aquel paréntesis repetido noche a noche entre tres y cinco de la madrugada, franciscano entre los moscos, enfundado en su bata, absorto y feliz, consultaba las inmensas «sábanas» de información que con toda paciencia había construido, y las transformaba, con pulso firme e irrevocable tinta azul, en un texto acabado de reconstrucción histórica.

¿De dónde proviene la pasión de Luis González? ¿Quién fue capaz de plantar una vocación semejante? Preguntas misteriosas, incontestables. Para ensayar un atisbo de respuesta hay que volver al nido paterno en San José de Gracia, donde un patriarca llamado Luis González Cárdenas, «a los 89 años, 10 meses, 23 días y horas más y cegatón», se ha puesto a escribir una carta autobiográfica a su hijo. «Yo te vi en tu nacimiento, muy pequeñito, cuando te empezaban a hacer», le dice, y en breves capítulos refiere la vida del pueblo fundado en 1883, justo el año en que el anciano había nacido. Aunque el texto abunda en tonalidades rulfianas, como si todos en la región fueran hijos de Pedro Páramo, en la narración no sólo viven los muertos sino, sobre todo, los vivos.

La historia transcurre en San José de Gracia, pero las resonancias corresponden a la más antigua de las historias. En el principio fue el paraíso que fundaron nuestros padres, bienhechores de larga barba a quienes debemos recuerdo y gratitud, apoyados por aquellas mujeres virtuosas y fuertes que describe el libro de la Sabiduría. «En junio el cerro de Larios se corona de nubes y como un rey majestuoso anuncia el temporal de aguas ... las casas del pueblo por fuera, como nidos de golondrinas de adobe, por dentro espaciosas, con bonitos jardines ... se sentía la presencia de Dios.» Pero «fuimos ingratos a tanto bien y pecamos». Entonces «nuestro Señor quiso [darle a] nuestro pueblo, como a mucho desobedecer ... un castiguito para que se corrigiera». El «castiguito» –la Revolución, la hiena llamada Inés Chávez García, el agrarismo violento, la Cristiada– duró 20 años:

«Todo quedó en desolación; el templo, la casa, la escuela y el curato con otras muchas casas quemadas; ganados y pertenencias robadas, vecinos del pueblo desterrados, los enemigos querían que desapareciera. Pero Dios no permitió que el pueblo de San José de Gracia desapareciera o fuera borrado, sino que volviera por el buen camino, y movió el corazón de los tiranos, y después de un año de destierro, los vecinos del pueblo volvieron a su terruño ... vino la paz, y de la sierra nos vino un aire purificado, nos dio salud, buen ánimo, alegría y fuerza para edificar».

El nieto de los fundadores nació ya en el Edén subvertido, en 1925, el último año del Génesis, conoció la saga de los patriarcas, pasó su primera infancia en el Éxodo, participó desde muy pequeño en la portentosa reconstrucción del pueblo en manos de los Jueces. Como el padre Federico, salió al mundo donde aprendió el oficio de historiar y regresó al pueblo para componer, con la amorosa ayuda de doña Armida de la Vara, sus Sagradas Escrituras. Su designio sería recordar, para que «el vivir sencillo de nuestros padres, sus costumbres, sus acontecimientos», vayan y vuelvan con cada lectura, como las golondrinas.

Cronista en vilo

En su historia universal de San José de Gracia, el pequeño pueblo de Michoacán donde nació, Luis González olvidó consignar un hecho fundamental: el éxodo de Luis González. El hijo pródigo se marcha a Guadalajara en 1938 y ocho años más tarde inicia su sacerdocio histórico en El Colegio de México, donde la cultura era tertulia y puerto. En las clases de Silvio Zavala aprende que la historia es ciencia, y en la obra de Ramón Iglesia que no sólo es ciencia: también es arte e irreverencia. Su tutor intelectual decisivo fue, quizás, el historiador español José Miranda, maestro de varias generaciones en la sala de su casa, la charla de café, el paseo por la apacible ciudad de México y, también, por momentos, en las aulas. Con Alfonso Reyes y sus libros entabla una permanente amistad literaria. El ogro Cosío Villegas no le provoca terror sino ternura: sabe hallarle el lado bueno y se convierte, con el tiempo, en su amigo más cercano. Temperamentos opuestos, inteligencias afines. De todo conoce −casi− en aquel Distrito Federal alemanista: buenos cabarets, buenos amigos, buenas sesiones de biblioteca y otras cosas buenas. Escribe varios trabajos originales e imaginativos. En uno sobre la Conquista, se refiere a la Malinche como la secretaria trilingüe de Cortés. Otro es una semblanza del conquistador espiritual fray Jerónimo de Mendieta. Su primer trabajo de seminario es una historia de actitudes: el optimismo nacionalista como factor en la Independencia. Hacia 1950 viaja a París. La fiesta intelectual: Sartre, Camus, Breton, Merleau-Ponty, Marcel, conferencias de Ortega y Gasset, la nueva historia del grupo *Annales*, las cátedras de Marrou, Bataillon y Braudel. En París coincide con Luis Villoro. Juntos practican el buen consejo de Henri Pirenne a Marc Bloch, cuando maestro y alumno visitaron Estocolmo: el historiador vive la ciudad, no los archivos.

De vuelta en México publica un ensayo sobre la magia en Nueva España. Hechizado, Cosío Villegas lo invita a su *Historia moderna de México*. Siguen tres lustros de incansable minería histórica. Cito sólo algunas vetas. Un tomo sobre la vida social durante la República Restaurada, la dirección del pequeño equipo que reúne, clasifica y −casi− lee las 24 078 fuentes de historia contemporánea, labores de peluquería estilística en varios volúmenes de la *Historia,* investigaciones sobre el indigenismo de Maximiliano, la historia en Nueva España, el Congreso de Anáhuac, los discursos presidenciales, la economía juarista, la era liberal, la cultura en el siglo XX... (Se sabe, con certeza, que dejó vírgenes algunos temas históricos, pero nadie sabe cuáles.) Viajes a Japón, Filipinas, India, Perú, Egipto, URSS, Chile, Uruguay, y Hermosillo, Sonora. Cátedras sobre historia mexicana y teoría y método de la historia. Congresos, mesas redondas y un gran etcétera. Hubo quien convirtiera este estilo de vida en rutina burocrática. Luis González toleró quizá con exceso las imposiciones, no siempre coherentes o productivas, de la academia, pero aprovechó cada experiencia como vía al profesionalismo histórico pleno.

A mediados de los sesentas, luego de 20 años de ilustración y minería, comprende que no ha escrito *su* obra. Por fortuna la ha ido preparando sin prisa ni pausa. Sería la microhistoria de su pueblo natal, la historia desde el piso de la historia. En 1967 publica *Pueblo en vilo*. El vuelo cosmopolita lo había llevado, en la madurez, al punto del inicio. Empacó la historia universal y se mudó a San José de Gracia. Cada historiador —cuando lo es de verdad y no extrae sus temas, métodos y estilo del supermercado académico— termina por reconocer su acceso peculiar a los temas centrales del hombre. Encuentro en el repliegue. A *Pueblo en vilo* siguieron *La tierra donde estamos, Zamora, Sahuayo*, «Tierra Caliente», *Invitación a la microhistoria, Michoacán*. En 1978 le pone casa a la microhistoria: El Colegio de Michoacán. Y sigue la mata dando.

Si este resumen es verosímil, *Los artífices del cardenismo* y *Los días del presidente Cárdenas* parecen obras a destiempo, a contratiempo. No corresponden al periodo microhistórico de Luis González sino al último plan macrohistórico de Cosío Villegas: la *Historia de la Revolución Mexicana*. Pero como no hay repliegue posible en el repliegue, Luis González introduce su enfoque *particular* en esa historia *general*. En el inmenso escenario de la vida nacional, su mirada microhistórica revela cosas difíciles de percibir para el historiador urbano. En vilo, *desde* la provincia se propone historiar a la nación.

Julio Scherer, poseído de la verdad

«Es un personaje extraído de la literatura rusa.» Me ha llevado tiempo confirmar la definición de Julio Scherer que alguna vez, por teléfono y de pasada, me hizo Octavio Paz. Yo admiraba desde siempre su entrega al periodismo, la intensidad que irradia su persona, su valentía, pero ignoraba hasta qué punto su biografía se entiende sólo en el cruce exacto entre la política y la fe.

Lo conocí en su oficina de *Excélsior*, la primavera de 1976. Me abrió los brazos y una sonrisa más amplia que sus brazos. *Plural* había publicado un adelanto de mi biografía de Cosío Villegas que «don Julio», si recuerdo bien, no reprobaba. Había querido mucho a «don Daniel», su gran editorialista de los sábados en la inolvidable página seis. ¡Cómo celebrábamos aquellas críticas al PRI, la gozosa irreverencia hacia el presidente en turno, la sabiduría, la inteligencia, la mala leche de aquel viejo cabrón y ejemplar! Al despedirnos, le di mi primer libro, que Cosío Villegas no alcanzó a ver publicado. Poco tiempo después, ocurrió el golpe.

Como un homenaje doble al *Excélsior* de Scherer y Cosío Villegas, escribí una pequeña nota en el número inicial de *Vuelta*, coincidente casi con el de *Proceso*. En ella apuntaba las anticipaciones de Cosío sobre los riesgos que corría Scherer con un presidente como Echeverría. De haber vivido el atropello, señalé, «tengo para mí que se habría exiliado». Cosío, me consta, no aprobaba en su totalidad la política editorial de Scherer. (Scherer, me enteraría décadas después, no aprobaba la cercanía de Cosío con el mundo de la televisión.) Y sin embargo los vinculaba una misma desconfianza radical, una misma independencia —y una misma fascinación— frente al poder en México. Nunca supe si Scherer leyó esa nota: sin que me lo pidiera, sin conocerlo casi, comprometí en ella mi lealtad con el hombre que ha encarnado como ningún otro la libertad de expresión en el México contemporáneo.

Desde un principio Scherer vivió para *Proceso*, pero yo —y muchos como yo— no nos resignábamos a verlo fuera de *Excélsior*. Ni siquiera el mismísimo secretario de Gobernación, don Jesús Reyes Heroles. Al

Julio Scherer

poco tiempo de tomar posesión, me invitó a una comida en Bucareli junto con Octavio Paz y Scherer. Yo me sentía, literalmente, testigo de la historia. Don Jesús insistía en que la revista «le quedaba chica», Scherer respondía que se sentía mejor así: no dependía del poder sino del público. Por lo demás, dijo, «¿chica, en qué sentido?». Su tiraje para entonces era ya, en efecto, igual o superior al de muchos diarios.

Pasó un tiempo, hasta que un día no del todo inesperado, Abel Quezada –en cuya oficina formábamos *Vuelta*– nos informó casi en trance de éxtasis que volveríamos a *Excélsior*. Al día siguiente, el propio Scherer nos lo confirmó a Alejandro Rossi y a mí en el Sanborns del Manacar. ¿Volvería nuestro grupo a asociarse con *Excélsior*? ¿Restauraríamos *Plural*? *Vuelta* había probado ya su vocación de independencia, pero a cada uno de nosotros en lo individual nos encantaba la idea de ocupar el espacio intelectual del que se nos había privado por la fuerza, contra la justicia y la razón. «Supongo que me designarás enviado especial al mundial de Argentina, como prometiste», advirtió, sin bromear, ese teórico incomprendido del balompié mundial que es Alejandro Rossi. Scherer le juró un palco de honor.

No le cumplió, por las mejores razones. Tengo para mí que la célebre entrevista con Alan Riding que frustró la vuelta a *Excélsior* fue un acto calculado de Scherer. «Volver sí, pero cómo, don Enrique», me decía tiempo después. «¿Como una dádiva del régimen, como un favor impagable a don Jesús, el del gran poder?» Era preferible arriesgarse a correr la voz, aunque el régimen echara marcha atrás. Así ocurrió, para fortuna de Scherer y de la vida pública mexicana.

La charla tenía lugar en el más extraño de los sitios: la cafetería de la «Guay». Coincidíamos muchas veces antes o después de nadar. Don Julio llegaba temprano como cualquier hijo de vecino y ejecutaba el ritual con parsimonia, escuchando las bromas de la gente en los vestidores. Sospecho que registraba los comentarios políticos con espíritu de encuestador: la «Guay» era un termómetro público que disparaba su imaginación periodística. Porque desde entonces tuve claro que había algo absorbente, implacable en la voluntad profesional de Scherer: su vida se regía semanalmente por el ritmo de *Proceso*. Lo importante era la noticia, la revelación, la historia, la denuncia de *esa* semana.

Alguna vez le propuse entrevistarlo para *Vuelta:* el cazador cazado. Había leído varias de sus espléndidas entrevistas, pero mis favoritas eran dos: una reciente, con Octavio Paz, que había provocado la famosa polémica con Monsiváis; y una remota con el terrible general Cruz, hombre que compensaba las almas que había enviado a la otra vida con las criaturas que traía cotidianamente a ésta. «Si Cruz temblaba de miedo frente a Calles, cómo sería Calles, y qué pantalones tuvo que tener Cárdenas», le comenté antes de ponerlo en jaque. Sé que lo pensó a fondo, y finalmente se negó. ¿Temía una inquisición biográfica?

Con todo, en esos desayunos fue revelándome algunos datos personales que me permitieron construir una pequeña hipótesis biográfica. Su abuelo había sido un hombre rico y notable durante el Porfiriato. El padre, en una situación económica muy comprometida, había sido maltratado por algún ministro prepotente de la era alemanista. El joven Julio, testigo del hecho, no lo olvidó. Para entonces, la genealogía materna había alimentado en él un sentido profundo de la justicia: su abuelo, don Julio García, había sido un dignísimo magistrado de la Suprema Corte en los años veinte. El golpe a *Excélsior* representó seguramente una reincidencia terrible de aquel agravio inicial, un acto en que la prepotencia del poder y del dinero se aunaba a la traición. Scherer me confesó que su ánimo en los días anteriores al golpe llegó a flaquear. La que no flaqueó nunca, y menos en ese momento, fue Susana, su mujer: «Vámonos, Julián», le dijo después de oír aquellas palabras. Tengo para mí que ese «vámonos» selló su destino? Scherer se fue, pero no sólo de *Excélsior*. Se volvió un disidente radical, absoluto, del sistema político mexicano.

De su carrera en *Excélsior* como reportero, como director, hablamos muy poco. Viajes, anécdotas, conversaciones, encomiendas en un diario que entraba a la intensa década de los sesenta con una legitimidad notable. La magnética, irresistible, festiva cordialidad de Scherer y su capacidad para reconocer genuinamente las prendas ajenas —sobre todo las intelectuales— explican el milagro de sus páginas editoriales durante su gestión en *Excélsior:* todo el México intelectual escribía en ellas. Además de Cosío Villegas, recuerdo vivamente a cuatro autores: Rosario Castellanos, Jorge Ibargüengoitia, Samuel del Villar y, el que sería mi gran amigo, Hugo Hiriart. Los domingos era una delicia hojear el «Diorama de la Cultura que dirigía Ignacio Solares y en el cual no fallaba nunca el «Inventario» de José Emilio Pacheco. Y claro, estaba *Plural*. Sólo sus ocho columnas me inquietaban: eran casi una provocación cotidiana.

«¿Tiene que ser negra, difícil, escandalosa la realidad cada semana?», le pregunté, bordeando mi única diferencia con él: la frontera entre la objetividad y el amarillismo. Fue imposible convencerlo. Si la noticia que publicaba me parecía cargada de amarillo, el color estaba en mi mirada o mis prejuicios, no en la realidad que probablemente era mucho peor. «Piense en todo lo que nos une, no en lo muy poco que nos separa», me dijo. Lo que nos unía y nos sigue uniendo, ante todo, es mi lealtad de lector con *Proceso*. *Proceso* cumple en mi vida una función casi biológica: por muchos años fue mi única ración de verdad en una selva de mentiras.

En el desastre que fue la prensa de la ciudad de México durante el régimen de López Portillo, sólo se salvaban *Proceso* y, en parte, *Unomásuno*. Los diarios comerciales eran ilegibles por su banalidad. Los diarios oficiosos eran y siguen siendo un irritante cotidiano, meras cajas de resonancia de los políticos, como si cualquier frase que pronuncien sus labios mereciese el mármol de la inmortalidad. Si cayese una bomba en Nueva York, las ocho columnas de muchos de esos diarios serían: «Atómica en Nueva York; Salinas consternado». Los periódicos doctrinarios, los más leídos por los jóvenes universitarios, tenían la virtud cardinal de la honradez y la vivacidad, pero incurrían, sobre todo en aquellos años de pasión guerrillera y populismo nacionalista, en un adocenamiento empobrecedor. La situación se repitió en los dos sexenios siguientes, con una variante decisiva: *La Jornada*, heredera de *Unomásuno*, practicaba cada vez más un periodismo nuevo, independiente, profesional.

Ir a *Proceso* domingo a domingo es como ir a misa: allí se comulga con la verdad pública. Durante todo el trayecto de estos tres sexenios *Proceso* se ha mantenido intacto en la fe del público. La razón es simple: en *Proceso* el lector ha encontrado la verdad impublicable, la que se susurra en los casilleros de la «Guay», la que los ministros sueñan con acallar o suprimir. Sólo en sus páginas están los escándalos de corrupción, crímenes políticos, expedientes comprometedores, trayectorias personales, negocios ilícitos, transacciones dudosas, medidas erráticas, declaraciones contradictorias, puñaladas traperas, enjuagues secretos que integran esa tupida red de complicidades que sustenta al sistema político mexicano. «Nuestra vida pública», decía Cosío Villegas, «no es pública.» En esa medida, es natural que la poderosa corporación que nos gobierna maneje con absoluta secretividad sus decisiones, censure las noticias que no le convienen y en general trate a la prensa como un departamento interno o asociado de relaciones públicas. «La prensa como negocio que depende del patrocinio», escribe Gabriel Zaid, «tiende a decir lo que quieren sus patrocinadores, aunque los lectores sepan que están leyendo un comercial y tengan que recurrir al teléfono, la conversación, el chisme, los rumores, para conjeturar lo que pasa en silencio.» *Proceso* ayuda a conjeturar lo que pasa en público. Por eso tuvo tanta razón Scherer en su respuesta a Reyes Heroles y tanta razón (y suerte) en su actitud con Riding. No ha estado al arbitrio de ningún patrocinio (con y sin mayúscula). *Proceso* sólo depende de sus lectores. Es un instrumento, un vehículo, una plaza, un café, un voceador de la sociedad civil, no un departamento del poder. Ése ha sido su único secreto.

¿Dónde está, entonces, el elemento religioso? En la fervorosa actitud de Scherer. En la búsqueda de *esa* noticia, de *esa* revelación, de *ese* reportaje Scherer, literalmente, empeña la vida. Le va la vida en atizar de nueva cuenta, semana a semana, la hoguera de la verdad, en expulsar a los mercaderes del templo, en exhibir al rey desnudo, en manchar el boato neoporfiriano con el lodo de las lacras mexicanas. No sé si la influencia de hombres como fray Alberto de Ezcurdia, Sergio Méndez Arceo y su primo y colaborador Enrique Maza han sido determinantes en la forja de una personalidad como la suya, dominada por la convicción, tocada por el absoluto. Sé que desempeñan un papel junto con su propia formación en escuelas confesionales. Pero ha sido la vida dura, el tránsito de la maravillosa casa familiar en San Ángel (la misma que ahora ocupa el Bazar del Sábado) a las cloacas de la política mexicana que sólo conoce un periodista honesto y resuelto, lo que ha moldeado un rechazo del sistema político mexicano tan absoluto, como absolutos han sido el poder de los presidentes y la simulación oficial.

Sólo regímenes absolutos como el ruso o el mexicano —guardadas las proporciones— producen críticos absolutos. Frente a la monarquía de «pan o palo» de Porfirio Díaz, la cuña que podía apretar, la única del mismo palo, fue Ricardo Flores Magón. Frente al desvaneciente porfirismo colectivo que nos gobierna, ¿sólo cabe el antídoto de *Proceso?* Scherer no tendría dudas; yo sí. Cabe el antídoto de *Proceso* —fuego periodístico— y cabe también el antídoto liberal, agua fluida de tolerancia, ponderación y diálogo. El primero vive poseído de la verdad; el segundo fundamenta una a una sus verdades fragmentarias. El primero está hecho de indignación, tiene una pasta religiosa; el segundo está hecho de crítica, su pasta es meramente humana.

Humana como la amistad. Scherer la practica también con pautas absolutas, pero no de exigencia sino de lealtad, de atención, de sensibilidad, a veces de compasión. Lo veré la próxima semana, ya no en la «Guay» sino en el restaurante donde desayunamos con frecuencia, año tras año. Casi nunca hablamos de política: hablamos de cada uno, no como papeles, como personas. Anticipo esos brazos abiertos como aspas; veo su mano de pensador rodiniano sobre la frente mientras lo absorbe la lectura de un libro; su cabellera gris, desordenada, crespa, y, sobre todo, esa sonrisa noble, pícara, triste en el fondo. Pienso que tiene razón: es mucho lo que nos une y muy poco lo que nos separa. Le grito «don Julio», me acerco y juntos expropiamos el único gesto salvable de la política mexicana: el abrazo.

Gabriel Zaid,
solitario, solidario

«Explíqueme usted el misterio Zaid», me pidió hace casi veinte años Daniel Cosío Villegas. Incapaz de responderle, preferí presentarlos. Cosío lo imaginaba gordo, como Lezama Lima. Departieron felices una tarde en la «cerrada de siempre», en San Ángel. Ignoro si se volvieron a ver. Zaid le dedicó su discurso de ingreso a El Colegio Nacional. Don Daniel le dedicó sus últimas lecturas. Me consta que murió sin despejar el misterio.

Hay algo genuinamente misterioso en su originalidad. Nacido en Monterrey en 1934, hijo de inmigrantes palestinos, Zaid estudió ingeniería industrial. Siguiendo los pasos de su maestro Rafael Dieste, combinó su sólida formación científica con una temprana pasión filosófica y literaria. Como sus remotos antepasados, entendió la música del álgebra y la métrica de las casidas, compuso juguetes literarios y teoría de juegos, y con el tiempo armó por escrito una *Máquina de cantar*.

Mucho antes de presentar su tesis sobre la industria editorial, comenzó a escribir poesía. La rama de la ingeniería que estudió Zaid requiere cierta dosis de poesía: hay que diseñar o leer con esa imaginación creativa los procesos industriales y empresariales. Inversamente, la óptica del ingeniero industrial puede ayudar a la revelación de un poema: desarmarlo en sus componentes formales, medir su eficacia en la práctica. La ingeniería y la poesía conectadas en el dominio del oficio y la chispa de la inspiración. De pronto, la ingeniería poética aplicada a una línea de Pellicer («Hay azules que se caen de morados») abre sus significaciones prosódicas, visuales, táctiles, semánticas, históricas. O pacientemente construye un *Ómnibus* para viajar por toda la tradición poética de México.

Quizá por influencia de C. Wright Mills, Zaid descubrió la imaginación sociológica aplicada a la literatura. Ya no sólo las obras eran temas legítimos y legibles: también los autores, las editoriales, las librerías, los procedimientos de difusión, los lectores, los libros y, a veces, *Los demasiados libros*. Durante los años sesenta, Zaid practicó en las páginas de *Siempre!* una lectura crítica por partida doble: de la poesía y del aparato cultural. Junto con las viñetas críticas que recogía en *Leer poesía* aparecieron los experimentos ensayísticos de *Cómo leer en bicicleta*, irónica lección sobre la pedantería académica, los golpes bajos, la profusión de premios, las infinitas vanidades, las malas antologías, la seudocrítica y demás prácticas mortales de lo que Marx llamó la «canalla literaria».

La crítica de la cultura lo condujo a la crítica de la ideología en la cultura. Mientras el grueso de la clase intelectual mexicana y latinoamericana soñaba con ejercer la crítica de las armas y entregaba las armas de la crítica al comandante de la Revolución cubana, Zaid fue un disidente solitario. «Nunca jugó a la izquierda», decía años después Arnaldo Orfila Reynal, con genuina admiración. La frase no implicaba que Zaid perteneciera a «la derecha». Más empresario que ideólogo, el mayor editor de la izquierda latinoamericana leía y acaso compartía finalmente la posición de Zaid: la crítica como única arma, sobre todo contra las armas, sobre todo contra la crítica de las armas. Otro de los «ismos» generalizados que fue objeto de su crítica fue el nacionalismo: ya sea en su variante maternal o paternal, geográfica o cultural –argumentaba Zaid–, el nacionalismo mexicano nos ata a dependencias sumisas o rebeldes, nos impide crecer, volvernos responsables, creadores, hijos de nuestras propias obras.

El acoso del poder contra el Fondo de Cultura Económica (1965), la fundación en Siglo XXI de una casa independiente para la cultura mexicana (1966), Tlatelolco y los artículos políticos de Cosío Villegas (1968), la crítica de la pirámide en *Posdata* (1970), la vuelta de Octavio Paz (1971), la matanza del Jueves de Corpus (junio de 1971), configuraron una nueva faceta de Zaid: el crítico de las relaciones entre la cultura y el poder. Frente a la consigna de apoyar a Echeverría (no hacerlo, se decía, era cometer un «crimen histórico»), la redacción del suplemento cultural de *Siempre!* recibió una línea de Zaid que Pagés Llergo, con toda su independencia, consideró impublicable: «El único criminal histórico es Luis Echeverría». La fundación de *Plural* en esos días acabó con la unidad revolucionaria dentro de la cultura y deslindó los campos entre la cultura y el poder. Frente a la tradición integrista al poder, Zaid afirmó la tradición liberal de la independencia crítica: ejercer a plenitud el pequeño poder que sí se tiene –el de la argumentación pública–, frente al gran poder que no se tiene y cuyo designio histórico en México es someter toda independencia bajo la consigna porfiriana de «pan o palo».

No bastaba la crítica de la cultura ni la crítica del poder en la cultura: en la linde de sus 40 años, Zaid comenzó a ejercer directamente la crítica del poder. Mes a mes en aquel *Plural*, su «Cinta de Moebio» ofreció una lectura por episodios de la vida mexicana, una especie de folletón de ingeniería poética que en unos años configuraría esa suma del pensamiento zaidiano: *El progreso improductivo* (1979). En pleno triunfalismo petrolero, Zaid leía no sólo con claridad sino con clarividencia el inminente desastre de la administración de la abundancia, y se preguntaba: ¿por qué ha fracasado la oferta estatal de modernización? La respuesta fue una crítica sin precedente a la cultura del progreso (en particular la mexicana): la falsedad, incongruencia o distorsión de sus ideas convencionales; la imposibilidad práctica, la fría demagogia o el irresponsable romanticismo de sus promesas; la frustración, la injusticia, la desmesura a que nos arrastran sus insaciables mitologías. En los ensayos que publicó a partir de entonces en *Vuelta* y recogió en *La economía presidencial* (1987), Zaid sometió las teorías de aquel libro profético a la doble verificación de las matemáticas y la realidad. Construyó el teorema del progreso improductivo y comprobó en la práctica los estragos previstos por él, proponiendo caminos de corrección.

Ahora no bastaba la crítica al poder en la cultura ni al poder sin más: había que criticar a la cultura en el poder, en particular la cultura académica o universitaria en el poder. «La imaginación psicológica», escribió C. Wright Mills, «permite a quien la posee o ejerce advertir cómo los hombres en la agitación de la vida cotidiana, incurren a menudo en una falsa conciencia sobre su posición social». En *De los libros al poder* (1988), Zaid buscó en esa misma idea la clave cultural de nuestros problemas: la oligarquía universitaria vive en la falsa conciencia de que su progreso, integrado al aparato estatal, produce, promueve, presagia o promete el progreso de todos los mexicanos. Para el México tradicional, y aun para el moderno, los costos de esa mala óptica han sido inmensos. La hipótesis lo condujo finalmente al caso extremo de dictadura cultural sobre la realidad política: la guerrilla universitaria en nuestros países.

¿Puede imaginarse una aventura intelectual más original? Entre los varios géneros que ha practicado en paralelo, Zaid ha escrito ensayos de interpretación histórica (literaria, cultural, política y religiosa), compiló la *Asamblea de poetas jóvenes de México* y, por supuesto, sigue escribiendo poesía. Ahora mismo, en *Contenido* o en *Reforma*,* recoge todos los hilos y publica breves artículos de crítica social y política

---

* En la actualidad (1999) Zaid es también colaborador de *Letras Libres. (N. del E.)*

cuya claridad tiene la textura de una parábola. No sería sorprendente que por ese camino, en plena depuración, terminara reduciendo sus colaboraciones a la dimensión de un poema pequeño y perfecto: un *koan* o un aforismo sobre el progreso improductivo.

Porque bien leído es allí, en el estilo, donde reside otro aspecto de su originalidad. Los economistas mexicanos son gerentes públicos o profesores universitarios, y se nota. Aunque publiquen en el periódico, no escriben para el público: escriben solipsistas memorándums desde y para el poder, o *papers* académicos. Zaid, en cambio, escribe teniendo siempre en mente a un público concreto. Los economistas emplean una jerga aguda que les parece recóndita o sublime, pero que en muchos casos no rebasa lo que José Guillherme Merquior llamó la «teorrea». Zaid, por su parte, no sólo esquiva las convenciones lingüísticas sino que acuña conceptos propios para leer la realidad y los carga de un filo polémico permanente, implacable. Los economistas suelen desdeñar la sensibilidad literaria aplicada a la economía sin advertir que sus propios clásicos (Adam Smith, Marx, Keynes, Galbraith) son ante todo grandes escritores formados en la cultura clásica. Los ensayos de Zaid son piezas literarias construidas sobre una sorprendente riqueza de referencias culturales. Desde la cátedra o el poder, los economistas lo han leído con atención pero no sin cierta ridícula condescendencia (es «ocurrente, brillante, pero no es economista»). Para fortuna de Zaid, la frase de Keynes sobre el modo en que las prácticas de los hombres prácticos cumplen las ideas de un economista difunto, ha tenido en su caso una confirmación más feliz: las ideas, las críticas, los diagnósticos y remedios que ofrece su obra se han abierto paso en vida suya y sin necesidad de las palmas académicas, con el silencioso homenaje de la realidad.

Y si la originalidad es fuente de desconcierto, de «misterio», la persona de Zaid contribuye tanto como su obra. Decía Ortega que «el intelectual no vive: asiste a la vida de los demás». Pareciera que Zaid –buen lector de Ortega– no vive ni asiste: lee y escribe. Hay quien cree que es un fantasma o un seudónimo (¿Zaid es Díaz?). Nunca ha dado una entrevista, tiene por norma no hablar con políticos ni conocerlos, no se toma fotos públicas e impide que se las tomen, no escribe cartas ni las contesta, todo por una convicción similar a la que formuló George Orwell: ser recordado únicamente por la obra. Entre los escritores modernos, quizá sólo Wallace Stevens (a su vez empresario y poeta) llevó la privacía literaria a esos extremos. *Habent sua fata libelli,* en efecto, pero que en ese destino no cuente un ápice la persona que los escribió.

«Tematizar la vida (contarla, cantarla, pintarla, teorizarla) es como una forma de vida suprema, pero también como no vivir», escribió Zaid sobre Cosío Villegas en un autorretrato oblicuo. Zaid está a salvo: nadie, nunca, cantará, contará o pintará su vida, nadie escribirá su biografía. Pero cabe el intento de «tematizarla», «teorizarla» en una lectura de su obra, o de una zona de su obra como es la crítica. Después de todo fue Zaid en *La máquina de cantar* quien invitó a ese «encuentro feliz», a esa «convivencia en lo concreto» con que sueña un autor: «ser bien leídos nos permite llegar a escribir, a trasmitir la lectura».

«¿Conoce a Ricardo Mestre?», preguntó Zaid. Se trata de un anarquista catalán exiliado en México desde los cuarentas, un joven luminoso de 87 años con sonrisa de niño y voz de Zeus, editor de tiempo completo que en su pequeño despacho de las calles de Morelos reúne alrededor de sí a decenas de jóvenes adeptos a "la causa". Es obvio que Mestre no inició a Zaid en la bibliografía anarquista, pero en la animación de su peña y su tertulia se comprende el toque moral del anarquismo en Zaid.

Tan alejado de la edición de bombas Molotov como del lanzamiento de doctrinas totalizadoras sobre la condición humana («holistas», diría Popper), el anarquismo que predica y practica Mestre, el que atrajo la afinidad electiva de Zaid, es un árbol de pensamiento que busca cambios en la sociedad, en particular el reemplazo del Estado y otras estructuras autoritarias por la libre colaboración de los individuos. Los anarquistas pusieron grandes esperanzas en la vida tradicional y campesina. Frente a las modernas estructuras centralizadas (políticas, industriales, urbanas) ejercieron un culto a la dimensión pequeña y personal, a lo natural y lo espontáneo (Mestre, juez anarquista durante la guerra civil, casaba y divorciaba parejas con una espontánea naturalidad). Otro aspecto fundamental del anarquismo es su orientación práctica: busca mejorar la vida del hombre hoy, no en las calendas griegas. La geografía del anarquismo se concentró en los países con estructuras de poder opresivo (Rusia, los países católicos mediterráneos). Su sociología es ajena a las universidades: fue un culto de obreros, artesanos y pequeños empresarios y editores, como Mestre y como Zaid (que edita directorios y dirige su empresa de consultoría industrial desde hace más de treinta años).

Nada más parecido a un anarquista intelectual que otro anarquista intelectual. Proudhon creía en el ideal de una vida campesina libre, no sólo válida en sí misma sino como correctivo de la vida moderna. Hombre práctico, inventó las sociedades mutualistas de apoyo y crédito, los bancos populares, el seguro social y muchas otras iniciativas que la historia le regateó y el marxismo le expropió. Fue escritor independiente, periodista, editor, impresor, que buscó la comunión en la vida pública a través de los libros: «la gente se acerca a mí buscando libros, ideas, discusión, investigación filosófica ... me abandonarían, me despreciarían si mañana les propusiera formar un partido político o una sociedad secreta». En plena prefiguración zaidiana, Proudhon defendió los derechos de autor, ponderó las ventajas del autoempleo y polemizó con Marx y los comunistas. Su desconfianza del poder era absoluta y total: «Ser gobernado es ser vigilado, inspeccionando, espiado, dirigido, legislado, numerado, reglamentado, reclutado, adoctrinado, sermoneado, controlado, comprobado, calibrado, evaluado, censurado, mandado, por criaturas que no tienen el derecho, ni la sabiduría, ni la virtud para hacerlo».

Dejando las sábanas de seda (fue príncipe y paje del zar), Kropotkin se arrojó al cauce de la vida: geógrafo, hizo mapas en su gabinete después de recorrer los territorios a pie. Fue también hombre de libros, escritor y periodista. Cantó, como el Platón Karataev de Tolstoi, a la vida campesina: «Qué poco se necesita fuera del círculo encantado de la civilización convencional». Aprendió relojería en Suiza y más tarde imaginó una generosa relojería social: la ayuda mutua, el voluntariado de maestros entre los siervos recién liberados, un mundo de libre cooperación y placer en los campos, las fábricas y talleres. Sobre su desencuentro con Lenin, el propio Zaid suele referir una anécdota. Ocurrió en mayo de 1919. Después del fraternal abrazo, Piotr Alekseevich comenzó a relatar a Vladimir Ilich las maravillosas experiencias cooperativas que se estaban organizando en Inglaterra, las federaciones que nacían en España, los sindicatos en Francia ... hasta que Lenin, exasperado, lo interrumpió. ¿Cómo podía Kropotkin perder su tiempo (y el suyo) en semejantes pequeñeces que en el fondo no eran sino distracciones de la clase obrera en el cumplimiento de su misión histórica?:

«Sin la acción revolucionaria de las masas ... todo lo demás es juego de niños, charla inútil ... una lucha abierta y directa, es lo que necesitamos ... una guerra civil generalizada ... se derramará mucha sangre ... Europa, estoy convencido, vivirá horrores más grandes que los nuestros ... todos los otros métodos –incluidos los anarquistas– han sido superados por la historia ... a nadie le interesan».

Suavemente, Kropotkin lo reconvino: «si los bolcheviques no se intoxicaban con el poder», la revolución estaba en buenas manos, pero era opinión generalizada «que en su partido hay miembros que no son obreros y este elemento está corrompiendo al obrero. Se necesita lo contrario: que el elemento no obrero esté al servicio educativo del obrero». Lenin cambió de tema. Había que publicar la obra completa de Kropotkin. «Gran idea», contestó el anarquista, «pero yo no permitiría una edición oficial. ¿Habrá una editorial independiente, una cooperativa?» «Ya encontraremos una», respondió Lenin al despedirse, «ya encontraremos una.»

No la encontraron, por supuesto. Intoxicado de poder, el elemento no obrero del partido predominó sobre el obrero. Intoxicado de poder, el secretario general imperó sobre el partido. Las primeras víctimas de la revolución fueron los propios anarquistas. Unos cuantos lograron huir, entre ellos una mujer llamada Mollie Steimer. Había llegado a la Unión Soviética en 1921, deportada de los Estados Unidos por repartir volantes en favor de los «maravillosos luchadores de Rusia ... a los que no debemos traicionar». Al poco tiempo, vivió en carne propia la amarga verdad: esos «maravillosos luchadores» la sentenciaron dos años a Siberia. «La Rusia de hoy», escribió en 1924, «es una gran cárcel.» Deportada nuevamente, vivió hasta 1941 en Alemania y finalmente encontró refugio en México. Murió en Cuernavaca, en 1980. Como un acto simbólico de filiación, un escritor mexicano publicó en *Vuelta* su obituario: Gabriel Zaid.

El anarquismo en Zaid es todo menos una doctrina. Es una vena, una actitud frente al poder, un recelo de las estructuras verticales, una fe en las unidades pequeñas, descentralizadas. Quizá su origen remoto no esté en los libros sino en la experiencia histórica de su pueblo. Un novelista israelí, A. B. Yehoshua, la describió magistralmente en un cuento publicado en 1963: dos personajes, un guardia forestal israelí y un viejo pastor árabe, conviven cerca de un bosque nuevo. Unos viajeros inquieren sobre la existencia de una aldea en ese lugar. «¿Una aldea?», dijo el guardia. «No sabía que allí existiera o hubiese existido alguna. Su mapa debe estar equivocado.» Pero el viejo árabe comenzó a hacer exclamaciones «apuntando con fervor en dirección del bosque». El guardia considera quemar el bosque, pero es el árabe quien finalmente le prende fuego. Poco a poco, tras la maleza y el humo, las ruinas de la aldea arrasada tiempo atrás por los *buldozers* aparece ante sus ojos «en sus líneas básicas, como un dibujo abstracto, como todas las cosas del pasado, enterradas».

A su manera y transferido a México, Zaid ha buscado reconstruir el mapa de sus padres y antepasados, no sólo el mapa aldeano sino acaso uno anterior, pastoral, nomádico. La dicotomía entre la cultura tradicional y la moderna recorre las páginas de su obra con una insistencia apasionada: es un reclamo de defensa, respeto y apoyo práctico hacia los valores intrínsecos de la vida campesina atropellados por el progreso o, más bien, por la ciega voluntad de progreso. No hay sombra de romanticismo bucólico en su análisis: hay el reconocimiento de un repertorio vital «sumamente limitado pero, por eso mismo, vivible personalmente, o a través de una convivencia muy estrecha, en toda su plenitud». En ensayos como «Modelos de vida pobre» o «Ventajas de la economía de subsistencia», Zaid reelabora por su cuenta el viejo tema que el anarquismo tomó de la sabiduría antigua: «comer lo que se caza, se pesca, se cría, se siembra; vestir de lo que se teje, vivir de lo que se ha construido, ha sido normal durante milenios». En México, en particular, su alegato se vincula con autores notables, desde Vasco de Quiroga hasta aquel discípulo de Emma Goldman que reconoció el anarquismo intrínseco del campo mexicano, Frank Tannenbaum: «Nada se consigue destruyendo la comunidad rural mexicana», escribió en 1949. «Es la cosa mejor que México posee: allí está su fortaleza y su resistencia.»

Es un lugar común de la mentalidad moderna, sobre todo en México, y particularmente en el sector oficial y universitario, el pensar que gracias al amplio menú de superación y redención que ofrece el Estado mexicano, los campesinos llegarán a ser modernos. Quizás el hallazgo más impresionante de Zaid fue demostrar la distancia entre la *vocación* declarada del Estado y la realidad. Todo parte de una ilusión que cualquier lector puede maliciar hojeando la infinita sección oficial del directorio telefónico: ¿vale lo que cuesta, cumple lo que ofrece? En su primer artículo de la «Cinta de Moebio» en *Plural* («El Estado proveedor»), Zaid respondió con un giro de crítica anarquista absolutamente revelador: «La función primordial de los entes de la administración pública es, en primer lugar, no morir y, en lo posible, crecer y multiplicarse en entes semejantes».

La crítica de la «empleomanía» no es nueva: está en el doctor Mora y otros grandes liberales del siglo XIX. Lo nuevo es desmitificar el Estado mexicano con toda su cauda histórica acumulada (misional, paternal, social, socialista) y someterlo a la prueba de los hechos, verificada estadísticamente: «¿Para qué sirve aumentar los impuestos? Para que una parte del sector moderno prospere y produzca más para sí misma y para el resto del sector moderno». Las minorías progresistas en el sector moderno tienen intereses creados en pensar que «sus posiciones privilegiadas son derechos universales gradualmente realizables ... que en una edad futura será posible privilegiar a todos. «Abogar por este imposible», apunta Zaid, «favorece una oferta de progreso poco práctica, pero legitima posiciones privilegiadas ... Todo lo que sucede es que llegué antes a donde los demás llegarán después.»

No llegarán nunca y se retrasarán cada vez más si no se introduce un cambio verdaderamente «copernicano» que ponga el énfasis no en la demanda sino en la oferta, no en el productor sino en el consumidor; una inversión óptica y práctica que anticipó con éxito Vasco de Quiroga, «convirtiendo todo lo bueno que tuvieran en mejor y no quitándoles lo bueno que tengan». ¿Qué hace falta en el mercado interno? Una oferta pertinente para las necesidades reales de los campesinos pobres:

«Es mejor que los marginados se atiendan a sí mismos, y que el sector urbano les ayude con una oferta pertinente de medios que favorezca: *a)* Su marginación del mercado urbano, en todo aquello donde el intercambio no les convenga ... alimentos, ropa, techo, producidos para sí mismos. *b)* Su integración al mercado urbano, en donde el intercambio les convenga: no comprándonos bienes y servicios de lujo (para sus circunstancias) que los conviertan en consumidores modernos, sino medios para convertirse en productores domésticos modernos (para su propio consumo y para que nos vendan cosas que sean mejor negocio que el maíz, como la ropa)».

Los economistas rara vez «aterrizan» (como dirían ellos) sus elucubraciones en el tema que por vocación supuesta o por membrete les corresponde: el combate a la pobreza. Desafiando las ideas «empleocéntricas» convencionales, Zaid dedicó la parte medular de *El progreso improductivo* a fundamentar su teoría de «la oferta pertinente». Reunió una biblioteca de casos prácticos: sistemas baratos para recoger agua de lluvia, para localizar y guardar agua subterránea; semillas mejoradas para la operación doméstica de maíz, frijol, yerbas para infusión y medicinales; miel, gallinas, cerdos, burros, para mejorar el consumo de la propia familia; equipo y aparejos para la agricultura, ganadería, caza, apicultura, pesca, que requieran poco mantenimiento; procesos, equipo de conservación y cocina que permitan aprovechar alimentos vegetales y animales; instructivos ilustrados; sistemas de crédito; huertos familiares; bicicletas adaptadas al reparto en el campo, y un largo etcétera. Compiló ejemplos históricos de creatividad en la oferta y vertió todo ello en *El progreso improductivo:* libro que recuerda los mejores momentos de ingeniería práctica anarquista (de *Campos, fábricas, talle-*

res de Kropotkin a *Small is Beautifull* de Schumacher), *corpus* económico diseñado para abrir los ojos del sector moderno y cambiar sus términos de intercambio con el sector tradicional.

Pequeñeces que en el fondo distraen al proletariado del cumplimiento de su alta misión histórica, dirían quizá los últimos marxistas de la Historia. Minucias microeconómicas, opinarían los sesudos economistas que en esos mismos años enfilaban el rumbo macroeconómico del país hacia la más sonada bancarrota de nuestra historia. Por los caminos más insospechados, el tiempo comenzaría a avalar las tesis zaidianas. Al margen de las lamentables manipulaciones políticas en que incurren, algunos programas sociales de este gobierno han puesto tímidamente en marcha el rescate de «la cosa mejor que México posee», esa aldea cubierta casi por la maleza y el humo del progreso improductivo.

En su defensa de las configuraciones pequeñas o en su ingeniería social, Zaid se vincula a la familia anarquista (siempre más cerca del padre Tolstoi, dulcificado por el cristianismo, que de los anarquistas impacientes y violentos). También en su radical desconfianza del poder, en su insistencia por limitarlo, dispersarlo, reducirlo, controlarlo, vigilarlo, criticarlo, evaluarlo. Pero el realismo ingenieril (auxiliado en un oído por Hobbes y en otro por Cosío Villegas) le impidió dar el paso al vacío, el paso utópico de pretender abolir el poder. Políticamente, el resultado es un corrimiento de las posiciones anarquistas hacia las liberales y democráticas.

La matriz de su crítica está en un ensayo publicado en tiempos echeverristas: «Cómo entender la política mexicana». Zaid respondió al llamado de Octavio Paz a criticar a la pirámide, y con ayuda de la *Harvard Business Review* analizó a mediados de los años setenta el funcionamiento de la máquina de mandar. ¿El sacrosanto Estado mexicano visto como una General Motors piramidal? El modelo hermenéutico de Zaid rompía con todas las concepciones «intraestatistas». Le importaba menos interpretar el ser histórico del poder en México que desmitificarlo.

En el concepto de Zaid, un dinámico mercado de compraventa de obediencia y buena voluntad recorre el cuerpo de la pirámide. Desde arriba y en cascada, el poder centralizado subasta o concesiona contratos, prebendas y plazas públicas al postor que le ofrezca los mejores paquetes clientelares. «La esencia de ese contrato social, el bálsamo que apacigua los ánimos, concilia los espíritus y resuelve las contradicciones, es el dinero estatal.» Todo el mundo cobra por no ejercer su independencia. La «mordida», en ese esquema, no es un acto anómalo sino natural. El objetivo no es servir a los de abajo sino servirse de ellos para trepar a la cúspide: «la verdadera base de un político mexicano no está abajo ni afuera de la gran pirámide sino arriba ... la política no consiste en ganar votaciones públicas sino ascensos internos». Los supuestos dueños de la corporación (accionistas en la General Motors, votantes en el PRI) pierden el control frente a los administradores, que para todos los efectos prácticos son ya los nuevos dueños. Éstos, a su vez, dependen de la voluntad del Gran Elector (presidente del consejo de administración y director ejecutivo, por seis años, de la empresa). Bajo su férula, como en tiempos precolombinos, una triple alianza piramidal, centralizada en la nueva Tenochtitlan, regatea entre sí los destinos de México: la burocracia del poder ejecutivo (cuatro millones de personas, sin contar a sus clientelas), los empresarios concesionados y los sindicatos en el Congreso del Trabajo. Todos los otros poderes viven a la sombra de la subordinación o la impotencia, ya sea acogidos al «pan», o temiendo (y, por excepción, desafiando) el «palo»: la Iglesia, el legislativo y el judicial, los campesinos, los caciques locales, los militares, la prensa, la oposición, los intelectuales, las universidades. Maquinaria admirable, no cabe duda, «la mayor empresa», afirmaba Zaid, «inventada por el genio mexicano».

Y sin embargo, al poco tiempo el sistema político mexicano comenzó a cumplir una férrea ley de ingeniería de sistemas: «lo que puede fallar, fallará» (Murphy). Desde un ángulo económico, Zaid había previsto la falla en varios ensayos de *El progreso improductivo* («Las deseconomías de las pirámides», por ejemplo). Poco antes del *crack* de septiembre de 1982, publicó en *Vuelta* nuevos textos en señal de alarma («Los cuatro centavos»). Ya en plena bancarrota de la economía nacional, durante el sexenio de Miguel de la Madrid, lo que venía al caso no era la oferta de profecías sino de recetas. Por largo tiempo, los economistas oficiales ignorarían sus ideas y al llegar a ellas (por su cuenta o, en muchos casos, leyéndolo) las aplicarían de manera parcial o titubeante: ajustar la paridad, abandonar el modelo económico cerrado, «tibetano», y orientar al país a la exportación como única forma de pagar la deuda y crecer, privatizar en verdad y no en el membrete, simplificar los inútiles trámites de la administración pública. La mayoría de los remedios zaidianos «contra la hinchazón» han quedado hasta ahora en el tintero. Entre ellos destacan: reducir drásticamente la inmensa burocracia (que entre 1989 y 1992, contra la leyenda del «adelgazamiento» del Estado, creció tres por ciento); sacar del presupuesto federal, transferir a los estados –y, en algún caso, suprimir– secretarías enteras como Agricultura, Educación, Salud, Turismo, Pesca, Reforma Agraria, etcétera. Llegará su hora.

La falla económica del sistema despertó en Zaid una sospecha cuya sola formulación pareció extravagante: «es más probable que el sistema truene cuando parece invulnerable y por lo mismo a nadie se le ocurra pensar que pueda ocurrir lo inconcebible». A casi diez años de su publicación (mayo de 1985), sus «Escenarios sobre el fin del PRI» parecen cosa de brujería. La «cola» priísta que mansamente trepa la pirámide –argumentaba Zaid– podía desorganizarse con resultados imprevisibles en alguno de estos casos: por un terremoto que acabara con la ciudad de México (ocurrió), por un presidente que quisiera reelegirse (¿ocurrió?), por un cambio súbito en el «dedazo» (Camacho o Colosio), por un magnicidio (Colosio, Ruiz Massieu). Le parecía imposible que «el sistema cambiara sistemáticamente» desde dentro, propiciando el surgimiento de caudillos electorales que se salieran de la «cola» y ganaran sin alquimia, sin dedazo, sin presupuesto oficial (hasta ahora, así ha ocurrido). Los caciques de la «cola» lo impedirían (probablemente ocurrió, en el caso de Colosio). Habíamos superado el tiempo de los caudillos militares que negocian con sus propias fuerzas armadas; no aparecían aún los caudillos democráticos que dependen de su propia fuerza electoral, pero ninguno de los dos tipos podía descartarse (ocurrió: Marcos, por un lado; Barrio, Cárdenas, Nava, Ruffo, Fox, Diego, por otro). La solución estaba en «desatar» fuerzas ajenas al sistema, democratizar de afuera hacia adentro, de los estados y municipios a la capital (comenzó a ocurrir en Baja California en 1989 y siguió durante todo el sexenio de Salinas de Gortari). La modernización del país reduciría poco a poco la «cola» (ha ocurrido año tras año), muchos priístas perderían la fe (ocurrió: Muñoz Ledo, Cárdenas, etcétera) o se corroerían por dentro chapoteando en un cinismo incompatible con el proyecto modernizador. «El sistema tronará por cuarteadura, resquebrajándose, desmoronándose» (todo lo cual ocurre ante nuestros ojos).

Años más tarde, los lectores de *Contenido* tomaron nota de varias otras lecturas proféticas que al poco tiempo se cumplirían: «algún presidente tendrá que imponerse (sobre los monstruos sindicales) a la antigüita» (marzo de 1988); la visita del Papa desató una «autonomía social consciente de sí misma que ... debe culminar en las reformas a la Constitución» (julio de 1990); el «"sobregiro de confianza" del régimen de Salinas puede complicar inesperadamente los escenarios para el fin del sexenio: todo puede empezar en 1993, con una bronca interna del PRI» (noviembre de 1991). Lo dicho: el lector como brujo.

Pero el problema central de la modernización mexicana radicaba menos en el PRI que en el dueño del PRI, el poder ejecutivo, lo cual modificó un tanto la teoría zaidiana de los mercados políticos hacia una que diera al César lo que es del César: su peso monopólico. No era un tema nuevo para él. Contra Díaz Ordaz, Zaid arrojó una bomba verbal: un poema sobre Tlatelolco. Contra Echeverría publicó un poema ácido, irónico, sobre el 10 de junio. Al terminar el sexenio, en el número 2 de la revista *Vuelta* apareció «El 18 Brumario de Luis Echeverría», donde el presidente era visto como el emblema sociológico de los universitarios en el poder. Seis años más tarde, en «Un presidente apostador», López Portillo reencarnaba de manera patética al otro López (de Santa Anna); pero ya no eran cuatro reales los que se perdían entre las patas de los gallos de Tlalpan, eran billones de dólares que nos llevaban entre las patas a todos. En los años ochenta, era obvio que la responsabilidad en los problemas del país dependía cada vez menos de los regateos en el cuerpo de la pirámide y cada vez más de unas cuantas personas –de *una* sobre todo–. En retrospectiva, la entrada al círculo vicioso había ocurrido en 1973, en el momento en que Echeverría expropió «la economía ministerial» en favor del «Grupo Industrial Los Pinos». A 15 años de esa fecha, con tablas estadísticas irrefutables, como un auditor despiadado, Zaid comprobaba los resultados de lo que Cosío Villegas consideró la llaga mayor de la política mexicana, la concentración de poder absoluto en el presidente («monócrata», diría Zaid) en turno:

«... la economía presidencial ... sextuplicó la burocracia, redujo los pesos a centavos, hipotecó al país ... arruinó la productividad de las inversiones y acabó con el crecimiento de los salarios reales y el consumo, al caer finalmente en el pantano del estancamiento y la inflación. Todo esto para superar el despreciable desarrollismo de los sexenios anteriores. Todo esto viviendo al lado del mayor mercado del mundo, que los países del lejano oriente aprovecharon para desarrollarse y nosotros para ir de *shopping* de elefantes blancos. Todo esto cuando el petróleo se iba a los cielos, teniendo yacimientos de importancia mundial».

Cuando la General Motors abrió los ojos era demasiado tarde: había muerto en vida, sin saberlo, desde hacía años. Lo mismo le ocurre a su homólogo, el sistema político mexicano. Los males que lo aquejan no tienen solución en el diseño original. No basta un ajuste de piezas o un reemplazo parcial: se necesita una reforma política integral como la que representan los «Veinte compromisos para la democracia» (cuya formulación, por cierto, debe mucho a Zaid). Además de la corrosión interna en la pirámide, los pleitos en la «cola» y su permeabilidad al veneno del narcotráfico, diariamente llegan las «exportaciones japonesas» (la conciencia democrática, la prensa independiente, los reflectores de la opinión internacional, los intelectuales no orgánicos, la madurez de la oposición, los movimientos cívicos) que hacen ver a sus modelos penosamente anticuados, como un Cadillac 57.

Faltaba penetrar el misterio mayor: la falla de fallas. Bakunin la había anticipado: «la sediciente aristocracia de la ciencia será el último refugio de la voluntad de dominio». En México, Zaid detectó el fenómeno en 1976: «La pertenencia a burocracias públicas y privadas parece llevarnos a una nueva clerecía».

Mientras teorizaba sobre las pirámides estatales, sindicales y empresariales, una nueva pirámide crecía y se multiplicaba: la académica, en particular la universitaria, en particular la UNAMita. En sus ensayos sobre los universitarios en el poder, Zaid pasa súbitamente de la ética propositiva a la violencia crítica: la universidad es un mastodonte cuya función básica es reproducir el «capitalismo curricular»: asignar privilegios, «ritos de paso», credenciales vacías, títulos que «para efectos de saber no valen el papel en que están escritos». La universidad (supuesta) fuente del saber, no produjo ninguna de las grandes corrientes de pensamiento del siglo xx... Para saber, no es necesario acudir a esas «máquinas obsoletas» que son los salones de clase: lo que se sabe se aprende afuera o después. Trepadores por excelencia, los universitarios no suelen tomar en serio las ideas, su irresponsabilidad es intelectual y moral: «no conectan sus lecturas y experiencias ... Pueden estar felices en las teorías más convencionales y bajar del empíreo teórico a la vida cotidiana más convencional, igualmente felices, aunque unas cosas no cuadren con otras». Aunque el problema no le parece privativo de México, en México esa nueva clerecía, equivalente a lo que en otros tiempos fueron las órdenes sagradas, se ha apoderado de las articulaciones principales en la vida del país y es, a su juicio, la principal agente productora y reproductora del progreso improductivo:

«Cuando los universitarios llegan al poder, las consecuencias prácticas de los Gesticuladores teóricos llegan a la administración. Las opiniones del vulgo universitario (las cosas que se dan por sabidas, que circulan con la autoridad de ser repetidas en los medios universitarios;

es decir, las ideas hechas, recibidas, no pensadas, las ideas que circulan porque no son criticadas: porque no son tomadas críticamente en serio) son tomadas en serio para fines prácticos».

Pero la variante más perversa de esa nueva clase no estaba en las aulas universitarias fingiendo que sabe, tampoco en los gabinetes públicos imponiendo a los demás su falso saber. Estaba en las sierras de El Salvador y en el poder en Nicaragua. En dos artículos publicados en *Vuelta* que dieron la vuelta al mundo («Colegas enemigos: Una lectura de la tragedia salvadoreña», 1981, y «Nicaragua: El enigma de las elecciones», 1984), Zaid se metió en la boca del lobo. Desafiando los preciados dogmas de los universitarios en (a, hacia, para, por, sobre, desde...) el poder, negó que el derramamiento de sangre tuviera que ver con las luchas históricas del campesinado en armas o la acción revolucionaria de las masas. Por el contrario, leyó ambos procesos como una guerra de y entre universitarios a costa del pueblo. Antiguos estudiantes de colegios católicos, herederos inconscientes pero activos de los religiosos medievales que quisieron imponer su «maqueta monástica» a la sociedad, «intoxicados con el poder» y con una «heroica» y narcisista impaciencia; apoyados por Fidel Castro, los guerrilleros salvadoreños y nicaragüenses se habían entrampado en querellas internas que Zaid documentó sin salir de su oficina, con la sola, minuciosa, lectura de la prensa. Fue así como reconstruyó el asesinato del poeta Roque Dalton a manos de su colega Joaquín Villalobos. Con ese mismo método y similares conclusiones, levantó una sociología política de las élites guerrilleras en Nicaragua. La solución para ambos casos –argumentaba Zaid– era la democracia: en El Salvador, aislar a los «escuadrones de la muerte» y los guerrilleros de la muerte, propiciando elecciones limpias; en Nicaragua, someter al voto popular el mandato sandinista.

Varias revistas y diarios internacionales reprodujeron o comentaron ambos ensayos *(Dissent, Time, Esprit, The New York Review of Books, The New Republic, Jornal da Tarde, Trenta Giorni,* entre muchos otros). Pero en México, la crema y nata de la intelectualidad universitaria de izquierda brincó como Vladimir Ilich de su silla, y exasperada condenó a Zaid a la Siberia del desprestigio: con su «inerme», «audaz», «increíble lectura», desdeñando «los cambios en la conciencia de las masas en su trayecto a la revolución», Zaid «ha abierto un frente de apoyo a la Casa Blanca», Zaid hace creer «que Cuba está manipulando la violencia en El Salvador», Zaid «coincide (punto por punto) con el Departamento de Estado», Zaid arriba a una solución «chabacana» y «absurda»: la de sacar a los violentos «para que el resto del pueblo pueda ir a elecciones y poner fin a su tragedia».

Al poco tiempo, las masas salvadoreñas y nicaragüenses mostraron «poca conciencia en su trayecto a la revolución» y adoptaron conscientemente la solución «absurda» y «chabacana» de marginar a los violentos y ejercer la democracia. Con la caída del comunismo, los cadáveres de la verdad se exhumaron uno a uno, todos menos el cuerpo de Roque Dalton, devorado por las aves de rapiña: Castro, por supuesto, sí ayudó a la guerrilla; Villalobos aceptó que, desgraciadamente, sí había matado al compañero Dalton; los suicidios y asesinatos referidos por Zaid, sí ocurrieron. La guerrilla en ambos países exhibió su verdadero rostro: la intoxicación con el poder. Muchos guerrilleros salvadoreños se volvieron riquísimos empresarios, probando que el camino más corto del comunismo al capitalismo es la guerrilla universitaria. Ninguno de ellos siente particular urgencia por explicar, no se diga exculpar, su pasado. «Si volviera a tomar las armas», declaró, conmovedoramente, Villalobos, «sería en nombre de la Constitución y los principios cristianos.» Tampoco los inquisidores de Zaid asumieron su responsabilidad en el juicio sumario al que lo sometieron. Ellos también profesan ahora un súbito cristianismo constitucional.

Frente a la nueva clerecía en el poder o las armas, Zaid prescribe un solo antídoto: la cultura libre, desintegrada del poder; poemas, novelas, argumentaciones escritas que «no tienen más armas que la conciencia común, que no pueden imponerse más que a través del asentimiento»; autores que buscan el prestigio y el reconocimiento suelto, disperso, espontáneo; autores, empresas editoriales que persiguen el voto del «lector desconocido». Frente a las cohortes de personas que han pasado de los libros al poder, Zaid distingue las biografías de quienes han confiado en el poder de los libros: en el siglo XIX, Ignacio Manuel Altamirano, primer presidente de nuestra República de las letras, primer empresario cultural, director de *El Renacimiento,* fundador de la cultura libre al margen de la Iglesia y el Estado; en el siglo XX, un liberal que escogió acrecentar a través de la imprenta *otra* vida pública, más libre de los caprichos presidenciales:

«Daniel Cosío Villegas ... fue un padre de la patria a su manera: de esa patria invisible, cuyo nicho ecológico son los libros, periódicos, revistas, bibliotecas, editoriales, librerías, imprentas, pero cuya realidad última está en ese diálogo universal, en esa conversación con los difuntos (y los vivos y los que todavía no nacen), en ese cielo extraño, poblado de fantasmas que cantan y cuentan, que dan noticias y discuten sobre el cielo y la tierra, que se esfuman sin peso alguno y que son un cuarto poder».

Como crítico del fanatismo universitario en el poder y en poder de las armas, Zaid dio en el blanco. Pero como sociólogo del saber, sobre todo del saber universitario, Zaid incurre en ciertos excesos. Su sociología está fechada, marcada, por *una* universidad y *un* tiempo: el violento estertor del marxismo. Todo lo que se diga y haga en México en favor de la cultura libre es poco, pero no cabe desechar la cultura académica. Hay campos del saber en México y en el mundo cuyo desarrollo es impensable sin la Universidad. El modelo crítico de Zaid funciona parcialmente en el caso de las humanidades (donde abunda, en efecto, la basura intelectual, el «rollo»), pero es cuando menos inexacto en el caso de las ciencias.

La separación entre el intelectual y el poder es sana, deseable, necesaria, sobre todo en México, sobre todo ahora, pero llevada a extremos distorsiona el cuadro histórico. Hubo un tiempo en que resultó creativa y funcional. Manuel Gómez Morin fue profesor de economía, subsecretario de Hacienda, creador del Banco de México, director de la Facultad de Derecho y rector de la Universidad. Si bien sacrificó casi totalmente su vocación de autor y editor, fue también «un padre de la patria a su manera», de esa patria visible que son algunas instituciones públicas de México. En la tipología de Zaid, el intelectual independiente que forma su propia base de poder ocupa un sitio inferior al hombre de libros que llega a tener algún poder a través de la publicación de sus ideas. El caso de Gómez Morin lo refuta nuevamente: hace unos cuantos años, Acción Nacional parecía la imagen misma de la impotencia; ahora ha hecho un servicio invaluable a nuestra complicada transición democrática. ¿Servía mejor Gómez Morin con la pluma que con la pala?

En su asalto al Palacio Nacional, el vulgo universitario ha hecho mil barbaridades. Pero se trata, de nueva cuenta, de barbaridades fechadas. Con toda su ceguera y arrogancia, la tecnocracia universitaria salinista ha corregido algunas locuras de la ideocracia universitaria populista; con todas sus limitaciones, la joven clase universitaria del país ha sido una vanguardia en la jornada democrática de 1994; ha abandonado casi por completo el fanatismo, tiene humor, sentido crítico, y, paradoja final, es buena lectora de Gabriel Zaid.

Decía Carlyle que «la verdadera universidad de estos días es una colección de libros». En sentido estricto, es verdad. Pero, ¿es suficiente, conveniente, necesario cursar sólo (y solo) *esa* universidad, tal y como proponía Quevedo?: «retirado en la paz de estos desiertos, con pocos, pero doctos, libros juntos, vivo en conversación con los difuntos y escucho con mis ojos a los muertos».

No todo el mundo tiene esa heroica vocación de soledad. Ni siquiera Quevedo, que pasó buena parte de su vida practicando una lúcida esgrima intelectual con y contra el conde duque De Olivares. Ni siquiera Zaid, lector ontológico. Aunque imagina, como Borges, el paraíso bajo la especie de una biblioteca, ha confesado que se «enamoró perdidamente» de una «interrupción» –la pintora Basia Batorska, su mujer– y a sus 60 años gusta más de lo que confiesa de esas otras «interrupciones» que hacen más legible nuestro tránsito: las interrupciones de la amistad intelectual.

No cree en los salones de clase pero si viviera en el siglo XVIII sería un reticente comensal de los salones donde se reunían los *philosophes,* o al menos un activo corresponsal de todos ellos. Junto a Voltaire, que tuvo ranchos, al editor Diderot o el textilero Say, Zaid se hubiese sentido a gusto: «no eran rentistas, herederos, funcionarios, profesores, investigadores o empleados: producir por su cuenta era una forma de integrar su vida y sus ideas»; eran la izquierda de su tiempo, representaban un movimiento liberador de la sociedad civil frente al poder eclesiástico.

Si su temple moral y sus proyectos sociales tienen un toque anarquista, en su actitud intelectual hay ecos de la Ilustración: es anglófilo y a veces anglómano, lejos de Condorcet pero cerca de Voltaire, descree del progreso ascendente de la humanidad; su desprecio por las *airy metaphisics* (Hume) no se limita a la filosofía sino a las metafísicas que impregnan el pensamiento social, político y económico; respira crítica por todos los poros, odia la superstición tanto como ama la ciencia, sobre todo la experimental, la que se traduce en práctica; «cultiva su jardín» y lee *How to's;* nada más remoto a Zaid que el Yo mayestático, expansivo, heroico del romanticismo; los sentimentalismos le fastidian; el rigor formal, la antisolemnidad y, sobre todo, el humor de sus textos son otros rasgos de ese *philosophe* mexicano que no falla a las sesiones de la Academia de la Lengua y anima desde hace diez años al Colegio Nacional. No se le ve nunca en sitios públicos, pero ha explotado a su máximo la convivialidad potencial del teléfono.

Y sin embargo, la actitud específica de Zaid es tan ajena al espíritu de la Ilustración como al Romanticismo: se trata de un apartamiento, una soledad, una suerte de *ascesis* empleada, no en la vida contemplativa sino en la tarea práctica de releer y reescribir el mundo para hacerlo menos ciego, más habitable. Lo cual conduce, posiblemente, al origen del misterio.

En un texto sobre «La originalidad de Manuel Ponce», Zaid escribe: «Quizá toda creatividad implica originalidad moral; toda originalidad moral lleva a conflictos religiosos; todo conflicto religioso lleva al problema y a la oportunidad creadora de la originalidad religiosa».

Antes que un anarquista culto, Zaid es un hombre de fe, y no lo oculta. Si la Ilustración compensó en él la inanidad cultural del anarquismo, sólo una fe de origen pudo llenar o prevenir el vacío religioso de la Ilustración. ¿Escribirá alguna vez sobre los conflictos religiosos de su vida? ¿Cómo fue su tránsito personal de la ortodoxia griega de sus padres al catolicismo? ¿Lo vivió como una conversión? ¿Se liberó de una incómoda situación de heterodoxia? ¿Adoptó más libremente una heterodoxia personal? ¿Obedeció al hambre de identidad de todo inmigrante o hijo de inmigrantes? ¿Lo conmovió la religiosidad popular? ¿Lo tocó de algún modo la educación protestante? Una cosa parece clara: su originalidad moral tiene una matriz religiosa.

Hay una clave de la que Zaid ha escrito poco: el pensamiento de Emmanuel Mounier. Al concluir su carrera, Zaid vivió en Francia. Eran los años cincuenta y París era una fiesta: el sol Sartre en el cenit de su influencia, enfilado ya hacia el marxismo; las polémicas de Breton; las grandes obras de Camus; las críticas al «opio de los intelectuales» de Raymond Aron, «espectador comprometido» que predicaba en el desierto. En los cafés de aquella capital del siglo XX se hablaba de nihilismo, marxismo, surrealismo, existencialismo. Mounier había muerto en 1950, a los 45 años, pero el «personalismo», ese discurso nuevo de la esperanza cristiana formulado por él como alternativa y en respuesta a los desesperados «ismos» de su tiempo, seguía vivo.

Tan vivo como la célebre revista que fundó: *Esprit*. Desde su primer número (1932), *Esprit* fue una aventura inédita de creación cultural: una revista católica de izquierda. Lector de teólogos y místicos, el católico Mounier –como Zaid– habitó en la heterodoxia: irritó al Vaticano, a los militantes de *Action Française* y a su antiguo amigo Jacques Maritain, negándose a dar a su revista un carácter confesional. Su misión principal correspondía al mundo de los no creyentes y su preocupación permanente fueron los desheredados de la tierra. No sólo compitió eficazmente con las corrientes socialistas de la época sino que en muchos sentidos presagió el Concilio Vaticano II. ¿Hojeó Zaid los números históricos de *Esprit* dedicados a «la revolución comunitaria», «anarquía y personalismo», «marxismo abierto, marxismo escolástico»? Es seguro que leyó obras como el *Manifeste au service du personnalisme*

(1936), el *Traité du caractère*, *L'affrontement chrétien* (ambas de 1945), y *Le personnalisme* (1949). En cualquier caso, la huella de Mounier se advierte en cuando menos dos aspectos básicos: el concepto de persona y la vocación de servicio al prójimo o, como escribió Mounier en la primera editorial de *Esprit*: «el movimiento en que se cruzan la interioridad y la entrega».

«El personalismo», escribió Mounier, «es una filosofía del hombre contra los excesos de la filosofía de las ideas y la filosofía de las cosas.» Nacido en el periodo de entre guerras, fortalecido en la persecución de la guerra, y purificado en la posguerra, el «personalismo» propone la reconstrucción del mundo mediante una imantación de energía espiritual en su célula básica: *la persona*. La persona, no el individuo que es «disolución de la persona en la materia»: «la persona no crece sino purificándose del individuo que hay en ella». De su batalla teológica con Nietzsche, Mounier había extraído su primera revelación: «ante todo es necesario que cada cual aprenda a mantenerse en pie completamente solo. La persona es el poder de enfrentar al mundo». Donde Sartre ve náusea, Mounier ve sentido. Dedicó una crónica fija en *Esprit* a la «Rehabilitación de la vida privada». En su *Tratado del carácter*, afirma:

«El carácter no es un hecho sino un acto ... Este imperio de la persona sobre los instrumentos de su destino se extiende lo bastante lejos para que los acontecimientos de nuestra vida parezcan venir a agruparse ... en torno a nosotros, a imagen de nuestro carácter. Hablando con amplitud, se puede decir que cada cual tiene los acontecimientos que merece».

Pero la persona no era una mónada sino «presencia dirigida hacia el mundo. Las demás personas no la limitan, la hacen ser y crecer». Es el momento en que el cristianismo, connatural en Mounier, encauza la energía casi nietzscheana que ha acumulado hacia la construcción de una «persona de personas», una «ciudad fraterna» de la que la revista *Esprit*, como institución y como reflexión, será un espejo ejemplar. Su vindicación de esa ciudad sagrada –la persona– llegó a un momento admirable al dedicar un número a la persona femenina: «a través de este caos de destinos derrumbados, de vidas paralizadas, de fuerzas perdidas, la más rica reserva de la humanidad, sin duda; una reserva de amor para estallar en pedazos la ciudad dura, egoísta, avara y mentirosa de los hombres». Por otro lado, la «entrega» de *Esprit* y del propio Mounier «no se separa del pobre», y retiene hasta el último momento una cierta esperanza crítica en el socialismo. (Con el comunismo, Mounier no coqueteó jamás: desde 1937 lo consideraba «un régimen más fascista que proletario».

Durante los años sesenta, *Esprit* decayó, pero en 1977, a cargo de una nueva generación, dio la sorpresa:

> «*Esprit* asumió», escribe Zaid, «un liderazgo inesperado bajo el lema de "cambiar la cultura y la política". Como si el problema estuviera en la cultura misma: en las complicidades, la falta de imaginación, la cobardía, de la cultura que se limitaba a criticar al capitalismo, sin criticar "la impostura totalitaria" de los regímenes comunistas, ni buscar nuevas vías. Que los católicos de izquierda dijeran tales cosas en el París de entonces, fue decisivo para que se empezaran a decir».

En México, gracias a la iniciativa histórica de Octavio Paz, esas cosas llevaban varios años diciéndose. Desde la «ciudad fraterna» creada por Paz en *Plural* y *Vuelta,* Zaid comenzó a cambiar por su cuenta la cultura y la política, a ejercer una crítica del progreso (capitalista y socialista) que la adocenada izquierda mexicana leyó bárbaramente como un discurso de derecha, es decir, no leyó. Las ideas de Zaid tenían la peculiaridad de irritar a los medios de izquierda y no es extraño: provenían de *otra* izquierda. Por eso, cuando «Colegas enemigos» (su lectura de la tragedia salvadoreña) se publicó en *Esprit,* los lectores franceses lo reconocieron como un autor de casa. No es casual tampoco que el ensayo apareciera en la portada de *Dissent,* la gran revista de izquierda democrática dirigida por Irving Howe.

Hay muchas otras inspiraciones cristianas en la obra de Zaid (Karl Rahner, entre ellas). Pero la de Mounier es clara. «No se puede renunciar a la libertad personal, al amor personal ni a la obra personal», escribe Zaid en *La máquina de cantar,* uno de cuyos temas morales es la afirmación de la vida concreta, en sí misma y en el acto de proferir «encuentros felices», lecturas que son reconocimiento mutuo, correspondencia, comunión, amor entre personas reales. Toda la filosofía de *El progreso improductivo* cabe en una frase: «lo abstracto que no se vuelve concreto, lo no vivido, se apodera de nosotros, nos vuelve posesos, cosas físicas cerradas». ¿De dónde, si no de Mounier, proviene originalmente su insistencia en: respetar la personalidad de las culturas tradicionales; apoyar hoy a las personas de los pobres concretos, reales; desdeñar las gesticulaciones teóricas del vulgo universitario que no radica en la vida real sus lecturas; criticar un sistema político que condena a las personas a hacer una «cola peticionaria» en vez de propiciar su expresión responsable en la plaza pública? Si Mounier habla de la persona como «existencia incorporada», Zaid utiliza una palabra con resonancias matemáticas: *integrar*. Las personas *integradas* en su Yo psicológico, social, moral, son «padres de futuros padres» que, liberados de sus papeles impersonales y las estructuras que los oprimen, «imperan» sobre su destino organizando los «acontecimientos que se merecen». Guiados por un imperativo de creatividad, llevan a su máxima expresión sus dones, dones que sólo crecen plenamente en la misión de entregarlos, de «donarlos».

La obra de Gabriel Zaid es un capítulo original de la cultura mexicana y es, también, en su nivel más íntimo, un capítulo de la cultura católica en la época posmoderna: un capítulo reformado, abierto y libre, como lo quería Erasmo: los problemas sociales siguen estando en el centro de su preocupación, pero al abordarlos lo hace con sentido práctico, no mesiánico ni milenarista. El Evangelio vuelve como una vigorosa apelación en favor de «un hombre reconocido y rehecho en todas sus dimensiones por una praxis del espíritu» (Mounier), pero a este hombre nuevo no lo mueve la voluntad de poder: su voluntad es saber y servir, su libertad se resuelve en un acto de piedad. ¿Capítulo anunciatorio? Zaid lo quisiera así y a veces parece creerlo así. Por desgracia, la mirada más indulgente sobre la historia del catolicismo –el remoto o el reciente– descubre una gravitación hacia la intolerancia, una reserva frente a la libertad. Por eso la misión de Zaid, como la de Mounier, ha tenido más eco en el mundo de los no creyentes o los heterodoxos.

«El lugar de Dios», escribió Zaid, «no puede estar vacío: cuando se saca a Dios de ahí, algo pasa a tomar su lugar.» En estos tiempos en que Dios parece volver a tomar su lugar, no es imposible –aunque sí muy difícil– que la obra de Zaid encuentre el suyo. Después de todo, la «ciudad fraternal» que imagina no es la de Dios, sino una más modesta y asequible: un reino de solitarios, solidarios.

La comedia mexicana de Carlos Fuentes

> *He speaks all his words distinctly, half as loud again as the other. Anybody can see he is an actor.*
>
> Henry Fielding

Mi desencuentro de lector con Carlos Fuentes ocurrió en 1971. Aunque en los años sesenta había admirado sus cuentos y novelas, luego de los asesinatos masivos de Tlatelolco y el Jueves de Corpus la fe estatista de *Tiempo mexicano* comenzó a desconcertarme. No entendía el mal uso que Fuentes hacía de la historia, sus trampas verbales, la prisa e imprecisión de sus juicios ni la facilidad y autocomplacencia de sus indignaciones. No entendía su modo de abordar la realidad ni justificaba, en suma, su actitud intelectual.

Mi generación intentaba un nuevo examen de la realidad mexicana. Porque la historia había conducido a la muerte, la verdad histórica se volvió para nosotros cuestión de vida o muerte. Por aquellos días Fuentes escribió una frase significativa: «La literatura dice lo que la historia encubre, olvida o mutila». La relectura de su obra empezaba a convencernos, en su caso, de lo contrario. En un poema de Paz o un cuento de Rulfo la obra partía de la vida mexicana, participaba de ella. Algo similar ocurría con los artistas capaces de captar una realidad radicalmente ajena: los letreros de las cantinas de Lowry, las oscuras mujeres bajando por los empedrados en *Viva Zapata*, la crueldad festiva de *Los olvidados* o el día de mercado en *Mornings in Mexico* de Lawrence. Los mexicanos encarnaban la realidad, los extranjeros la descubrían; Fuentes, por algún motivo que desconocíamos, bordeaba esa realidad deteniéndose a escucharla en un plano externo. En sus textos México era un libreto, no un enigma ni un problema y casi nunca una experiencia. El tiempo mostró que aquel elemento de irrealidad no era sólo histórico sino literario. «Estoy convencido», afirmaría Fuentes muchos años después, «que el París de Balzac o el Londres de Dickens nunca existieron ... Ellos inventaron el lenguaje, lo inventaron todo. Luego la realidad tuvo que acoplarse al molde de algunas imaginaciones.» Aunque Dickens se revolvería en la tumba recordando ciertas escenas infantiles reflejadas en sus novelas, en otro sentido la afirmación es cierta. No obstante, a estas alturas cabe ya preguntar: ¿en qué caso

Carlos Fuentes

la realidad mexicana se ha acoplado a la imaginación de Fuentes? Novela tras novela ha querido ofrecer un espejo lúcido de la vida mexicana, un espejo de nuestras posibilidades, pero la imagen no se perfila: se escapa.

Y sin embargo, en todos estos años el escritor ha brillado por méritos propios. Nadie puede negar su talento y su pasión por la literatura. En una generación malograda casi toda por el infortunio, la mezquindad, la ambición política o la pereza, el apego profesional de Fuentes sigue siendo ejemplar. Ha escrito obras importantes en varios géneros. Su aventura lingüística ha sido valerosa y, en más de un sentido, revolucionaria. Fuentes irrita, pero la irritación que produce es parte de la sal y la salsa que mantienen la vivacidad de la literatura en México.

Con todo, temo que en mi caso el desencuentro de lector se haya ahondado. Mi incomodidad respecto de Fuentes ya no es sólo intelectual o literaria sino moral. De un tiempo a esta parte, tengo la convicción de que usa el tema de México distorsionándolo frente al público norteamericano con credenciales que no ha querido o sabido ganar. Alguna vez escuché la opinión de un congresista norteamericano: «*Fuentes is a great man. He knows so much about his country*». Aquel hombre no había leído sus libros pero, como a muchos otros, lo convencía la omnipresencia de Fuentes en los medios de comunicación. No sabía que Fuentes no sabe.

En estas circunstancias, no puede ser más oportuna la reciente publicación de *Myself with Others*.* En sus páginas autobiográficas está la clave de la actitud intelectual de Fuentes que me intrigaba desde 1971. El alma de Fuentes es una zona de ambigüedad, una casa con dos puertas. Es un exiliado voluntario de México en los Estados Unidos y fue un exiliado involuntario de los Estados Unidos en México. Hay en su origen un vacío de historia personal e identidad que compensaron siempre el cine y la literatura. Su mundo real fue su mundo ficticio: un desfile cinematográfico de autores y obras. El problema de este asombro permanente ha sido la indiscriminación. Borges se refería a sí mismo como «un argentino extraviado en la metafísica», pero había un orden en su extravío. Sin un contacto real con el mundo exterior a su butaca, Fuentes quedó condenado a reproducir histriónicamente sus textos y personajes, sus procedimientos y teorías. Los Estados Unidos han dado actores para el cine, la radio, la televisión, la política. Faltaba un actor de la literatura, Carlos Fuentes subió a escena.

* Farrar, Straus, Giroux, 1988.

«Ésta no es frontera sino que es cicatriz.» La frase de uno de los personajes de *Gringo viejo* es excesiva como descripción de la vecindad entre México y los Estados Unidos, pero exacta como epígrafe biográfico de Carlos Fuentes. Fue un gringo niño de origen mexicano, nacido en el lugar donde la historia y la geografía han dejado, en verdad, una cicatriz: Panamá. Al margen de la Depresión y el *New Deal*, su apacible infancia transcurrió en la «ficción territorial» de la vida diplomática, en un departamento de siete recámaras «soberbiamente amueblado», con vista al Meridian Hill Park de Washington, D.C. *Myself with Others* recuerda largos veranos en los que, como en la canción de Gershwin, «*the livin' seemed easy*»; viejos y buenos tiempos cuando Fuentes aprendió a preferir «la sémola al guacamole», el trabajo a la pereza –«*no* siestas *for me*»–, y soñó por primera vez, antes que Andy Warhol, en el *American dream*: «Todos serán famosos al menos por cinco minutos».

En las vacaciones visitaba México. «Era deprimente confrontar el progreso de un país donde todo funcionaba, todo era nuevo, todo era limpio, con la ineficacia, el retraso y la suciedad de mi propio país.» Contrastado con el norteamericano, el pasado mexicano le parecía sólo una serie de «derrotas aplastantes», empezando por el TTT: «Tremendo trauma texano». Desde entonces Fuentes se acostumbró a ver a México, no en términos propios sino refractado en la perspectiva norteamericana. Ningún mexicano se desvela por el TTT ni afirmaría, como Fuentes, que «el mundo norteamericano nos ciega con su energía: no podemos vernos sino verlos a *ustedes*». México ha sido siempre, por el contrario, un país obsesionado consigo mismo. Pero Fuentes es un mexicano peculiar que descubrió la existencia de su país a los 10 años de edad, con la expropiación petrolera decretada por el presidente Cárdenas en 1938. Fue el momento en que los mexicanos empezaron a verse a la cara, dirá un personaje en *La cabeza de la hidra* (1978). Cámbiese «a los mexicanos» por Carlos Fuentes y se estará más cerca de la verdad. De pronto entrevió que aquel «país inexistente» era su identidad, pero que esa identidad se le escapaba.

Su historia recuerda un poco la de Vasconcelos en Eagle Pass, con una diferencia: Vasconcelos no tuvo conflicto de identidad. No sólo lo nutría el idioma materno sino la práctica de una cultura mexicana y la nostalgia familiar por la vida de su país. Vivía un exilio. A la edad en que Vasconcelos hojeaba la geografía y los atlas de García Cubas o el *México a través de los siglos,* Fuentes incurría en la veneración acumulativa de los grandes nombres que poblarían su vida y sus escritos. «How I started to write» –capítulo autobiográfico de *Myself with Others*– es un buen ejemplo de esa prosa onomástica, como de marquesina, tan peculiar de Fuentes. Ahí menciona el elenco fundador: Gene Kelly, Dick Tracy, Clark Kent, Carole Lombard, Franklin D. Roosevelt y un largo e indiscriminado etcétera. No vivía un exilio sino un desarraigo que al revertirse abruptamente, en plena adolescencia, dejaría una cicatriz de ambigüedad: «México se convirtió en un hecho de violentos acercamientos y separaciones frente al cual el afecto no era menos fuerte que el rechazo».

Las páginas autobiográficas reflejan claramente que los únicos vínculos tempranos de Fuentes con el «país paterno» –ambos de carácter reactivo– fueron un nacionalismo labrado menos por el orgullo de la tradición mexicana que por el resentimiento frente al mundo norteamericano, y un empeño que abarcó toda la niñez por conservar el idioma español. No es arriesgado ver en ellos, respectivamente, el origen de las actitudes políticas y literarias de Fuentes. Cuando a los 16 años de edad –luego de una estadía en Chile y Argentina– Fuentes se acercó por fin «al lodo y el oro» de México, el lenguaje se había vuelto ya «el centro de su persona y la posibilidad de ligar su destino y el de su país en un solo destino». México, el «país imaginario e imaginado», no era una nación tangible, histórica. Era sólo una víctima de los Estados Unidos y una lengua por conquistar.

Myself with Others detiene la historia en 1950. Para reconstruirla es necesario acudir a testimonios de amigos y a otros escritos incidentales de Fuentes. Alguien recuerda que se volvió un ser mimético, todo lenguas y todo oídos, un «fajador» con las palabras. Necesitaba hacerlo, porque en México las armas del lenguaje coloquial son tanto o más filosas que las otras. En aquellos años había renunciado ya a la idea de escribir en inglés –«después de todo, la lengua inglesa no necesitaba otro escritor»–, pero su uso del castellano denotaba una especie de sordera ante ciertos matices, expresiones y temas. Pasaba de la reticencia al exceso: machismo lingüístico.

Más allá del lenguaje, vagamente estaba la realidad. Hacia 1950 la ciudad de México adoptaba la fisonomía de las capitales modernas. Fuentes, que venía de ellas, no vio la necesidad de adentrarse en el campo, el ámbito mexicano más profundo. En cambio su exploración de la ciudad fue incesante y orgiástica. Como un turista fascinado, vivió la ciudad del ocio y los espectáculos, la ciudad nocturna. Omitió los sitios y las horas de trabajo, caminó calles, lugares históricos y –lo ha referido muchas veces–, lápiz en mano, se adentró «*in the brash, sentimental, lowdown world* ... de los burdeles olorosos a desinfectante, los cabaretuchos decorados con paredes plateadas, las fichadoras, padrotes, magos, encueratrices enanas y cantantes envaselinados». Junto a esta trasposición surreal, tropical de Broadway, el México de los cincuentas se *definía* —la palabra es de Fuentes— por su *Star System:* Diego Rivera y sus andamios, María Félix y sus pestañas, Tongolele y su mechón blanco, Pérez Prado y su cara de foca. «Éramos devoradores de estas imágenes de nuestra ciudad ... Yo vivía para escribir la ciudad y escribía para vivir la ciudad.»

Para ser escritor en los cincuentas, «uno tenía que estar» con Alfonso Reyes y Octavio Paz. De niño, Fuentes había retozado literalmente en las literarias rodillas de Reyes y, a fines de los cuarentas, llegó a vivir con él en Cuernavaca; pero fuera de estas y otras anécdotas curiosas e intrascendentes, la marca de Reyes no queda clara. La de Octavio Paz, en cambio, sería decisiva. El primer encuentro entre ambos ocurrió en el invierno de 1950 en París. Aquel joven poseía —escribe Paz— «una avidez de conocer y tocar todo, una avidez que se manifiesta en descargas que, por su intensidad y frecuencia, no es exagerado llamar eléctricas». Es significativo que Paz hable de avidez, no de curiosidad. Fuentes quería apropiarse con urgencia de las últimas claves intelectuales sobre México, necesitaba un libreto total del «país imaginario» y creyó verlo en *El laberinto de la soledad*. En el «somos contemporáneos de todos los hombres», Fuentes leyó un llamado leal a la emulación de Paz, una invitación que sólo podría cumplirse en un proyecto literario de proporciones balzacianas. Hacia 1955, para fijar los esfuerzos de una generación que se atrevía a tender puentes literarios con el mundo, nació la *Revista Mexicana de Literatura* que Fuentes dirigió junto con Emmanuel Carballo por un tiempo. En aquel momento, su situación biográfica parecía darle todas las ventajas: frente a los escritores locales, un cosmopolitismo natural; frente a los cosmopolitas puros, la avidez de apropiarse del «país imaginario, imaginado».

En 1958 apareció su primera novela: *La región más transparente*. Vale la pena detenerse en ella porque presagia todo el carácter de su obra posterior. Siguiendo de cerca los métodos visuales de la trilogía *USA* («Dos Passos fue mi biblia literaria»), Fuentes dio un paso importante en la narrativa mexicana al aclimatar el género de novela urbana abierto dos años antes, con pobreza de recursos literarios, por *Casi el paraíso* de Luis Spota. Su principal inspiración fue Balzac: «Soy muy balzaciano ... En *La comedia humana* (o, si se quiere, en *La comedia mexicana*) caben muchos pisos». La imagen es exacta: Fuentes concibió la sociedad mexicana como un escenario vertical, social e histórico. En el sótano, los dioses aztecas, enmascarados, latentes, encarnando en seres sin rostro que cumplen sus designios. En el cuerpo visible, las clases sociales: la burguesía «cresohedónica», la nostálgica aristocracia, la clase media arribista y, a ras de suelo, el pueblo. El itinerario intelectual que eligió para conocer al país se tradujo en una extraña confusión de géneros. Los personajes no tenían vida propia: *actuaban* las tesis filosóficas de moda. Un poeta filósofo inspirado parcialmente en Paz, aparecía a lo largo de la novela y al final moría de una forma que recuerda el capítulo relativo a la muerte en *El laberinto de la soledad;* el banquero en quiebra no acudía a consultar a un abogado sino a discutir sobre la esencia del mexicano con el propio *alter ego* de Paz. A falta de una invención que la rigiera internamente, la novela parecía más bien un cuadro de «tomas» paródicas de la vida nocturna en la ciudad de México. Característicamente, la parodia más lograda no fue la de la clase burguesa –que Fuentes despreciaba sin conocer– sino la de la «alta sociedad» a la que sin pertenecer, pertenecía: sus fiestas, esnobismo, dandismo, desarraigo. Faltaba ese conocimiento práctico de la vida social que tenía Balzac, para quien una quiebra, el trabajo de una imprenta o la caída de la bolsa eran realidades concretas, no síntomas de vida burguesa. Faltaba el personaje central de *La comedia humana:* la moneda de 20 francos (o, si se quiere, de 20 pesos). Y faltaba algo todavía más importante: «Allí donde duele el zapato está el toque de Balzac», recuerda Harry Levin. En *La región más transparente* el pueblo no padece ni trabaja: reflexiona filosóficamente sobre la pobreza en medio de una parranda interminable y trágica. Es un pueblo simbólico y nocturno: es el «pachuco» de *El laberinto de la soledad* protagonizando *La fenomenología del relajo*. Fuentes había confundido Broadway con Manhattan y Manhattan con Nueva York.

A quien verdaderamente recuerda la primera novela de Fuentes no es a Balzac sino a un gran actor de la pintura, Diego Rivera: textos y murales inmensos que proceden por acumulación y yuxtaposición esquemática más que por un enlace imaginativo. Ambos son penosamente rígidos para sugerir la interioridad psíquica de sus temas y personajes, y los manipulan con tesis o cargas didácticas que producen monotonía; ambos recurren a la mediación alegórica. Textos que son murales, murales que son textos. Lo mejor de Rivera está en la floración de sus formas y colores. Lo mejor de Fuentes quedó en el aliento verbal, excesivo pero viviente, de su prosa. Más que el *«Camera eye»* de Dos Passos, Fuentes aguzó su *«Recorder ear»* para captar y recrear los lenguajes sociales. La opinión de Lezama Lima es significativa: «He encontrado a su novela fuerte y deseosa, trepidando en sus símbolos ... abundante». El reconocimiento del gran poeta cubano al erotismo verbal de Fuentes definía la sustancia de aquella novela y apuntaba a las futuras: en *La región más transparente* la ciudad, por primera vez, se oye. A la doble máscara verbal de la retórica y la discreción, Fuentes opuso un nuevo lenguaje: el de «la pasión, la convicción y el riesgo». La irrupción de aquella «enorme, gozosa, dolorosa, delirante materia verbal» (Paz) fue un acto de auténtica libertad por la palabra.

Por desgracia, el mérito no disolvía la paradoja: había algo quimérico en el intento de escribir la novela social de una realidad no vivida. El lenguaje seguía siendo el centro del ser personal de Fuentes y México. La aplicada acumulación de lecturas sobre la ontología del mexicano, desconectadas de toda experiencia no festiva, había sido insuficiente para corregir la refracción inicial de Fuentes. Aunque lo escuchó con una atención dilatada y amorosa, no conoció el verdadero país que sería el tema central de su obra. Su oído, poderoso pero irreflexivo, sólo podía reflejar una expansión lírica ligada al habla del instante y por lo tanto frágil, perecedera. Creyó resolver su sordera de origen con una maravillosa sordera al revés: la historia, la sociedad, la vida de la ciudad asimilada al barullo delirante de sus voces. Los personajes de Balzac sobreviven aún en la memoria literaria y popular europea. Pocos retienen en México a los de Fuentes.

Como la gran mayoría de los intelectuales mexicanos de todas las tendencias –Vasconcelos y Paz, Lombardo y Cosío Villegas–, Carlos Fuentes festejó la victoria de la Revolución cubana y la interpretó como un acto de afirmación hispanoamericano: un triunfo de Martí, no de Lenin. En su contexto particular, la revolución adquiría una significación adicional: parecía resolver, ya no en el lenguaje sino en la historia, su latente conflicto de identidad, desvanecer su cicatriz. La venganza del TTT. México seguía siendo el país imaginario, pero de pronto no había ya que compararlo con el dudoso paraíso de los «risueños robots» ni con el cruel espejo de las «aplastantes derrotas». En un artículo de marzo de 1959, Fuentes sostuvo que Cuba abría las puertas del futuro al poner en entredicho toda la filosofía fundadora de los Estados Unidos: Locke, Adam Smith, el protestantismo, el sistema de libre empresa..., «armas harto endebles para atacar los problemas del siglo XX». La vindicación nacionalista parecía asegurar por sí sola el desenlace feliz de todo el proceso.

«Hay que ser Malraux», había confiado años atrás a un amigo. Cuba le ofreció la oportunidad de interpretar a un Malraux joven aunque ligeramente distinto: el Malraux de una revolución en el poder. Viajó a La Habana, escribió reportajes entusiastas y con sus más cercanos amigos fundó la revista *El Espectador,* que en su breve vida seguiría de cerca el pulso de Cuba e interpretaría los problemas de México a la luz de esa nueva experiencia. En México, el efecto natural de la Revolución cubana fue colocar a su derecha a su vieja homóloga, haciéndola aparecer como una seudorrevolución. Lo paradójico del caso es que, en aquel momento, el balance económico y social de la seudorrevolución no era del todo malo desde casi cualquier punto de comparación, interno o externo, contemporáneo o histórico, que se eligiera. El problema de fondo, desde entonces, era la creciente insensibilidad de la clase gobernante que bloqueaba la modernización política y económica del país. Muy pocos intelectuales tuvieron la sabiduría de ponderar con equilibrio esa situación. Los jóvenes –influidos por el marxismo académico puesto de moda por Sartre– la tuvieron aún menos. La democracia no estaba en su horizonte. Después de Cuba su único horizonte era la revolución. Desde *El Espectador,* Fuentes se preguntaba: «¿Estamos todavía a tiempo de salvar a esa Revolución mexicana que en 1940 entró en un sopor lamentable?» Para enderezar el rumbo le parecía necesario abandonar la «anarquía empobrecedora de la libre empresa» y pugnar por un «Estado fuerte que asumiese la dirección total, la planificación racional y popular del desarrollo económico».

El Sartre de Fuentes fue C. Wright Mills. Hacia 1960 Mills visitó la Universidad Nacional Autónoma de México e impartió un curso sobre marxismo y liberalismo. Envidiaba la influencia potencial del intelectual latinoamericano, al que tenía por único factor de transformación en los países subdesarrollados. Para Mills, la competencia mundial no era un problema de poder sino de horizonte: ganaría el mejor modelo de desarrollo industrial. Frente a gobiernos reaccionarios y autocráticos, Mills no veía más salida que el leninismo. *El Espectador* publicó las ideas de Mills en un decálogo, y Fuentes –que las absorbió como un credo– dedicó a Mills su segunda novela: *La muerte de Artemio Cruz.* El colofón consignó las fechas y lugares de su redacción: La Habana, mayo de 1960, y México, diciembre de 1961. Era un epitafio –provisional, como se vería después– a la Revolución mexicana, escrito desde la vitalidad y esperanza de la cubana.

En *La muerte de Artemio Cruz,* Fuentes intentó exhibir al revolucionario mexicano prototípico, entramado de mentira, corrupción y asesinato. Acosado por los fantasmas de sus víctimas –los idealistas, los colaboradores, los amigos–, corroído por el recuerdo de amores genuinos y truncos, el general Cruz –*Citizen Kane* mexicano– muere una muerte vengativa y lenta. *Mientras* nuestro personaje faulkneriano *agoni-*

za, afuera, en las bardas y los discursos vacíos del PRI, la Revolución agoniza con él. La novela tuvo un éxito instantáneo y unánime. Hay en ella un despliegue real de cabronería mexicana, encarnada en los recuerdos y monólogos interiores de un viejo revolucionario. Leída a 25 años de distancia, hay sobre todo el coraje verbal de un narrador implacable que desde el optimismo ideológico de los tempranos sesentas reprueba las impurezas de un revolucionario que no merece ese nombre. La carga de indignación operaba vivamente en el lenguaje, pero volvía improbable al personaje Cruz. Su maldad era demasiado perfecta: había incurrido en los siete pecados capitales y violado los diez mandamientos.

En la novela de la Revolución –Azuela, Martín Luis Guzmán, Vasconcelos, Muñoz–, los personajes atraviesan un vendaval contradictorio e incierto. Su reacción frente a los hechos es ambigua. Las páginas de esos libros huelen a pólvora: la muerte es real, hecha de terror, odio, deudos rencorosos, sangre, hedor. Casi medio siglo después, *La muerte de Artemio Cruz* suprimía la ambigüedad. Cruz no protagonizaba internamente la Revolución: era un convidado a sus escenas estelares. La Revolución armada, histórica, perdía sus contornos reales por haberse corrompido. Frente a ella se alzaba su propia imagen idealizada, la Revolución con mayúscula. Cruz fue su rehén emblemático. Las páginas ya no olían a pólvora sino a tinta. La novela operó como un proceso penal de las generaciones intelectuales ascendentes desde una revolución que consideraban luminosa contra otra que consideraban traicionada. Aunque el desprestigio de ambas la ha envejecido, *La muerte de Artemio Cruz* no agoniza. Su imagen del tiempo revolucionario padece la refracción de la ideología –es, en el fondo, una novela de tesis–, pero sobrevive en la complejidad y acierto de su andamiaje técnico y su acercamiento a la selva verbal del poder.

La afirmación nacionalista de Cuba frente a los Estados Unidos atrapó de manera definitiva la conciencia política de Fuentes. El mundo norteamericano continuaba «cegándolo con su energía», impidiéndole ver los fenómenos latinoamericanos en su variedad y complejidad internas. La prueba es clara: cuando la URSS hizo su aparición plena en la órbita cubana, Fuentes no se regocijó pero tampoco salió en defensa del nacionalismo cubano usurpado. Su ideología se mantendría fija en una franja delimitada por el libreto de dos revoluciones: la mexicana (cardenista) y la cubana –cuyo único pecado, a su juicio, sería la intolerancia intelectual.

Siempre dentro de esa franja, en los tiempos que siguieron a la aparición de su novela Fuentes escribió varias crónicas y reportajes políticos, más notables por su brío panfletario que por su espíritu objetivo. Uno de ellos partió de un viaje con Lázaro Cárdenas por Michoacán. El general llevaba 30 años de empeñarse en el desarrollo de la región. En 1938 creó un conjunto de ejidos colectivos. El proyecto fracasó desde el principio. Los ejidos dejaron de colaborar entre sí. Con los años se suscitó el arrendamiento de parcelas, el reparto individual, la inversión extranjera. Los bancos y las corporaciones del Estado usaban a los campesinos como capital político. Fuentes no ocultó esta realidad. Sencillamente, *vio otra*, la inversa, la del idílico libreto: «Aquí se ha dado mentís a los detractores del ejido. Aquí no ha asomado el criterio individualista y rapaz. Aquí no hay disputas, choques y explotación. Los ejidatarios colaboran entre sí, distribuyen sus cosechas y reciben su ganancia con el espíritu más viejo, pero, cuando se ha perdido y olvidado, el más nuevo: la fraternidad».

A principios de 1962 cubrió la corresponsalía de la revista mexicana *Política* y del semanario *The Nation* en la reunión de la OEA en Punta del Este, Uruguay, donde se sostuvo la incompatibilidad del régimen cubano con la democracia y se votó su expulsión de ese organismo. Dos meses después de Punta del Este, siguiendo a Mills, sacaba las conclusiones naturales:

«la verdadera democracia representativa es la del socialismo porque únicamente el socialismo puede, en un país subdesarrollado, realizar las transformaciones de estructura capaces de crear las condiciones reales de una democracia. Al determinar la incompatibilidad del único gobierno latinoamericano que sí es compatible con la democracia concreta, los Estados americanos, paradójicamente, han declarado su propia incompatibilidad con el futuro y con la historia».

En los tiempos de la *Revista Mexicana de Literatura* su héroe intelectual fue Camus –«matizar y comprender, nunca dogmatizar ni confundir». Siete años después, muerto Camus reinaba Sartre. Ser un intelectual comprometido no implicaba un compromiso con la verdad sino con la verdad del poder revolucionario. En términos políticos la revista había favorecido una tercera opción: «Ni Eisenhower ni Jruschov: nuevas formas de vida y comunidad humana». Pero Cuba había sido su camino a Damasco. Los matices incoloros de la tercera opción democrática, que tantos compañeros de Castro buscaban desesperadamente todavía en 1962, podían esperar.

Muchos otros intelectuales mexicanos y latinoamericanos siguieron la misma ruta ideológica, pero muy pocos tenían su simpatía, su brillo y su cobertura de géneros. Junto al *corpus* obligado de los grandes profetas de la izquierda, toda biblioteca de joven radical que se respetara guardaba un espacio para *La región más transparente* y *La muerte de Artemio Cruz*. Funcionaban como espejos de la mentalidad universitaria, plena de buena conciencia histórica y moral. La imagen que devolvían era tan seductora como sus procedimientos narrativos y su prosa. Atrás de los espejos apuntaba ya el personaje. La revolución tanto tiempo esperada no se decidía a advenir: quedaba el consuelo de verbalizarla. La tradición de los multimillonarios de izquierda era antigua en México, pero la nueva hipocresía era menos elitista: no necesitaba millones sino un estilo de vida burgués y una ideología antiburguesa: aromas de Bond Street, imágenes de Sierra Maestra. Fuentes entendió desde el principio las posibilidades del guerrillero dandi y adoptó el personaje con plena seriedad aunque no sin desenvoltura en un país donde los verdaderos escritores de izquierda –José Revueltas, el mayor ejemplo– sufrían persecución y cárcel. La consigna de Fuentes era «cargar las palabras de dinamita, hablar al pueblo». El pueblo, por desgracia, no se enteraba:

«Al tener una firme vocación literaria», declaraba Fuentes, «se encuentra uno muy pronto frente al muro de la sociedad burguesa que mina y aisla al artista. La burguesía para su propio confort, para su permanencia, presupone que el arte y la literatura son inocuos, que nada tiene que ver con la vida práctica ... Por tal motivo no puede haber escritores de derecha, escritores cómplices del *status quo* que niega toda validez a su obra. Se produce entonces la pugna entre el escritor y la burguesía».

Ante el éxito intolerable –¿cuántos burgueses habían comprado sus libros para aislarlo y minarlo?–, optó por la vida en Europa. Nunca volvería a residir de modo permanente en México.

Tiempo antes de salir, casado ya con la hermosa actriz Rita Macedo, Fuentes publicaba una pequeña obra maestra sobre el tema de la tenacidad del amor a través del tiempo: *Aura*. El aura de *Aura* palideció un poco por su deuda directa con los *Aspern Papers*. En *Myself with Others* Fuentes busca diluir esta influencia de Henry James, proponiendo una variedad de inspiraciones para *Aura*: «¿Hay algún libro sin padre, un libro huérfano en este mundo, un libro que no sea descendiente de otros libros? ¿Una sola hoja que no sea una rama del gran árbol genealógico de la imaginación literaria universal?» En todo caso, aquella derivación fue creativa, tanto como las que sobre temas cinematográficos –un poco Buñuel, un poco Truffaut– encontró el curioso lector en la fina colección de cuentos *Cantar de ciegos* (1964). Es extraño, creyéndose incapaz de frecuentarlo pero obsedido, en realidad, por su «ambición de totalidad», Fuentes desdeñaría el género del cuento al que pertenecen sus textos más ceñidos y mejores.

Europa lo curó de toda humildad. El itinerario de su nueva inmersión está en el primer tomo de sus *Obras completas* editadas en España en 1973. «El novelista va por el mundo buscando señas de identidad para sus personajes», escribe Fernando Benítez, que atestiguó la lectura completa de *La comedia humana* por parte de Fuentes en el trayecto. «Coleccionábamos ciudades, ruidos, olores, gentes, catedrales, teatros.» (También museos, cafés, campos de provincia, campos de concentración, islas en el Mediterráneo.)

De 1965 a 1966, «entre el Palazzo Gaetani de Piamonte d'Alife y la Rue de Cherche Midi», escribe *Zona sagrada*, la novela del vínculo entre la estrella mayor del cine mexicano –María Félix– y su desdichado Edipo que (mitad Gregorio Samsa mitad José K.) acaba convertido en perro. A pesar de varios pasajes discursivos memorables, esta vez la crítica mexicana no fue tan entusiasta. El reparo se centraba ya en el artificio de sus personajes, su reducción a entes verbales o verbalizadores, la limitación de sus registros vitales. Pero para entonces Fuentes se había librado ya de esa «vieja categoría humanística», «ese fetiche sentimental de la burguesía». En el estructuralismo de Foucault, Sollers, Barthes y el grupo *Tel Quel* había encontrado su Cuba literaria. Aschenbach, Bovary, Nostromo, Pedro Páramo, Dedalus... «subjetivismo psicologizante». Los personajes debían ser «transformadores del lenguaje, resistencias al lenguaje que los traspasa y ahueca». La novela debía ser su propio objeto, una estructura de lenguaje válida en sí misma, un encuentro con el lenguaje y una crítica del lenguaje.

Se pensaría que la novela busca una forma específica de conocimiento y es un género en que importa la composición. Fuentes, en cambio, diría que sus novelas son como «crecimientos cancerosos» precedidos por un conocimiento total e instantáneo, una representación del célebre cuento de Borges: «Hay un momento mágico en que la mente es un Aleph, un Aleph borgiano. Todo lo que quieres decir está allí. Es como una constelación en que todos los elementos coexisten: son palabras, nombres, verbos, adjetivos. Y son imágenes y son sonidos –y son todos los sentidos– formando una maravillosa, mágica totalidad».

Fuentes no habla –nunca habla– del *contenido* de sus palabras. Desde entonces declararía, entrevista tras entrevista, que la exploración literaria es una explicación de y dentro del lenguaje. En el Aleph de *Cambio de piel* (1967) cruzan inconexas playas y corridas de toros, crematorios y sacrificios aztecas, Theresienstadt y Cholula, los nazis y los judíos, los gringos y los mexicanos *«who just want to get even»;* todo es lo mismo, un espejeo de «identidades pulverizadas» (Benítez), moviéndose en el *ars combinatoria* de todos los nombres del siglo XX y de algunos otros siglos. Treinta, cuarenta nombres por página (Hals, Klee, *Cheek to cheek*, Capri, Dietrich, Lorre, Garbo, Cuauhtémoc, Milán, Singapur, en la página 150). Abundante logotipia de calles, revistas, ciudades, títulos de libros, letras de canciones, temas de Lowry y Cortázar y, sobre todo, películas: «No Grecia, no México, en el mundo se llama Paramount Pictures Presents». Nunca ha habido un novelista más poseído por el prestigio de los nombres propios.

Veinte años más tarde en varias páginas de *Myself and Others* el lector comprueba que la propensión de Fuentes a hacer catálogos es tan marcada como el carácter teatral y derivativo que sus ensayos comparten con sus novelas. La actuación puede ser simplemente mimética de un autor o de una teoría de moda. Cuando la actuación desaparece y Fuentes ve a los *others* desde un *myself* independiente, el resultado puede ser un retrato fiel y conmovedor, como en «Buñuel and the Cinema of Freedom». Pero casi nunca ocurre. Desde los años sesenta Fuentes pensaba ya que su condición particular era general, que toda novela mexicana estaba condenada a actuar paródicamente otras novelas: «*Pedro Páramo* es una parodia de *Cumbres borrascosas,* si la ves bien». Y si, en fin, el lector se preguntaba sobre los motivos profundos del experimento o su posible conexión con la búsqueda de alguna verdad, encontraba la respuesta en un no-personaje de *Cambio de piel:* «La verdad nos amenaza por los cuatro costados. No es la mentira el peligro: es la verdad ... Si la dejáramos, la verdad aniquilaría a la vida. Porque la verdad es lo mismo que el origen y el origen es la nada y la nada es la muerte y la muerte es el crimen ... [El] excremento: eso es la verdad».

Párrafo típico de Fuentes, que si algo implica es la extraña ecuación mentira igual a imaginación literaria, que no significa nada pero suena rudo, suena *tough*. Que no convence pero apabulla, apantalla. ¿Qué diría Fuentes?: «Todo lo que digo no es verdad pero revela por el solo hecho de decirlo mi ser, ¿O.K.?»

En 1968 Fuentes avanzó un paso más: vio la realidad *representando literalmente* a la ficción. Con oportunidad novelesca, *la Revolución*

–el *show* de *shows*– volvía a París. Fuentes *ve* palabras de Breton, Marx, Rimbaud, en los muros, *recuerda* la película *Alexander Nevsky* de Eisenstein, *escucha* a los jóvenes hablar del Moncada europeo, *oye* a Sartre equiparar a obreros y estudiantes y elogiar «el admirable» pragmatismo de Castro. A partir de esas imágenes, Fuentes actúa el Aleph en un ensayo. Escribe: *«París: La revolución de mayo».*

Desde Brooklyn, Whitman había visto «al gaucho que cruza la llanura, al incomparable jinete de caballos con el lazo en la mano, la persecución de la hacienda brava sobre las palmas ...» En los dos o tres centímetros del Aleph, Borges «vio el populoso mar, vio el alba y la tarde, vio las muchedumbres de América ...» En París, Fuentes vio el fin de la *Affluent Society;* vio una marea de cambio que llegaría a Moscú y Washington; vio que la voluntad general se expresa con adoquines, no con boletas; vio huelgas en la Anaconda Copper, barricadas en Arequipa, líderes corruptos en México; vio *«la muerte de Dios y su privilegiada Criatura occidental: el hombre blanco, burgués, cristiano».* Un año después, al volver a México, colgó una gran foto de Zapata en su estudio, se dejó crecer aún más el bigote y parafraseó a Cohn Bendit: «Todos somos zapatistas». Entonces tuvo nuevas visiones: vio que América Latina había vivido cuatro siglos de «lenguaje secuestrado, desconocido»; vio que nuestras obras debían ser de desorden, es decir, de un orden contrario al actual, y vio que el intelectual latinoamericano sólo ve la perspectiva de la revolución: «Escribir sobre América Latina, ser testigo de América Latina en la acción o en el lenguaje, significará cada vez más un hecho revolucionario». Vio el *boom* como un hecho metapolítico: la novela en el poder, y el poder en la novela.

A la confusión moral del guerrillero dandi correspondía la confusión literaria de los géneros. Muchos años más tarde, revelaría en una entrevista que su deseo ha sido siempre ser poeta: «Ricardo II daba su reino a cambio de un caballo. Yo daría todos mis libros por una línea de Eliot, Yeats o Pound». Lo natural es que en el espejo de sus identidades, Fuentes no se haya visto como lo que verdaderamente es: un poeta lírico extraviado en la novela y el ensayo, un poeta brioso, abundante –como observó Lezama– aunque un tanto sordo a la belleza del idioma. Un macho, un Artemio Cruz que trata a las palabras como putas. En la necesidad de impregnar cuanto dice de su sentimentalidad y su retórica de poeta lírico ha estado siempre su corazón de escritor y su problema como novelista. Por las palabras Fuentes es, para bien y para mal, un verdadero escritor, un gran talento sin obra definitiva. La misma antigua obsesión por el lenguaje que lo ha llevado a intentar experimentos riesgosos y lograr páginas de admirable vitalidad, lo ata a un tiempo y a una retórica. Fuentes ha corrido en sentido inverso al desarrollo de la novela que, como regla de oro practicada por Flaubert, los rusos, Musil, Broch, Kafka, Nabokov, Faulkner, busca la desaparición del autor detrás del texto.

Hay que ser piadosos con las alucinaciones del 68. Lo decisivo es lo que ocurrió después. En México, al menos, la revolución de verdad, la de las armas, pareció a algunos jóvenes el único camino posible luego de la matanza del 2 de octubre en Tlatelolco. Mientras Fuentes cargaba sus palabras de dinamita, los guerrilleros en la sierra de Guerrero pasaban de las palabras a la dinamita. ¿Se uniría a ellos? ¿Ejercería una oposición crítica al régimen autoritario y antidemocrático? No, no había necesidad. Artemio Cruz había muerto. La Revolución mexicana resucitaba. Representando el papel de «un nuevo Cárdenas», Luis Echeverría llevaría a la práctica el programa de la generación de Carlos Fuentes, la suya propia.

La estrategia de seducción rompió la unanimidad de la élite intelectual. Algunos interpretaban el significado profundo del 68 como una afirmación de la sociedad civil frente al sistema político mexicano. Había que continuarla consolidando espacios para la crítica independiente. La mayoría de los intelectuales –Fuentes entre ellos– optaba, en cambio, por subordinar su visión y su influencia al poder presidencial. Los primeros buscaban abrir para México la siempre pospuesta alternativa democrática: que la sociedad escogiese libremente qué clase de país quería. Los segundos, herederos de una antigua estatolatría novohispana, creían saber, de antemano, el país que la sociedad quería.

En los primeros meses del régimen de Echeverría (1970-1976), Fuentes publicó *Tiempo mexicano*, colección de sus mejores ensayos y reportajes de la década anterior acompañada de una interpretación sobre el pasado inmediato y el régimen –para él promisorio– de su amigo el presidente. El libro reiteraba una vieja idea de Octavio Paz: la revolución no como un hecho histórico sino mítico: «México sólo ha roto sus máscaras con la Revolución ... en [ella] el rostro de México es el espejo de México». En el diagnóstico de *Tiempo mexicano*, México era casi un país ocupado: «Somos una nación dependiente, semicolonial. Nuestro margen de maniobra no es mayor que el de Polonia». Los datos básicos de nuestra postración le parecían clarísimos. (Conviene recordar que la deuda externa era de tres mil millones de dólares, la inflación de dos por ciento, etcétera.) De nada servía el «desarrollo por el desarrollo mismo». La salida estaba –como había escrito hacia 1962– en abandonar «la beata inmovilidad de centro» y pugnar por una intervención enérgica del Estado en la vida económica. Consideraba natural que las empresas que creara el Estado fueran lo suficientemente numerosas, amplias y productivas como para relegar a la iniciativa privada a funciones ancilares: «estanquillos y abarrotes». Fuentes recordó el decálogo de Mills: los intelectuales y los universitarios debían ser los agentes del cambio. En vez de irse al monte con un fusil o, peor aún, «al pequeño negocio del padre», los jóvenes debían subirse al tren de la revolución hecha gobierno, ser la vanguardia de la que hablaba Lenin. «El socialismo mexicano», vio Fuentes en 1973, instalado nuevamente en París, «será el resultado de un proceso de contradicción ... de enfrentamiento entre el Estado nacional y la iniciativa privada, entre la nación y el imperialismo, entre los trabajadores y los capitalistas. Marx previó todo esto».

Punto por punto, Echeverría instrumentó el programa político de la generación intelectual de Fuentes, resumido en *Tiempo mexicano*. Desde el principio acrecentó el poder y el tamaño del Estado a través de la incorporación a las nóminas de decenas de miles de universitarios. Cartera en mano, corregía las desigualdades con cargo a la deuda externa que al cabo de su gestión era de 26 mil millones de dólares. La «vanguardia» burocrática creció en casi dos millones de personas. El «nuevo Cárdenas» terminó su periodo convertido en uno de los hombres más ricos de México, un Artemio Cruz tercermundista. Y por primera vez en medio siglo, el país que Echeverría había «levantado» de la postración conocía los efectos de la inflación: la pérdida combinada de los salarios reales, la salud financiera y el crecimiento. El resultado práctico del programa populista contra el «desarrollismo» y la dependencia había obstruido el desarrollo y ahondado la auténtica dependencia: la de la deuda.

En lo político, el balance del gobierno sería aún más desfavorable. El Jueves de Corpus de 1971 ocurrió un nuevo capítulo de Tlatelolco que el presidente se comprometió a aclarar. Nunca volvió a tocar el tema. La opinión pública supo entonces que Echeverría, antiguo secretario de Gobernación de Díaz Ordaz, no era ajeno a la represión del 71 como no lo había sido a la del 68. Otra vez Carlos Fuentes no vio lo que todos vieron, vio lo que nadie vio: «Todas las fuerzas de la reacción mexicana se confabularon para tenderle una trampa a Echeverría, estigmatizar al nuevo régimen, desacreditar la difícil y calificada opción democrática con que el nuevo mandatario intentó superar la honda crisis del 68».

Fuentes no fue el único intelectual que creyó en Echeverría y tomó parte en su «parodia revolucionaria», pero su apoyo llegó a extremos de connivencia, de retórica –innecesarios y un tanto grotescos–. Poco tiempo después de Corpus sostuvo que los intelectuales que no apoyaban a Echeverría contra los «verdaderos» culpables –las invisibles fuerzas de la derecha–, cometían un «crimen histórico». En una carta pública, Gabriel Zaid le reclamó: «Al usar tu prestigio internacional para reforzar al Ejecutivo, en vez de reforzar la independencia frente al Ejecutivo ... independientemente y por tu cuenta, has hecho más difícil la independencia». Pero para Fuentes la independencia era un valor burgués que le recordaba «el modelo de democracia parlamentaria, pluralista, británica: No veo sin humor esta perspectiva anglosajona». La verdadera independencia la ejercía el presidente frente al imperialismo y sus lacayos del sector privado causantes de todos nuestros males... hasta de la corrupción del sector público. Por eso Fuentes elogió en 1973 la forma en que Echeverría «dinamizaba» el aparato burocrático, combatía aunque fuese «sólo verbalmente» a la iniciativa privada y manejaba de modo «cada vez más honesto» los fondos públicos: «Luis Echeverría se ha despojado de todo individualismo de poder ... Es un patriota».

En enero de 1975 Echeverría lo nombró embajador en Francia. En julio de 1976 el presidente orquestó el golpe de Estado contra la dirección de *Excélsior*, el principal periódico del país. Todo el mundo supo los detalles. Todo el mundo, menos Carlos Fuentes, quien lo defendió en público: «¿Puede concebirse que un hombre de la sagacidad política de Echeverría sea el autor de su propio descrédito?» Sí, podía concebirse perfectamente. Bastaba una pausa a la abstracta idolatría del Estado, una ventana a los hechos concretos. Pero ésa no era la intención intelectual de Fuentes. La «Nota del autor» al principio de *Tiempo mexicano* era muy clara: «No he pretendido escribir un texto frío, objetivo, estadístico o totalizante sobre nuestro país; he preferido dar libre curso a mis obsesiones, pasiones de mexicano, sin desdeñar ni la arbitrariedad ni la autobiografía. Búsquese aquí menos el rigor que la vivencia y más la convicción que la imposible e indeseable objetividad».

El resplandor del poder, no el excremento de la verdad, es lo que estaba en juego.

Una palabra lo rondaba en esos años, la palabra «totalidad». En *Cambio de piel,* uno de sus personajes vive poseído por una frustrada ambición de absoluto: «Fijar para siempre el pasado, devorar enseguida al presente y cargarse con todas las inminencias del futuro». La fragmentación de la realidad le parece vulgar e indigna pero finalmente lo vence. *«Moi j'aurai porté toute une société dans ma tête?»* Años después, en plena joyceización, el *ego* real cumple el sueño del *ego* experimental: Fuentes escribe *Terra nostra*.

Obsesionado por los mecanismos del poder en América Latina, se propuso captar en una sola mirada el tiempo colectivo de la fundación iberoamericana. En un ensayo de 1973 («Cervantes o la Crítica de la lectura») explica en detalle la dimensión histórica de su proyecto. Había querido recobrar la España de la Contrarreforma: monolítica, mutilada, vertical, dogmática, severa. Su representación perfecta era El Escorial, la tumba viviente de Felipe II. Frente a esa fortaleza, y corroyéndola por dentro, estaba la *otra* España: la de la sensualidad árabe, la laboriosidad judía, la de las utopías renacentistas, la que soñaban los comuneros rebeldes de 1520 en Castilla: democrática, plural, tolerante, respetuosa de la existencia individual y las autonomías locales, fiscalizadora del rey; en una palabra, la España de Erasmo: «Si el individuo ha de afirmarse debe hacerlo con una conciencia irónica del Yo o naufragará contra los escollos del solipsismo y la hybris».

La idea no podía ser más ambiciosa: una novela que correspondiera a la teología fílmica de Buñuel y a la imaginería del pintor Alberto Gironella. Su tema es el fantasma, el sueño, el deseo de la libertad en el claustro tapiado de la Contrarreforma. Fuentes tomó de Gironella el asunto inicial de la novela —el pudridero de la corte de los Austrias—, pero fascinado por el poder absoluto nunca salió de él. La primera ausencia en la novela es la libertad política. La España que inventaría la palabra «liberal» aparece en algunas transcripciones demasiado breves y esquemáticas en relación con la promesa inicial de la novela. Abrumado por las escenas de la Corte, el lector entra en un espacio lingüístico cerrado e insensible a los movimientos democráticos. Nunca sabemos en verdad lo que ocurre afuera de El Escorial.

Puertas adentro, los espejeantes personajes no viven los tormentos de la carne: los verbalizan con una violencia perturbadora. Fuentes podía jugar con ellos porque son intemporales, pero los tormentos decisivos de su historia, los de la fe, se le escapaban: la novela los registra *ad nauseam*, no los recrea. La razón es clara: Fuentes ha llamado a Buñuel «picador aragonés» y Paz ha dicho que Gironella es un «torero de la pintura». Ambas metáforas aluden a la feroz participación litúrgica de estos dos artistas en el mundo que recobran y parodian. El caso de Fuentes es distinto. No es un torero de la literatura sino un torero de salón, de salón literario. En *Terra nostra* evitó tirarse al ruedo con los desgarramientos teológicos de sus personajes. Narró la corrida desde un palco intelectual. O menos: narró una narración de la corrida en ochocientas páginas acumuladas –expresamente– para imponernos su Yo mayestático. Joyce exigía al lector de *Finnegans Wake* que empleara en su lectura el tiempo que había empleado en su escritura. En *Terra nostra*, Fuentes lo sobreactuó: «Nunca pienso en el lector. Para nada. *Terra nostra* no está hecha para lectores ... Cuando la escribí estaba absolutamente seguro de que nadie la iba a leer e incluso la hice con ese propósito ... Me di el lujo de escribir un libro sin lectores».

Desde 1971 y quizás antes, la filiación joyceana de Fuentes ha estado en el centro de su literatura. No exagera cuando afirma haber sido «joyceano antes de leer a Joyce». Por convicción y destino Fuentes pertenece a la familia de los escritores exiliados que padecen, encarnan y recrean el éxodo de las lenguas. Siguiendo a Joyce, intensifica novela tras novela sus experimentos con el lenguaje. En *Terra nostra* abundan las interpolaciones, pastiches y paráfrasis que Edmund Wilson, al criticar *Ulises*, encontró desmesuradas, impropias y «artísticamente indefendibles». A nadie ha actuado Fuentes con mayor devoción que a Joyce, pero los paralelos entre ambos no llegan demasiado lejos.

La diferencia fundamental entre la obra de Joyce y la de Fuentes está en los personajes. Joyce no anula ni disuelve a los personajes; por el contrario, busca y logra su más completa recreación vital. Bloom, Molly, Dedalus no son «identidades pulverizadas» ni –como sostiene Fuentes– «moldes pasajeros del agua verbal que apenas dicha, derramada, se convierte en palabras escritas ...» Son exploraciones totales de la existencia humana. En las novelas de Fuentes no hay exploración existencial, hay un ejercicio intraliterario y a veces sólo intraverbal más afín al estructuralismo francés que a la aventura joyceana. Esta falta de anclaje existencial es la diferencia decisiva entre el modelo y su actor, pero no la única. Joyce trabajaba con una extrema lentitud y ecuanimidad. Sus colisiones semánticas son producto de una cuidadosa y compleja reflexión. En contraste, Fuentes es un Joyce sobre ruedas. Sus novelas avanzan como un «crecimiento canceroso» que el autor no sólo no controla sino propicia. Fuentes procede por inspiración, no por reflexión. A falta de temas e historias propias –Fuentes no ha visto su desarraigo como tema–, el agua verbal de su persona y su personaje se desborda continuamente en sus textos. «Naufragando en los escollos del solipsismo y la hybris», no sigue a Joyce sino a *Yoyce*.

Después de publicar *Terra nostra* y renunciar a la embajada en París, Fuentes se quitó el maquillaje de Norman Cohn, Cervantes, Frances Yates, Américo Castro, James Joyce, etcétera. Bajó del escenario, apagó las luces y salió de incógnito a caminar la ciudad de México. Un verso de Octavio Paz sobre el rompimiento mítico de la ciudad azteca le vino a la memoria: agua quemada. Y un pasaje de Alfonso Reyes: «¿Es ésta la región más transparente del aire? ¿Qué habéis hecho, entonces, de mi alto valle metafísico?»

En *Agua quemada* Fuentes no representa a nadie más que a sí mismo. No la escribe su personaje sino su persona. Su gran oficio de escritor puesto al servicio de una exploración auténtica sobre el trágico deterioro de la ciudad que amó. En estos cuatro cuentos perfectos Fuentes no es el procesador literario que toma de todas partes menos de su corazón. De pronto, en un paréntesis, Fuentes no teme hacer «subjetivismo psicologizante» y crea personajes que se atreven a la ternura, al amor filial, a la piedad, al odio más animal, sobrevivientes dignos de aquel alto valle metafísico. Hay una pobre anciana rodeada de perros que recuerda los antiguos palacios en ruinas, y hay un niño inválido que la escucha. Un aristócrata criollo se aferra al mundo decorativo de su casa localizada en un pudridero real, hecho de violencia, droga; un nido de ratas que no lo vence: lo devora. Hay un viejo general más verosímil literariamente que Artemio Cruz; sus entrañas se rompen, sus recuerdos encarnan desde dentro y producen mentadas, borracheras y violencia genuina. Y en «El hijo de Andrés Aparicio» hay la carrera vital de un lumpen que se vuelve guarura. Aquí la ciudad no es irreal ni puramente auditiva. Es una ciudad que duele, visceral. Aquí la extraordinaria recreación del lenguaje no es el fin sino el medio. No hay catálogos de nombres, ni didactismo social, ni reflexiones sobre el ser, ni muralismo literario, ni lirismo sentimental. Hay cuatro fragmentos que tocan zonas profundas del alma mexicana de Carlos Fuentes.

El efímero paréntesis se cerró en los años ochenta. La crisis centroamericana y el ascenso de Reagan al poder abrían el segundo capítulo de un drama histórico iniciado en 1959. Era natural que Fuentes, residiendo ya en el país de su infancia, se interesase apasionadamente en el conflicto, pero la semejanza de sus actitudes y argumentos actuales con los de 1962 es desconcertante. En la izquierda liberal en México es ya un lugar común criticar a Cuba y deslizar leves dudas sobre el proceso interno de Nicaragua (por experiencia propia la izquierda en México ha aprendido a no menospreciar a la democracia «formal»). Fuentes, en cambio, repite la misma vieja tonada. Sus opiniones políticas casi no cambian, y cuando cambian lo hacen sin explicación. Ha dicho que Cuba es una «colonia», que el marxismo es una «facilidad intelectual», pero sólo reclama a Castro un «poquito más *[sic]* de *glasnost* y *perestroika*». Su apoyo a los sandinistas ha sido completo, pero no ha faltado en él una buena dosis de confusión intelectual: demasiados personajes, demasiados libretos...

En su discurso inaugural en la Universidad de Harvard (1983) y en varios artículos y conferencias, Fuentes se ha referido a «la constante batalla contra el pasado» que libra América Latina, un pasado de teocracia, centralismo, paternalismo: la fortaleza de la Contrarreforma nos aprisiona aún con sus dogmas y jerarquías, su confusión entre derechos públicos y privados, «su fe en las ideas y no en los hechos». Lo contradictorio es que enseguida Fuentes se enamore precisamente de los sistemas políticos cerrados, que son sucedáneos de la Contrarreforma:

«Para nosotros, la realidad política arraiga en el pensamiento de Santo Tomás de Aquino y San Agustín, aunque tome las máscaras de Marx y de Engels ... lo que perdura es la visión católica de la unidad y del orden ... América Latina es sólo auténticamente ella misma cuando retorna a este molde antiguo como hizo cuando la Revolución Mexicana y la adopción de la Constitución de 1917. El sandinismo recuerda mucho este episodio».

Fuentes ve clara la prisión mental de estos países pero en realidad no la lamenta ni se ve a sí mismo dentro de ella. Su lectura del conflicto centroamericano parte de ese Escorial ideológico que a veces parece criticar pero cuya ambición de totalidad –unidad y orden– le fascina. Ha llegado al extremo de afirmar que estos regímenes autoritarios encarnan el modo latinoamericano de asimilar ese pasado conflictivo y superarlo. Leerlo en serio es, a veces, toda una aventura de la dialéctica. Tómese, por ejemplo, su defensa de la revolución sandinista. A veces adquiere una cierta distancia: «Secretamente la revolución se ve a sí misma como un hecho sagrado: es por eso que no tolera compartir el poder». Pero al mismo tiempo, ¿inadvertidamente?, se incorpora a esa fe: «En el amanecer de la Revolución se revela la historia *total* de una comunidad». Por eso en su discurso de aceptación del premio Rubén Darío se refiere a la revolución como el hecho primigenio de la historia nicaragüense: «El trabajo inicial, el primer techo, la primera escuela, la primera cosecha ...» Los sandinistas representando el papel de Dios en la película *Génesis*.

La imaginación política de Fuentes parece petrificada en tópicos de 1962 que ni el último orador del PRI repetiría ya sin sonrojarse: «Todos en México existimos y trabajamos gracias a la Revolución». Eterno 68, la revolución de Fuentes no es sólo sagrada sino universal e inevitable. Tratándose de la Revolución, Fuentes (el historicista férreo) recuerda a los norteamericanos que «también su república nació del cañón de una pistola». En cambio, si el tema es la democracia, Fuentes (el relativista tolerante) invoca los «contextos culturales»: cada país debe alcanzar su propia versión. A diferencia de la democracia, la revolución no conoce fronteras ni culturas: es la misma siempre: 1648, 1776, 1789... México, Gdansk, Managua... Cuando llega exige paciencia. Es un fuego maravilloso que sólo el tiempo extingue y ningún *Kronstadt* desmiente. La violencia –Marx *dixit*– es la partera de la historia. El parto es la revolución. Los muertos en Fuentes son abstractos, menos imaginados pero más imaginarios que el remoto país de su *padre «when the livin' seemed easy»* en los tórridos veranos del Meridian Hill Park. Pero no sólo los muertos son ficticios: también los vivos. Estos países cuya historia, para Fuentes, es sólo una sucesión de «derrotas aplastantes» no pueden tener voz propia: la Madre Revolución sabe mejor. Por eso habló de San José como «el Beirut de América Central» y el Plan Arias lo tomó por sorpresa. La legitimidad democrática de Arias no le dice mayor cosa: la democracia no revela la historia *total* de una comunidad, sólo la voluntad fragmentaria de sus ciudadanos.

Hay algo aún más antiguo y petrificado en la imaginación moral de Fuentes: su cicatriz de identidad. El sentimiento de amor-odio hacia los Estados Unidos le cierra cualquier comprensión intrínseca de los fenómenos latinoamericanos. («No podemos vernos sino verlos a *ustedes*.») Ante la pregunta obligada sobre la necesidad de democracia en América Central, Fuentes tiene siempre la respuesta a la mano: «¿Por qué los Estados Unidos se preocupan por la democracia en Nicaragua y no en Chile?» Como pregunta, la respuesta es válida. Como respuesta no. Difiere el arribo de un orden democrático al momento en que los Estados Unidos dejen de ser hipócritas, es decir, hasta las calendas griegas. Hay en Fuentes una dependencia de la dependencia.

En un punto coincidimos todos: las relaciones de los Estados Unidos con el Caribe, Centroamérica y México están marcadas por un agravio histórico labrado tenazmente por Norteamérica mucho antes de que un remoto encabezado cubano predijera: «El odio hacia el norteamericano será la religión de los cubanos». Es un agravio hecho de incomprensión, desatención, ceguera, explotación, torpeza, desdén. Su falla mayor fue no reconocer y apoyar con inteligencia a los regímenes liberales de este siglo y confiar en sus *«sons of a bitch»*. Las bravatas de Reagan, sus menciones a los *«freedom fighters»* o al *«back yard»* avivan el agravio. Pero siendo todo esto cierto, ¿cuál es la responsabilidad del intelectual latinoamericano? Una vez más, Camus: «Matizar y comprender, no dogmatizar ni confundir». Señalar interminablemente, si se quiere, la responsabilidad histórica de los norteamericanos, pero advertir también el aporte de los propios revolucionarios a la desventura. La lucha de los miskitos no tiene que ver con el filibustero Walker. En el escenario opuesto de Reagan, Fuentes cree que los sandinistas son los auténticos *«freedom fighters»* que luchan, en nombre de la historia, la revolución y el destino, contra el único enemigo: el imperialismo. En Nicaragua, donde comenzó a ser conocido como «el Décimo Comandante», volvió a tener las acostumbradas visiones idílicas del 62, 68 y 76, y exclamó: «Va a haber patadas y coletazos de parte del dinosaurio –los Estados Unidos– pero la relación va a ser distinta». Un nacionalismo primario, resentido y retórico, excluyente de otros valores, resume la ideología política de Carlos Fuentes. Ahora actúa a Dorian Gray en *El retrato de Dorian Gray*.

Después de la visita de Fuentes a Nicaragua a principios de 1988, Pablo Antonio Cuadra, director de *La Prensa*, escribió:

«He sido amigo de Carlos Fuentes y admiro su obra literaria. Nunca creí, sin embargo, que retomara la vieja retórica hispanoamericana, que tanto daño y confusión ha producido, para polarizar conceptos y reducir el gravísimo problema nicaragüense a una lucha entre David y Goliat, en la cual, por supuesto, hay que estar con David. ¿Y qué queda del brutal Goliat ruso? Mientras Fuentes decía ese discurso, en los países vecinos, donde están dispersos más de 500 mil nicaragüenses, aparecían páginas de periódicos exponiendo el drama de nuestro pueblo ante los oyentes y participantes de Esquipulas II. Ésta es la contraparte sangrienta y triste que el superficial discurso de Fuentes no quiso ver. Es una gran lástima y una gran responsabilidad, porque el peso de hombres como él debía servir para equilibrar la balanza. Debería haber visto que nuestra pobre América ya está agobiada por esos grandes conceptos que cuestan sangre y miseria ... para nada. Hombres como él pudieran influir para volver sensatos, para hacer reflexionar, para devolverles objetividad y realismo a los fanáticos. Muchos de los Comandantes no son Castros sino imitadores rescatables si tantos inteligentes no les hicieran el juego».

Pero, ¿quién rescata a Fuentes de su mejor personaje: Fuentes? Nadie. Escuchémoslo.

Te sentarás frente a la máquina como todos los días, a las 8 a.m. en punto. Eres el único calvinista mexicano. Todos los demás se asolean en la playa es-

perando a que los cocos caigan. Todos. Te repetirás como siempre que *México es un hecho que pasa en tu imaginación antes que en tu vida,* yeah, yep, *this is my thing, my special thing.* Escribes *We're nobody's back yard* en forma de novela. Pervertirás los hechos, los negarás, los harás chocar con tu imaginación, como hiciste en tus dos primeras novelas. Sabes que Ambrose Bierce tuvo una vida casi tan alucinante como su literatura pero a ti no te importará penetrar en la mente de aquel viejo sádico porque no estás haciendo subjetivismo psicologizante sino otra cosa. Sin embargo debes inventar algo además de los datos elementales que conoces. Entonces buscarás el pasaje de *Memorias de Pancho Villa* donde Martín Luis Guzmán narra la doble muerte del ranchero inglés Benton. Ahí está: matarás dos veces a Bierce, ¡qué gran hallazgo! Fantástico, fuentástico, ¿quién conoce en los Estados Unidos a Martín Luis Guzmán? Nadie. Donde dice Benton pones Bierce. Ya está.

Recordarás tu *dictum: la literatura dice lo que la historia encubre, olvida o mutila* y te dirás: ¡qué cierto! Tú encubrirás, olvidarás y mutilarás la historia por su propio bien. Transportarás la revolución zapatista de los campesinos de Morelos en el sur indígena de México a la frontera norte, a Chihuahua, donde sólo había rancheros, donde no hubo problema de tierras ni agravios coloniales, ni conflictos entre las haciendas y las comunidades, ni calzón de manta, ni mezcal, ni guaraches; ahí mero pondrás esa realidad, por tus pistolas, cómo que no. Y tomarás del libro de Womack sobre Zapata la escena aquella de Zapata recibiendo del concejo de ancianos de Anenecuilco, los viejos papeles que el rey español había dado a su comunidad. Luego recordarás que tu tema no es la tierra colonial sino la que nos robaron los yanquis, y te embargará el TTT, y harás que algún personaje se acuerde y le diga al viejo «*Ah nuestro rencor y nuestra memoria van juntos*», y tu gringo viejo dirá: «*los mexicanos nos odian, somos los gringos, sus enemigos eternos*». Sabes que Villa fue el gran aliado de los gringos antes de que Wilson reconociera a su enemigo Carranza, pero en tu novela Villa echará pestes en contra de ellos. Trastocarás, siempre trastocarás, ése es tu onceavo mandamiento. *Your thing, your special thing.*

Tu Zapata se parecerá al verdadero Zapata, se llamará Tomás Arroyo y *será un arroyo fluido y parejo de sexo, eso es lo que su nombre significa, Brook, creek, stream,* como el *steady stream* de tu máquina que corre a la velocidad de cien *páginas al mes. Puedes escribir en el avión, en el camión, en el cuarto del hotel o donde sea. Hay un momento maravilloso en que ya no te importa lo que salga o adónde va a ir a dar, tú eres el tamiz de las palabras y las palabras son la realidad y las palabras son el mundo.* Pero aquí en esta novela hay que cuidar el mensaje. Aquí sí te importan los crédulos lectores yanquis que para purgar sus culpas la comprarán a pasto y harán colas para verla en el cine. Como eres *un caballero andante de la antioriginalidad,* harás lo de siempre: tomarás a Arroyo del *gran árbol genealógico de la imaginación literaria universal,* digamos de *La serpiente emplumada,* de D.H. Lawrence. Tu Cipriano será también *opaco y enigmático, será una máscara asiática, un hijo de la desgracia, un bastardo del hacendado, una silenciosa fuerza de la naturaleza,* todos los símbolos telúricos en un analfabeto que, sin embargo, pensará como tú piensas y *desdeñará el otro mundo, el mundo de los yanquis que no disfrutan la buena cocina o las revoluciones violentas o las mujeres sujetas a las iglesias hermosas y rompen todas las tradiciones como si sólo en el futuro y en la novedad hubiera cosas buenas.* ¡Ah que mi general Arroyo tan filosófico, tan paciano, tan fuentista!

Inventarás a la pareja, pero ¿para qué la inventas? Mejor recuerdas que eres un *acting book of litterary quotations* y la conviertes en una nueva Kate. La harás *maestra metodista, temerosa de Dios, le darás sentido de la propiedad, del orden, la culpa o el deber,* o te ahorrarás la demostración y simplemente dirás que tiene todo eso. Y le darás un *tour* de mexicanidad, un paseíto por nuestro laberinto, ya sabes, el viejo rollo, el *gasto inútil de la fiesta, el Cristo en su jaula de vidrio, el culto de la muerte, la iglesia policromada, el milagro de la resurrección* y, al final, claro, como Cipriano a Kate, le darás lo mero bueno, la revelación, la transfiguración a través del sexo oscuro e insaciable de tu general Stream. Allí chingarás a la gringuita, cómo no. Allí la gringuita aprenderá a respetarnos y entenderá que no somos el *back yard* de nadie sino una tierra *donde la única voluntad cierta es la terca determinación de no ser nunca sino el mismo viejo, miserable y caótico país que somos.*

Habrás escrito seis horas. Te levantarás donde haya quedado la máquina, *como prescribía Hemingway.* Por ejemplo aquí: «Ésta no es frontera sino *que es cicatriz».* No cabe duda: *un capataz invisible llamado Deber Puritano te sigue los pasos. Sloth is sin, lo sabes,* y te condolerás de los escritores que no son profesionales como tú que *olvidas el libro en el momento de publicarlo, que no tienes afecto especial por ninguno.* No hay en ti ese matrimonio total de la vida y la obra que hay en la novela de Rulfo. Qué calvario el de *los escritores que trabajan muy lentamente buscando le mot juste, ese adjetivo, aquel verbo.* Tú no, tú prefieres el privilegio de la catarata, dejar que todo fluya a través tuyo y sobre ti con plena confianza, como Niagara Falls, abandonarte a la abundancia de palabras porque eres un hombre de la cultura barroca, eres como una estatua de Bernini, eres abundante.

¿Debes lamentar no ser humilde, no tener el complejo de Juan Diego y estar con la cabeza gacha para que la virgencita se nos aparezca con rosas en diciembre? No y mil veces no. *No tienes complejos, siempre viviste a cierto nivel, con determinadas relaciones y amistades y en una serie de capitales.*

Alguna vez viviste en México. Ahora no y no te aflige: *Como Gogol veía a Rusia, así ves tú a México. En México te sientes desprotegido, extremadamente desprotegido.* ¿Agua quemada?: *agua corrupta, agua contaminada, it stinks, man; cuando vas tienes la sensación dantesca de pisar no sólo una civilización muerta sino seca, de que te vas a morir de sed. ¡Apocalipsis now!* Ahora, que si te preguntan *si eres optimista sobre el futuro de tu país, entonces, sí* descansarás tu mentón sobre tu mano *sí* y endurecerás el ceño *sí* y en la tensa concentración de tus ojos entrecerrados *sí*, dirás *sí* quiero. *Sí.*

El único elemento paródico en el texto anterior es el cambio de la primera persona por la segunda. Fuera de las confesiones sobre sus métodos de manipulación literaria e histórica, todas las frases en cursiva están tomadas textualmente de entrevistas con Fuentes, en especial la que apareció en la *Harvard Review* (otoño de 1986). Hubo un momento en que los entrevistadores sintieron, como en el epígrafe de Fielding, que estaban frente a un actor. Conversar con usted –le dijeron– puede ser una experiencia «hipnótica»: «es casi como si el contenido se esfumara en parte y fuera el ritmo, la forma en que usted habla, lo que importa».

Fuentes se rió, fingió –o fingió fingir– que lo comparaban con el mago Mandrake, se cobijó tras algunos nombres célebres pero esfumó la respuesta: no tenía ninguna.

José Luis Cuevas

José Luis Cuevas, Narciso criollo

Biografiar a un autobiógrafo es una operación compleja. Biografiar a un autobiógrafo obsesivo y múltiple –plástico, literario, fotográfico, periodístico– es aún más difícil. Biografiar a un autobiógrafo genial que ha ganado a pulso su fama de fantasioso es una operación imposible. Ha escrito tanto sobre sí mismo que sus textos más recientes pertenecen a un género inédito: la autobiografía de la autobiografía. ¿Cómo abrirme paso en esa selva de anécdotas? Sería ridículo pedirle pruebas, documentos, cartas, archivos, así fuera con el propósito de escribir una breve interpretación. En esto pensaba yo al subir las escaleras hacia el estudio de José Luis Cuevas.

Ya en el altar de Cuevas dedicado a Cuevas, esperando a Cuevas recordé los Cuevas que me han acompañado durante muchos años. En mi estudio cuelga un grabado suyo, especie de cabeza olmeca retorcida, vuelta mueca, enmarcada por un poema de Octavio Paz («Desde el fondo del tiempo, desde el fondo del niño, cada día, José Luis dibuja nuestra herida»); junto a un teléfono en mi casa tengo unas piruetas gráficas de Cuevas hablando por teléfono; en la oficina, me mira de reojo uno de sus autorretratos nostálgicos: José Luis horrorizado, perplejo, resignado, contempla a José Luis zurcado, chupado por las arrugas-gusanos de la muerte. Siempre he admirado su obra que, como la de Orozco, Bacon o Goya, nace de zonas de desastre y guerra. Lo he celebrado como gallito de pelea, como profanador de mitos, como vencedor de Tlatoanis artísticos. Desde aquel *happening* de la Zona Rosa me pareció un actor extraordinario, plena y gozosamente asumido, un personaje cuya excentricidad es la mejor cura contra el adocenamiento y el disimulo, dos lamentables tradiciones mexicanas. Todo esto es cierto, pero ¿cómo articular una conversación en verdad *biográfica* con José Luis Cuevas?

Le pido que comience por donde quiera. Sobre un diván, José Luis se concentra en la niñez y la familia. De pronto, para mi sorpresa, percibo una coherencia en la trama y una sinceridad de tono que casi me convencen. Si todo lo que cuenta es verdad, todo lo que cuenta cobra sentido. Ese mismo día, luego de una charla de varias horas, cotejo su narración con las de sus libros autobiográficos y unas cuantas entrevistas. Nueva sorpresa: las piezas biográficas, cuidadosamente dispuestas, no parecen predispuestas. La historia de José Luis sugiere más bien —calvinista tácito— una idea de predestinación. Si no cabe extraer de ella, propiamente, una biografía a vuelapluma, es verosímil dibujar algo distinto: una variación sobre el autorretrato único y múltiple de Cuevas.

Vivía en el callejón del Triunfo —que le llegaría muy joven—, en los altos de una empresa de la que su abuelo era administrador y que elaboraba los instrumentos vitales con que, cada día, José Luis dibujaría nuestra herida: la fábrica de lápices y papel «El Lápiz el Águila». En los bajos fondos de Cuauhtemozin, la vida comenzaba de noche: escándalos, borracheras, balazos, asesinatos alrededor de prostitutas baratas, una atrayente sordidez de zona roja que poblaría para siempre los dibujos de José Luis.

Su padre, hombre severo que aún vive, fue en su tiempo el boxeador Alberto «Caselli» y más tarde aviador militar, Casanova profesional, deportista obsesivo, veterano quizás imaginario de la Segunda Guerra Mundial y modelo a seguir y no seguir por su hijo, José Luis Cuevas, boxeador artístico, viajero insaciable, Casanova real e imaginario, veterano de la guerrilla que derribó —antes del Muro de Berlín— la cortina de nopal. Su abuela, Dolores Gómez, probablemente judía sefaradita y, si es así, seguramente conversa, tenía ojos claros y amaba tanto el dibujo que murió serenamente recargada en una mesa, dibujando, prefigurando a su nieto, el «güerito pintor» de ojos claros que ganaría certámenes de dibujo a los seis años y que sería, no el converso, sino el hereje de la religión de la patria y del santoral revolucionario.

Todo confluía hacia el dibujo: además de su abuela, su madre, María Regla Novelo de Cuevas, pintora de naturalezas muertas, paisajes y marinas; el viejo tío Manuel que terminó sus días posando patéticamente desnudo en la Academia de San Carlos, los grabados antiguos de Desandré que colgaban de las paredes de su casa, el autorretrato de Rembrandt y Saskia sonriendo en tiempos felices para que el güerito los copiara. Pero sobre todo, contaba la presencia de los ídolos pictóricos, de Diego Rivera antes que ninguno: famosísimo, reverenciado, mitómano, escandaloso, militante, rodeado de artistas, innovador en su juventud y ortodoxo en su vejez. Cuevas lo vio de niño, acompañando a Vicente Lombardo Toledano, en un mítin de lápices caídos en la fábrica y, más tarde, en La Esmeralda, donde tomó sus primeras clases formales de dibujo. Tiempo después, al visitar el Palacio de Cortés en Cuernavaca, quedaría arrobado ante el caballo blanco de Zapata y convencido para siempre de su vocación: si ser pintor era pintar como Diego y lucir como Diego, de grande quería ser pintor. Pintar monigotes. Como Diego.

Todo confluía hacia el dibujo de lo monstruoso cotidiano. La lectura infantil de la calle y la lectura juvenil del estudio terminaron por hacerse una: los personajes de Dostoievski y los endemoniados de Cuauhtemozin, *El Médico de locas* de Javier de Montepin y los locos de La Castañeda, los niños de Dickens y los oligofrénicos de Nonoalco. Con su hermano Alberto, que estudiaba medicina, José Luis llegó «a las entrañas mismas de los muertos: cercenó cabezas, piernas y brazos, y dibujó desechos». Ante un cadáver, con el estupor pero sin la gravedad de Manuel Acuña, los dos hermanos discutían sobre filosofía. «Ambos teníamos imaginación literaria y esto nos llevaba a inventar biografías de cadáveres.» Este descanso a los infiernos, esta cacería humana «lápiz en ristre», se continuaba en los pestilentes callejones del Órgano o del 2 de abril. Pronto descubrió la fascinante región de sus propios hospitales, orfanatos, manicomios interiores. En la revelación lo ayudaron sus tempranas fiebres reumáticas y un accidente de tránsito que pudo llevarlo a un final como el de James Dean. La literatura autobiográfica comenzó a ofrecerle una vía de expresión complementaria para lo monstruoso cotidiano que cargaba dentro de sí mismo. Entonces leyó el *Jean Christophe* de Romain Rolland y, por supuesto, el *Ulises criollo* de José Vasconcelos. Allí estaba el mayor filósofo de México, soberbio, insolente, incomprendido, colocando a su persona en el centro de la historia, ostentando sin piedad sus intimidades, sus desgarraduras, sus extrañas relaciones con el poder, el arte y el amor.

Por si faltaran émulos y modelos, sobraban los estímulos, sobre todo cinematográficos. ¿En qué película interpretó Cuevas las siguientes escenas? En la suya propia, seguramente, que nada tenía que envidiar a las que pasaban en el Balmori o el Arcadia. Unas alegres prostitutas de la colonia Narvarte desnudan a un niño y juguetean con él. Había entrado inocentemente al burdel tripulando —como su padre— un avión, y había encontrado —como su padre— a las mujeres perdidas, (disolvencia a) el mismo niño secuestrado varias veces por gitanos, (salto de tiempo a) un joven pintor adorado por las mujeres vive un interminable melodrama por capítulos: amasiatos con hijas y madres, suicidio de las amantes —celosas de un dibujo—, infartos de los esposos —celosos del dibujante—, cotidiana trasgresión del onceavo mandamiento: No dibujarás a la mujer de tu prójimo. ¿Cómo integrar, en una sola vida, tántos papeles? Para empezar, con un gran debut: desbancando legítimamente a los ídolos. Si hasta Joe Louis colgó los guantes, ¿por qué no Diego Rivera?»

En la pelea del (medio) siglo entre Cuevas y los muralistas no se disputaba sólo el destino de un estilista precoz que había probado el éxito en París y Washington y que ahora se arriesgaba frente a los pesos completos de su país, dueños vitalicios de la conciencia pictórica nacional. Estaba en juego también la posibilidad de que la cultura mexicana se adelantara, se abriera definitivamente al mundo y descubriera sin terror que como México sí hay dos. Es verdad que cuando Cuevas escenificó aquel *match*, la desmuralización llevaba años de avance silencioso gracias a la obra de Mérida, Tamayo, Soriano, Gerzso, Gironella entre otros. En 1950, Paz había escrito el texto del catálogo de la primera exposición de Tamayo en París: los reyes han muerto, viva el rey. Pero es «La cortina de nopal» de Cuevas (publicada en 1956 por el eterno buen ojo de ese extraordinario empresario cultural que ha sido Fernando Benítez) la que acabó con el cuadro. Su crítica, a un tiempo fundamentada y virulenta, encaraba a los maestros y, sobre todo, a sus demagógicos discípulos, en su propio terreno: el foro público. Contra el díctum de «el Coronelazo» de que «No hay más ruta que la nuestra» y con los mismos, eficaces métodos publicitarios de Diego, Cuevas opuso un auténtico «pronunciamiento» —en el sentido de nuestro siglo XIX—, un manifiesto de lucha por el poder bajo la consigna inversa: «quiero en el arte de mi país anchas carreteras que nos lleven al resto del mundo, no pequeños caminos vecinales que conecten sólo aldeas». Tirar «la cortina de nopal» significaba militar: «contra ese México ramplón, limitado, provincianamente nacionalista, reducido a su alcance, temeroso de lo extranjero por inseguro de sí mismo».

Contra ese México se pronunció Cuevas y por *otro* México. «El México universal y eterno que se abre al mundo sin perder sus esencias.» Su método de representar al país era indirecto: operaba justamente a través de lo universal y eterno que se da en México —como el dolor humano— y no a partir de unas supuestas esencias inmutables. Sólo así, pintando carniceros, obispos, locos, pordioseros, enanos, gigantes, beatas, flagelados, como Orozco pintaba las orgías de muerte en la revolución, se podía encontrar el dolor mexicano. Cuevas no refleja la realidad social inmediata sino su dimensión íntima, que en el caso mexicano suele ser sombría. En el tono, en la oscuridad, en el «trágico quietismo» de sus figuras, Cuevas revela, recrea una veta esencial mexicana. «Nací en un país con un alto índice de personalidad», escribió alguna vez. Por ello mismo, no había necesidad de subrayar externamente esa condición, tampoco defenderla y, menos aún, usarla como había hecho, hasta la saciedad caricaturesca, la escuela mexicana de pintura.

Aunque la querella entre la cultura libre y la cultura «comprometida» y doctrinaria no ha concluido del todo –el nacionalismo ramplón y otros *ismos* no menos «defensivos, limitantes, soeces, dañinos, baratos», como diría Cuevas, siguen a la orden del día–, lo cierto es que aquel mitote duró sólo unos años. Cuevas triunfó de inmediato en las mejores conciencias, pero no en el gusto público adocenado. En el extranjero se sucedieron en cascada las exposiciones, los premios, las publicaciones y reconocimientos. Cuevas triunfaba en América Latina, Europa y los Estados Unidos, pero en México, como ocurre con frecuencia, era insultado y a veces ninguneado. Ante las burlas y el escarnio, Cuevas se mantuvo:

«Que sigan los haces de leños ardidos, los costales y los toneles de cemento untándose irreflexiblemente en lienzos y cartones en una orgía de chorreos y de incitaciones al tacto en que se manifiesta todo un vacío espiritual. Sigo miope, muy miope, ante estas irreflexivas costras y esas intrascendentes superficies Que los críticos y los historiadores del futuro digan, en fin de cuentas, lo que yo, como creador, oteo en lontananza». (Julio de 1960.)

Lontananza llegó casi al día siguiente. La Revolución mexicana, al cumplir 50 años, pareció más ojerosa que nunca frente a otras revoluciones jóvenes. En los ámbitos más variados de la vida artística e intelectual, la generación de Cuevas imponía su temple crítico sobre toda la cultura anterior. Alguna afortunada conjunción astrológica había operado sobre el país entre los años 1930 y 1934, porque varios escritores, artistas, pintores nacidos en esa zona de fechas transformarían 30 años más tarde la cultura mexicana imprimiendo en ella un rigor, una exigencia, una universalidad de técnicas y temas que sólo la generación de «los Contemporáneos» y la soledad de Octavio Paz, Tamayo o Soriano habrían asumido. A esta doble circunstancia –la muerte en vida de la Revolución y el ascenso de un numeroso grupo cultural, cosmopolita y crítico– se aunó muy pronto otra conjunción de los tiempos favorable al pleno reconocimiento de Cuevas: la moda «contestataria» mundial. Los nuevos rebeldes con causa reconocían en Cuevas un rebelde precursor de su misma causa: la revolución viva contra la revolución petrificada.

Lo cierto es que su rebeldía personal no tenía que ver con ningún afán de revolución. En el sombrío universo de Cuevas no caben las utopías; caben, si acaso, los escombros que dejan a su paso las utopías. Caben, eso sí, atisbos de generosidad y ternura. Luego de la victoria, declaró sin ironía, con objetividad: «El muralismo ha sido un tesoro de nacionalismo mexicano». Hubiera abrazado a Orozco, «el más genuino transmisor de una fuerza cultural que nadie antes que él había sabido ver con tanta profundidad, con tal solidez»; a Diego, de quien admiraba en el fondo «la dulzura de trazo, la escritura propia y el concepto personal». Hubiera conversado con ambos como hizo con Siqueiros, «el gran pintor», reconocía en 1967, «capaz de asimilar el sentido monolítico, grave, austero del pasado azteca». Había sido una pelea limpia entre la ruptura y la academia. La decisión unánime a favor de la primera no establecía una nueva hegemonía cultural sino una liberación, una apertura en que los muralistas tenían, no un sitio único: un sitio justo.

Luego de derrocar a la dictadura artística era natural que Cuevas intentara desafiar a la otra dictadura, la de verdad, la perfecta. Su prédica valerosa, el día siguiente de Tlatelolco, se adelantó en muchos sentidos a su época, prefiguró la nuestra. La izquierda independiente desde la que Cuevas hablaba no veía con claridad la necesidad de la democracia. Prefería la revolución. Cuevas, en cambio, entendió que la verdadera revolución ante la «larga servidumbre» política y moral del país era y es la democracia: «Mi intervención destinada a una derrota a corto plazo puede convertirse en una victoria del pueblo mexicano a largo plazo ... Mi lucha es un comienzo ... Es cuestión de que la gente despierte de una intoxicación que se ha prolongado 40 años».

Ya lo decía Marx: la historia se repite como caricatura. En 1929 un «Nopalito» atropelló al Ulises criollo; cuarenta años más tarde, un locutor robó los votos del narciso mestizo. Para la vida parlamentaria mexicana fue una lástima que el candidato independiente no alcanzara su curul. Hubiera removido 100 años de polilla y dibujado una fauna no menos monstruosa que la de sus escenarios de juventud. Con todo, también aquí su obra queda. Algún día se le reconocerá como moderno Posada del antiguo fraude electoral. Con los *posters* políticos que dibujó entonces representando las formas grotescas de nuestro arcaismo político podría organizarse ahora mismo un *happening* electoral: no han envejecido.

En este sentido, fue una lástima que ya en los setenta, como hombre público Cuevas apostara y apostara mal. No había tal dilema: entre el Presidente y el fascismo había varias alternativas que José Luis, como otros miembros mayores de su generación, no supo ver. Esto los colocó en una situación paradójica: la generación de la ruptura, la del temple crítico, irreverente, irónico entregaba sus armas específicas al poder que decía representar la ruptura «desde adentro», pero que no buscaba más que una recomposición aún más rígida y monolítica.

Todo aquel episodio, finalmente tangencial en su vida, desdibujó su credibilidad en la política pero de alguna forma lo salvó para el arte. Como Vasconcelos, a quien desde joven admira «enormemente» –enorme es una palabra que José Luis usa con naturalidad enorme–, Cuevas se exilió por un tiempo, continuó su guerra contra México («la noche de México es oscura y yo no he dejado nunca de ser desdichado en este país de tinieblas») y convirtió más decididamente a su persona en el tema central de su obra. Enfermó de enfermedad, sintió la muerte y la resurrección, salió al mundo dando voces y se enconchó silenciosamente en su cama, pero en esa metamorfosis de sus 40 años su impulso no cedió, siguió escarbando en las deformidades de todos y, cada vez más, en las suyas propias: narciso que se mira en el agua turbia de nuestras comunes monstruosidades.

Un día en la vida de José Luis Cuevas concentra quizá todos los anteriores, como aquel febril 27 de abril de 1981 en Barcelona, cuando aceptó el desafío de liarse a golpes –de lápiz– con 105 papeles de las más variadas texturas y colores. En su cuarto de hotel, escenificó un *happening* de Cuevas y la pintura universal. Con mano automática dibujó con pluma, con lápiz, a la acuarela, 105 "autorretratos con modelo", un trazo esbelto a la Modigliani, un claroscuro a la Rembrandt, un guiño de Casanova, la cabeza de Ingres, la pipa de Cézanne. Ecos pictóricos, literarios y, tras ellos, ecos de remotas vivisecciones ejercidas ahora sobre dos temas obsesivos, gigantescos, enormes: la mujer y Cuevas. Ellas son libres en infinitas posturas, él permanece quieto y casi siempre es él mismo. Ellas son gráciles, voluptuosas, desenfadadas, pensativas, absortas, indiferentes, incitantes, enloquecidas, místicas, melancólicas, yertas, lúdicas... Él las mira de lejos, como si estuvieran tendidas en un quirófano. Las deja ser y obtiene de ellas una radiografía en que se aprecian las nervaduras de la vida. Su propia figura, en cambio, permanece encorvada e inmóvil. En su mirada hay piedad, resignación, casi nunca curiosidad, a veces el asomo de una sonrisa, pero sobre todo tristeza. Los ojos despiertos, los labios siempre apretados, como a punto del aullido. Es el Cuevas íntimo, el papirómano para quien el papel es una adicción y el dibujo un método contra la locura.

¿Cómo conciliar a este artista, que se esfuerza en detener el reloj de su rostro representándolo a cada instante, con el Cuevas público, el que paradójicamente reencarna la teatralidad de Siqueiros y Rivera, el que conocen los meseros y los taxistas, las ficheras y los policías? Son el mismo. El Cuevas íntimo, callado, encerrado en sus dibujos, es el extremo equidistante del que no puede mantener la boca cerrada, del que se pone la máscara de la alegría y la frivolidad, del que colocaría una marquesina en la puerta de su casa. Alarido y alharaca brotan de sus labios apretados. Hay un misterioso parentesco entre sus autorretratos y ciertas figuras de códices aztecas, sobre todo cuando de perfil mira a su pareja, a sí mismo desdoblado o al vacío. Es el Cuevas íntimo que insaciablemente y sin esperanza, «desde el fondo del tiempo, desde el fondo del niño, cada día, dibuja nuestra herida».

Recuerdo de Hugo Margáin

Cuando lo conocí, me dio la impresión instantánea de ser un niño grande: cara de luna, Buda sonriente y pícaro, vestido con una escandalosa sencillez. Recordé lo que superficialmente sabía de su persona, y el suéter informal, ostensiblemente viejo, me pareció razonable. Mientras su padre fue secretario, Hugo vivió callada y laboriosamente en México y en Oxford, dedicado por entero a la filosofía. Sin haberlo tratado antes, lo admiraba. Le pedí, en broma, que nos regresara de inmediato el cuadro de Tamayo que había ganado en la rifa que dio origen a *Vuelta*, y entre risas nos sentamos a leer y discutir la colaboración que presentaba en un original remendado que más bien parecía una colección de sábanas. Iniciamos la que sería una breve amistad, casi siempre telefónica.

Lo escuché, por fortuna, más de lo que él me escuchó. Lo oía con orgullo, imaginando que su claridad al expresarse era mi claridad al entenderlo. Hugo decía las cosas más complicadas y profundas de un modo simple y llano pero sin sequedad, con una economía que paralizaba. Comencé a hacer un inventario de sus prendas intelectuales y morales porque estaba convencido de que no eran fortuitas sino producto de una lenta germinación histórica.

La tolerancia, por ejemplo. Cuando algún alumno soberbio negaba *in toto* su exposición, como de hecho sucedió en una clase de filosofía de la ciencia, Hugo no se inmutaba y respondía sinceramente: «Puede ser, habría que fundamentarlo». Le importaba la opinión del prójimo, no por fragilidad ni por una mórbida inseguridad, sino por rigor crítico y convicción liberal: los otros existen. Esta ausencia de fanatismo se manifestaba también en su preocupación por la obra ajena, una generosidad sin aspavientos, coronada por la frase «Ah, mira, qué bien está eso, ¿no?» El ¿no? remataba a menudo sus afirmaciones, era el gancho que hilaba unas a otras, una partícula, un tic dialectal heredado de sus mil conversaciones con su gran amigo y maestro: Alejandro Rossi.

Hugo Margáin

Sé que le interesaban los temas filosóficos y técnicos más variados: lógica, semántica, metafísica. Personalmente, puedo atestiguar su inquietud por la naturaleza de la moral, el papel de la responsabilidad en la Historia, el laberinto de los medios y los fines, y sobre todo, el poder de las ideologías. No deja de ser un consuelo recordar que *Vuelta* le sirvió para canalizar públicamente esas preocupaciones, pero es indudable que Hugo no se engañaba pensando que, en determinados momentos, el intelectual debe conformarse con escribir. Nada más ajeno a Hugo que la ambición política, pero a últimas fechas no desdeñó un cierto compromiso público con causas concretas que creía justas. Defendió el patrimonio de San Ángel no por comodidad burguesa, sino por afirmación individual y pasión cívica, la misma que deberíamos poner en defender un árbol, una calle o el derecho a disentir.

Apenas si hacía citas. No por ignorancia –había leído mucho– sino por elegancia. No se apoyaba en las autoridades para filosofar con autoridad. También sabía jugar y proyectaba un curioso ensayo sobre el binomio paradójico en la retórica marxista (la filosofía de la miseria-la miseria de la filosofía). Muchos nos sorprendimos alguna vez al oírlo hablar con sabiduría de las doctrinas gnósticas. Singularidades como ésta atenuaron mi sorpresa cuando Hugo se ofreció entusiasmado a escribir una nota en torno al reciente libro de Stephen Weinberg *Los primeros tres minutos del Universo*. La única condición que le impuso Octavio Paz fue que su reseña explicara también, aunque fuese brevemente, lo que había sucedido segundos antes.

En cierta ocasión confesó que soñaba sueños terribles. Prometió escribir sobre ellos, pero cuando le recordé esa deuda con *Vuelta* la rechazó un tanto indignado. Creí advertir entonces su vertiente sombría.

No es casual que sólo hasta hace unos meses, a los 35 años de edad, Margáin se decidiera a dar al Fondo de Cultura Económica su primer libro, un libro que no verá publicado. La lentitud es consustancial a la maduración del verdadero filósofo. Y algo se estaba atreviendo ya en Hugo; él mismo reconocía, con certeza gozosa, aunque no exenta de humor, que comenzaba a realizar aquello que estaba llamado a ser. No pudo.

Cuatro estaciones de la cultura mexicana

> *The introduction of a reform does not prove the moral superiority of the reforming generation.*
>
> A. N. Whitehead

¿Existen las generaciones? Homero, Horacio, y el autor de los Salmos no tenían la menor duda. Tampoco sentido común. Los problemas comienzan con la definición y los casos incómodos. Todos usamos el término y de una u otra forma nos sentimos parte de una generación, pero es difícil precisar en qué consiste ese «nosotros». Para unos es sinónimo de coetaneidad y recuerdos escolares; para otros llega a ser una visión del mundo compartida. Pero aun si se acepta una definición, cualquiera, saltan siempre los nombres excepcionales, los destinos que no cuadran.

Huizinga refutó el concepto por el lado aritmético: en el fluir continuo de nacimientos es arbitrario decretar quién pertenece o no a una generación. Otra crítica suya, de indudable peso, atañe al «antropomorfismo», es decir, a la reducción de la historia a biografía colectiva. En todo contexto histórico, consideraciones de clase, poder, mentalidad, demografía, parecen mucho más significativas que los ciclos biológicos de las generaciones. No obstante, existen ámbitos específicamente culturales en los que la teoría generacional funciona dentro de sus limitaciones propias. Ortega la empleó para estudiar el Renacimiento o el arranque del racionalismo, no para interpretar la Revolución industrial. Cuando un mundo cultural se cierra en sí mismo, las relaciones entre hijos y padres intelectuales se vuelven significativas. No es casual que así se haya estudiado, por ejemplo, la literatura francesa del siglo XIX.

El aparato cultural del México contemporáneo y aun del porfiriano ha sido un cuerpo cerrado en lo material bajo el ala protectora del Estado. Ha sido, además, un aparato marcadamente centralizado en la ciudad de México y limitado a un número no muy amplio de personas (centenares, no miles) que hasta hace poco se conocían entre sí. Todo ocurrió siempre en unos cuantos edificios del centro de la ciudad. Todos los rostros eran familiares. Estas circunstancias favorecieron la formación y sucesión de generaciones en cada disciplina, en cada territorio cultural. La cultura mexicana admite realmente su representación gráfica como un gran árbol genealógico con claras y no muy frondosas ramificaciones. En otros países más plurales y descentralizados, el efecto generacional es mucho menos importante o se encuentra más pulverizado. En los Estados Unidos, por ejemplo, fuera de ciertas corrientes literarias de los años treinta y sesenta, es difícil hablar de un árbol cultural genealógico. Casi cada gran ciudad y universidad tiene su estilo y tradición. En México ha ocurrido lo contrario. La filiación cultural es un dato fundamental.

Una historia integral de la cultura debe ser mucho más que una historia de sus generaciones, mucho más, incluso, que una historia de los autores y sus obras. Hay cuestiones que se olvidan. La sociológica, por ejemplo. El intento de una historia desde el punto de vista del público lector. O una historia que parta de una sociología del aparato cultural: orígenes, canales de reclutamiento, mecanismos de prestigio y poder, modos de sucesión. O la económica: la indudable importancia del financiamiento en la vida cultural, científica y artística. En el auge y crepúsculo de corrientes, grupos, modas, censuras y autocensuras, las determinantes institucionales pesan junto al valor intrínseco de las obras o las ideas.

Pero el enfoque generacional representa un aporte en sí mismo: el de la problematicidad *histórica* de la cultura. Utilizarlo conduce al método de Ortega y Gasset, para quien «las variaciones de la sensibilidad vital que son decisivas en la historia [podía haber dicho "en la historia de la cultura"] se presentan bajo la forma de la generación». Lo que la distingue es un cierto aire de familia, la marca de convivialidad, actitudes comunes, creencias profundas más allá de las diferencias ideológicas. Una generación es un grupo de hombres en los que algún acontecimiento histórico importante ha dejado una huella, un campo magnético en cuyo centro existe una experiencia decisiva. Es un *ethos* peculiar que, impreso en la juventud, se arrastra colectivamente toda la vida; un modo de afirmar la individualidad frente a los padres culturales, de rechazar y continuar una herencia. Lo que Octavio Paz ha escrito para las generaciones literarias puede valer para las generaciones sin más:

«La historia de una literatura es la historia de unas obras y de los autores de esas obras. Pero entre las obras y los autores hay un tercer término, un puente que comunica a los autores con su medio social y a las obras con sus primeros lectores: las generaciones literarias. Una generación literaria es una sociedad dentro de la sociedad y, a veces, frente a ella. Es un hecho biológico que asimismo es un hecho social:

la generación es un grupo de muchachos de la misma edad, nacidos en la misma clase y el mismo país, lectores de los mismos libros y poseídos por las mismas pasiones e intereses estéticos y morales. Con frecuencia dividida en grupos y facciones que profesan opiniones antagónicas, cada generación combina la guerra exterior con la intestina. Sin embargo, los temas vitales de sus miembros son semejantes; lo que distingue a una generación de otra no son tanto las ideas como la sensibilidad, las actitudes, los gustos y las antipatías, en una palabra: el temple».

Ortega y Gasset pensaba que la sinfonía de las generaciones tenía no dos movimientos –continuación y ruptura– como propone Paz, sino cuatro: creación, conservación, crítica y destrucción. Más que movimientos, continuidad y ruptura serían los eslabones de las cuatro etapas. Su método histórico prescribía la identificación de una primera generación fundadora. A partir de la zona de fechas de su nacimiento, con un ritmo de 15 años (intervalo natural de la relación maestro-alumno) irían sucediéndose, en convivencia siempre difícil, las generaciones. El ciclo total –no muy lejos de la astrología azteca– era de 60 años.

Durante el segundo decenio del siglo convivieron en el escenario cultural mexicano tres generaciones: la crepuscular del modernismo, la revolucionaria del Ateneo y la juvenil de «los Siete Sabios». Las primeras dos corresponden a un ciclo anterior, propiamente porfiriano. Los modernistas comenzaron a sentir incómodo el mundo heredado de los primeros «tuxtepecanos netos» y los «Científicos», pero nunca fueron más allá de la crítica. La actitud del Ateneo, en cambio, fue francamente combativa y liberadora: abrir ventanas y destruir el añejo orden cultural y académico positivista. La oposición de muchos a la revolución no resta un adarme a su temple revolucionario: Antonio Caso combatió a su modo, enseñando filosofía.

Si esto es así, la generación fundadora del nuevo ciclo nació en la zona de fechas que va de 1891 a 1905. Uno de sus representantes, Manuel Gómez Morin, la bautizó como Generación de 1915 porque creyó ver en ese año la revelación vocacional del grupo: un descubrimiento de México. Una mayor distancia histórica aconsejaría otra fecha de bautizo: 1921, el año de la reconstrucción. Pero nombre es destino. En una zona de fechas quince años posterior sigue la Generación de 1929. La fecha recuerda, por supuesto, el movimiento vasconcelista y la autonomía universitaria. En las páginas siguientes se usa el nombre con mayor amplitud para bosquejar el temple de los nacidos entre 1906 y 1920. Un paso de quince años adelante habita la siguiente tanda del ciclo, nacida entre 1921 y 1935: la Generación de Medio Siglo, llamada así en recuerdo a una efímera revista literaria editada por una de sus promociones. El círculo se cierra con la Generación de 1968, cuya marca histórica nos consta a todos. Son los nacidos entre 1936 y 1950.

Una pacífica familia cultural: padres fundadores e inquisitivos; hijos revolucionario-institucionales, nietos críticos y cosmopolitas; bisnietos iconoclastas.

Siqueiros nació en 1896. Si nos atenemos a la rígida aritmética generacional pertenecería a la generación fundadora, al grupo de 1915. Si nos atenemos a la verdad perteneció a la generación revolucionaria. Como él hay algunos casos. La clave está en no hacer fetiches con los números. Se pertenece a una generación si se convive en ella. Siqueiros participó militarmente en la Revolución y su vida tiene el mismo temple violento y creativo que la de Vasconcelos u Orozco. Renato Leduc es un caso similar. Ramón Beteta nació en 1902 pero fue discípulo de la Generación de 1915. Dime con quién andas y te diré a qué generación perteneces.

Aparte de la edad, la extranjería puede introducir discordancia en el esquema. Por su edad, Gunther Gerszo y Leonora Carrington pertenecen a la generación de los epígonos del muralismo. Pero su obra no tiene un solo punto de coincidencia con ellos: proviene de fuera. Algunos escritores provincianos retrasaron su integración a la vida cultural de la ciudad de México y su temple lo denota: Juan José Arreola y Juan Rulfo. La obra de ambos cumple una importantísima función generacional, pero influye en el grupo, no parte de él. Hay, en fin, casos solitarios que, por donde se les mire, resultan únicos e inclasificables. Francisco Tario, Efrén Hernández y nuestro contemporáneo dieciochesco: Hugo Hiriart.

El «método de las generaciones» tiene una utilidad hermenéutica. Opera aislando, reduciendo la materia histórico-cultural a temperamentos y relaciones de familia. Es el método psicohistórico por excelencia. Dejando a un lado deliberadamente otras cuestiones, dejando incluso la apreciación de las obras, el generacionalista recoge los momentos en que los hombres hablan de sí mismos, sus lecturas, su identidad, sus padres y sus hijos intelectuales. Su tema son las modas, sucesiones, vigencias, tensiones y parricidios. La cultura vista como genealogía. La familia cultural *in vitro*, o mejor, en el diván.

En teoría, el método se propone dos objetivos históricos. El primero es una personalización cultural: quién ha pertenecido adónde. Hasta por razones cuantitativas, un análisis semejante no cabe fácilmente en un ensayo sino en un libro. O quizá la solución perfecta sería más bien pictórica, algo similar al *Domingo en la Alameda* de Diego Rivera o a los murales del Prendes. Con todo, el esbozo que sigue pretende personalizar a la cultura, en especial a las dos primeras generaciones. [Por piedad con el lector, cuando los listados onomásticos son excesivos se han mandado al «Cuadro de generaciones», al final de este capítulo.]

El segundo propósito es, en cierta forma, inverso: construir cuatro «tipos ideales» a cuyo perfil se acercan los intelectuales mexicanos. No existe el «perfecto 1915» o el «1968 esencial». Hay rasgos que se comparten, perfiles más pronunciados, casos que se acercan al ideal. Cierto, las generaciones no son rígidamente homogéneas, y vistas en el interior pueden estar constituidas por promociones (oleadas) o constelaciones centrífugas. Este caleidoscopio dificulta la construcción de «tipos ideales» pero no la imposibilita. Aquí se intenta en particular con las dos últimas generaciones.

El buen generacionista debería lograr un efecto musical. Los temas pasan de una generación a otra en forma de fuga: idénticos y distintos. Deberían notarse efectos de difuminación –cuando los temas se diluyen–, irrupciones tempestuosas, interludios, voces solitarias, pasajes escarpados. Las páginas que siguen registran, pero no recrean, algunos de estos matices.

Las cuartillas siguientes son escasamente originales. El primero en utilizar sistemáticamente el «modelo» generacional de Ortega para la cultura mexicana ha sido don Wigberto Jiménez Moreno. El hallazgo de las cuatro estaciones en nuestra cultura es mérito suyo. Luis González ha empleado el método en sus libros más recientes y en uno inédito *(La ronda de las generaciones);* lo ha hecho con imaginación, discreción y un granito de escepticismo. El historiador colombiano Germán Posada lo emplea para toda la cultura latinoamericana. En fin, Carlos Monsiváis y José Emilio Pacheco utilizan a menudo el método de Ortega en sus escritos sobre literatura.

Resta una aclaración. No he pretendido estudiar exhaustivamente la vida cultural mexicana ni elaborar una nómina completa de sus exponentes. Lo que sigue es un esbozo, un lienzo, el borrador de un trabajo que requeriría mayor aliento. Mi enfoque es, reconozco, demasiado impresionista. También es limitado: omite casi toda mención a las ciencias, las disciplinas técnicas, la arqueología, la antropología, la medicina, la psicología, el derecho, y es muy superficial en lo que toca a las artes plásticas. Mucho de lo que aquí se sostiene es discutible, pero quizá la sección referente a la Generación de 1968 lo es más: en historia, por desgracia, quien es juez y parte se lleva la peor parte.

La Generación de 1915 (nacidos entre 1891 y 1905): Fundación y autoconocimiento

La marca inicial de la Generación de 1915 fue haber contemplado la revolución sin participar en ella pero heredándola a la postre como único horizonte de interés y responsabilidad. Una generación que nace aislada del mundo exterior, sin maestros casi (el casi es Caso), muy poco libresca, y cuya vocación es reconstruir el país. No hay en ella, como lo hubo en la anterior, rechazo al orden porfiriano. Tampoco, por supuesto, al nuevo orden. Si para los ateneístas la revolución resultó un torbellino que desquició sus vidas en el exilio y la derrota, para los jóvenes fue lo opuesto: un llamado, una oportunidad de ordenar, de actuar, de encauzar.

El vacío de los cuadros académicos, culturales, técnicos y políticos que dejó la tormenta, favoreció la incorporación de estos jóvenes a la vida pública. Su afán es «hacer algo por México». El año de iniciación: 1921. Mientras que sin desprenderse del estado mental de lucha, Vasconcelos discurre algo muy semejante a una cruzada educativa, «los Siete Sabios» y su secuela construyen casi todo desde cero: políticas hacendarias, el primer impuesto sobre la renta, leyes de protección obrera, revistas literarias de vanguardia, nuevos cursos y ediciones. Frente al despliegue de convicción, prefieren –padres prematuros– los límites de la responsabilidad. Buscan un saber inmediatamente aplicable a la vida y por eso llevan la palabra «técnica» al grado de emblema. A la generación anterior le achacan muy pronto su improvisación, su desorden, su populismo sentimental, su romanticismo. Hay tres polémicas centrales que revelan el conflicto entre estas dos actitudes opuestas: la polémica privada entre Vasconcelos y Gómez Morin en torno a la política educativa en 1922 y a la oposición política en 1929: religión u organización. La de Antonio Caso con Ramos en 1928 sobre la práctica de la filosofía: sacerdocio o investigación. Y la más célebre de todas, en la que Lombardo quiso representar la ciencia marxista de su tiempo frente al supuesto irracionalismo místico de Caso. A ellas habría que agregar quizá la dilatada polémica artística entre Tamayo y los muralistas.

Son hombres de fe razonada, no de entusiasmo indeterminado. Desechan la «violencia creadora» que acuñó Vasconcelos: se quedan con la creación. Como nuevos misioneros dejan en México –y en algunos casos en América Latina– la huella de sus fundaciones. Su obra se despliega a lo largo de tres decenios (1920-1950) y tiene estribaciones que llegan casi a nuestros días. En los años veinte fue en esencia económica: leyes fiscales, crediticias, hacendarias; bancos oficiales (Banco de México, Banco Nacional de Crédito Agrícola); escuelas: de economía, bancaria; centrales agrícolas. En los años treinta sigue la cosecha económica pero predomina la social y política (CGOCM, CTM), la académica (Universidad Obrera, Casa de España, INAH, El Colegio de México, institutos de Investigaciones Sociales y Estéticas, Politécnico Nacional) y la editorial (Fondo de Cultura Económica). Los años cuarenta son el cenit de revistas *(Cuadernos Americanos, Combate)*, editoriales (Jus, Polis), institutos (de Física, de Enfermedades Tropicales, de Cardiología, de Medicina Rural, Observatorio Nacional), partidos políticos (PAN, PP). En plenos años cincuenta Cosío Villegas comenzó a fundar sus fábricas de historia. En los sesentas, un argentino coetáneo del 1915 –que había convivido con la generación en el año de iniciación– funda la editorial Siglo XXI: Arnaldo Orfila (1).*

La Generación de 1915 fue fundadora también en el ámbito de la docencia, la legislación social, la ideología y la crítica. El jacobinismo y el socialismo provenientes de la Revolución eran conceptos vagos y sentimentales en la generación ateneísta y sus congéneres. Incluso los flamantes artículos 3, 27, 123 y 130 parecieron letra muerta por muchos años. Faltaba quien se atreviera a codificarlos. Esta labor de encauzamiento, orden y primera reglamentación correspondió a la Generación de 1915. Es Bassols en 1927 quien escribe su famoso artículo «Toda la tierra, y pronto», y elabora la ley agraria que sólo Cárdenas llegará a poner en práctica. Lombardo interviene muy activamente desde 1929 en la codificación de la Ley Federal del Trabajo. Es Bassols también, primero el crítico y en cierta forma el fundador de las modernas juntas de conciliación y arbitraje. La educación socialista, con todo y su versión «racional y exacta del Universo», es en buena medida obra intelectual de Erro, Bassols, Lombardo y dos furibundos michoacanos: Bremautz y Coria. Para la Generación de 1915 el marxismo no es un problema moral: es el nuevo cuerpo de axiomas al que había que ajustar la vida nacional. No una mecha revolucionaria sino un molde social. Incluso los afanes moralizadores de Bassols y Silva Herzog en el gobierno se comprenden mejor a la luz de la tensión entre el temple ordenador de 1915 y el jacobino grupo anterior, que no conocía más que fiestas y balas.

En el campo ideológico Lombardo Toledano fue el gran fundador. Sus teorías sobre una ruta mexicana hacia el socialismo que pasase por

---

* Estas llamadas refieren al «Cuadro de generaciones» que aparece al final de este ensayo.

el fortalecimiento estatal no fueron precisamente originales (eran tiempos del Frente Popular), pero lo cierto es que no han sido superadas por las siguientes generaciones de izquierda. Por otra parte, sigue vigente la crítica social, psicológica y moral de Silva Herzog, Ramos, Palacios Macedo, Bassols, Gómez Morin. Del fracaso de la Revolución mexicana poco se ha dicho y se dirá que supera en calidad y profundidad al seco veredicto de Cosío Villegas en 1947: «La crisis de México». La crítica de estos hombres nace de una amarga contemplación del panorama nacional. Terminaron por sentir que las generaciones siguientes habían distorsionado o, peor aún, corrompido su obra.

De la generación anterior heredaron desde muy temprano el nacionalismo cultural, pero ya no para celebrarlo sino para examinarlo. Su momento deja de ser, como en Rivera u Orozco, de azoro, deslumbramiento, fiesta, floración, canto, intuición, catarsis, para volverse de búsqueda de sentido. Adviene la distancia, la inteligencia, el deseo de nombrar las cosas, de profundizar en ellas y distinguirlas con claridad. Junto con la palabra «fundación» –como ha visto Luis González–, el término «autognosis» (empleado por Samuel Ramos) los representa. De esta tarea se ocupan ensayistas, pintores, filósofos, antropólogos e historiadores, por caminos diversos. Cada escuela y etapa histórica cuenta con su historiador fundador (2). Una vertiente fructífera y profunda de la autognosis, la más representativa quizás, es la de los antropólogos (Gamio, M. Othón de Mendizábal) y arqueólogos (Alfonso Caso). El título de la obra de Gamio lo dice todo: *Forjando patria*. Dos filósofos, Samuel Ramos y Jorge Cuesta, buscan la identidad mexicana por vías que se contraponen y complementan: el primero encuentra lo específico mexicano en el afán imitativo y el complejo de inferioridad. Su prédica: cribar en nuestra propia intimidad. El segundo cree ver en el desarraigo lo mexicano fundamental y nos invita a incorporar nuestras peculiaridades a una tradición más amplia. Mientras con Xavier Icaza, Gregorio López y Fuentes, Ermilo Abreu Gómez, la novela incurre en un costumbrismo mexicanista (quizá porque había perdido el vigor, la sorpresa, el impulso crítico –en verdad antirrevolucionario– de Azuela y Martín Luis Guzmán), la pintura alcanza un límite en el empeño de autognosis: la obra de Rufino Tamayo. Ya no es la realidad exterior, la epopeya social o una inminente utopía lo que se plasma: es un subsuelo anterior, el fluir del mundo de los mitos y los sueños, el modo nuestro de la agresión, la ternura, la fiesta y la muerte. La obra de Rodolfo Usigli responde también a las dos motivaciones centrales de la generación: es un fundador del teatro moderno en México y, al mismo tiempo, uno de los más lúcidos espectadores (en el sentido orteguiano) de nuestras particularidades. Algo similar logra la música de Silvestre Revueltas y, por momentos, la de Carlos Chávez, fundador musical además de compositor. Del primero ha escrito Octavio Paz: «No amaba el desorden ni la bohemia. Por el contrario, era un espíritu ordenado, puntual, exacto».

Orden, depuración, rechazo a la improvisación. Si se piensa hasta qué grado estas palabras guiaron la actitud de un grupo extraordinario de poetas de la época, «los Contemporáneos» (Novo, Villaurrutia, Cuesta, Pellicer, Gorostiza, Owen, Torres Bodet, González Rojo, Ortiz de Montellano, Nandino), se verá por qué, contra la leyenda, pertenecen orgánicamente a esta generación. Son la segunda promoción de 1915, una promoción esencialmente literaria y crítica que extrema el temple racional de los hermanos mayores hasta conducirlo a una pequeña lucha fratricida. Colaboran en la cruzada vasconceliana. Tienen el impulso fundador que despliegan en el ámbito de los usos culturales: fundan el primer cineclub, varias revistas literarias de vanguardia *(Falange, Ulises, Contemporáneos)*, grupos teatrales, la crítica de artes plásticas, el periodismo cultural. Pero en los años treinta, cuando la primera promoción introduce la educación socialista, la melcocha mexicanista y la rigidez ideológica, los hermanos menores se rebelan. Es la hora de Jorge Cuesta, un Julien Benda mexicano contra los clérigos Bassols, Lombardo y Cía. Salvador Novo escribe su «Lombardotoledanología». La lucha interna llega, por momentos, a extremos de persecución. Aunque los Contemporáneos descreyeron de la revolución (como los técnicos del grupo descreían de la violencia), no dudan en colaborar con los regímenes a partir de 1940. Periodos especialmente dignos e imaginativos de la política internacional (Gorostiza) y educativa de México (Torres Bodet) fueron inspirados por ellos. Tampoco su desarraigo cultural debe verse como una actitud antinacionalista: «Su afrancesamiento», ha escrito Octavio Paz, «era la libre elección no de un particularismo (el francés) sino de un universalismo». Su excepcional obra literaria y, en especial, poética, no es, por supuesto, reductible a la circunstancia de cualquier índole, pero quizá pueda advertirse en ella un rasgo generacional precisamente en la voluntad de orden. De la vanguardia europea aceptan la vertiente de Valéry y Gide, no de Pound.

Finalmente, dos grupos nacidos en la misma zona de fechas tuvieron también un papel intelectual en México. El primer grupo es mexicano: los estridentistas (List Arzubide, Maples Arce, Arqueles Vela, Quintanilla). Parecería que su temple contradice el tono de orden y nos amanecemos. No es así. Representan, como los Contemporáneos, el impulso de vanguardia, si bien una vanguardia menos culta y lograda. En los años treinta muchos de ellos se abandonaron a la marea marxista y mexicanista con la misma certeza constructiva que sus coetáneos más renombrados.

El segundo grupo vino de España a fines de los años treinta. A su llegada no sólo la Generación de 1915 estaba en plena madurez sino incluso la siguiente, la de 1929. De pronto, la sabiduría, prestigio y vitalidad de los españoles impuso a estos jóvenes varios lustros más de paciente aprendizaje. José Gaos –antes que nadie–, pero también Manuel Pedroso y muchos otros maestros establecieron la civilizada hegemonía del 1915 sobre casi dos generaciones. La historia de los intelectuales y artistas transterrados todavía está –pese a algunos fríos intentos– por escribirse (3).

Tardará en llegar una generación que comprenda en sus propios términos a los hombres activos, ordenados, racionales, prácticos, inquisitivos, realistas de la Generación de 1915. Culturalmente, el momento actual no es de fundación y autoconocimiento sino de violencia y dogma. Como aquel frente al cual los hombres de 1915 construyeron el edificio institucional que todavía habitamos.

La Generación de 1929 (nacidos entre 1906 y 1920): Rebeldía e institucionalidad

En las aulas de los hombres de 1915, en sus fundaciones, esquemas ideológicos, impulsos artísticos y en el *ethos* construido como reacción y encauzamiento a una revolución que contemplan sin participar, se incuba una nueva generación que nació en la Revolución sin contemplarla. La segunda hornada del orden nuevo. Hombres nacidos entre 1906 y 1920.

Una primera promoción de este grupo se identifica con los abuelos revolucionarios y rechaza la actitud racional de los padres fundadores. Cuando en 1923 Lombardo Toledano parece representar la lucha social y Vasconcelos la autoridad, están con Lombardo. Cuando en 1929 Lombardo es el *establishment* laboral callista y Vasconcelos la oposición, están con Vasconcelos (Salvador Azuela, Salazar Mallén). Hubiesen querido un jirón siquiera de violencia que los acreditara ante el tribunal de la historia como auténticos revolucionarios. La alternativa en el callismo –una presidencia en virtual guerra interior contra las asonadas y los cristeros– no es defender al gobierno, pero tampoco a la reacción. A falta de las armas quedan las palabras armadas. Es la promoción de los campeones nacionales de oratoria (López Mateos, Brito Rosado, Gómez Arias, González Rubio) en los concursos de *El Universal*. Admiran a Soto y Gama, al maestro Caso y aun a los grandes oradores del huertismo como José María Lozano. Pero el gran guía desde el exilio es Vaconcelos, el abuelo intelectual cuya columna periodística leen, semana a semana, con la mayor devoción.

Antes del vasconcelismo estallan los primeros conflictos con la Generación de 1915. Para la querella generacional es significativo recordar que la huelga de 1929 se planteó contra dos miembros distinguidos del 15, Castro Leal y Bassols, por la introducción de un orden elemental: los reconocimientos trimestrales. Durante y después del vasconcelismo los jóvenes enfilan su crítica contra «los Siete Sabios» achacándoles como carencias aquellas actitudes que éstos veían, a su vez, como defectos o excesos en los revolucionarios: arrebato, heroísmo, misticismo, indeterminado espíritu de sacrificio. Los batallones orales del vasconcelismo comenzaron a sentir que eran ellos, y no los circunspectos maestros del 15, los auténticos herederos de una revolución traicionada.

Cuando sobreviene el auténtico sacrificio –los asesinatos de Topilejo y la muerte de Germán de Campo–, la reverberación revolucionaria en el estudiantado se disuelve súbita y misteriosamente, como ocurriría en 1968. Los oradores descubren el verdadero sentido de sus discursos: las palabras perdidas. Pero ninguno de ellos duda del nuevo orden revolucionario en que ha nacido. Sus reparos se dirigen a los jerarcas, no a la revolución. Acompañan a Vasconcelos hasta Guaymas. Después, los destinos y las ideas de estos jóvenes y su guía no vuelven a confluir. Desde los primeros años treinta los acoge bajo su amplio manto la madre Revolución, que poco a poco incorpora su voluntad, juventud y convicciones. Muchos prosperan de puesto en puesto hasta escalar los más altos. Son «los cachorros de la Revolución», la élite universitaria de amigos de Miguel Alemán y López Mateos que reinarán en muchos ámbitos de México entre 1948 y 1970. La encarnación misma de la Revolución institucional.

En su afán por identificar el progreso propio con el de la nación, algunos terminan por recordar a los «Científicos» del Porfiriato. Desarrollan un menor sentido crítico que los hombres del 15 y buscan construir un país a imagen y semejanza de la clase media urbana en la que han vivido. Su proyecto nacional abandona las raíces agrarias de la Revolución y opta por una idea tardía de los fundadores del 15 (Eduardo Suárez, Gonzalo Robles): la de un México industrializado con el que sueñan por igual izquierdas y derechas. Antiguos vasconcelistas como Manuel Moreno Sánchez se vuelven ideólogos del nuevo progresismo mientras que una cohorte de economistas y abogados –no todos ex vanconcelistas– lo vertebran legal y técnicamente. Todos son –o se han vuelto– pragmáticos, sistemáticos, progresistas, triunfalistas, keynesianos, industrialistas. Hay un inconfundible aire «científico» y tecnocrático de familia en la actitud de los abogados, economistas e ingenieros clave en la época (Carrillo Flores, Beteta, Bustamente, Germán Parra, Ortiz Mena, Orive Alba y un largo etcétera): habitan, adaptan, importan, conservan, consolidan, expanden; no critican ni dudan. Incluso en Víctor Manuel Villaseñor y Ricardo J. Zevada, hombres de relativa oposición, hay la admisión de ser hijos a perpetuidad, en formas y medidas distintas, respectivamente, de Lombardo y Bassols. La del 29 es una generación marcada por padres y abuelos titánicos, tiránicos. Su impulso fundamental nunca sale de las coordenadas de esa herencia. Si los del 15 fueron padres prematuros, los del 29 fueron hijos permanentes, pero hijos responsables sin cuya diligencia se habría perdido la fortuna familiar. No es casual que este grupo haya dado grandes arquitectos: artistas del habitar (4). Tampoco que hayan construido su espejo: una ciudad (mañana un país) universitaria. La actitud escultórica procrea, claro, algunos escultores (Goeritz, Canessi) y un espléndido museógrafo: Fernando Gamboa. En pocos géneros como en la pintura se revela esta disposición institucional. Su arte tiende a ser decorativo, monumental (5). De la innovación se pasa a la receta, aunque no faltan varios pintores y un fotógrafo (Álvarez Bravo) que con la misma materia mexicana intenten cosas nuevas (María Izquierdo, Ricardo Martínez, Cantú, Zalce, Soriano). El tono general es de ornato. ¿No es algo similar lo que ocurre con el folclorismo musical clásico y con el *boom* cinematográfico? De Fuentes, hombre del 15, rescató al charro mexicano. Los directores y fotógrafos cinematográficos del 29 (un Bustillo Oro –hay otros–, «el Indio» Fernández, Gabriel Figueroa) lo institucionalizan. Curiosamente, los monstruos sagrados del cine mexicano son todos de este grupo (Cantinflas, Jorge Negrete, Pedro Infante, María Félix, Dolores del Río). Incluso la historia desciende al hieratismo: varios historiadores (Pérez Martínez, Dromundo) incurren en el género heroico: historia decorativa, escultórica. No toda la obra de estos autores institucionales es, por supuesto, derivada o de segundo orden. Su mexicanismo refleja también, por momentos, resortes auténticos de la vida del país. Un futuro e improbable resurgimiento del nacionalismo mexicano tendrá que reconsiderar el duro y acaso injusto veredicto actual para esa obra y estos autores.

El cultivo de la ciencia ofreció un campo abierto para construir una obra personal independiente. Por su propia naturaleza, era un ámbito que para progresar requería del relevo pacífico de generaciones. Los hombres de esta hornada llevan algunas disciplinas científicas y técnicas a niveles de excelencia internacional (6). Buena parte de ellos estudian en el extranjero, cosa que no pudieron hacer las generaciones anteriores. Siempre en instituciones oficiales (porque en México la iniciativa privada no invierte en cultura), los hombres de los años treinta desarrollan investigaciones que cuando no están ligadas a fines inmediatamente políticos logran resultados muy apreciables. Es otra faceta de la mentalidad institucional. Aparte de integrar la élite de la clase política por varias décadas, los juristas de los años treinta ensanchan la labor del 15, reglamentan todos los territorios de la vida mexicana y desarrollan una vastísima obra de investigación, edición y docencia (7). Igual ocurre con la importante obra científica de sistematización, hermenéutica, crítica, exégesis, edición y docencia de los rigurosos historiadores de la generación formados en las aulas de Gaos, Gamio, Alfonso Caso, etcétera (8). La obra de científicos sociales como Víctor Urquidi y José Iturriaga, lo mismo que los trabajos de José Luis Martínez y Antonio Acevedo Escobedo en la historia literaria, deben verse también como un capítulo importante en esta labor, ya no de descubrir México sino de ejercer su paciente y riguroso inventario. El impulso científico permeó también la filosofía. García Máynez abandona la búsqueda de una concepción personal del mundo e introduce rigor científico en el derecho, la axiología, la ética. Paralelamente, Antonio Gómez Robledo hace lo mismo con la historia de la filosofía y el derecho internacional. El neokantismo (Francisco Larroyo, Guillermo Héctor Rodríguez, Miguel Bueno, J. M. Terán Mata) quiso tecnificar un conocimiento que hasta entonces se entendía como un subgénero del ensayo literario. El mérito de su intento ha pasado inadvertido salvo para algunos filósofos analíticos que entendieron las razones de esta escuela cuyos frutos, es cierto, no estuvieron a la altura de su proyecto. No era fácil quizá despojar a la filosofía del dramatismo pedagógico de Caso o del impulso místico de Vasconcelos. Por lo demás, no hubo tiempo. Justo al inicio de su reinado los desplaza el nuevo sumo sacerdote de la filosofía mexicana, José Gaos, el transterrado fundador que se entregó a la filosofía con una devoción digna de Spinoza.

El historicismo de Gaos entona de inmediato con el impulso de autognosis proveniente de la Generación de 1915 y lo enriquece. En derredor suyo se abre una nueva vía: la historia del pensamiento mexicano. La institucionalización cultural de los años cuarenta, impensable en la pobreza y turbulencia de los decenios anteriores, favorece un ánimo –y, hasta cierto punto, un bolsillo– reposado para contemplar los orígenes. Algunos cineastas sentimentales suspiran por los tiempos de don Porfirio, mientras que en los círculos filosóficos se vuelve también al Porfiriato, no para añorarlo sino para entenderlo. El regreso de Alfonso Reyes es un acontecimiento fundamental. Su presencia favorece el clima de conciliación cultural cuya expresión más acabada está en la revista *El Hijo Pródigo* (alianza de generaciones) y en el humanismo ateneísta de la Casa de España. Es Reyes quien se atreve en 1943, por primera vez, a recordar el *Pasado inmediato*. Son los años de la obra de Zea sobre el positivismo; los de las primeras reconstrucciones e interpretaciones sobre la historia americana del propio Zea, O'Gorman, Zavala, y de un mexicano en el exilio: Andrés Iduarte. Es el canto del cisne panamericano, herencia remota de Rodó y el Ateneo.

Como en el caso de la Generación de 1915, la de 1929 tiene también una segunda promoción literaria y crítica que lleva a extremos el temple revolucionario inicial del 29. Todavía adolescente, participa casi simbólicamente en las huelgas del 29 y el vasconcelismo. En 1930, cuando la fe de los oradores vasconcelistas vacila, la rebeldía de esta segunda promoción asciende y encuentra la novedad ideológica del siglo, la fe de los años treinta, el marxismo. José Revueltas, Efraín Huerta, Octavio Paz, José Alvarado, Octavio Novaro, Enrique Ramírez y Ramírez y varios otros jóvenes, incluso algunos tránsfugas del vasconcelismo, esperan el inminente derrumbe del capitalismo y el arribo del milenio. La URSS es la tierra del futuro. Antonio Caso, su gran maestro en la preparatoria, aconseja a Octavio Paz atemperar su extremismo: «Vea a Vicente Lombardo, por ejemplo: es socialista pero también cristiano». (Faltaban tres años para la famosa polémica en la que Caso llamaría «renegado» a Lombardo.) En la Librería Robredo la literatura rusa llena los escaparates. Cada uno escoge su arquetipo, no literario, vital; Ivan Karamazov, Stavrogin, Sacha Yeguilev, Bazarov. Se vive una atmósfera de pasión religiosa. La antropología filosófica (Scheler) remite en cada lectura a la condición final del hombre. Los autores de moda parecen predicar que no hay alternativa más que en los límites: Berdiaev, Landsberg, Chestov, Lawrence, Malraux, Ortega y Gasset. Todos llegan a través de la *Revista de Occidente* o, un poco después, de *Cruz y Raya*. Durante la guerra llegará el numen mayor: Heidegger.

La trayectoria intelectual y artística de estos hombres puede verse como un ascenso en el que, paulatinamente, varios detienen su marcha, se inmovilizan. Muchos ejercen el «sacrificio intelectual» del que hablaba Weber, volviéndose conversos a una nueva fe que nunca podrán criticar. Son los «institucionales» del marxismo, tan conservadores como sus homólogos del PRI. Hay en algunos vocaciones revolucionarias auténticas, pero la militancia no garantiza sino, por el contrario, obstruye, la vitalidad cultural. La LEAR es un ejemplo. Con algunas excepciones (De la Cabada, Campobello, Leopoldo Méndez), sus exponentes no rebasan el horizonte creativo de la década anterior. Al arte le tiene sin cuidado la santidad.

Una salida práctica para algunos está en el periodismo. En él se encuentran con antiguos oradores vasconcelistas que no han perdido la indignación moral y civil del 29 proveniente, en última instancia, del maderismo. Estos miembros de la primera promoción insistirán por decenios en el recuento de un ideal democrático incumplido: la promesa política y moral de la Revolución. El hombre representativo: Alejandro Gómez Arias. Los periodistas de la segunda promoción mantendrán una propuesta social típica de los años treinta: el proyecto nacional y popular del cardenismo. Ejemplos distinguidos: José Alvarado, Fernando Benítez, Enrique Ramírez y Ramírez, Francisco Martínez de la Vega, Gastón García Cantú. Una revista representa puntualmente la confluencia de estos dos ríos paralelos cuyo origen remoto es el vasconcelismo: *Siempre!* Ahora mismo, la enorme mayoría de sus articulistas –haga cuentas el lector– son gente de los años treinta.

La literatura ofreció múltiples caminos de salvación intelectual. Un vasconcelista (Mauricio Magdaleno) retiene el impulso crítico del 29 y –última floración– renueva brevemente la novela de la Revolución. Con el recuerdo revolucionario, en su momento, Elena Garro hará más: una transfiguración. El cine fue también, excepcionalmente, un vehículo efectivo de una crítica social muy acorde con el espíritu vasconcelista (el propio Mauricio Magdaleno, Julio Bracho). Una cohorte opta por el género intelectualmente fácil pero no exento de compromiso y –a veces– de drama biográfico, de la literatura proletaria (discípulos de Mancisidor, fundadores de *Ruta;* Lorenzo Turrent Rozas). Para su fortuna literaria, algunos se rezagan en provincia. Henestrosa y De la Cabada recorren y transforman el mundo indígena de Oaxaca y Campeche. Del Occidente, donde perdura la huella de la Cristiada, llegan Yáñez, Rulfo y, más tarde, Arreola. Su mirada fresca sorprende y deslumbra a la generación, entre otras cosas porque prueba el grado en que le era ya ajeno el mundo campesino. ¿Dónde clasificar a Efrén Hernández y Neftalí Beltrán? ¿O a las poetas de la generación: Margarita Michelena, Pita Amor, Carmen Toscano? Tan difícil como a Francisco Tario. Manuel Ponce introduce la vanguardia en un terreno inusitado: la poesía católica. Unos poetas mueren prematuramente (Vega Albela, Quintero Álvarez) o abandonan la poesía (Solana, López Malo).

Los poetas jóvenes (Chumacero, Calvillo, González Durán) se refugian en una poesía hermética y personal. Vuelven a la tradición aséptica, en lo social, de los Contemporáneos. Es, en cierta forma, su reacción profunda contra la pasión política e ideológica de los años treinta y el anuncio de la generación siguiente.

Muy pocos escritores lograron mantener el ascenso a partir de la tensión política y poética de los años treinta. Octavio Paz ha recordado sus palabras clave: visión, subversión, religión, revelación. «Para nosotros», escribe Paz, «la actividad poética y la revolucionaria se confundían y eran lo mismo.» Palabras y actitudes ajenas y aun contrarias a los Contemporáneos, padres intelectuales que en lo político rechazan pero que culturalmente continúan a través de la fundación de espléndidas revistas literarias *(Barandal, Cuadernos del Valle de México, Taller Poético, Taller)* y la defensa de la libertad intelectual y artística contra el realismo socialista. Un poeta y crítico fundamental es el eslabón entre estos jóvenes y los Contemporáneos: Luis Cardoza y Aragón.

Los incita el mismo demonio que no abandonaría a Sartre, Aragon, Orwell, Silone, Breton, Spender, Auden. Practican el periodismo doctrinario; apoyan con su pluma y, cuando pueden, con su presencia, a la República española. Cuando se pierde la guerra española acogen a los escritores en el exilio y junto con ellos fundan revistas, seminarios, editoriales y tertulias. Salvo en los aspectos culturales y educativos, están entusiastamente con Cárdenas. Su apoyo al régimen no es sólo verbal: viajan al campo y fundan escuelas para obreros y campesinos. Tres caras destacan: Efraín Huerta, Octavio Paz, José Revueltas.

De distinto modo –uno como calvario, otro como aventura y conquista intelectual–, Revueltas y Paz, ambos nacidos en 1914, reencarnan la vieja tradición romántica que entrevera vida y literatura. Revueltas lee a Dostoievski en prisión. Para Octavio Paz es un cristiano primitivo y sus cartas desde las Islas Marías en 1938 lo confirman: «necesitamos vivir en medio de la exaltación y el sufrimiento», le escribe a su hermano Silvestre. «Hay que sufrir ahora por los demás.» Ya no se trata, como en el caso de los primeros vasconcelistas, de volver a la tradición revolucionaria con proclamas o piezas oratorias. Se trata ahora de encarnar la revolución no sólo mexicana sino mundial y de asumir el marxismo no como molde legal sino como problema ético. En el lento trayecto de su calvario, su obra encuentra y recobra lo que buscaba: el rostro mexicano del dolor y la muerte. En el arte, sólo Tamayo había llegado y Rulfo llegaría a provincias paralelas. Límites en el proceso del conocimiento mexicano.

Otro escritor llegó también: Octavio Paz. En su vida familiar confluyen, se intersectan y luchan poderosas corrientes de la vida mexicana: la rebeldía liberal y la convicción porfiriana de su abuelo; el anarquismo zapatista del padre; la tradición moral española. Ríos mexicanos en una biografía. Generacionalmente, la vida de Paz representa quizás el momento de mayor tensión ideológica y moral en este siglo. Como los más fieles vasconcelistas, Paz vuelve a la tradición revolucionaria, pero de nuevo, como Revueltas, no para detenerse en la querella ética o civil sino para inscribirla en la nueva esperanza de solidaridad humana que anuncian los años treinta. Del dogma lo rescata su vena anarquista y, claro, el genio poético. También su contacto con los Contemporáneos, muy especialmente con Villaurrutia, Gorostiza y Cuesta, devotos de otro demonio: la inteligencia. En las polémicas centrales de estos años (arte libre-arte comprometido; estalinismo-trotskismo; comunismo-anarquismo), Paz interviene sin subordinar la literatura al poder. Él y Revueltas son los únicos que se han propuesto nunca detener la crítica. Por eso son los primeros en condenar el estalinismo y en sufrir las purgas autóctonas. Pero lo que Paz rechaza es el dogma, no la esperanza: «Quien ha visto la Esperanza», escribiría años después, «no la olvida. La busca bajo todos los cielos y entre todos los hombres. Y sueña que un día va a encontrarla de nuevo, no sabe dónde, acaso entre los suyos».

Por momentos la ha encontrado entre los suyos. ¿Cómo no ver en su amoroso reconocimiento de tantos escritores y artistas mexicanos, anteriores a él, contemporáneos y posteriores, una expresión más del impulso de su generación a recoger –a cosechar, así sean peras del olmo– lo que México ha logrado? Y si de generaciones que encarnan en una vida se trata, Paz continúa el afán fundador de 1915 en sus dos facetas: es el iniciador de varias revistas literarias y críticas, y lleva el empeño de autognosis a un nuevo linde en *El laberinto de la soledad*.

Como iniciadora del nuevo ciclo, la Generación de 1915 tuvo una clara unidad de propósito y un destino lineal. La querella de las dos promociones del 15 con el apasionado grupo anterior fue idéntica: orden frente a la improvisación. Las diferencias internas son casi de matiz y sólo llegan a la guerra cuando el matiz es la educación socialista. La Generación de 1929, en cambio, tuvo un destino más paradójico. El temple original de sus dos promociones fue rebelde o revolucionario. Pero ya sea en el vasconcelismo o en la más dilatada rebeldía ideológica y social de los años treinta, esta identificación con los abuelos los condujo al reverso de la revolución: la institución. Heidegger decía que el hombre no puede adelantarse a su propia sombra. Los del 29 fueron los primogénitos de la revolución. Imposible negarla o siquiera criticarla. Culturalmente, cabía aprovechar la estabilidad. Fue el camino que por fortuna eligieron los científicos, sin comillas, del 29. Políticamente, restaba sólo asumirse como herederos y dedicarse a administrar la casa con un sentido pragmático, o mantener una chispa de rebeldía en un marco de rápida institucionalización. Para los pintores del 29, mantener la chispa no fue un acto de innovación sino de fidelidad con el muralismo, y así ocurrió en otras provincias culturales. Para otros, mantener la chispa equivalió a insertarse en la férrea estructura política e ideológica del estalinismo o en la más benigna pero no menos avasalladora de la institucionalidad lombardista. Por fuera de ese múltiple tentáculo institucional los márgenes fueron estrechos. Felizmente, algunos periodistas y escritores independientes asumieron la inquietud de los tiempos en forma individual, a veces como rebeldía estética, otras como rebeldía política. El premio a su perseverancia crítica está en su obra personal.

La posteridad llegó pronto para esta generación y su veredicto fue severo. Cuidándose de no rebasar la sombra ancestral de los clásicos padres del 15 o los románticos abuelos del Ateneo, los revolucionario-institucionales del 29 contribuyeron como auténticos «intelectuales orgánicos» (en el sentido gramsciano) a consolidar, legitimar e incluso a encarnar el sistema mexicano. Pero su pecado fue el optimismo. El no haber vivido o contemplado la revolución condicionó su ceguera ante la vertiente agraria y social del pasado inmediato. Los mejores hombres del 15 protestan desde los años cuarenta por los olvidos y las distorsiones. Es el caso, por ejemplo, de las diferencias de Cosío Villegas y Palacios Macedo respecto a la política industrial y financiera de Carrillo Flores. O también, en gran medida, la filosofía inicial del Partido Popular: volver a las raíces. Pero no serían los fundadores del 15 sino los jóvenes escépticos de la Generación de Medio Siglo quienes cobrarían con creces la hipoteca.

La perspectiva actual tiene menos simpatías que diferencias con los hombres del 29. Como en el caso de la Generación de 1915, y por motivos similares, los vientos de hoy no favorecen el aprecio por temperamentos institucionales o conservadores. La extraordinaria labor consolidadora de muchos hombres del 29 parece mínima o inútil a una mirada como la actual, que duda de los fundamentos mismos de toda la obra. Por lo demás, comparada con los fervores de hoy, la propuesta democrática de la generación parece inocentemente «reformista». No lo fue. La autonomía universitaria es una deuda nacional con ellos.

El arte marmóreo, la literatura escultórica y otros géneros afines fueron liquidados por la piqueta de la generación siguiente o, todavía peor, por el olvido. La corriente científica del grupo ha corrido con mejor suerte: hay una clara continuidad y reconocimiento de los trabajos jurídicos, filosóficos, históricos y científicos en las camadas siguientes. Pero quizás el arco generacional más interesante es el que se dio entre los jóvenes revolucionarios del 68 y los escritores de la segunda promoción del 29 que conservaron su independencia. Los guías o ideólogos del movimiento no fueron los padres o maestros intelectuales. Fue un abuelo: José Revueltas. La renuncia de Octavio Paz significó también un acto de solidaridad entre dos generaciones. Y la tensión persiste en el desencuentro del propio Paz con la Generación de 1968. Los parricidios no se intentan con figuras ajenas: sólo con las propias y legítimas.

La Generación de Medio Siglo (nacidos entre 1921 y 1935): Crítica y cosmopolitismo

El contorno de las generaciones se oscurece a medida que la mirada se acerca al momento actual. En 1982 las dos que siguen en el ciclo se encuentran, respectivamente, en su cenit y su ascenso. Son generaciones vivas y actuantes por lo que historiarlas, en rigor, es imposible. Pero de lo que se trata aquí es de arriesgar un perfil, no un veredicto. Ciertas tendencias en el temple de cada una parecen definitivas. La cámara enfoca, más borrosamente, los últimos treinta años.

La generación de los nacidos entre 1921 y 1935, bautizada por Wigberto Jiménez Moreno como «Generación de Medio Siglo», es la más heterogénea de las cuatro que integran el ciclo. El *«primal scream»* de su promoción inicial es un *no* atemperado: en octubre de 1945 organiza un congreso de crítica de la Revolución mexicana. La mayoría adquiere conciencia pública durante el cardenismo, y participa de la pasión nacionalista, ideológica y social que en los años treinta se desliza, con creciente intensidad y radicalismo, en la Universidad Nacional. Pero la guerra y la bomba atómica enfrían todo entusiasmo. De esa experiencia los jóvenes extraen incertidumbre, escepticismo, un sentido de fatalidad y un temple crítico permanente. Con ellos comienza la duda. ¿Ha muerto la Revolución mexicana?

En ese congreso, ninguno contesta afirmativamente. La respuesta general es un no, pero... José Rogelio Álvarez (presidente del congreso) se refiere a la inmoralidad, la insatisfacción de las necesidades materiales, el analfabetismo, la confusión ideológica. Jaime García Terrés y Emilio Uranga desacreditan, en una brillante ponencia escrita desde la izquierda universitaria, la educación dogmática. El resultado no es un replanteamiento de las tesis revolucionarias (incluyendo la novísima y antiagraria política industrial) sino un recuento de promesas incumplidas. En 1947, algunos jóvenes se incorporan al Partido Popular. Otros se integran al proyecto estatal aunque siempre con un cierto sentido crítico que incomoda a los políticos profesionales. (Ejemplo: Benjamín Retchkiman.) Dos intelectuales ilustran –cada uno a su modo– este momento de transición de una mentalidad institucional a una crítica: Juan F. Noyola y Jesús Reyes Heroles. En el congreso, Noyola –estudiante de El Colegio de México– reclama un mayor impulso en la socialización del reparto agrario. Por años ejerce su carrera de economista en la CEPAL hasta que la Revolución cubana cambia su vida. En Cuba, Noyola se convierte en uno de los cerebros económicos de Castro: crea instituciones, participa en planes, asesora a ministros, dirige la Escuela de Economía. Al morir en un accidente en 1962 se le declara «mártir de la Revolución cubana». El caso de Reyes Heroles, muy distinto, no es menos paradójico. A él se deben dos puntales mayores de legitimización estatal: su tesis sobre la continuidad del liberalismo y la actual reforma política. Sin embargo –más liberal que institucional–, Reyes Heroles ha marcado su distancia de los dos últimos, caprichosos, príncipes.

Durante el régimen de Alemán la generación paga sus últimos tributos al nacionalismo revolucionario. Influidos aún por la prédica historicista de Gaos y a través de categorías de análisis provenientes de las filosofías de moda (fenomenología, existencialismo), los jóvenes prolongan y culminan el proceso de autognosis que había durado ya el largo trecho de 30 años. Los historiadores buscan actitudes y estados mentales: Luis Villoro analiza las etapas del indigenismo y las actitudes históricas en la Independencia; Luis González estudia el optimismo como factor en el movimiento independiente; Pablo González Casanova escribe *El misoneísmo y la modernidad cristiana en el siglo XVIII en México*. Con el Grupo Hiperión (Villoro, Zea, Uranga, Portilla, Guerra, McGregor) la filosofía sale a la calle y disecta la vida cotidiana. Jorge Portilla escribe su memorable *Fenomenología del relajo*. Emilio Uranga encuentra lo esencial mexicano en la accidentalidad, la fragilidad, la pena y la zozobra. A principios de los años cincuenta los más lúcidos concluyen que el proceso corría el riesgo de varar en ensimismamiento, en solipsismo: era preciso abrirse hacia una comunidad más amplia; romper, según la frase del pintor José Luis Cuevas, «la cortina de nopal».

Lo cierto es que las fisuras apuntaron en la cortina desde la llegada de los transterrados. Manuel Pedroso, maestro de varias promociones en la Escuela de Derecho, abría horizontes literarios y filosóficos. La revista *El Hijo Pródigo* reacciona de modo amable pero firme contra el iberoamericanismo de *Cuadernos Americanos*. El catálogo de ciencias sociales y humanas del Fondo de Cultura Económica es una ventana abierta a Europa. La propia guerra, en fin, y desde luego su secuela de polarización, introdujeron esquemas intelectuales más cosmopolitas.

Otro desangelado factor condujo al crepúsculo nacionalista: el dinero. Las instituciones culturales (UNAM, El Colegio de México) comienzan a promover la investigación, edición y difusión de la cultura –no sólo la docencia–, y para formar cuadros académicos financian largas y hermosas temporadas en París. Don Alfonso Reyes –el mecenas mayor y más generoso, gran cosmopolita con la *x* en la frente– aconseja a Luis González: huya de las bibliotecas, no se pierda el Lido. Muchos siguen la receta pero sin desatender otros espectáculos: los historiadores escuchan a Braudel; los filósofos a Sartre, Merleau-Ponty, Camus; los sociólogos a Gurvitch. Este aireo los separa de las generaciones anteriores. Además de México y América existe el mundo. Ortega empieza a aburrirlos. No se reconocen ya en *Cuadernos Americanos*. Sartre es quien está de moda y con él transitan del existencialismo al marxismo, que por primera vez se imparte en la academia. La propuesta de una libertad filosófica y literaria radical (Breton, Camus) los convence menos que una crítica social y un compromiso político con las luchas populares y anticoloniales. Raymond Aron y *El opio de los intelectuales* les pasa casi inadvertido: no lo leen, lo fuman.

De vuelta en México los acoge la institución clave en la cultura a partir de 1950: la UNAM. Por primera vez el intelectual puede dedicarse profesionalmente a su disciplina sin sacrificar tiempo a la burocracia, el periodismo, la abogacía, la diplomacia. Además de sueldo, cubículo, seguridad, prestaciones, público cautivo, etcétera, la UNAM empleó mano de obra intelectual en su imprenta y, de modo creciente, en su riquísima labor de difusión cultural. Muchas innovaciones culturales fueron viables económicamente. La cultura se institucionalizó.

Una de esas innovaciones viables es la crítica. A pesar de que el mercado de libros es aún increíblemente exiguo (en 1955, según estimaciones de Gabriel Zaid, cinco mil personas compran libros regularmente, de una población total de treinta millones), el ascenso de la clase media urbana favorece, incluso económicamente, el auge de una literatura (Spota, Fuentes) y, en general, de una cultura crítica. La nueva literatura –escribe Carlos Fuentes– «opone el lenguaje de la pasión, de la convicción, del riesgo y de la duda a un lenguaje: el secuestrado por el poder para dar cimiento a una retórica del conformismo y del engaño».

Si los primeros exponentes de la generación conservaban cierta devoción institucional, los siguientes la perdieron. Su temple es otro: burlesco, ácido, irreverente, insatisfecho. Nada parece engañarlos. Políticamente, su blanco principal es el hieratismo de «los Cachorros» de la Revolución. No analizan: denuncian. Exhiben la ostentación de la burguesía, la corrupción administrativa, la enajenación de los medios de comunicación, la mentira de la prensa, el charrismo, la farsa del discurso oficial, el saqueo alemanista, el desarrollismo sin justicia social. Su crítica nace más de un temple inconforme que de una dolorosa sensación de pérdida –como es el caso de la crítica que por esos años despliegan los hombres del 15–. El mayor exponente de esta actitud es quizá Carlos Fuentes. Un poema representativo: «El presidente», de Jorge Hernández Campos.

Política e intelectualmente la Revolución cubana fue un acontecimiento decisivo en la historia de esta generación. El nacionalismo cultural se había diluido pero seguía siendo tema de fondo en la novelística, la historia, las preocupaciones filosóficas e incluso en la poesía. Cuba pareció rebasar históricamente a México justo en el año en que mueren Reyes y Vasconcelos: 1959. Uno de sus exponentes concebía la Revolución cubana como una síntesis de «todos los movimientos sociales latinoamericanos, desde Bolívar hasta Zapata». Este suceso entona con los viejísimos agravios infligidos por los Estados Unidos, con el endurecimiento del régimen frente a las organizaciones obreras y una pobreza campesina cada vez más evidente; y mientras el gobierno celebra los 50 años de la Revolución, con la perspectiva de Cuba algunos intelectuales jóvenes sostienen que México vive apenas una seudorrevolución. Otros, en la defensa de la Revolución cubana, ven la mejor forma de defender a la auténtica Revolución mexicana, de ahí su acercamiento a Lázaro Cárdenas. La década de los sesenta presencia una continua radicalización del grupo (Flores Olea, González Pedrero, Villoro, López Cámara) hacia la izquierda, al grado en que algunos intentan, sin éxito, constituir una agrupación política independiente: el MNL. Sus revistas literarias dan fe de este cambio: de la *Revista Mexicana de Literatura* (todavía serena y partidaria de una «tercera vía» ajena al capitalismo y al comunismo, en los años cincuenta) a *El Espectador*, que presagia todas las tormentas de los años sesenta.

Conciben su papel ligado orgánicamente a los movimientos populares. Interpretan que su deber es expresar con claridad y pasión las necesidades del pueblo. Carlos Fuentes ha sintetizado su programa:

«México debe completar, a partir de la actualidad, la etapa revolucionaria incumplida; México no puede aplazar más sino tratar de resolver democráticamente, los problemas populares de hoy. Sólo la conjunción de la democracia política y de la justicia económica pueden lograr una mejor distribución del ingreso nacional, en la actualidad modelo de injusticia. Y este fin último, requiere a su vez una política exterior independiente; la reafirmación –con actos concretos, no con palabras– de la reforma agraria; la limitación de los intereses de la burguesía y su sometimiento a tareas de beneficio común; la defensa de nuestros recursos naturales; la formulación de un programa inteligente de educación popular y la planificación económica a largo plazo, públicamente expresada y vigilada».

El movimiento estudiantil los tomó por sorpresa. Nada más difícil que su posición. Simpatizaban con el movimiento pero sabían que llevado a extremos podía conducir a la desaparición de la Universidad. Enrique González Pedrero advierte en 1968 la posible «sudamericanización de la Universidad». La defensa universitaria de los rectores Pablo González Casanova, Guillermo Soberón y Fernando Salmerón (en la UAM) representa capítulos posteriores del mismo dilema. Pero la verdadera crisis ocurrió dos años después, cuando llegó al poder un miembro mayor de la generación, participante en aquel Congreso de 1945: Luis Echeverría. Su programa es muy cercano al resumido por Fuentes. En el fondo, no se trata sino de una versión maquillada y, por momentos, caricaturizada del viejo proyecto cardenista o, en sus extremos, de un proyecto socialista que evitase el tránsito por una etapa violenta. Sin saberlo o sin reconocerlo, la Generación de Medio Siglo seguía las ideas de Vicente Lombardo Toledano. ¿Qué hacer cuando el poder se vuelve «bueno»? Por convencimiento sincero, no por oportunismo: integrarse. Una generación crítica decide poner sus mejores armas al servicio del Estado en lugar de conservar y promover el espacio crítico. Un resultado: con el golpe al *Excélsior* de Julio Scherer –foro natural y hogar de todos estos intelectuales–, el ejecutivo expropió la crítica.

La costosa experiencia de incorporación al régimen echeverrista provocó en el sexenio siguiente desorientación, querellas internas, silencio. Algunos recobran lentamente su distancia crítica y su voz. La mayoría permanece a la expectativa: no hay que olvidar que desde 1970 y –si el cuadro no cambia– por otro sexenio más, el personal político de la Generación de Medio Siglo estará en el candelero. Pero se advierte en ellos una cierta fatiga, como si los caminos –de acción, crítica y pensamiento– fuesen menos claros que en los años sesenta. ¿Por qué?

Una clave de este agotamiento está en la distancia histórica de la generación respecto a la Revolución mexicana. Urbanos en su mayoría, originarios de la clase media y del México moderno e institucional, su huella inicial es haber nacido a la vida pública cuando los afanes profundos de la Revolución se habían olvidado. De la guerra, México salió claramente inserto en el contexto internacional. En este sentido nada más saludable y natural que abrir horizontes y viajar fuera del país. Pero no por rasgar la cortina se acaban los nopales. En ese movimiento de apertura, muchos miembros de la generación se alejaron aún más de la realidad social mexicana. El mundo campesino y aun el del obrero de la ciudad les era infinitamente más ajeno que a intelectuales de generaciones anteriores, como Marte R. Gómez, Rulfo, Lombardo o Revueltas. ¿Qué podía significar para ellos la reforma agraria o el artículo 123? Sólo códigos venerables, pisoteados por la corrupción. La fatalidad histórica separaba a la generación del subsuelo social. A esta distancia había que agregar otra: la profesional. Por muchos años, los jóvenes de Medio Siglo vivieron —y han seguido viviendo— en el claustro académico universitario, sin contacto cotidiano con la práctica política o económica en el Estado o la iniciativa privada. Al parecer, para ellos nada había que fundar o administrar fuera de la academia. Cabía observar y criticar lo que ocurría afuera.

Pero criticar, ¿desde qué premisas vitales?, ¿desde qué repertorio de experiencias? Mediaba una distancia histórica entre ellos y los afanes nacionalistas de 1910 a 1950. Había también distancias geográficas, intelectuales, de clase, de sensibilidad y profesión. Lejanía vital. La única crítica posible fue una crítica externa. Nunca un desinterés, sino el hábito de juzgar las cosas de México desde afuera, desde *otras* realidades, *otros* esquemas teóricos, *otras* utopías. Cierto, la objetividad sin distancia es imposible. Pero el riesgo de la distancia es el extrañamiento.

Por otra parte, tampoco la Generación de Medio Siglo podía rebasar su sombra ancestral. Aunque nació lejos de la Revolución y sin contacto vital con ella, siguió dentro de sus esquemas. Esta condición de nietos desmemoriados pero legítimos favoreció el sentido predominantemente moral de su crítica. No dudan de los fundamentos: denuncian las desviaciones. O, en el otro extremo, proponen un cambio total de estructuras. Muy pocos escapan a esta múltiple dificultad de perspectiva, pero cuando aplican sus instrumentos teóricos y su experiencia práctica por fuera de la academia a la tarea de leer la realidad mexicana —sobre todo la del campo— en sus propios términos, logran finalmente dibujar un auténtico proyecto mexicano. Tres ejemplos recientes: *El progreso improductivo* de Gabriel Zaid, *La riqueza de la pobreza* de Enrique González Pedrero y *Alternativas para el desarrollo* de Leopoldo Solís.

Hay una paradoja final en el destino de estos intelectuales. Es también una oportunidad. Padecen íntimamente el cruce de dos corrientes contradictorias: su temple crítico y su incapacidad para ejercer la crítica del Estado. En este conflicto no están solos. Es el dilema que ahora mismo debate la izquierda europea. El horizonte cosmopolita que siempre ha caracterizado al grupo debiera orillar una participación mexicana en esa discusión. Se trata de uno de los temas centrales de nuestro tiempo. ¿Por qué el socialismo real ha conducido al totalitarismo? ¿Cómo conciliar reforma social y libertad individual? Por ahí apunta, quizá, la contribución que México requiere de la más crítica y preparada de sus generaciones contemporáneas.

Pero si su destino político es todavía incierto, a la Generación de Medio Siglo se debe una inmensa obra cultural, sin precedentes en la historia contemporánea. El cosmopolitismo pudo restar profundidad a su visión histórica pero enriqueció su labor cultural. La naturaleza de sus proyectos semeja más una constelación de esfuerzos individuales que un afán generacional. (De las cuatro del ciclo es la más plural.) Cada rama de la cultura occidental moderna ha tenido desde entonces su representante mexicano. El intento de apropiación cultural de Vasconcelos, Reyes y Paz, lo desarrolla –más pausadamente– toda esta generación. Los escritores conquistan, adoptan, habitan, transforman otras tradiciones (9). La lista de temas, influencias y técnicas literarias que los escritores mexicanos asimilan y recrean sería inmensa y el fenómeno se repite en otras provincias. En filosofía, la generación introdujo pulcritud lógica, hondura, rigor, profesionalismo. Con Fernando Salmerón, Luis Villoro, Ramón Xirau, Alejandro Rossi –para mencionar sólo a unos cuantos–, la filosofía abandona las visiones totalizadoras, la prédica y la fantasía, para aplicarse al deslinde crítico de problemas y seudoproblemas. Es una lástima que no hayan formado –con la excepción dolorosa de Hugo Margáin– discípulos a su altura. En fin, la historia debió padecer particularmente el desarraigo generacional, pero no sucedió así, como prueban dos casos: Miguel León-Portilla, cuya obra sobre el México precolombino es reconocida mundialmente, y Luis González, que sin perder la *x* en la frente asimiló a Braudel, Bloch y la Escuela de los *Annales;* el resultado fue *Pueblo en vilo*, historia universal de una pequeña comunidad, intrascendente pero típica (10).

La apertura de nuevos ámbitos fue también fruto del cosmopolitismo. La generación cuenta con lingüistas y demógrafos de primer orden (11). Hay una continuidad evidente y una ampliación de la obra de los científicos, sin comillas, del 29 (juristas, historiadores, biólogos, físicos, matemáticos). En las artes plásticas y la arquitectura el *boom* que introduce la generación –sobre todo en los pintores nacidos entre 1930 y 1935– impresiona por el abanico de sus tendencias y el éxito internacional que alcanzan (12). El teatro no se queda atrás en inventiva y talento (13). Tampoco, por supuesto, la poesía. Nuevos y viejos temas del destino individual: la condición femenina, la muerte, la soledad, el amor, la fe, tratados por conciencias acaso más desoladas que las de los Contemporáneos, sus antepasados legítimos (14).

A los economistas de Medio Siglo cabría reprocharles su especialización: han sido más gerentes públicos que intelectuales de la economía. A los politólogos su agrafia. Con los sociólogos –sobre todo Pablo González Casanova– el reproche es otro: haber roto el difícil equilibrio de sus primeros libros, el equilibrio entre la fundamentación empírica y el compromiso ideológico. Pero al activo de los científicos sociales hay que abonar su profesionalismo (15).

¿La posteridad? Aunque no ha llegado para la Generación de Medio Siglo, el horizonte no es claro. Con todo lo importante que ha sido, su obra cultural corre peligros de incomprensión e indiferencia al insertarse en un contexto nuevo: el de la burocratización académica. En la arena cultural son ellos quienes guardan el doble as de la crítica y el conocimiento, pero es un as que no utilizan como debieran. Hacerlo con mayor frecuencia y decisión sería, finalmente, un homenaje al padre Sartre, quien también, en su momento, advirtió los peligros de la excesiva politización de la cultura. No hacerlo es, en el fondo, una dimisión.

La Generación de 1968 (nacidos entre 1936 y 1950): Militancia o conocimiento

Hay décadas platónicas y décadas aristotélicas. Los años sesenta, como los treinta, son platónicos. Buscan la unidad, la totalidad, lo homogéneo, la revolución, la utopía. La marca de los treintas es inconfundible y transnacional, sus representantes tienen todos un aire de familia. Lo mismo ocurre en los años sesenta: los exponentes de la *New Left* norteamericana tienen su contraparte en París, Berlín, Londres y México. No es casual que sean estas dos generaciones las que con mayor frecuencia utilizan la palabra «generación» para designarse.

En los años sesenta nos llegaron, como a todo el mundo occidental, la liberación sexual, nacional, política; la militancia estudiantil, las drogas, el hippismo, la contracultura. Pero el sentido de esta comunidad internacional es distinto al que vivió la Generación de Medio Siglo. Lo que se compartía en los años sesenta no era una aventura o una conquista sino una *negatividad*, una cultura de protesta contra la sociedad industrial. Inversamente a la de Medio Siglo, la Generación de 1968 nace a la vida pública en un momento defensivo, de cerrazón y clausura. El *mea culpa* de Sartre en su prólogo a Fanon es el aval perfecto para desacreditar la cultura occidental. Marcuse –el nuevo ídolo– recordaría una frase equivalente de Walter Benjamin: «Sólo gracias a aquellos que no tienen esperanza nos es dada la esperanza». México y América Latina parecen no tener esperanza pero son, al mismo tiempo, semillas de la futura liberación. El resultado de esta nueva fe es, en cierta forma, una recaída. La cultura mexicana vuelve a entrar en un periodo de inmersión.

Una expresión literaria de este proceso está en «la onda», literatura que asume la vida citadina más sórdidamente que la generación anterior. Otra variante literaria está en el grupo «La Espiga Amotinada», que propone una poesía social y de protesta. Mientras la Generación de Medio Siglo sigue desplegando su mundo de *happenings*, teatro experimental, ediciones vanguardistas, revistas literarias que recogen la tradición de *Contemporáneos* y *Taller* y, en fin, en el vivaz suplemento que acaudilla Fernando Benítez en *Siempre!*, la nueva generación desdeña el cosmopolitismo. Salir de México ha pasado de moda. En su autobiografía, escrita a medianos de los años sesenta, Carlos Monsiváis se ufana –casi– de no conocer Europa.

Si los hombres de Medio Siglo viven aún dentro de los esquemas de la Revolución mexicana, los jóvenes de los años sesenta la ven como un fósil antediluviano. No les interesa indagar si, a pesar de todo, se mueve. Saben que no. Casi nacen en esa convicción, pero el autoritarismo del régimen acaba por convencerlos. Cuando en 1965 Díaz Ordaz expropia, de hecho, el Fondo de Cultura Económica, la Generación de Medio Siglo –con Orfila, un hombre del 1915, a la cabeza– funda la editorial Siglo XXI. Su público lector es la Generación de 1968. El catálogo de publicaciones de Siglo XXI, extraído en gran medida de la izquierda radical francesa, adquiere para ellos, cada vez más, el carácter de catecismo. Marcuse desplaza a Sartre. Althusser esparce generosamente su teología. El Che Guevara es el héroe de la década.

Si hubiese que designar al intelectual representativo de toda esta mezcla de contracultura, continuidad elitista («la Mafia»), nostalgia nacionalista y militancia de izquierda, la elección sería sencilla: Carlos Monsiváis. ¿Quién no escuchó «La semana en México» por Radio Universidad? Junto a esa mirada, la crítica de los años cincuenta –aun la de Fuentes– parecía piadosa. No era crítica: era una regocijante iconoclastia. Un pitorreo. Monsiváis debe pasar a la historia como el padrino de la Generación de 1968. Salvo la edad –son coetáneos–, nada lo vincula en apariencia con otro miembro inicial de la generación: José

Emilio Pacheco. En realidad se parecen mucho. Pacheco tiene también la vena sentimental popular; es un continuador fiel –y no vergonzante, como Monsiváis a veces– de la genealogía literaria contemporánea; un nostálgico irredento del México que ya no fue y un hombre de izquierda. Ambos recogen la sensibilidad literaria y la actitud crítica de la Generación de Medio Siglo, pero le imprimen un mayor énfasis social y nacional. El trío lo completa una vitalísima tránsfuga de la generación anterior: Elena Poniatowska. Los distingue más el temperamento que las creencias, o más bien, la pérdida de las creencias.

¿Cuál fue la secuela del movimiento estudiantil del 68? Un hecho antes que nada: el ascenso de la primera generación de masas de nuestra historia. Cuando se habla de la Generación de 1915, la de 1929 o la de Medio Siglo, el sujeto es una élite que no rebasa los centenares, entre anónimos, influyentes, típicos y trascendentes. A la manifestación silenciosa acudieron alrededor de cuatrocientas mil personas. La respuesta a ese plebiscito fue Tlatelolco, pero la represión y el paso de los años –como ha probado España– no siega un ideal político de cambio, sólo lo retarda.

¿Cómo se ha transformado la actitud de la generación desde el 68? La respuesta no es sencilla. Todavía en 1971 el ánimo juvenil –y el proyecto– eran revolucionarios. (Había jóvenes en la guerrilla y muchos purgaron largos años en la cárcel.) El echeverrismo y la reforma política parecieron atemperar y canalizar los fervores. Atemperar, más que comprar. Hasta donde se logra entrever, la Generación de 1968 no se ha incorporado en su mayoría al aparato estatal. Vive en zonas relativamente independientes: las universidades, el periodismo, los partidos de oposición.

El Estado comprendió a tiempo la necesidad de apaciguar al ánimo del 68 mediante un alto financiamiento a la educación superior. Resultado: los setenta son la década de la burocratización académica y cultural. La Generación de 1968 se convierte en la nueva clase académica: maestros, investigadores, técnicos, líderes sindicales y políticos vinculados a las universidades y centros de cultura superior, unidos por intereses y convicciones. Su liga ideológica es muy clara. Para la Generación de 1915 el marxismo había sido un vago molde social. Para la de 1929, un problema ético o una iglesia. La de Medio Siglo lo empleó como un método de análisis. En la Generación de 1968 el marxismo se vuelve un repertorio dogmático.

A falta de una sociología de esta nueva clase –no hay valiente que se atreva a hacerla–, ¿qué rasgos de su actitud pueden vislumbrarse? Prácticamente todos se autodesignan de izquierda (muchos militan en ella). No distinguen la mentalidad conservadora de la liberal. No matizan ideologías políticas. Identifican, o por lo menos supeditan, la libertad política a la igualdad económica. Son sinceramente sensibles a las extremas desigualdades económicas y sociales que existen en México y para resolverlas no conciben en el fondo otro método –vieja y paradójica receta en una generación antiautoritaria– que el fortalecimiento del Estado. Se identifican moralmente con el campesino, pero tienden a «obrerizarlo». Las soluciones progresistas y urbanas que imaginan para el campo son, por lo general, poco operativas. Descreen del valor autónomo de la cultura (como en los años treinta, se vuelve a hablar de cultura elitista y cultura comprometida). La vida cultural se puebla nuevamente de individuos apasionados, sobreemotivos, románticos, honorables, transgresivos, insobornables, iconoclastas, perseverantes, que transitan del nihilismo al dogma. Hombres que viven ese estado espiritual que Ortega llamó «extremismo». Un periódico nuevo, vital, influyente, representa su actitud: *Unomásuno*, el primer diario de la Generación de 1968.

En la cúspide de la masiva Generación de 1968 habita su élite intelectual. Salvo brillantes excepciones (16), este grupo ha descuidado la poesía, la narrativa y las artes visuales o de cualquier índole, en favor de géneros más propicios a la politización: el reportaje, la crónica, el ensayo teórico, la caricatura y, en general, el periodismo militante y doctrinario. La élite protagoniza una verdadera ruptura con actitudes, gustos, preocupaciones y lealtades comunes a las tres generaciones anteriores. Una de las primeras consecuencias de Tlatelolco («asesinato de la esperanza» lo llamó Monsiváis) fue la necesidad de ejercer la violencia, no con los verdaderos verdugos sino con los padres y abuelos intelectuales, los únicos a la mano, los más entrañables. Éste es, a mi juicio, el sentido de la polémica Paz-Monsiváis. La élite del 68 (y algunos escritores jóvenes que sin haber vivido el 68 comparten esa actitud) no ha integrado la figura paterna: ha institucionalizado el parricidio. «Hay parricidios creadores», escribe Gabriel Zaid: «cuando, al lanzarse contra el fantasma del padre, se destruye una dependencia que estorbaba a dos seres humanos para encontrarse como personas, no papeles dramáticos.»

No es el caso, hasta ahora, de los parricidios del 68.

Otro rasgo generacional que perdura desde los años setenta es el enclaustramiento. La élite del 68 escribe y habla para su público cautivo, el de *campus*. A su vez, el público de *campus* sigue únicamente a su élite, en libros, suplementos, periódicos, seminarios, conferencias, emisoras radiofónicas, simposios, mesas redondas, etcétera. La visión cosmopolita sigue siendo un tabú. Ni élite ni masa asimilan, por ejemplo, los procesos de autocrítica que ocurren desde hace años en la izquierda europea. No sin razón, después de asistir a un seminario en ciencias políticas, Henri Lefebvre comentó que en México había conocido a los estalinistas más puros de la actualidad.

¿Cómo negar, sin embargo, la gran vitalidad de sus órganos de difusión en los que colaboran activos contingentes del 68 que provienen de América Latina? La lucha feminista es también un fruto del 68, como lo prueba la revista *Fem*. Entre los vicios del periodismo de la Generación de 1968 no están la apatía, el comercialismo, el antiintelectualismo y la corrupción. Su preocupación por los problemas nacionales y su temple son rasgos suficientes para hermanarlo con el combativo periodismo de la Reforma, pero este antecedente no funciona en términos intelectuales y, menos aún, de filosofía política y moral. En este ámbito, el arco lo cumple *Razones,* voz liberal que ha recogido la herencia de Daniel Cosío Villegas.

Aparte del periodismo hay dos campos en los que la generación ha comenzado a probar su solvencia: la ciencia y la historia. La creciente politización cultural comienza a afectar a la primera. La Historia –vieja aletargada y ojerosa– ha rejuvenecido increíblemente. El milagro no lo hicieron los cosméticos: lo hizo el 68. A partir de entonces surgió una nueva conciencia histórica sobre el México contemporáneo. De pronto –como escribe Arnaldo Córdova– todo condujo a inquirir sobre el «Leviatán que nos gobierna»: «¿De dónde venimos y qué fuerzas nos han gobernado?» Según Héctor Aguilar Camín, el 68 impulsó la vocación de «repensar un pasado cuyas versiones anteriores parecen del todo insuficientes».

La obra pionera de esta nueva corriente fue *Zapata* de John Womack hijo. Adolfo Gilly escribe en prisión *La revolución interrumpida*, obra intensamente emotiva que, a pesar de sus esquematismos, logra describir la revolución desde el punto de vista de los de abajo. Poco tiempo después siguió la trilogía de Jean Meyer sobre los cristeros, punto límite de revisionismo y desmitificación histórica. Todas las hipótesis se tambalearon. Surgieron nuevas: no hubo *una* sino varias revoluciones; es preciso analizar por separado cada grupo, ejército, región. ¿Quiénes eran los villistas, los carrancistas, los sonorenses? ¿Es posible disociar la Cristiada de la Revolución? Había que reconstruir desde los cimientos la historia contemporánea. Cabía sólo una certeza: lo que llamamos Revolución mexicana fue finalmente un proyecto que, siguiendo las líneas dominantes en el Porfiriato, moderniza al país a costa del proyecto local y autárquico del México viejo. Todo lo demás parecía tierra incógnita. Con la Generación de 1968 se iniciaba, de hecho, la historiografía crítica contemporánea.*

En su breve introducción a *Tiempo mexicano* (1971), Carlos Fuentes escribió: «he preferido dar libre curso a mis obsesiones, preferencias y pasiones de mexicano, sin desdeñar ni a la arbitrariedad ni la autobiografía. Búsquese aquí entonces, menos el rigor que la vivencia y más la convicción que la imposible e indeseable objetividad».

Para los historiadores de la Generación de 1968 –admiradores de la obra de Fuentes– esta frase pudo ser inicialmente un contraepígrafe vocacional: válidas y comprensibles en un novelista, inadmisibles para un historiador. Buscaron el rigor y no creyeron que la convicción debiera obstruir o por fuerza limitar una objetividad no sólo posible sino enteramente deseable. Todo esto a riesgo de encontrar que las obsesiones, preferencias, impulsos biográficos y pasiones pudieran no coincidir con la verdad. Se trataba en principio de llevar el desengaño y la crítica a sus últimas consecuencias intelectuales. Dudar de los dogmas y santones –aun de los legítimos– de la historia contemporánea. Descreer incluso del fácil moralismo de la Generación de Medio Siglo. Ejercer, en fin, lo que Max Weber llamó «el continuo desencantamiento del mundo», afán que no equivale a ver todo negro sino quizá todo gris. A partir de ese nuevo y casi inédito repertorio de verdades, cabría discurrir vías de mejoramiento asequibles para México.

Era un hermoso proyecto. Una lección de probidad e independencia intelectuales en un ámbito que desde el Porfiriato oye la palabra cultura y saca la chequera (o la curul, o la palmada). Era además una solución de altura y dignidad al nudo de resentimiento que dejó la matanza del 68. Pero ha resultado difícil. La vía intelectual y científica es poco gloriosa. La militancia, en cambio, parece adelantar la venganza de aquel agravio, si no contra sus autores y cómplices –cuyo rostro, increíblemente, se ha olvidado o transferido–, sí contra nuevos enemigos, a veces reales, a veces imaginarios.

Por eso, la mayoría de la élite del 68 ha optado por la militancia cultural y política en la prensa, las aulas, los sindicatos y los partidos. Así se inició en la vida pública y así ha querido seguir. Los años sesenta siguen siendo un campo magnético. Fiel a su temple platónico, la generación busca la totalidad. Vuelve a contar más la vivencia que el rigor, «la convicción que la imposible e indeseable objetividad».

---

* Los libros de Héctor Aguilar Camín, Lorenzo Meyer, Arnaldo Córdova, y la serie *Historia de la Revolución mexicana*, patrocinada por El Colegio de México, son ejemplos de esta tendencia.

Quizá la politización que ha introducido en la cultura conducirá de algún modo a la sociedad menos desigual que deseamos. No es fácil que así suceda. Para construir la utopía hay primero que imaginarla o, tratándose –como es el caso– del socialismo, ejercer la crítica del socialismo concreto, real. Pero todo esto implica una valiente y ardua labor intelectual que los teóricos sociales del 68 no han estado dispuestos a realizar o que realizan dentro de métodos adocenados y esquemas de notoria pobreza y confusión. Hay imprecisión en mucho de lo que escriben. La fundamentación lógica y el simple respeto al principio de la no contradicción les parecen excrecencias de la academia, manías de aburguesamiento intelectual. Son críticos en el tono, no en la sustancia. Más que críticos, son inquisidores.

Pero los vicios intelectuales, con serlo tanto, no son los más graves. Políticamente, la élite del 68 ha disuelto muchas veces su distancia del poder en grados que llegan a la legitimación y comparsa. Una generación que encarnó a la sociedad frente al Estado ha terminado por identificar a la sociedad con el Estado. Moralmente, en fin, es triste su incapacidad para la decepción, la autocrítica, el pluralismo y la tolerancia.

En el fondo de todo, un viejo resentimiento. Si hubiese perdurado el espíritu libertario y de solidaridad del movimiento estudiantil, la generación estaría integrando ahora todo el ciclo generacional anterior –y su propia negatividad– para construir críticamente alternativas nuevas, viables, mejores para México. Lo que perduró, en cambio, fue Tlatelolco. La Generación de 1968 tiene, con plena razón, una cuenta que cobrar: de ahí su temple destructivo. Pero «hay tiempo para destruir y tiempo para edificar». Quizá muy pronto su violencia llegue a ser, como la de Vasconcelos en 1921, una «violencia creadora».

Cuadro de generaciones

Los listados onomásticos que siguen son enteramente incompletos y provisionales. Su objeto es *ilustrar*, no cuantificar, ejercer un inventario ni jerarquizar. Cualquier omisión es involuntaria.

(1) Fundadores y fundaciones de la Generación de 1915

Barreda, Octavio	*Letras de México, El Hijo Pródigo*
Bassols, Narciso	*Combate*

Caso, Alfonso	Instituto Nacional de Antropología e Historia (INAH)
	Instituto Nacional Indigenista (INI)
Cosío Villegas, Daniel	El Colegio de México
	Fondo de Cultura Económica
	El Trimestre Económico
	Foro Internacional
	Historia Mexicana
	Escuela Nacional de Economía
Chávez, Ignacio	Instituto Nacional de Cardiología
Erro, Luis Enrique	Observatorio Nacional
Fournier, Raoul	Prensa Médica Mexicana
García Granados, Rafael y Martínez del Río, Pablo	Instituto de Investigaciones Históricas
Gómez Morin, Manuel	Banco de México
	Banco Nacional de Crédito Agrícola
	Partido Acción Nacional (PAN)
	Editorial Jus
Guisa y Acevedo, Jesús	Editorial Polis
Loera y Chávez, Agustín	Escuela Bancaria y Comercial
Lombardo Toledano, Vicente	Universidad Obrera
	Central General de Obreros y Campesinos de México (CGOCM)
	Confederación de Trabajadores de México (CTM)
	Confederación de Trabajadores de América Latina (CTAL)
	Partido Popular (PP)
Martínez Báez, Manuel	Instituto Nacional de Enfermedades Tropicales
Massieu, Wilfrido	Instituto Politécnico Nacional (IPN)
Mendieta y Núñez, Lucio	Instituto de Investigaciones Sociales
Robles, Gonzalo	Escuelas Centrales Agrícolas
	Banco Hipotecario y de Obras Públicas
Sandoval Vallarta, Manuel	Instituto de Física
Silva Herzog, Jesús	*Cuadernos Americanos*
Toussaint, Manuel	Instituto de Investigaciones Estéticas
Vázquez del Mercado, Alberto	*Revista General de Derecho y Jurisprudencia*

(2) Historiadores de 1915

Bravo Ugarte, Manuel	Historia eclesiástica y de Michoacán
Caso, Alfonso	Culturas precolombinas
Chávez Orozco, Luis	Historia económica
Cosío Villegas, Daniel	México moderno
Garibay, Ángel María	Literatura náhuatl
García Granados, Rafael	Enfoque biográfico
Gómez de Orozco, Federico	Arte colonial
Junco, Alfonso	Historia colonial e hispanista
Maillefert, Alfredo	Microhistoria
Mancisidor, José	Enfoque marxista
Méndez Plancarte, Alfonso	Siglo XVIII
Méndez Plancarte, Gabriel	Siglo XVIII
Ramos, Samuel	Historia de la educación
Silva Herzog, Jesús	Historia oficial
Taracena, Alfonso	Efemérides
Teja Zabre, Alfonso	Enfoque marxista
Toussaint, Manuel	Arte colonial
Valadés, José C.	Siglo XIX
Valle Arizpe, Artemio de	Colonial costumbrista

(3) Algunos transterrados de 1915

Altamira y Crevea, Rafael
Bosch Gimpera, Pedro
Buñuel, Luis
Gallegos Rocafull, José María
Gaos, José
García Bacca, Juan David
Halffter, Rodolfo
Iglesias, Ramón
Ímaz, Eugenio
Mantecón, Ignacio
Medina Echavarría, José
Millares Carlo, Agustín
Miranda, José
Pedroso, Manuel
Recaséns Siches, Luis
Roces, Wenceslao

(4) Arquitectos de la Generación de 1929

Barragán, Luis
González Aparicio, Luis
Lazo, Carlos
Mora, Enrique de la
Moral, Enrique del
Ramírez Vázquez, Pedro
Pani, Mario

(5) Artistas de bronce de 1929

Pintores:
Anguiano, Raúl
Chávez Morado, José
González Camarena, Jorge
O'Gorman, Juan
O'Higgins, Pablo

Músicos:
Bernal Jiménez, Miguel
Galindo, Blas
Moncayo, José Pablo

(6) Científicos de 1929

Ádem, José
Barajas, Alberto
Barros Sierra, Javier
Beltrán, Enrique
Carrillo Flores, Nabor

Flores, Edmundo
Graef Fernández, Carlos
Haro, Guillermo
Moshinsky, Marcos
Sepúlveda, Bernardo

(7) Juristas de 1929

Amparo:
Azuela Rivera, Mariano
Burgoa Orihuela, Ignacio
Noriega Cantú, Alfonso

Derecho administrativo:
Carrillo Flores, Antonio
Serra Rojas, Andrés

Derecho civil:
Borja Soriano, Manuel
Pallares, Eduardo

Derecho constitucional:
Hernández, Octavio A.
Herrera y Lasso, Manuel
Martínez Báez, Antonio
Tena Ramírez, Felipe

Derecho financiero y tributario:
Flores Zavala, Ernesto

Derecho internacional:
García Robles, Alfonso
Gómez Robledo, Antonio
Sepúlveda, César
Sierra, Manuel J.

Derecho mercantil:
Barrera Graef, Jorge
Mantilla Molina, Roberto L.
Rodríguez y Rodríguez, Jesús

Derecho penal:
Carrancá y Trujillo, Raúl
Franco Sodi, Carlos
González de la Vega, Francisco

Derecho del trabajo:
Cueva, Mario de la

Filosofía del derecho:
García Máynez, Eduardo

(8) Historiadores de 1929

Aguirre Beltrán, Gonzalo
Arnáiz y Freg, Arturo
Bazant, Jan
Benítez, Fernando
Bernal, Ignacio
Díaz de Ovando, Clementina
Fernández, Justino
Fuentes Mares, José
García Cantú, Gastón
Jiménez Moreno, Wigberto
Maza, Francisco de la

Millán, María del Carmen
O'Gorman, Edmundo
Pérez Martínez, Héctor
Pompa y Pompa, Antonio
Rojas Garcidueñas, José
Rubio Mañé, Ignacio
Torre Villar, Ernesto de la
Toscano, Salvador
Zavala, Silvio
Zea, Leopoldo

(9) Novelistas y ensayistas de la Generación de Medio Siglo

Arredondo, Inés
Batis, Huberto
Campos, Julieta
Carballo, Emmanuel
Colina, José de la
Dávila, Amparo
Elizondo, Salvador
Fernández, Sergio
Fuentes, Carlos
Galindo, Sergio
García Ponce, Juan
Garibay, Ricardo
Glantz, Margo

González Casanova, Henrique
Ibargüengoitia, Jorge
López Páez, Jorge
Magaña, Sergio
Melo, Juan Vicente
Mejía Sánchez, Ernesto
Mendoza, María Luisa
Piazza, Luis Guillermo
Pitol, Sergio
Rossi, Alejandro
Spota, Luis
Valadés, Edmundo

(10) Historiadores de Medio Siglo

Blanquel, Eduardo
Bosch, Carlos
Carrasco, Pedro

García Ruiz, Alfonso
González, Luis
González Navarro, Moisés

Lemoine, Ernesto
León-Portilla, Miguel
Manrique, Jorge Alberto
Moreno, Daniel
Moyssén, Xavier
Muro, Luis

Piña Chán, Román
Ulloa, Berta
Vargas Lugo, Elisa
Vázquez, Josefina
Velázquez, María del Carmen

(11) Lingüistas y demógrafos de Medio Siglo

Lingüistas:
Alatorre, Antonio
Buxó, José Pascual
Frenk, Margit

Demógrafos:
Benítez, Raúl
Cabrera, Gustavo
Unikel, Luis

(12) Pintores y arquitectos de Medio Siglo

Pintores:
Batorska, Basia
Carrillo, Lilia
Coronel, Pedro
Coronel, Rafael
Corzas, Francisco
Cuevas, José Luis
Felguérez, Manuel
García Ponce, Fernando

Gironella, Alberto
Gunten, Roger von
Sakai, Kasuya
Rojo, Vicente
Vlady

Arquitectos:
González de León, Teodoro
Zabludovsky, Abraham

(13) Autores teatrales de Medio Siglo

Argüelles, Hugo
Azar, Héctor
Carballido, Emilio

Gurrola, Juan José
Hernández, Luisa Josefina
Leñero, Vicente

(14) Poetas de Medio Siglo

Bonifaz Nuño, Rubén
Castellanos, Rosario
Fraire, Isabel

García Terrés, Jaime
González de León, Ulalume
Guardia, Miguel

Hernández Campos, Jorge
Lizalde, Eduardo
Montes de Oca, Marco Antonio
Mutis, Álvaro

Rius, Luis
Sabines, Jaime
Segovia, Tomás
Zaid, Gabriel

(15) Científicos sociales de Medio Siglo

Economistas:
Aguilar, Alonso
Ceceña, José Luis
Flores de la Peña, Horacio
Ibarra, David
Martínez, Ifigenia
Solís, Leopoldo

Politólogos:
Ojeda Gómez, Mario
Segovia, Rafael

Sociólogos y antropólogos:
Bonfil, Guillermo
Flores Olea, Víctor
González Casanova, Pablo
González Cosío, Arturo
González Pedrero, Enrique
Litvak, Jaime
López Cámara, Francisco
Pozas, Ricardo
Warman, Arturo

(16) Generación de 1968

Ensayistas:
Aguilar Camín, Héctor
Aguilar Mora, Manuel
Bartra, Roger
Blanco, José Joaquín
Córdova, Arnaldo
Meyer, Lorenzo
Monsiváis, Carlos
Pereyra, Carlos
Sheridan, Guillermo

Novelistas:
Aguilar Mora, Jorge
Agustín, José
Avilés Fabila, René
Azuela, Arturo
Capetillo, Manuel
Carrión, Luis

Dallal, Alberto
García Saldaña, Parménides
Lara Zavala, Hernán
Manjarrez, Héctor
Martínez, Eduardo
Palacio, Jaime del
Prieto, Francisco
Sainz, Gustavo
Solares, Ignacio
Tovar, Juan
Zepeda, Eraclio

Poetas:
Bañuelos, Juan
Campos, Marco Antonio
Castillo, Ricardo
Cross, Elsa
Flores, Miguel Ángel

Huerta, David
Labastida, Jaime
Molina, Javier
Montemayor, Carlos
Oliva, Óscar

Pacheco, José Emilio
Reyes, Jaime
Shelley, Jaime Augusto
Yáñez, Ricardo

V
Genealogía política

Francisco I. Madero

Madero vivo

La noche del 22 de febrero de 1913, hace exactamente 80 años, en una oscura calle a espaldas de la antigua cárcel de Lecumberri, ocurrió el sacrificio de dos hombres tan excepcionales en nuestra historia como el ideal democrático que representaron: Francisco I. Madero y José María Pino Suárez.

Aunque los gobiernos de la Revolución han recordado siempre aquellos aciagos días que dieron fin a la «Decena Trágica» y comienzo a la revolución constitucionalista encabezada por Venustiano Carranza, lo cierto es que el sentido histórico de aquellas muertes permanece oculto. La crueldad del episodio, la premeditación con que fue fraguado, el hecho de que la víctima principal haya sido un hombre cuya bondad lindara con la santidad, han dejado, es verdad, un sedimento inalterable de indignación. Esta condena perpetua a los hombres que asesinaron a Madero es prueba de nobleza de los instintos morales del pueblo mexicano. Si Victoriano Huerta y su red de secuaces pensaron que la historia los absolvería, se equivocaron. Sus nombres han seguido y seguirán ligados a la más baja actitud en el espectro cristiano de la existencia: la traición.

Pero aquella traición absoluta a un hombre absolutamente incapaz de la traición como era Madero, ha opacado otra traición no menos dramática que culminó aquella noche: la que se ejerció contra los valores de legalidad y libertad que habían sido la bandera de la Revolución, los mismos por los que un vasto sector de la nación había votado en septiembre de 1911, aquellos que representaba el hombre a quien en vida se conoció como «el Apóstol de la Democracia».

En la frágil memoria colectiva, Madero es una figura tan simpática como simple: por un lado, es una especie de David mexicano que a pesar de su corta estatura (física, política, histórica) derrotó al viejo y legendario Goliat Díaz; por el otro, es el apóstol sacrificado tras la «Decena Trágica». Aunque justa en lo que atañe al martirio, esta imagen es cuando menos inexacta con respecto al inteligente líder de la lucha democrática que fue Madero entre 1903 y 1911. La mayor parte es que enalteciendo a Madero como libertador y como mártir, la versión generalizada de los hechos ha condenado el periodo menos valorado, menos comprendido de Madero: los 15 meses de su presidencia: del 6 de noviembre de 1911 al 19 de febrero de 1913. Al hacerlo, se ha identificado con la versión que sus propios enemigos propalaban en su tiempo para pedir su renuncia y justificar el golpe de Estado. Según ellos, Madero había sido, en el mejor de los casos, un pésimo político, un «idealista» perdido en tierra de «realistas», un iluso aprendiz de brujo incapaz de conjurar las fuerzas que él mismo había desatado. El rumor de que su segundo nombre, oculto tras la misteriosa «I», era «Inocencio» corrió de boca en boca hasta pasar por verdad histórica. La intención política de estas imágenes era clara, y en ella coincidirían no sólo los golpistas sino muchos revolucionarios posmaderistas de diversas filiaciones: carrancistas, callistas o cardenistas: sólo en un alma inocente como la de Madero cabía la ocurrencia de que México podía ser un país democrático.

Es verdad: Madero creyó firmemente hasta pagar con su vida por esa creencia, que México podía ser un país democrático. Pero esa creencia no tenía nada de inocente. Pensar que la democracia en México es un proyecto quijotesco, viable quizá para el año 2347, es tan falso como sostener que el segundo nombre de Madero era Inocencio. Tan cierto es que la «I» era de Ignacio, como que México podía, desde entonces, comenzar a construir un orden democrático. La mayoría de los ciudadanos que vitorearon a Madero en sus giras así lo creía. Por desgracia, una vociferante minoría pensaba de modo distinto. Para ellos México era un país con «un tigre» en las entrañas, una colectividad naturalmente anárquica, incapaz de convivir en la legalidad y la libertad, un rebaño encrespado en permanente necesidad de un *tlatoani*–virrey–caudillo–cacique–señor presidente que guíe su destino hasta que crezca, hasta que madure, hasta nunca.

Por 15 meses, en medio de un río revuelto de ambiciones políticas, pasiones vengativas y confusiones intelectuales, sin variar un ápice la pureza de su credo, Madero se propuso ensayar un camino distinto: el cumplimiento cabal de la Constitución. El 20 de noviembre de 1912, en el segundo aniversario de la Revolución, lo expresó con la sencillez que le era propia:

«no me preocupo por la consolidación del gobierno que tengo la honra de presidir ... yo me preocupo del prestigio de las instituciones democráticas, me preocupo de afirmar para siempre, de un modo sólido, en nuestra República, los gobiernos democráticos, a fin de que terminado este periodo el pueblo se convenza de los beneficios que le trae un gobierno libre».

Se trataba de revertir una a una las prácticas políticas de Porfirio Díaz. Donde había represión, dar libertad; donde había subordinación, dar independencia; donde imperaba el poder absoluto de un individuo, devolver el poder a la suma social de los individuos; donde prevalecían las vías de hecho, abrir las de derecho; donde había disimulo, componenda, turbiedad, ofrecer franqueza, transparencia, claridad.

La Constitución liberal de 1857, reformada por Lerdo de Tejada en 1874, otorgaba a los ciudadanos, además de las garantías individuales y el voto directo, las más plenas libertades cívicas: de asociación, imprenta, tránsito y, sobre todo, de conciencia. El régimen porfiriano (1876-1911) había coartado de una forma u otra aquellos preceptos. Madero, en cambio, los reinstauró de inmediato. Sus primeros decretos tuvieron un particular valor simbólico. Al disponer el regreso de los indios yaquis deportados por Díaz a Yucatán y la cancelación de las concesiones oficiales a las haciendas que enganchaban prisioneros en el Valle Nacional, Madero revertía dos de los capítulos más ominosos de opresión porfirista y testimoniaba la nueva libertad de movimiento y residencia que se disfrutaba en la República. Otro parteaguas de la vida mexicana fue la fundación de la Casa del Obrero Mundial por el anarcosindicalista español Francisco Moncaleano. Madero admitió por primera vez la libre asociación colectiva de obreros en sindicatos. Las huelgas que se suscitaron durante su periodo, la formación del Partido Obrero Socialista, los mítines a que convocaba la Casa del Obrero Mundial en la Alameda y la primera celebración pública en México del 1 de mayo probaban la decisión oficial de liberar al obrero para que por las vías de la legalidad defendiera sus intereses.

Para Madero, el registro legal del Partido Católico era «el primer fruto de las libertades que hemos conquistado». Fruto doble, porque no sólo afianzaba la libertad política sino justamente aquella libertad que la tradición conservadora había combatido durante el siglo XIX: la de creencia. En este aspecto, Madero iba más allá del liberalismo de la Reforma. No sólo admitía que la derrota de los conservadores en 1867 no había acabado ni podía acabar con el conservadurismo mexicano sino que celebraba esa supervivencia. Ahora que el programa católico tenía «ideas avanzadas y el deseo de colaborar para el progreso de la Patria de un modo serio y dentro de la Constitución», su presencia en el Parlamento enriquecería la vida pública del país. Sólo así, en el diálogo abierto entre liberales y conservadores y otras corrientes políticas (radicales, socialistas, evolucionistas), las antiguas tensiones religiosas, políticas del alma mexicana podían canalizarse de manera creativa y racional. La violencia que por motivos religiosos asolaría los campos del país durante la guerra civil y hasta los años treinta, le daría la razón.

El respeto a las libertades de asociación, huelga, manifestación y tránsito no acarreaba en sí mismo un costo mayor a la persona de Madero. En cambio, el respeto a la libertad de expresión en los teatros, las veladas públicas, los mítines y, sobre todo, los periódicos y revistas, sí presentó un sacrificio doloroso. A todo lo largo de su breve gestión, Madero toleró –en el mejor sentido de esta palabra, es decir, viendo en la diversidad de opiniones, incluso las más opuestas, una señal de salud pública– las campañas más insidiosas de la prensa contra su régimen, y soportó –en el sentido estoico del término– los ataques contra su persona y su familia. Un solo ejemplo ilustra la actitud de la prensa en aquel momento. *Multicolor,* una revista que editaban dos periodistas españoles, publicaba semana tras semana crueles caricaturas de Madero. Se le representaba como un enano de opereta, un bebé de bombín y frac, un niño calvo y barbón de ojos somnolientos, colocado en posiciones invariablemente ridículas, diciendo frases invariablemente estúpidas. A principio en 1912, el Consejo de Ministros decretó la aplicación del artículo 33 contra esos editores. La Asociación de Periodistas intercedió por ellos ante el presidente. Madero se quejó del modo en que afectaban el principio de autoridad, pero su verdadero agravio era el grado de distorsión informativa en la prensa: ante la rebelión de Orozco, dominada pronto por las fuerzas federales, los diarios habían anunciado repetidamente, como si en el fondo lo anhelaran, el fin del régimen. En aquella reunión los conminó una vez más –lo había hecho ya varias veces– a actuar con responsabilidad y veracidad. No era por debilidad que se había rehusado a aplicar el Código Penal vigente contra los diarios que «enlodaban la vida privada». No acudía a medidas de fuerza porque emplearlas «demostraría que aún no estamos aptos para la democracia». Para sorpresa de algunos colaboradores, Madero revocó aquel acuerdo de expulsión. Como pago a su magnanimidad, al día siguiente aquellos leones de la libertad de prensa –mansos corderos engordados por el régimen de Díaz– reincidieron en enlodar con sus pasquines la mente de sus lectores. Gustavo, el influyente hermano de Madero, describió con una frase memorable la lamentable actitud de aquella prensa libre que no sabía cómo usar su libertad: «muerden la mano que les quitó el bozal».

El 16 de septiembre de 1912, en el que sería su segundo y último informe de gobierno, Madero instauró los trabajos de la XXVI Legislatura. Su régimen había remontado con éxito la asonada de Bernardo Reyes y la rebelión, mucho más seria, de Pascual Orozco. Emiliano Zapata seguía haciendo *su* revolución en Morelos, pero para hacerle frente Madero confiaba en dos armas más poderosas que los cañones: la comprensión y la justicia. La persuasión pacífica del nuevo comandante de la zona, el general Felipe Ángeles, y los acelerados estudios de la Comisión Agraria Ejecutiva sobre la restitución de tierras en ese estado, tarde o temprano convencerían al tenaz guerrillero –a quien Madero había llamado alguna vez «integérrimo general»– de trocar las armas por los arados. En las circunstancias de inestabilidad por las que atravesaba el país, un gobierno como el de Díaz habría decretado un estado de excepción propicio a todo género de imposiciones políticas, una vuelta al «pan o palo», pero el mayor orgullo de Madero residía en haber honrado «dentro de condiciones difíciles» la promesa fundamental del Plan de San Luis: la libertad electoral, el sufragio efectivo. Las elecciones federales para la renovación total de la Cámara de Diputados y parcial de la Cámara de Senadores y de la Suprema Corte de la Nación eran, en palabras de Madero, «un gran acontecimiento histórico»: «Por primera vez, después de muchos años, entraron en juego partidos políticos más o menos bien organizados y candidatos de diversas aspiraciones que se disputaron en una lucha electoral los sufragios de sus conciudadanos».

A diferencia de Díaz, Gran Elector que decidía por los electores hasta en los más remotos distritos del país, Madero se sentía «altamente satisfecho» de haber respetado «la libre emisión del voto no interviniendo sino para restablecer el orden alterado ... o cuidar el exacto cumplimiento de la ley». En tiempos de Díaz, no había más partido legalmente registrado que el Reeleccionista, ni más asociación política que la del Club de Amigos de Porfirio Díaz. En tiempos de Madero la profusión de partidos políticos era genuina: Partido Constitucional Progresista, Partido Católico, Partido Liberal Evolucionista, Partido Popular Obrero, Partido Antirreeleccionista, etcétera. Ni siquiera en la era de Juárez y Lerdo se había alcanzado un arreglo democrático semejante: entonces la competencia se daba entre candidatos del partido único, el partido liberal. Por lo demás, en su última reelección el propio Juárez había incurrido en manejos electorales no del todo ortodoxos. Madero depuró ambas imperfecciones: aseguró el sufragio libre y efectivo e hizo factible el sistema múltiple de partidos. Otra diferencia notable respecto al sistema porfiriano fue el efectivo federalismo de la era maderista. Los gobernadores porfiristas eran caciques que se eternizaban, Porfirios en miniatura al servicio de don Porfirio. Los gobernadores maderistas, en proporción importante, llegaron al poder a través de elecciones genuinas, y muchos –entre ellos el propio Venustiano Carranza– no simpatizaban particularmente con don Francisco. Para Díaz la soberanía de los Estados era un mito, para Madero un dogma.

Sólo en aquel breve y luminoso periodo de nuestra historia llamado la República Restaurada (1867-1876), México había ensayado –en sustancia, no en formas– la vida republicana, cuyo primer artículo de fe es la división e independencia de poderes. El respeto maderista al Poder Judicial no consistía sólo en abstenerse de intervenir en la elección de magistrados o en las decisiones de los jueces, sino en atender los más mínimos detalles, como la construcción de tribunales y juzgados de «aspecto decente y decoroso» que correspondiera a «la alta misión para que están construidos». Los archivos de Madero abundan en solicitudes de intercesión extralegal, aun de amigos muy cercanos, que Madero rechazaba de manera tan invariable como cortés. Cuando el doctor Rafael Cepeda, gobernador de San Luis Potosí, le pidió la remoción de un juez de distrito que obstruía el reclutamiento de jóvenes para el Ejército, Madero le respondió:

«Me permito manifestarle que yo no deseo que obliguen a ninguno a entrar al ejército contra su voluntad, y si en este sentido es en lo que el juez de distrito estorba, amparando a los que llevan a las filas contra su voluntad, no está justificada la remoción ... Yo deseo que los jueces de distrito sean personas de carácter independiente; no queremos que sean hostiles a los gobernadores, especialmente cuando son tan excelentes y tan patriotas y prudentes como usted; pero tampoco deseo que sean incondicionales, pues entonces ya la justicia federal perdería toda su independencia».

Con el poder legislativo su actitud fue igualmente diáfana. Madero creía a grado tal en la vida parlamentaria (hay indicios de que intentaba un régimen parlamentario para México), que la evidente polarización de la Cámara de Diputados, entre las tendencias «renovadoras revolucionarias» y «conservadoras científicas», le parecía casi una bendición porque introduciría una sana competencia y equilibrio de opiniones. En todo caso, la norma de su gobierno fue respetar a los legisladores, no servirlos ni servirse de ellos. Ni siquiera en el caso de los diputados del «bloque renovador», que eran su apoyo dentro del Congreso, se prestó Madero a ceder a presiones –a veces acertadas– para modificar su política o su gabinete, y menos aún para maniobrar por debajo del agua con el objeto de ganar posiciones o comicios.

Este respeto a la voluntad de las mayorías representada en el Congreso provocó tensiones entre ambos poderes que a juicio de Madero eran naturales, pero que los propios legisladores, desacostumbrados al libre debate, vivían con creciente desconcierto. Tómese, por ejemplo, la cuestión agraria.

Unos pretendían resolverla de un plumazo, otros dudaban de que el problema de la tierra fuese prioritario. Madero, por su parte, había establecido la Comisión Nacional Agraria y avanzaba en la evaluación del problema para solucionarlo de modo paulatino y prudente, pero esa vía intermedia no satisfizo a nadie. El resultado fue una ola de histeria verbal. Sin fundamentos ni hombría, igual que la prensa, muchos diputados jugaron el fácil papel de Casandra.

Madero necesitaba tiempo. La Democracia, el Federalismo, la República necesitaban tiempo. Luego de la larga dictadura, y sin la centenaria experiencia occidental en las prácticas de la libertad política, el nuevo arreglo de vida constitucional necesitaba tiempo para canalizar legalmente la solución a los grandes problemas nacionales: los agravios en la posesión de la tierra, la desigualdad económica y social, el analfabetismo. Nadie era más consciente de esa injusta batalla contra el reloj que Madero. La dictadura había tenido 34 años para inocular en el cuerpo político del país múltiples enfermedades morales –miedo, disimulo, corrupción, envilecimiento–, pero al médico se le pedían curaciones milagrosas que surtiesen efecto en 34 semanas. Su gobierno, declaraba, hacía «todo lo posible por lograr el bienestar y grandeza» de la gran mayoría del pueblo que lo había llevado al poder, «pero esto no es obra de un día de un hombre ... Únicamente podré durante el corto periodo de mi Administración sentar las bases del futuro engrandecimiento de México».

El pueblo que lo había elegido no desesperó. La prueba de aquel voto de confianza silencioso fue el fracaso de todas las rebeliones que estallaron en el periodo, incluida la de Félix Díaz en Veracruz, que provocó reacciones casi apocalípticas en la Cámara de Diputados y en la prensa, pero que Madero controló en un santiamén. Quienes desesperaron fueron los protagonistas de la clase política mexicana y extranjera. Por un lado, los diputados, senadores, periodistas, hacendados influyentes y un sector decisivo del Ejército. Por otro, como ha demostrado Friedrich Katz en *La guerra secreta de México,* varios gobiernos y representantes extranjeros, en particular los de las dos mayores democracias de aquel tiempo: los Estados Unidos (por medio de ese epítome de arrogancia y ceguera que fue Henry Lane Wilson) e Inglaterra.

Había intereses pero no había razones para la impaciencia. ¿Se había detenido el progreso? No, porque a pesar de los gastos extraordinarios para aplacar las rebeliones, la marcha económica del país era ascendente. ¿Se había afectado la inversión extranjera? No, porque el gobierno abría los brazos a las empresas del exterior –sobre todo a las norteamericanas– y porque la incipiente política de impuestos petroleros era más que razonable y equitativa. ¿Se había afectado o deshonrado de alguna forma al Ejército? No, porque sus efectivos y presupuestos habían crecido, y porque Madero, que lo alababa con frecuencia, había decretado el servicio militar obligatorio. ¿Se había renunciado a la vocación educativa de la Revolución? No, porque el gobierno avanzaba tenazmente en un nuevo programa que incluía el establecimiento de escuelas rurales, comedores escolares, casas para estudiantes, escuelas nocturnas para obreros y educación especial para indígenas, sin olvidar el apoyo a la alta cultura y la educación universitaria. ¿Se había enajenado el apoyo a la naciente clase obrera? No, porque además de la libertad sindical Madero había fundado el Departamento de Trabajo, que lo mismo conciliaba exitosamente la mayoría de las huelgas que estudiaba las nuevas tendencias de legislación laboral o convocaba a la Primera Convención de la Industria Textil, cuyos frutos en salarios y condiciones de trabajo fueron sustantivos. ¿Se ignoraba la importancia centenaria del problema de la tierra? No, porque como años después afirmaría el padre de la Reforma Agraria en México, Andrés Molina Enríquez: «El gobierno de Madero debería ser considerado como el más agrarista que hemos tenido ... Duró un año, y si hubiera durado los cuatro de su periodo, la cuestión agraria probablemente hubiese sido resuelta. La gran masa de la nación siempre ha creído eso, y por ello ha llorado en la tumba de Madero».

¿Cómo explicar entonces el derrumbe de aquel ensayo de convivencia democrática? Los errores políticos de Madero no parecen definitivos. Es verdad que confundió torpemente su gabinete con un parlamento y lo integró con tendencias encontradas que no servían al equilibrio sino a la inmovilidad. Pero el pecado no era mortal: el régimen marchaba. Las razones, en definitiva, no hay que buscarlas en el desempeño político de Madero sino en el trágico encuentro de su actitud personal –su misticismo de la libertad– con la actitud colectiva de la élite política mexicana en ese momento: su reverencia al poder personal absoluto, su miedo a la libertad.

Los 15 meses del presidente Madero han pasado a la historia como una tragicomedia de equivocaciones. Desde la perspectiva de fin de siglo, luego del fracaso de las falsas utopías que veían al Estado como una moderna advocación de la Providencia, aquella utopía maderista recobra su verdadero rostro: era modesta pero asequible, podía haberse consolidado con un poco de paciencia, y si cayó fue por la fuerza ciega de las armas. En el corto plazo, fue el laboratorio ideológico de las mejores causas sociales de la Revolución, el marco de libertad que permitió madurar a hombres como Cabrera, Sarabia, Soto y Gama, Palavicini, González Garza, Felipe Ángeles, Vasconcelos, Fabela, Pani, Jara y muchos más. En el largo plazo, fue un comienzo que se parece mucho al fin: la visión práctica de Madero sobre los grandes problemas nacionales y su fe en la democracia son las convicciones de la mayoría de los mexicanos.

A 80 años del sacrificio de Madero, las fuerzas históricas reales encaminan a México hacia la normalidad democrática. En el proceso de construirla, aquella Presidencia puede iluminarnos. Por un lado, con sus amargas lecciones sobre la responsabilidad de los protagonistas naturales de la democracia –diputados, senadores, periodistas, intelectuales– que ahogaron el fundamento mismo de su vocación: la libertad. Por otro lado, aquellos 15 meses representan una suerte de evangelio democrático, como si el espíritu de aquel hombre bueno nos visitara de pronto y nos recordara el origen sagrado de la palabra voto.

Hortensia Elías Calles

Viñeta de doña Tencha
(Hortensia Elías Calles)

Vivimos tan acosados por las noticias tristes, desalentadoras y hasta repugnantes, que cuando ocurre un acontecimiento feliz es justo celebrarlo con fanfarrias. El próximo 25 de abril, *Reforma* podrá «cabecear», por fin, en tiempo presente, un hecho no sólo venturoso sino en verdad presente: «Cumple 90 años doña Hortensia Elías Calles de Torreblanca».

Hace años le pedí algunos datos biográficos. Recibí una información veraz, sencilla, escueta: tres palabras que la retratan. Ante sus propios ojos, doña Hortensia ha tenido cuatro papeles vitales: sonorense, personaje fundamental en la familia Elías Calles, pionera de la protección infantil pública en México y custodia fiel del archivo de su padre.

Nació en la hacienda de Santa Rosa, Distrito de Fronteras, en 1905. Mientras su padre se abría paso en un ámbito difícil y a partir de un legado adverso, crecía el numeroso clan de los Elías Calles. Algo de aquellas soledades desérticas de Sonora se grabó en el carácter de Hortensia: franqueza, determinación, derechura, reserva.

Con el tiempo asumiría el papel de primera dama vicaria. Su madre, doña Natalia Chacón, enfermó varias veces durante la presidencia del general Calles, y este vacío fue ocupado desde un principio por la joven Hortensia. Pero la investidura oficial no opacó su desempeño como hija y hermana, como esposa de don Fernando Torreblanca y madre de cuatro hijos.

Su vocación de amparo a la niñez provenía de las escuelas Cruz Gálvez, fundadas por Calles durante su gestión como gobernador de Sonora. El general había querido paliar con ellas la orfandad que él mismo había sufrido. Su hija estudió en una de esas escuelas y dedicó largos años de su vida a reproducir la experiencia. Durante la administración de Portes Gil fue vicepresidenta de la Asociación Nacional de Protección a la Infancia. En tiempos de Miguel Alemán, fue tesorera de la misma Asociación. En el ámbito privado colaboró también en diferentes actividades: entre 1947 y 1977 trabajó en la Junta de Asistencia Privada que presidía su esposo.

Con todo, la obra magna de doña Tencha ha sido integrar, con la mayor exigencia profesional, los archivos de su padre y su esposo en un solo acervo. A partir de los años setenta y claramente en los ochenta, varios historiadores mexicanos y extranjeros se han beneficiado de esta auténtica mina documental cuyo orden, rigor y riqueza hacen honor al estilo personal y político del general Calles. Muchos personajes de la Revolución perdieron, desperdigaron o quemaron sus papeles. Otros los legaron a sus hijos, quienes a su vez los perdieron, desperdigaron o quemaron. Otros más, por fortuna, fueron cuidadosos y los conservaron. Entre ellos, muy pocos o quizá ninguno se conservan con la fidelidad y organización del Archivo Calles. Es un auténtico archivo histórico, no un almacén de telegramas de onomástico. Al reunirlo y catalogarlo –cosa que ha hecho por años, personalmente y con la eficaz ayuda de sus nietas– doña Tencha no ha buscado ocultar o encubrir sino revelar y documentar.

El pasado no ha pasado por la gran casona de la calle de Guadalajara donde viven doña Tencha y sus papeles. Los niños que jugábamos en el parque España hacia los años cincuenta temíamos acercarnos a sus puertas o mirar siquiera a través de sus rejas. Nos parecía un palacio medieval con su gran torreón almenado, el impecable jardín y aquellos temibles mastines que nos devoraban con los ojos. Cuando por fin traspasé el umbral, muchos años después, encontré un recinto encantado: la escalera cinematográfica, los intactos tapices, vidrios biselados y alegóricos, baños amplios y soleados como albercas, chapas y herrajes bordados en bronce. Era un museo, pero un museo vivo.

En medio de aquel silencio, en el centro de esa paz del tiempo detenido, conversaba doña Tencha. Tocaba sin ambages los asuntos más escabrosos: el probable suicidio de Carranza, el asesinato de Villa, la obsesión por la muerte y la sangre del general Obregón. Conforme se acercaba a los temas más íntimos, medía las palabras, suspiraba como para tomar fuerza, y los encaraba: el conflicto familiar que marcó desde el origen al general Calles, la fiesta de las balas en el «México bronco», la responsabilidad de su padre en la guerra de los Cristeros. No había sombra de tensión en su rostro: había la serenidad que nace de la comprensión.

Doña Tencha ha sido más amiga de la verdad que de la leyenda de su padre. Sabe que la verdad se abre paso tarde o temprano, y que el mejor homenaje a un hombre público es abrir su expediente a la libre mirada de los demás. Al heredar su archivo en fideicomiso a la nación mexicana (por decreto del 16 de octubre de 1987), hizo algo mejor que erigir un monumento a la memoria del general: le puso casa a la verdad. Nada necesita más nuestro país, en esta hora oscura, que seguir su ejemplo.

Lázaro Cárdenas

Presencia de Lázaro Cárdenas

En la casa de mis abuelos, el nombre de Lázaro Cárdenas tuvo siempre un prestigio mayor que el de cualquier otro presidente. Aunque se habían refugiado en el país en tiempos de Ortiz Rubio, fue en el periodo de Cárdenas cuando asentaron sus vidas: aprendieron el idioma, establecieron sus pequeños negocios, enviaron a sus hijos a escuelas públicas. El socialismo, en el que fervorosamente creían, parecía adoptar aquí una variante nueva, menos rígida y marcial que en la Unión Soviética, más libre, entusiasta y popular. En su vejez, todos recordaban los episodios culminantes de aquel periodo –la expulsión de Calles, el reparto agrario, las movilizaciones obreras, la solidaridad con la República española, el estallido de la segunda guerra–, pero había uno que volvía repetidamente a las conversaciones de sobremesa: la expropiación petrolera. El discurso presidencial en la radio, las marchas de apoyo, el aporte que todos los estratos sociales hicieron en Bellas Artes para el pago de la deuda, quedaron en la memoria familiar como un acto de iniciación o, más precisamente, como una ceremonia de filiación: un bautizo mexicano.

Para mis maestros, Cárdenas no era sólo un prestigio sino un misterio. Alrededor de su muerte, Daniel Cosío Villegas escribió un artículo notable: «Adiós mi general, adiós». Si no recuerdo mal, declaraba su admiración por el «instinto popular» de Cárdenas, pero en privado confesaba que su reconocimiento era tan grande como su perplejidad. Lo intrigaban, sobre todo, la entrada y la salida de Cárdenas: la integración de un gabinete con personas que Cosío consideraba mediocres y la sucesión presidencial en 1940. Era claro que don Daniel sangraba un poco por una doble herida. Tan cerca había estado de ser secretario de Relaciones Exteriores en 1935, como su amigo Múgica de ser candidato en 1940. Con todo, su curiosidad era genuina: «Hay mil cosas», solía decir, «que no entiendo a Cárdenas».

Entre mis amigos, más que un prestigio Cárdenas era una leyenda. Por una amiga supe de su solidaridad con los estudiantes y maestros perseguidos en el 68. No sólo su instinto popular sino su instinto histórico le decían que en Tlatelolco se había roto la legitimidad de la Revolución mexicana. Fue un amigo el que me proporcionó una definición de Cárdenas que en aquellos tiempos de convicciones rotundas me pareció perfecta, y aún ahora, a 25 años de distancia, me parece razonablemente cierta: «Fue el último presidente que gobernó para el pueblo».

Sin haberlo conocido ni visto, me fui formando una imagen dual del presidente Cárdenas. Mis prevenciones frente a las izquierdas autoritarias (no había muchas otras antes de 1989) y mis convicciones democráticas, tenían que apartarme por fuerza de aquel gran tótem de la izquierda mexicana. Pero al mismo tiempo, el recuento más superficial de sus aciertos lo ponía por encima de las banderías ideológicas y me acercaba a él: dio libertad, no mató, fue generoso, fue humanitario, ejerció un liderazgo firme y auténtico. «No olvides que México fue más México a partir de aquel 18 de marzo», me señaló alguna vez Emilio Rosenbleuth. Desde entonces, no lo he olvidado.

En un momento quise aventurar mi visión biográfica del general Cárdenas. Revisé algunos archivos, leí libros y folletos de la época, consulté la prensa periódica (que para ese momento es todavía una fuente confiable y a menudo sorprendente), pero sobre todo intenté hablar con gente que lo conoció de cerca. Cuatro personas me aportaron testimonios invaluables: el ingeniero Heberto Castillo, sobre la vocación ingenieril que desarrolló Cárdenas; el arquitecto Óscar Pérez Palacios, sobre las jornadas humanitarias del general por «los caminitos de Michoacán»; don Adolfo Orive Alba, sobre el memorable reparto agrario en La Laguna; y don Raúl Castellanos, su fiel secretario particular, sobre el estilo y la calidad personal de su querido jefe.

Conforme avanzaba la investigación, Cárdenas se fue volviendo un personaje cada vez más amable. Me dolía su difícil condición familiar y el modo en que lo arrasó el vendaval de la Revolución. Creí ver en la bonhomía de su padre, la piedad de su madre y la nobleza de su tía Ángela una triple herencia que lo apartaría de ese vértigo de sangre que fue la revolución sonorense. Sus fracasos militares que alarmaban a Obregón lo enaltecían a mis ojos: revelaban una vocación histórica superior. Al adentrarme en su ensayo de gobierno en Michoacán, descubrí un elemento que me pareció reprobable: el integrismo político, pilar de una dominación que se repitió más tarde, en escala nacional, durante su sexenio. En este sentido, fue Cárdenas y no Calles el verdadero fundador del sistema político mexicano, un sistema incompatible con la democracia. Y sin embargo, aun en esa etapa, sobraban argumentos salvadores. No era sólo el paliativo de los tiempos que corrían (en los treintas la democracia parecía un valor secundario aun para muchos hombres inteligentes de Occidente) sino los rasgos más personales de su actitud: su bondad con los indios, su dignidad en los revueltos tiempos del maximato y, sobre todo, la limpieza de sus convicciones. Acaso por ser uno de los revolucionarios más jóvenes o por haber participado en tantos episodios de la lucha armada, Cárdenas se veía a sí mismo como la encarnación misma de la Revolución mexicana. Su gestión no se entiende sin ese triple acto de fe: cumplir, hasta las últimas consecuencias, como un mandato sagrado, los preceptos agrarios, laborales y nacionalistas de la Constitución.

Desde entonces me pareció que Cárdenas adquirió su dimensión verdadera en un ámbito que colindaba con la religiosidad popular. No el de la fe en el sentido estricto, sino el de una fe transformada en vocación de servicio a los pobres. Caridad y misericordia que no necesitan ostentar su filiación cristiana para reconocerse como tales. Cuando creyó que la tierra los redimiría, se la dio. Cuando creyó que en sus manos la industria funcionaría sin la codicia capitalista, se la dio. Cuando pudo gestionar «caminos que abren caminos», escuelas y clínicas, se la dio. Cuando supo que no tenía otra cosa que darles más que su presencia y su atención, se las dio. Fue un misionero con investidura política y militar.

Entre los indios de Tzintzuntzan, un periodista descubrió hace tiempo un altar para «Tata» Lázaro. Como aquel otro *tata* de la historia michoacana, el tiempo desgastará apenas, como la gota en la piedra, la memoria de Cárdenas. No es entre aquellos indios donde importa retener la memoria y transformarla en legado vivo: es en la sociedad civil.

Cuauhtémoc Cárdenas ha luchado con valor y dignidad ejemplares por servir a la sociedad civil. Aunque busca instaurar un régimen político distinto al que fundó su padre, no lo mueve el instinto parricida sino la convicción democrática. El general, en su momento, pudo haber partido en dos el duro tronco del PRI. No lo hizo, quizá porque se sabía heredero y creador de un sistema que sin haber sido democrático rindió al país servicios indudables. Su hijo tomó la piqueta en 1986 y es, en estos tiempos oscuros, una de las pocas figuras limpias en nuestra vida pública. Si contribuye a lograr que el Partido de la Revolución Democrática abandone para siempre las pulsiones revolucionarias, si lo ayuda a orientar sus métodos y metas al futuro y no al pasado, si abre las puertas a las generaciones nuevas con más ideas y menos ideología, si favorece hacia adentro y hacia afuera el ejercicio de la tolerancia y la autocrítica, México contará con el partido de izquierda que con urgencia necesita.

En la casa de los Cárdenas viven doña Amalia, la viuda del general, sus hijos Celeste y Cuauhtémoc y sus nietos, Lázaro, Cuauhtémoc y Camila. Los cobija la buena sombra de aquel caudillo que encarnó el espíritu humanitario de la Revolución, ese árbol plantado en el centro de la historia mexicana: Lázaro Cárdenas.

El coraje cívico de Manuel J. Clouthier

Creía en el martirio, por eso es tan dolorosa su absurda muerte. Recuerdo su entusiasmo por el proceso de democratización en Filipinas y su mención explícita al sacrificio de Benigno Aquino. No tengo duda de que sobre todos los mexicanos del siglo XX admiraba a Madero, aquel otro empresario agrícola creyente en la fuerza histórica del martirio, cuyo sacrificio, sin embargo, no abriría el paso a la democracia mexicana. Como su remoto modelo, Manuel J. Clouthier arriesgó bienes, amigos, seguridad familiar y, varias veces, la vida. En momentos decisivos del proceso electoral de 1988, después de haber sido un protagonista central en la gran batalla cívica que escenificó la oposición mexicana, Clouthier consideró seriamente opciones de resistencia cívica que podían conducirlo a una muerte fundadora. El hombre apacible sobre el camastro en una tienda de campaña al lado del Ángel de la Independencia no bromeaba con su huelga de hambre. «¿De veras te quieres morir, Manuel? ¿De veras crees que eres más útil al país como símbolo que como líder?» «Fíjate que sí. Éste es el momento de arrancarle al gobierno la promesa pública de una definitiva reforma electoral. Tardaríamos mucho en recuperar el impulso. Ahora o nunca hay que echar el resto. Hay muertes creativas, y yo no me rajo.» Mil consideraciones de toda índole debieron pesar en el ánimo del presidente Salinas de Gortari para comprometerse a la auténtica reforma electoral que la ciudadanía aún espera. Estoy seguro de que una de esas consideraciones fue la determinación moral de Manuel Clouthier: no se rajaba.

Antes lo había visto en dos breves ocasiones: una comida y una charla de oficina. Aquel hombrón no era el temible *full back* del Tecnológico de Monterrey que yo me había imaginado, sino una persona suave, casi dulce, un soñador, un sentimental, un quijote o, mejor, un Santa Claus de la política democrática. Me encantó desde el principio la facilidad con que introducía en cualquier frase la palabrota perfecta. Contra todas las predicciones —me dijo—, su campaña esquivaría el

Manuel J. Clouthier

populismo fácil o la incitación a la violencia. Su propósito sería despertar el coraje cívico del mexicano apelando al corazón de la gente.

«Yo sé hablarle a la gente, porque la conozco, porque la he tratado desde siempre, porque la respeto. ¿Sabes qué les digo a los campesinos? Ustedes quieren a la tierra como quieren a su mujer. ¿Y qué se hace con la mujer para que florezca? Se le cuida, se le acaricia, se le fecunda, se le ama. Por eso ustedes quieren que la tierra sea suya de verdad y no prestada. Para quererla ... Si vieras cómo responden. Saben que es verdad.»

Supe entonces que era el candidato que el PAN necesitaba para dar un jalón de arrojo a una historia de excesiva prudencia y discreción. Nunca imaginé la que armaría junto con los otros dos ingenieros: Cárdenas y Castillo.

En un medio político acostumbrado a la manipulación y la mentira, dio una lección de sencillez, espontaneidad y hombría. En la futura historia de la democracia mexicana aparecerá sonriendo, echado p'adelante y sin rajarse. Así hay que recordarlo. Miguel Palacios Macedo ha dicho que el mejor Vasconcelos, el Vasconcelos del 29, actuaba más por «pálpito que por cálculo». Clouthier hizo lo mismo. Con pálpito logró resultados prácticos más firmes que los de aquel Madero culto. No es casual: tenía el corazón más grande que su cuerpo.

Heberto Castillo

Heberto Castillo, un ingeniero de alianzas

«Cómo nos hace falta Heberto», dijo hace unos días el otro gran quijote de la política mexicana: don Luis H. Álvarez. En su larga historia (90 años, si contamos a partir de la Fundación del Partido Comunista Mexicano) la izquierda en nuestro país ha practicado –puertas adentro y afuera– todas las variantes político-ideológicas del verbo desunir: dividir, descalificar, anatematizar, expulsar, excomulgar, abjurar. Hasta los ochentas su lema fue siempre «divide(te) y perderás». Donde había dos hombres de izquierda surgían tres organizaciones con sus respectivas siglas, cada una más pura que la otra. En esta trayectoria de intolerancia y sectarismo, Heberto Castillo fue una excepción: empeñó su vida en tender puentes y establecer alianzas.

Aunque provenía de un pueblo veracruzano donde, según le escuché decir, matar era una segunda naturaleza, su pasión revolucionaria fue por otros rumbos: creía en criticar y reformar, no en atacar y destruir. Tal vez la ingeniería, que también fue su pasión, indujo en él una noción profunda de estructura y orden. Mis primeros recuerdos suyos, en pleno 68, coinciden con esta visión dual. Precedido de una fama ya legendaria (había representado a México en la Tricontinental de La Habana), nos arengaba en el auditorio de Ingeniería. Su mensaje era de compromiso inteligente y prudencia. En ese mismo sentido habló en un inolvidable programa de televisión que, increíblemente, pasó sin censura en los días álgidos de agosto. Luego de los excesos de la manifestación que llegó al Zócalo e insultó al Presidente, Heberto fue una voz de moderación entre los maestros: había que exigir el diálogo con las autoridades pero en condiciones tales que no los pusieran entre la espada y la pared. Con todo, cuando se requería demostrar el valor con hechos, Heberto estaba en primera fila: el 15 de septiembre de 1968 fue él quien dio el Grito en la explanada de la Universidad. Díaz Ordaz, que lo odiaba, vio en este acto una desacralización. En realidad fue un desplante de romanticismo.

Curiosamente, la otra cara de este militante, la que equilibraba su sentido de la acción política, estaba en un cuaderno de apuntes que servía de texto de apoyo en la materia «Resistencia de materiales»; ningún libro en inglés, ni los célebres «Schaums», se comparaba en claridad. Gracias a Heberto, el análisis vectorial nos parecía aritmética elemental.

La esencia del curso, si no recuerdo mal, consistía en proveer herramientas teóricas para el diseño de toda suerte de estructuras resistentes a la tensión, torsión o ruptura. Cuando me enteré de que Heberto había inventado y patentado un fórmula original para el cálculo de estructuras, no me sorprendió: aquel libro nos hacía creer en la posible armonía universal.

Heberto era un romántico pero no un iluso. Mucho menos dogmático que sus compañeros de generación y de ruta, más práctico e ingenieril, no construía islas sino puentes. Fue, en 1961, uno de los primeros promotores del MLN (Movimiento de Liberación Nacional), esa fugaz alianza de los diversos grupos y organizaciones de izquierda que naufragó muy pronto en un mar de protagonismo. La brutal represión y los años de cárcel que sufrió en 1968 no lo amargaron: tendió puentes de conocimiento con la historia de México y practicó la pintura de caballete. Poco tiempo después de su liberación, promovió una alianza con intelectuales (Paz, Fuentes, Flores Olea) para la formación de un partido moderno de izquierda; aunque la alianza no cuajó, Heberto siguió buscando la integración de un partido enraizado en la tradición nacionalista mexicana, no el socialismo real (soviético, chino o cubano) del cual era crecientemente crítico. Sus esfuerzos cristalizaron en la fundación del PMT. A mediados de los ochentas, cuando el país comenzaba a tomar en serio el ideal democrático, Heberto era ya un demócrata con muy pocos adjetivos.

Tal vez su momento estelar (tuvo muchos) fue su renuncia a la candidatura del PMS a la Presidencia en favor de Cuauhtémoc Cárdenas. Al hacerlo reafirmaba su vieja lealtad a su admirado general y a su amigo y discípulo, pero su acto tenía una significación mayor: era una reversión instantánea de la vocación divisionista en la izquierda. El capital político y moral que aportó a la campaña de Cuauhtémoc fue enorme. Sin Heberto, sin la alianza con Heberto, el 88 hubiera sido inobjetablemente priísta. Puesto en condiciones similares, ¿actuaría Cuauhtémoc del mismo modo?

Luego de la alianza –puertas adentro– del 88, Heberto siguió practicando –puertas afuera– todas las variantes de la palabra unir: acompañó al doctor Nava en su lucha cívica en 1992, promovió el diálogo entre las oposiciones, buscó denodadamente –como miembro de la Cocopa– la paz en Chiapas. La última vez que lo vi, en la boda de Manuel Camacho, le comenté: «¿Sabía, maestro, que en sus memorias Díaz Ordaz le llamaba a usted el presidentito?» Nunca olvidaré su gran carcajada de joven encanecido, de viejo prematuro. A pesar de la crisis integral del país, sabía que la democracia avanzaba.

En aquella mesa departía Heberto, animadamente, con su compañero y adversario en el Senado, Luis H. Álvarez. La amistad de ambos era, en sí misma, al margen de las diferencias, una alianza democrática.

Tengo para mí que Heberto Castillo hubiera aprobado con entusiasmo la idea de la alianza opositora y hubiera trabajado denodadamente para edificarla. En cierta forma, toda su vida había apuntado hacia un fin semejante. No comulgaba, por supuesto, con el ideario del PAN, pero estoy seguro de que se entendía mejor con don Luis que con cualquier trasnochado ideológico del posmarxismo. Sabía mejor que nadie los costos de la tensión, la torsión y la ruptura. Conocía mejor que nadie las ventajas de la convergencia inteligente. Fue un maestro de la ingeniería civil y cívica.

Samuel Ruiz

Samuel Ruiz, el profeta de los indios

> Con cosa tan demoníaca mezclamos a Cristo. Chocan las huestes de uno y otro bando, llevando cada una en su frente la insignia de la cruz, digo, que ella sola debería amonestarlos de cómo conviene que venzan los cristianos.
>
> Erasmo de Rotterdam

Vidas paralelas

Las crónicas que refieren la llegada del obispo a su diócesis de Chiapas lo describen como un «buen teólogo y consumado jurista ... Tenía el alma atribulada por el trato de los indios esclavos que se compraban y vendían como hatos de ovejas ... Predicaba como apóstol enseñándoles los medios de su salvación que era poner fin a un trato tan ilícito».[1]

No terminan ahí, sino que ahí comienzan los paralelos que —guardadas todas las diferencias— cabe trazar entre el sujeto de esa descripción y tercer obispo de Chiapas, fray Bartolomé de las Casas, y don Samuel Ruiz, su homólogo en el siglo XX. A su juicio, la realidad atroz que encontró al llegar en 1960 no era «genéricamente distinta» de la que vio Las Casas. «Yo serví de caballo», le confesó un indio; en una comunidad fue informado de que todos los niños habían muerto en un santiamén, por efecto de una epidemia de fiebre desatendida por los servicios oficiales de salud; en las fincas, algunos patrones azotaban a sus peones acasillados y les pagaban con vales de las tiendas de raya;[2] en San Cristóbal de las Casas, orgulloso bastión de los coletos, los indios bajaban de las aceras para ceder el paso a los blancos que seguían refiriéndose a ellos con un asco racial en el que resonaba el eco de la frase brutal que escuchó fray Bartolomé a su llegada: «perros indios».[3]

Para poner fin a un trato tan ilícito, ambos obispos trajeron dominicos a la diócesis. Ambos se malquistaron con los poderes eclesiásticos de su época: fray Bartolomé con no pocos evangelizadores de otras órdenes, don Samuel con los viejos monseñores y demás sacerdotes

---

[1] Fray Antonio de Remesal, *Historia general de Las Indias Occidentales y particular de la gobernación de Chiapas y Guatemala*, 2 ts., Porrúa, México, 1988, t. I, p. 445.
[2] Entrevista con Samuel Ruiz García, 26-28 de septiembre de 1998.
[3] Remesal, *op. cit.*, p. 447.

tradicionales que veían atónitos cómo rehusaba hospedarse en las casas grandes de las fincas y prefería dormir con los peones. «Están tan alborotados los vecinos de esta ciudad, que la Semana Santa se pasó no como entre cristianos.» La cita corresponde al año de 1545, cuando Las Casas, «amenazado», continúa la crónica, «con querellarlo con el Papa», rehusó los sacramentos a los encomenderos que no hubiesen devuelto su libertad a los indios, pero se repitió en 1993, cuando Samuel Ruiz —querellado ya con el nuncio Prigione y, en cierta medida, con el Papa— resistía el ataque de la población coleta y recibía el apoyo de los indígenas.[4]

Aunque don Samuel ha asumido expresamente lo que él ha llamado «la fidelidad evangélica»[5] hacia fray Bartolomé, dice conocer poco de la historia de su antecesor. Sin embargo, en el despacho obispal en San Cristóbal hay un cuadro rústico que representa su encuentro con Las Casas, y Ruiz y su conversación abundan en referencias al dominico. Sabe que Las Casas llegó a la edad aproximada de 69 años y permaneció en la diócesis sólo siete meses. Ruiz, en cambio, llegó a la edad de 35 años y la ha atendido por los siguientes 38. De la vastísima obra de Las Casas, Ruiz resalta el tratado *Del único modo de atraer a todos los pueblos a la verdadera religión*. Para Las Casas, como se sabe, ese modo único no era otro que «la persuasión del entendimiento por medio de razones y la suave moción de la voluntad».[6] Su sucesor en el siglo XX no ha compuesto tratados e historias sino numerosos escritos pastorales en los que comparte la idea de que únicamente los misioneros pueden redimir a los indios enseñándoles el camino de la salvación, y el concepto de que la armonía original de la comunidad indígena —edén subvertido por la codicia de ladinos o *caxlanes,* vástagos todos de los encomenderos— sólo puede restablecerse en la comunión de los indígenas y los evangelizadores que juntos construyan y propaguen el anticipo de la ciudad de Dios en la tierra.

Si en su *Apologética historia sumaria* Las Casas equiparó ventajosamente el grado de civilización de los pueblos precolombinos con el alcanzado en Europa, en su larguísimo caminar Samuel Ruiz —conocedor, a diferencia de Las Casas, de las lenguas indígenas— ha practicado la etnografía comparada y ha creído encontrar evidencias similares aun en los aspectos más opresivos de las culturas indígenas, como el

---

[4] *Ibid.*
[5] Samuel Ruiz García, *En esta hora de gracia. Carta pastoral con motivo del saludo de S.S. el Papa Juan Pablo II a los indígenas del continente*, Dabar, México, 1993, p. 19.
[6] Fray Bartolomé de las Casas, *Del único modo de atraer a todos los pueblos a la verdadera religión*, FCE (Colección Popular), México, 1992, p. 30.

ejercicio del poder político o la condición de la mujer. Desde un principio lo impresionó la «docilidad del indio, su fuerte religiosidad», pero su encomio actual rebasa las ideas de Juan de Palafox, el célebre obispo de Puebla que a mediados del siglo XVII reputaba al indio como un ser libre de los siete pecados capitales, salvo el de la gula «en la media parte de este vicio, que es el beber».[7] «Algunos antiguos», explica Ruiz, «nos indican que antes no había la degeneración por el alcohol»; enseguida relata historias de indígenas regenerados del vicio por «la Palabra de Dios» –es decir, por la prédica de los catequistas formados en su diócesis– o por la reflexión crítica de las propias asambleas comunitarias que inducen a la moderación o al uso del jugo de uva enlatado en lugar del aguardiente. Por lo demás, Ruiz asegura que la responsabilidad última no es de los indios: «la embriaguez es un manejo de dominación por parte de los mestizos».[8]

En ambos hay resonancias de los profetas bíblicos. Las Casas predicó en la corte española contra la esclavitud y el trabajo forzado, puso en entredicho la legitimidad de la conquista como un acto «injusto, inicuo, tiránico y digno de todo fuego infernal»[9] y profetizó que la «ira de Dios» se volvería contra España para destruirla. Con idéntico celo y similar unidad de propósito, Ruiz –a quien sus padres tuvieron el propósito expreso de destinar al servicio de templo, como el profeta Samuel– transfiere esa misma visión condenatoria no sólo al Estado virreinal sino al Estado liberal del siglo XIX y al nacional-revolucionario del XX. Su obispo coadjutor, Raúl Vera, se ha interesado en el proceso de canonización de Las Casas y casi beatifica en vida a Samuel Ruiz: «no he convivido con una persona más justa: no puede callar, ejerce su profecía en su misión de pastor, es un hombre asumido mística y misteriosamente por los ojos de Dios».[10] Fray Gonzalo Ituarte piensa que se asemeja al profeta Amós: «El profeta sensible al escándalo de la injusticia».[11]

La reivindicación de Las Casas para legitimar una causa justiciera ocurrió antes y durante la guerra de Independencia.[12] En el caso de Ruiz, la

---

[7] «De la naturaleza del Indio. Al rey nuestro señor, por don Juan de Palafox y Mendoza, Obispo de la Puebla de los Ángeles», *Obras del Ilustrísimo, Excelentísimo y Venerable Siervo de Dios, don Juan de Palafox y Mendoza*, s.p.i., p. 646.

[8] Entrevista con Samuel Ruiz García, 26-28 de septiembre de 1998.

[9] José Fernando Ramírez, *Noticias de la vida y escritos de fray Toribio de Benavente, o Motolinía*, s.p.i., p. CV.

[10] Entrevista con fray Raúl Vera, 25 de septiembre de 1998.

[11] Entrevista con fray Gonzalo Ituarte, 27 de septiembre de 1998.

[12] *Semanario Patriótico Americano*, 11 y 18 de octubre y 8 de noviembre de 1812, en Genaro García, *Documentos históricos mexicanos*, INEHRM, México, 1985, t. III, pp. 117, 127, 154.

novedad histórica no está tanto en el contenido de la prédica sino en sus destinatarios: lo notable es que ha vuelto lascasianos a centenares de miles de indígenas. «Es un profeta creador de profetas», afirma Miguel Concha, provincial de la orden de los dominicos en México.[13] Y no han sido pocos los profetas que ha formado en su diócesis, sino miles de catequistas y cientos de diáconos permanentes, indígenas muchos de ellos, que por tres décadas han sembrado en sus comunidades (o recogido de ellas, según afirman) «la palabra de Dios».

Este proceso catequético, tal vez el más vasto, ordenado y profundo emprendido en México desde la conquista espiritual del siglo XVI (aunque muy distinto a aquél en sus perspectivas morales, eclesiológicas y teológicas), está en la base de las transformaciones políticas y los movimientos revolucionarios que han sacudido la zona desde enero de 1994. El hecho fundamental, soslayado por todo tratamiento del zapatismo centrado en la figura icónica del subcomandante Marcos, es que antes de la llegada del EZLN se desarrolló en Chiapas un fervoroso ejército catequista de liberación nacional.

La Conversión

En el principio fue la Conversión. A Bartolomé de las Casas lo había convertido en 1514 la toma de conciencia en torno a los horrores que había presenciado en la conquista en las Antillas y a su propia experiencia de 12 años como encomendero.[14] Samuel Ruiz comprendió de inmediato la dramática situación de los indios de Chiapas, pero reconoce que su conversión al apostolado indígena fue, igualmente, un proceso largo y paulatino. Fernando Benítez, que lo visitó en 1962, lo describía entonces como un «obispo fanático» que «distribuía equitativamente su odio entre un comunismo que necesitaba inventar ... y un protestantismo que a diario le sustrae algunas ovejas de su aprisco».[15] Benítez le reclamaba su desconfianza del Instituto Nacional Indigenista, tal vez sin comprender que los orígenes del joven prelado le impedían todo contacto con el enemigo histórico del México cristero y sinarquista en el que había crecido: el Estado laico y liberal.

---

[13] Entrevista con fray Gonzalo Ituarte, 27 de septiembre de 1998.
[14] Fray Bartolomé de las Casas, *Historia de las Indias*, 3 ts., FCE, México, 1992, t. III, pp. 93-95.
[15] Fernando Benítez, *Los indios de México*, Era, México, 1991, pp. 151-154.

Nada presagiaba el indigenismo de Samuel Ruiz durante los primeros 37 años de su vida. En su zona no había advertido más indios que las «marías» de las calles o los viejitos otomíes en el santuario de Atotonilco.[16] Había nacido en Irapuato en 1924, primogénito de familias que habían sufrido pérdidas materiales, enfermedad, exilio y muerte con la Revolución. Su madre, Guadalupe García, fue *espalda mojada* y trabajó en la pepena de uva en California, y allí conoció a su marido, Maclovio Ruiz. Se casaron en San Bernardino. De vuelta a México, el matrimonio procreó cinco hijos. Se mantenían del producto de una pequeña tienda de abarrotes en Irapuato, pero en la crisis de fines de los veintes la madre emigró llevando a sus hijos a la ciudad de México para establecer una tienda en el mercado de Tepito a la que el padre les enviaba huevo.[17]

Todo había concurrido en cambio para hacer que Samuel cumpliera la vocación religiosa inscrita en su nombre. Crecía en el Bajío, corazón del México católico. Estudió la primaria en colegios católicos de Irapuato y en 1937, a los 13 años de edad, ingresó al prestigiado seminario de León, fundado tras el fragor de la guerra de Reforma. A partir de 1923 la ciudad de León ostentaba, al pie del cerro del Cubilete, uno de los símbolos mayores del catolicismo mexicano, la estatua de Cristo Rey. A mediados de los años veinte, en León se incubaba la lucha cristera. Desde la siguiente década, León se convertiría en una capital del sinarquismo.

Durante la Cristiada, Ruiz no había asistido a la escuela: los templos permanecían cerrados y tomaba clases privadas con una religiosa. Un recuerdo fijo de esa época sería el asesinato de un párroco amigo de su familia, cometido tal vez por la masonería local. En 1945 recorrió con otros seminaristas la plaza de armas de León donde el día anterior el gobierno había cercado un mitin sinarquista masacrando a decenas de personas cuyos cadáveres se habían arrojado a la fosa común. El padre de Ruiz, militante activo del sinarquismo, sufrió un fugaz encarcelamiento por desprender de la puerta de su tienda la propaganda del partido oficial. El joven Ruiz veía en el sinarquismo «un movimiento que cimbraba, una etapa necesaria de educación cívico-política de la sociedad».

«Viví diez años en el secuestro del seminario de León», recuerda ahora. En 1947 pasó al colegio Pío Latinoamericano de Roma, dirigido por jesuitas. Estudió dos años en la Universidad Gregoriana y tres

---

[16] Entrevista con Samuel Ruiz García, 26-28 de septiembre de 1998.
[17] Carlos Fazio, *El caminante*, Espasa Calpe, México, 1994, pp. 20-25

más, decisivos en su formación, en el Pontificio Instituto Bíblico de Roma. El área de especialización que eligió Ruiz, la exégesis bíblica, era de suyo avanzada. Condenados hasta fines del siglo XIX, los estudios de la Sagrada Escritura habían renacido en tiempos de León XIII. En 1943, Pío XII promulgó la encíclica *Divino Afflante Spiritu* que insistía en la importancia de volver a las fuentes originales. Fue entonces —afirma Ruiz— cuando «comencé a entrever que la Biblia es el único libro escrito para un pueblo pobre en busca de la tierra prometida». En Roma, Ruiz recuerda haber «palpado la universalidad de la Iglesia ... gentes de todos lados en la unidad de la fe ... allí viví el Año Santo de 1950, la proclamación del dogma de la Asunción de María, la canonización de Santa María Goretti en 1951, y el "hieratismo magnético" de Pío XII». Pero el origen de la cristiandad lo atraía igual que su centro. En el verano de 1952 viajó con un grupo de compañeros del Instituto Bíblico a Tierra Santa: «Para mí la Biblia dejó de ser un libro para ser la trayectoria histórica recogida de un pueblo». De vuelta al «secuestro» de León, fue nombrado rector del seminario. Paralelamente desempeñó funciones de censor de libros, examinador de sínodo, profesor de teología, delegado a procesos de beatificación, capellán de monjas y asesor de jóvenes.

En 1959 salió del «secuestro» rumbo a la conversión. Iba a Chiapas, territorio relativamente desatendido por la Iglesia católica y considerado zona prioritaria de misión por los grupos protestantes. El 25 de enero de 1960 fue consagrado obispo. «El nuestro es un clero muy pobre que sólo desea el bien de los indios», le dijo Ruiz a Benítez, dos años más tarde: «estamos estudiando las condiciones y problemas de los indios para normar nuestra acción futura.» Era claro que, hasta ese momento, creía que la acción consistía en enseñar castellano, dotar al indio de zapatos, apoyar su educación y economía.

El proceso de conversión dio comienzo en Roma, durante el Concilio Vaticano II convocado por Juan XXIII y cuyas sesiones se llevaron a cabo a principio de los sesentas. Ruiz era uno de los cerca de 2 692 obispos que asistieron a aquel acontecimiento considerado por él «histórico, pastoral». Poco antes de que empezara el concilio, recuerda haber tenido una primera «revelación». El Papa se había referido ya a los dos «puntos focales» del concilio (el anuncio del Evangelio en un mundo sin sensibilidad religiosa y la búsqueda del ecumenismo), pero de pronto «Juanito» —como le llama Ruiz— habló de «un tercer punto luminoso»: ante los países en vías de desarrollo la Iglesia descubre lo que es y lo que tiene que ser. Para el obispo de Chiapas, aquel «anuncio» del Papa implicaba un mandato: «Allí se clarifica y determina la misión constitutiva de la Iglesia: si no está en una adecuada relación con el mundo estructural de la pobreza dejará de ser la Iglesia de Jesucristo».

Otra de las posturas del concilio lo influyó también: el reconocimiento de experiencias místico-religiosas en grupos no cristianos, «la presencia de Dios en la historia de pueblos antes de la llegada de la nación evangelizadora». Animado por esas ideas, junto con otros obispos mexicanos (Alfonso Sánchez Tinoco, Estanislao Alcaraz Figueroa, Adalberto Almeida, Ernesto Corripio Ahumada, Carlos Quintero, Jesús Sahagún) fundó en Roma la UMAE (Unión de Mutua Ayuda Episcopal), un grupo que se propuso el estudio sociológico de las diócesis más pobres de México. En uno de esos estudios relativo a su diócesis, resaltó el hecho de que la parroquia de Ocosingo era más grande que El Salvador y, dada la casi total falta de caminos, los fieles podían tardar varios días en llegar a pie a la misa dominical. Había que discurrir nuevas estrategias pastorales.[18]

En 1964 se tomó la medida práctica de reducir la dimensión de la diócesis. Samuel Ruiz auspició la desaparición de la diócesis de Chiapas (fundada en 1539) y su división en la diócesis de Tuxtla y la suya propia, la de San Cristóbal de Las Casas, correspondiente al 48 por ciento del territorio de Chiapas, el de mayor densidad indígena. Tres años más tarde, Ruiz dividió su diócesis en seis zonas según criterios étnico lingüísticos: chol, tzotzil, centro, sur, sureste y la zona tzeltal. A esta racionalización geográfica y cultural siguió una intensa labor misional. Poco antes del arribo de Ruiz, los jesuitas habían establecido una misión en Bachajón. En 1963 llegaron nuevos grupos de dominicos para retomar el trabajo misionero que habían dejado hacía un siglo. Un ejemplo concreto del trabajo de los dominicos fue el establecimiento en 1966, por orden del obispo, de la Misión Chamula. Además de las propiamente sacramentales y de evangelización, emprendieron acciones como la construcción de un centro de salud, una escuela de economía doméstica nocturna, una granja comunal, talleres de artesanía, una ladrillera.[19]

Pero el paso decisivo consistió en la formación de catequistas. Con el apoyo del delegado apostólico Luigi Raimondi, Ruiz estableció escuelas de formación catequética para indígenas. En 1962 creó dos escuelas diocesanas: la Misión de Guadalupe, para hombres, dirigida por hermanos maristas, y La Primavera, para niñas, de las hermanas del Divino Pastor. En los años sesenta se formaron cerca de setecientos ca-

---

[18] Entrevista con Samuel Ruiz García, 26-28 de septiembre de 1998.
[19] Pablo Iribarren, *Misión chamula*, San Cristóbal de las Casas, edición en offset, 1980.

tequistas indígenas en esas escuelas. Samuel Ruiz los visitaba cada domingo para celebrar misa y hasta para jugar con ellos: «Estaba flaco», recuerda uno de ellos, «y era muy bueno para el basquet».[20]

En el año axial de 1968 se llevó a cabo en Medellín, Colombia, la II Conferencia Episcopal Latinoamericana. Su objetivo fue, según Ruiz, «pensar el Concilio desde nuestra realidad». Es allí donde se perfila con mayor claridad la Teología de la Liberación. No contenta con lo que llama el «simple asistencialismo» ante la pobreza, la Iglesia latinoamericana acude al método social de análisis genético-estructural que, a juicio de sus exponentes, explica el subdesarrollo del tercer mundo como un subproducto del desarrollo del primer mundo. La nueva teología incorpora lo que considera elementos científicos del marxismo: la lucha de clases como hecho objetivo social, el capital como trabajo enajenado, la ideología como visión no científica o condicionada por intereses de clase. Adicionalmente, intenta descubrir en la Biblia cuál es «el plan de Dios» y pretende «activar la energía transformadora de los textos bíblicos». Por último, la Teología de la Liberación busca una salida práctica para que el pueblo pobre y oprimido logre su liberación con métodos pacíficos y de lucha, sin excluir —de acuerdo con la tradición tomista de la «guerra justa»— la apelación a la fuerza como último recurso.[21]

En Medellín, Samuel Ruiz se pronunció por «una evangelización contraria a la acción dominadora y la destrucción de las culturas». Fungía como presidente de la Comisión de Pastoral Indígena dentro de la Conferencia del Episcopado Mexicano y fue elegido para presidir el Departamento de Misiones Indígenas. Con todo, necesitaba una inspiración adicional específica sobre el problema indígena. La encontró en el discurso que en las reuniones preparatorias de la CELAM impartió el antropólogo Gerardo Reichel-Dolmatoff, quien postulaba el efecto cultural destructivo que sobre ellas habían tenido, supuestamente, todos los agentes externos, incluida la evangelización católica. A principios de los años setenta, Samuel Ruiz se acercó a los antropólogos de la Universidad Iberoamericana para afianzar estos conceptos. «Ustedes son el problema de los indios», le dijeron algunos jóvenes académicos. Pero se entabló una fructífera conversación. A lo largo de tres años, 13 sacerdotes tomaron cursos de ciencias sociales

---

[20] Testimonio de don Eustaquio en Xóchitl Leyva, «Catequistas, misioneros y tradiciones en Las Cañadas», en Viqueira, Juan Pedro, y Mario Humberto Ruiz, *Chiapas. Los rumbos de otra historia*, UNAM/CIESAS/CEMCA/Universidad de Guadalajara, México, 1995, p. 396.

[21] Norberto Bobbio, Nicola Matteucci y Gianfranco Pasquino, *Diccionario de política*, 2 ts., Siglo XXI, México, 1991, t. II, pp. 1557-1563.

para conocer sistemáticamente «quizá por primera vez», según pensaban, «al pueblo».[22]

Uno de los principales formadores de catequistas, el entonces agente de pastoral de la diócesis y hermano marista, Javier Vargas, insiste ahora en que el proceso de conversión en la diócesis fue colectivo y «endógeno», y que «empató» con las prédicas liberacionistas de Medellín. En todo caso, aquel año se discurrió la idea de descentralizar la acción pastoral y arraigarla más en las comunidades. Al mismo tiempo, los estudios de la diócesis mostraban tendencias que les parecieron sorprendentes: en Chiapas había migraciones internas, no del campo a las pocas ciudades del estado, sino del campo a la selva lacandona. En un lugar llamado Zapata, Ruiz advirtió que se hablaban las cuatro lenguas indígenas de su diócesis. «Dije ¡ah caray!, y les empezamos a preguntar: hermanos ¿por qué dejaron sus comunidades?, ¿qué pretenden?, ¿van a regresar?, y así empezó a bucearse sobre la memoria escondida que no estaba manifestada».[23] Pero el objetivo no era escribir una historia de esas comunidades sino elaborar para ellas y con ellas una catequesis «liberadora.»

«La Palabra de Dios»

Desde fines de los años cincuenta, las comunidades de Las Cañadas en la selva lacandona —hogar de muchos catequistas— vivían una experiencia de desarraigo y colonización. Sus habitantes provenían, en efecto, de diversas zonas de la diócesis. La mayoría habían sido peones acasillados de las fincas agrícolas de las inmediaciones de la selva. Por los recientes incentivos oficiales a la ganadería extensiva, los patrones habían optado por abandonar la agricultura y despedir a sus peones. Impregnados hasta la médula de un concepto caciquil de la política, señorial de la economía y racista de la sociedad, los miembros de la oligarquía local (finqueros y políticos del PRI) empleaban todos los medios a su alcance para impedir el asentamiento en sus latifundios y bloquear el reparto agrario. Sin horizontes de trabajo, muchos indígenas vieron su oportunidad en la selva. Otros colonos se habían quedado sin empleo en las fincas cafetaleras del Soconusco, que comenzaban a contratar mano de obra guatemalteca. Unos más, en fin, probablemente habían dejado sus co-

---

[22] Entrevista con Samuel Ruiz García, 26-28 de septiembre de 1998.
[23] Entrevista con Samuel Ruiz García, 26-28 de septiembre de 1998; entrevista con Javier Vargas, 6 de octubre de 1998.

munidades por efecto del crecimiento demográfico. El gobierno mismo alentaba a grupos tzeltales, tojolabales, choles y tzotziles a colonizar la selva. Fue así como la población de la selva pasó de 36 985 habitantes en 1950, a 75 234 en 1970 y 10 años después a 224 624.[24]

En 1971 se organizó en Ocosingo un curso que don Samuel recuerda con particular emoción. Los agentes de pastoral preguntaban a los catequistas el significado de su labor. La cuestión los desconcertó, pero de pronto —según el obispo— «prende una mecha»: «alguien discurre que el catequista no es tanto el que siembra sino el que recoge la cosecha de la Palabra de Dios». Ese «alguien» estaba dando forma a un novedoso método de «sembrar» preguntas y «cosechar» respuestas inspirado —según precisa fray Gonzalo Ituarte— en la obra *Pedagogía del oprimido* del pedagogo brasileño Paolo Freyre. Para Freyre, la enseñanza liberadora debía centrarse en «la apropiación de la Palabra»: «La Palabra de Dios me invita a recrear el mundo no para la dominación de mis hermanos sino para su liberación». Aplicado en Chiapas, el proceso se conoció desde entonces como «la Palabra de Dios» y convirtió al catequista en un *tijuanej*, que significa «el animador, el provocador, el estimulador».[25]

Habían encontrado el método, les faltaba el contenido. Alrededor de esas fechas, en uno de sus habituales recorridos por la zona de Ocosingo, a Javier Vargas se le ocurrió que la experiencia que los agentes estaban compartiendo con los catequistas y los indios —la salida de las fincas, el largo y azaroso errar por la selva y la construcción de nuevos poblados— era «igual a la que nos relata la Biblia»: «las comunidades de la selva estaban viviendo su Éxodo». (La idea de los sacerdotes y los indios como encarnaciones de Moisés y el pueblo elegido tenía antecedentes en las misiones jesuitas de Paraguay, en el siglo XVII.)[26] Entonces pensaron en sustituir el catecismo del padre Ripalda —el del Concilio de Trento— por un nuevo catecismo —más acorde con el Concilio Vaticano II— que tuviera «todas las fuentes de la Palabra de Dios: la Biblia misma y la tradición», y también «el propio historial de los indios, sus tradiciones, su cultura, donde está en germen "la Palabra de Dios"».

---

[24] Leyva, *op. cit.*, Juan Pedro Viqueira, «Los Altos de Chiapas: una introducción general»; Jan de Vos, «El Lacandón: una introducción histórica», en Viqueira y Ruz, *op. cit.*, pp. 219-236; 331-362; 375-406.

[25] Entrevista con fray Gonzalo Ituarte, 27 de septiembre de 1998; entrevista con Samuel Ruiz García, 26-28 de septiembre de 1998; Paolo Freyre, *Pedagogía del oprimido*, Siglo XXI, México, 1984; Leyva, *op. cit.*, p. 394.

[26] R.B. Cunningham Graham, *A Vanished Arcadia*, Haskell House, Nueva York, 1968, p. 83.

Con el contenido de un nuevo Éxodo y el método *tijuanej* para «cosechar la Palabra de Dios en las comunidades», se comenzó a elaborar un nuevo catecismo. Javier Vargas lo recuerda:

«Entonces la gente comenzó a decir su palabra, y !a palabra se cosechaba y sintetizaba. Los viejos escuchaban la síntesis, empezaban a dejar el flujo de su corazón hablar sobre esto, y con eso sacábamos una lección que tenía contenidos bíblicos. Mientras tanto, los místicos generaban la oración de ese texto, los artistas componían una canción, los analistas nuevas preguntas, y finalmente se construía la lección final».[27]

El resultado fue un documento fundacional en la conversión masiva de muchos indios a una forma autóctona de la Teología de la Liberación: *Estamos buscando la libertad. Los tzeltales de la Selva anuncian la buena nueva.* El texto, modestamente impreso, de poco más de cien páginas, contiene oraciones, cantos y lecturas en torno a cuatro formas de opresión: económica, política, cultural y religiosa. El contenido central está en las «lecturas», pensamientos breves hilvanados por una idea rectora. Hay frecuentes citas bíblicas, sobre todo de los Profetas y del Nuevo Testamento. Al recordar la opresión económica vivida en las fincas, se compara a éstas con el Egipto del Faraón y se evoca a Dios:

«Tú dijiste a los antiguos israelitas cuando vivían como esclavos: "He visto los sufrimientos de mi pueblo. He oído que me piden ayuda llorando. Vengo para librarlos de sus opresores y llevarlos a una tierra buena y espaciosa que da muy buenos frutos" (Ex. 3.7-8). Por eso nos reunimos hoy para pedirte, Señor, que vengas a ayudarnos también a nosotros».

La opresión era política, porque las leyes favorecían a los ricos; era cultural, porque los *caxlanes* despreciaban las lenguas y tradiciones de los indios, que a menudo se despreciaban a sí mismos; era religiosa, porque estaba demasiado centrada en actos externos de culto que minaban la fuerza de los hombres y no honraban a Dios. La única solución era fortalecer la comunidad: «Vivimos en comunidad, tenemos una cultura, valemos mucho ... La comunidad es vida, me lleva a la libertad ... el buen cristiano es el que hace crecer el mundo para bien de sus hermanos ...»

[27] Entrevista con Javier Vargas, 6 de octubre de 1998.

Las constantes referencias a la opresión no parecían tener en cuenta el hecho de que el texto se componía *después* de la salida de las fincas. La comunidad aparece como una entidad por construirse, por liberarse: «Queremos llegar a ser una verdadera comunidad indígena cristiana ... queremos ser libres Señor ... Míranos, oh Señor, en la opresión». Más adelante, al abordar la fe, primera virtud teologal, el texto la identifica con la construcción de la comunidad: así como Cristo resucitado despertó la fe en Tomás haciendo que tocara sus llagas, así la comunidad debía fincar su fe en la conciencia de su opresión y en la lucha contra quienes la aplastan. Una lectura da un paso más: Dios mismo está presente en la comunidad, habla a través de los que hablan y, en última instancia, *es* la comunidad. Un padre de familia dice: «Sí, hijo, Cristo está en nosotros. Su espíritu está en nuestros corazones. La comunidad es el cuerpo de Cristo resucitado».

También la esperanza tenía una significación comunitaria: la construcción futura de una «tierra nueva» que sea de todos y de un «hombre nuevo», fórmula repetida varias veces en lecturas y cantos («Señor, haznos hombres nuevos») que el texto refiere a una cita del profeta Ezequiel y a dos epístolas de san Pablo. Una de ellas («Un solo cuerpo y un solo espíritu, como una es la esperanza a que habéis sido llamados.» *Efesios*, 4.4) se interpreta así: «El hombre nuevo no es un hombre solo, sino un hombre comunitario, uno unido con todos sus hermanos por el espíritu».[28]

Este ejercicio llenaba la vida del sábado y domingo en la comunidad. A juicio de Javier Vargas, «rescataba el valor místico que los indios otorgan a la palabra y desarrollaba una teología cada vez más apegada a la verdadera tradición del Pueblo de Dios». Pero ¿qué tan inducido era el proceso? «Sólo fuimos el instrumento de Dios», afirma Vargas, «para poner un orden sistemático a una fuerza que ya existía y nos excedía». «Era la mayéutica en la selva de Chiapas», dice fray Gonzalo Ituarte: «el indio tenía la Palabra de Dios en su corazón, sólo había que extraerla, generar desde él la reflexión bíblica, darle a él el ministerio de la palabra.» Más parco, Samuel Ruiz afirma: «Hay una ayuda, evidentemente, de los agentes de pastoral, pero participa la gente». En suma, había mucha más «siembra» que «cosecha».

Esparcidas en el catecismo, había referencias implícitas a los remisos a la «Palabra de Dios». Eran un obstáculo intocable, porque «el Espíritu está en la comunidad y no lo podemos dividir». Con ellos no cabía la convivencia sino la conversión. En la «Evaluación y se-

---

[28] Todas las citas provienen del escrito *Estamos buscando la libertad. Los tzeltales de la Selva anuncian la buena nueva*.

guimiento de cursos de 1980 y 1981» que consta en el archivo del subequipo Ocosingo-Altamirano y Zona Tzeltal, se les señala con precisión implacable:

Los hermanos que no dicen sus pensamientos en las juntas.
Los que están sin interés, sólo jugando.
Los que participan escasamente, sobre todo las mujeres.
Los que padecen bloqueo ideológico.
Los doctrinarios que mantienen visiones moralistas y espiritualistas, desarticuladas de su vida.
Los que tienen una visión mágica o ingenua de la realidad.
Los de tendencia dominante, rollista y dicotómica.
Los que se resisten al método *tijuanej*.
Los que tienen posiciones políticas opuestas.
Los que opinan que el contenido del curso no es la Palabra de Dios.
Los seguidores de la letra de la Biblia, que no da vida.
Los no organizados, que tiene en influencia de sectas protestantes.[29]

Regreso a la Iglesia primitiva

El catecismo del Éxodo terminaba con una excitativa que recuerda no a la Biblia sino a Lenin: «¿Qué hacer?» En 1974, en ocasión del quinto centenario del natalicio de Bartolomé de las Casas, el gobierno estatal puso el escenario para la acción: convocó a un Congreso Nacional Indígena y pidió el apoyo de la diócesis. Samuel Ruiz lo dio con resultados sorprendentes. Con meses de anticipación, seis representantes de la diócesis visitaron innumerables comunidades. «El movimiento catequista», recuerda Jesús Morales, activista civil, dirigente y más tarde cronista del Congreso, «posibilitó la apertura y la receptividad». Hubo 1 400 delegados de más de 500 comunidades. Las sesiones se llevaron a cabo en las cuatro lenguas indígenas que se comunicaban gracias a la eficaz labor de un grupo de traductores. Era la primera vez que las comunidades, siempre aisladas, tenían contacto entre sí. Morales escuchó que un viejo lloraba porque en su vida «nunca le habían preguntado nada». Se discutieron y tomaron acuerdos sobre cuatro temas: tierras, salud, educación

---

[29] Reyna Matilde Coello Castro, *Proceso catequístico en la zona tzeltal y desarrollo social (un estudio de caso)*, tesis profesional de licenciatura, Universidad Autónoma de Tlaxcala, Tlaxcala, 1991, pp. 100-107.

y comercio. Alguien vinculó al congreso con la labor catequética previa de la Iglesia y lo llamó «hijo de la Palabra de Dios».[30] El congreso tuvo seguimiento en asambleas itinerantes y viajes de solidaridad por el país y el extranjero. Se editó un periódico y se compuso un himno en aquellas lenguas: «En un solo corazón todos caminamos, en un solo corazón todos construimos nuestra liberación».[31]

Los activistas civiles no pertenecían a la diócesis. Eran universitarios de izquierda: antropólogos y sociólogos provenientes —según Vargas— del «reviente del 68» que habían estado en la zona «más invisibles que visibles ... no con una idea de clandestinidad, pero estaban porque olían, sentían la fuerza social de los indígenas». Fueron ellos quienes introdujeron el materialismo histórico en algunos documentos del congreso. Pretendían dirigirlo con un sentido autónomo, pero «con la Iglesia toparon», «una Iglesia», escribe Morales, «con un obispo "converso" y en misión, incrustada en buena medida y desde el principio en la dirección del Congreso». Era claro que ante el abandono histórico de Chiapas y la consecuente debilidad de sus instituciones políticas, el liderazgo pertenecía a la Iglesia. En marzo de 1977 el congreso dio por cerrado su ciclo afirmando su fe en la «abolición de la propiedad privada». No era el fin sino el principio de una «siembra» política que apenas comenzaba: «Bartolomé de las Casas», dijeron sus dirigentes, «ahora somos nosotros, son nuestras comunidades, son las comunidades indígenas unidas».[32]

Muchos indígenas comenzaron a ver al gobierno como el enemigo. Para el poder federal, Chiapas era la reserva nacional energética y forestal. Para el PRI, Chiapas era la reserva nacional electoral: la «cosecha» de votos era de 97 por ciento. Para los finqueros, Chiapas era su reserva feudal. Ninguno parecía advertir el volcán sobre el que vivía. Por eso reaccionaron con dureza frente al congreso. A las crecientes solicitudes de reparto de tierras o de regularización de la tenencia, el gobierno local respondió con amenazas, a menudo cumplidas, de desalojo y violencia. La CNC organizó su propio «congreso», manipulado y deslucido. Las autoridades nunca entendieron que en la selva se estaba configurando un nuevo tipo de comunidad: más austera y solidaria, y mucho más combativa. Un absurdo decreto fechado en 1972 les había dado una cohesión adicional: en un supuesto acto de reparación histórica hacia los últimos supuestos sobrevivientes de la cultura maya (que

---

[30] Jesús Morales Bermúdez, «El Congreso Indígena de Chiapas: un testimonio», *Anuario 1991*, Instituto Chiapaneco de Cultura, 1992.

[31] Entrevista con Javier Vargas, 12 de octubre de 1998.

[32] Entrevista con Javier Vargas, 12 de octubre de 1998; Morales, *op. cit.*

en realidad ocultaba intereses muy particulares de explotación de maderas tropicales), el gobierno otorgó 614 321 hectáreas a 66 familias lacandonas. Se afectaba así a cerca de cuatro mil familias indígenas no simbólicas sino vivas, establecidas en la región. Las comunidades lucharían tenazmente contra ese decreto.

Las comunidades de la selva eran, en muchos sentidos, «modernas». La mezcla cultural y lingüística modificó sus usos tradicionales. No sin resistirse en el inicio, los viejitos o «mamalitos» tuvieron que abandonar o compartir las funciones de mando con los personajes nuevos, los catequistas. Estos jóvenes eran líderes políticos naturales que, además, sembraban y cosechaban la «Palabra de Dios». Fungían como intermediarios culturales entre la Iglesia y la comunidad, y entre la comunidad y el mundo ladino. A mediados de los setentas había cerca de dos mil. Con el tiempo llegarían a alrededor de ocho mil.[33]

Por esos años surgió otra figura teológico-política decisiva: los diáconos o *tuhuneles* (que significa servidor). Un catequista no podía impartir sacramentos, pero podía aspirar a convertirse en diácono o *tuhunel* e impartir así los sacramentos del bautismo, la unción de los enfermos, la eucaristía, así como atestiguar matrimonios en nombre de la Iglesia. La nueva función, abierta a hombres casados, era vitalicia y provocó el entusiasmo de muchas comunidades porque correspondía a una viejísima aspiración –recogida por el padre Pablo Iribarren, párroco muy querido en Ocosingo– «de cuando teníamos nuestros jefes, nuestros sacerdotes, nuestra religión». Ése había sido, justamente, uno de los motivos centrales de la rebelión de 1712 en la que los tzeltales no sólo lucharon por derrocar al gobierno local o resistirse al oneroso tributo, sino –caso excepcional en el periodo colonial en México– por acabar con el dominio español y retomar el control de su vida religiosa. A juicio del historiador Juan Pedro Viqueira, esa guerra dejaría una huella imborrable en la zona tzeltal de Los Altos de Chiapas: impidió la ladinización que se dio en otras regiones del estado y en todo el país, y afianzó en los indios el deseo de mantenerse como un grupo aparte, distinto a los *caxlanes* que los habían reprimido salvajemente; por otro lado, aquella guerra habría reforzado la actitud de temor y desprecio que la población ladina de San Cristóbal sentía hacia los indios. Casi doscientos años más tarde, los descendientes de esos guerreros cumplían con aquel proyecto y llegaron a mostrar a Iribarren los ensayos de su propio pan eucarístico. Para la

---

[33] Leyva, *op. cit.*, pp. 401-405.

diócesis de Samuel Ruiz, la institución de los *tuhuneles* representaba un paso más hacia la construcción de la Iglesia futura... en el retorno a la Iglesia autóctona, a la Iglesia primitiva anterior al Concilio de Nicea (325), momento en que la Iglesia comenzó a adoptar una estructura institucional dejando de ser una constelación comunitaria de apóstoles y fieles.[34]

El proceso de conversión se había completado. El obispo, los agentes de pastoral y los párrocos estaban convencidos de la intrínseca sobrenaturalidad del indio, «pueblo de Dios» en el que «encarnaba la palabra que brota de su situación histórica concreta». Vivían una experiencia similar a la de las legendarias misiones jesuitas en Paraguay. Los temas del Congreso Indígena —la educación, la escuela, la salud, el comercio, la tierra— eran importantes, pero en ningún sentido comparables con la «búsqueda del plan de Dios» en las comunidades que ellos, los sacerdotes —esos *caxlanes* buenos, esos *caxlanes* no caxlanes— habían propiciado. «Sin vanagloria», concluye ahora don Samuel, «puedo afirmar que si un antropólogo visitara las comunidades vería que las figuras del catequista y del *tuhunel* pertenecen casi a la tradición y forman parte de la propia cultura.»[35]

Tatic: *pontífice y exegeta*

La llegada de Samuel Ruiz —a quien su grey llama *Tatic*, padre, en tzeltal— era el acontecimiento mayor en la vida de las comunidades. Todos se organizaban con un mes de anticipación para recibirlo. Las mujeres compraban sus peinetas, sus collares y las telas y listones para hacerse sus mandiles de colores. Los hombres preparaban la ermita y la casa donde dormiría el *Tatic*. A su arribo se formaba una fila de hombres y otra de mujeres. El obispo pasaba y toda la comunidad, uno a uno de los fieles, le besaba el anillo episcopal, símbolo de su investidura. Ese día sacaban los estandartes, sacrificaban las reses para la comida y adornaban con juncia la ermita y el lugar donde dormiría el obispo. En la misa, todos rezaban alabanzas que hablaban de la liberación a través de Dios y del Evangelio.[36]

[34] Viqueira, «Las causas de una rebelión india: Chiapas, 1712», en Viqueira y Ruz, *op. cit.*, pp. 103-132; De Vos, «El encuentro de los mayas de Chiapas con la teología de la liberación», *Eslabones*, julio-diciembre de 1997, pp. 88-101.
[35] Entrevista con Samuel Ruiz García, 26-28 de septiembre de 1998.
[36] Testimonio de un militante norteño.

En don Samuel se reflejaban, en forma simultánea, una añoranza de la Iglesia comunitaria primitiva y el uso de las estructuras y formas de poder de la Iglesia posteriores al Concilio de Nicea. Ha ejercido a plenitud los tres atributos de su investidura: profeta, sacerdote y rey. Como profeta, su prédica fustigaba la injusticia y anunciaba la liberación. Como pastor y sacerdote, cuidaba de sus ovejas, las consolaba y las conducía hacia lo sagrado. Como rey, era el soberano poderoso, el pontífice a quien se rinde pleitesía.

Pero en el fondo seguía siendo un exegeta en acción. Al cumplir los 50 años de edad, Ruiz publicó *Teología bíblica de la liberación*. Era una obra breve pero reveladora de la erudición escriturística de don Samuel y su dominio pleno del hebreo, el latín, el griego, el alemán y otros idiomas. En el corazón de la obra hay un recorrido puntual por dos libros claves del Antiguo Testamento: el Éxodo y los Profetas, esos «apasionados de la justicia de Dios», como los llama don Samuel, «poseídos de su clarividencia, portadores de sus juicios y de sus promesas de salvación». En ambos tratamientos, Ruiz consigna e interpreta la presencia absorbente de dos protagonistas: el Dios justiciero y liberador, y el pueblo pobre y oprimido.

La traducción o interpretación de las escrituras con recursos como la analogía o incluso la adecuación a las necesidades pastorales, culturales o políticas de sus voceros ha sido una práctica común, sobre todo entre los teólogos de la liberación. Pero en el caso de don Samuel, las libertades parecen excesivas. Cuatro ejemplos: «Dios no estará con nosotros si vivimos con criterio de poderosos oprimiendo y despojando ...» (SR, sobre Jeremías 7, 8-9). «Pero he aquí que ustedes se fían en palabras engañosas que de nada sirven, para robar, matar, adulterar, jurar en falso, incensar a Baal, y seguir a otros dioses que no conocían.» (Jeremías, 7, 8-9). «La alegría de Dios es la del pobre» (SR sobre Isaías, 65,19). «Me regocijaré por Jerusalén y me alegraré por mi pueblo, sin que jamás se escuche allí lloro ni quejido» (Isaías, 65, 19).

Al interpretar el Nuevo Testamento, don Samuel propone una teología basada en el Jesús histórico como un rebelde opuesto a los oropeles del culto, a las injustas estructuras sociales y a los poderes opresivos de su tiempo. Le parece claro, por ejemplo, que Jesús no se refugió en el desierto a predicar ni se propuso obedecer a los romanos que lo crucificaron. Por el contrario, el Jesús de Ruiz era un «profeta revolucionario», consciente del contexto político de su afirmaciones («¿Luego tú eres Rey?», le preguntó Pilatos) y, por tanto, de la violencia que podían provocar:

«Jesús provocó la violencia contra sí mismo de una manera consciente y serena ... no se había propuesto como meta evitar la violencia, sino ser fiel a su misión, sin retroceder aunque con ello provocara la violencia ... Jesús arrostró el conflicto, lo provocó y no retrocedió ni aun ante la muerte...»[37]

De la exégesis de don Samuel se desprende que si un pueblo oprimido quiere liberarse puede, en última instancia, seguir el camino del redentor, el camino del martirio. Pero su interpretación va más allá y parece derivar hacia una legitimación general de la violencia para alcanzar «la paz que Cristo trae». No sólo la violencia martirológica sino la violencia redentora.

Otras escuelas exegéticas afirmarían –de manera más convincente– que esa doble legitimación no está en los Evangelios. Oscar Culman sostuvo que Jesús quería purificar el culto del templo, no acabar con él; que su denuncia de la injusticia social no apelaba a la violencia sino a la conversión individual para modificar las relaciones entre los hombres; y, punto fundamental, que su radicalismo no era político sino escatológico. Según Cullman, Jesús rechaza la tentación que le ofrecían los revolucionarios de su tiempo (los zelotes) de convertirse en un mesías político. No otro es el sentido de varios pasajes de la Pasión. La clave no está en aquella pregunta de Pilatos sino en la respuesta de Jesús: «Mi reino no es de este mundo».[38]

La polémica entre las diversas escuelas de exégesis ha sido y será permanente. Veinticinco años más tarde don Samuel Ruiz siente que su interpretación de las escrituras ha encontrado una confirmación –una encarnación– en la Pasión de ese Cristo colectivo empeñado en salvar y salvarse a sí mismo desde el reino de este mundo, que son los indios de Chiapas o, más precisamente, los indios que siguen la Palabra de Ruiz en Chiapas.

La lucha paso a paso

Era evidente que la gran estructura catequética necesitaba una organización política que diera salida a la energía crítica sembrada en las comunidades. Hacia 1976, en una visita a Torreón, Samuel Ruiz cono-

---

[37] Samuel Ruiz García, *Teología bíblica de la liberación*, Jus/Librería Parroquial, México, 1975.
[38] Óscar Cullman, *Jesús y los revolucionarios de su tiempo*, Studium ediciones, Madrid, 1971.

ció a un grupo de jóvenes militantes maoístas encabezados por Adolfo Orive, un economista que había visitado China en los tiempos de la Revolución cultural. Había fundado una organización (política popular) que luchaba por el socialismo con métodos distintos de los leninistas: creía en la transformación de las relaciones sociales, no en la revolución violenta. «Me pareció que tenía lucidez», recuerda Ruiz, quien se impresionó por los métodos y alcances de la organización de base que habían logrado. Acto seguido, invitó a sus miembros a Chiapas, donde ya operaban grupos de activistas provenientes de la escuela de agricultura de Chapingo, ligados a agentes de la diócesis y de tendencia similar a la de Orive. Algunos habían participado en el Congreso Indígena y en 1975 crearon dos organizaciones dedicadas a la defensa de los derechos agrarios y la promoción económica y social de las comunidades: la Unión de Ejidos de Las Cañadas de Ocosingo *Quiptic Ta Lecubtesel* («Nuestra fuerza para progresar»), y la Unión de Ejidos Lucha Campesina en la región de Las Margaritas. Al llegar a la diócesis, Orive dijo que los sacerdotes podían dedicarse a la pastoral mientras que los brigadistas se encargarían de la organización política. Se estableció la división del trabajo. Unos cuarenta militantes se fueron a vivir a las comunidades y además de coordinar la lucha agraria comenzaron a poner en práctica pequeños proyectos de producción de miel y a establecer con el gobierno federal convenios y esquemas de comercialización de café que libraran a los indios de los «coyotes» que los explotaban.[39]

Hacia mediados de 1978 la «organización» —como se conocía a los militantes, también llamados brigadistas o norteños— se había ganado el apoyo de miles de catequistas. Su influencia se extendía a las comunidades de la zona tzotzil y chol del norte de Chiapas, era dominante entre los tzeltales de la selva y tenía presencia en la zona tojolobal. Pero en esos días ocurrió un primer enfrentamiento político con la diócesis. Los brigadistas criticaban el poder vertical de los agentes religiosos en las comunidades. En respuesta, la diócesis los expulsó de Ocosingo. Tiempo después habría una temporal reconciliación, pero el problema de competencia estaba planteado: «La organización trabajaba con gran abnegación y entrega», afirmaba Mardonio Morales, uno de los misioneros jesuitas más antiguos y respetados de la región, «pero nosotros no les íbamos a entregar las comunidades. Tenían reuniones secretas para ... controlar las asambleas

---

[39] John Womack hijo, *Chiapas, el obispo de San Cristóbal y la revuelta zapatista*, Cal y Arena, México, 1998, p. 62.

de la diócesis. Partían del principio de que la asamblea resolvía todo. No había jefes, incluso cuestionaban la autoridad del obispo».[40]

La lucha entre la diócesis y la organización por el control de las comunidades tuvo su expresión ideológica. Para los agentes de pastoral, todo contacto con el gobierno era «mediatizador» y había que rechazarlo. En su opinión, las tiendas de Conasupo-Coplamar que se comenzaban a promover en la zona desvirtuaban los propósitos originales de la lucha campesina. Los brigadistas eran tachados de «reformistas» y «economicistas». Sus proyectos eran semejantes al «becerro de oro» descrito en las Sagradas Escrituras, un engaño que postergaba la lucha de las comunidades por liberarse de la opresión capitalista y alejaba a los campesinos de la construcción del hombre nuevo. Con todo, al parecer varios catequistas apoyaron a la organización argumentando que querían la «Palabra de Dios» pero con progreso tangible para las familias y las comunidades.

La actitud de aquellos agentes de pastoral convergía con la de los miembros de la CIOAC (Central Independiente de Obreros Agrícolas y Campesinos), ligada al Partido Comunista, que tenía bases en la región de Simojovel. A diferencia de la «lucha paso a paso» de los maoístas, ellos creían en la «lucha al golpe», como las invasiones de tierras y ranchos. En cuanto a don Samuel, su actitud era compleja y, en cierta forma, ambigua. Por una parte jamás se pronunció por «la lucha al golpe». Si bien nunca ideó un proyecto a largo plazo de desarrollo económico para las regiones indígenas, le complacían los éxitos inmediatos, y a través de una institución DESMI (Desarrollo Económico Social de los Mexicanos Indígenas) distribuyó alimentos y medicinas, publicó folletos para apoyar el cultivo de huertos y canalizó fondos para financiar proyectos productivos. Con todo, es claro que ni entonces ni después concebía la liberación del indígena como un mero asunto de organización productiva sino de un cambio radical de las estructuras opresivas.

En septiembre de 1980 los norteños se apuntaron un triunfo con la creación de la Unión de Uniones, una organización independiente que aglutinaba a 12 000 familias. Con su brutalidad habitual, el gobierno local quiso incorporarla a la CNC. Al no lograrlo endureció su postura represiva frente a las comunidades que luchaban contra el decreto de la Comunidad Lacandona y marginó a la Unión del presu-

---

[40] «Hay guerrilleros en Chiapas desde hace ocho años; grupos radicales infiltraron a la Iglesia y a las comunidades», relato del jesuita Mardonio Morales en revista *Proceso*, 13 de septiembre de 1993.

puesto. A pesar de ello, la Unión cerró convenios con el gobierno federal y un año más tarde comenzó a gestionar ante la Comisión Nacional Bancaria el establecimiento de su propio banco, que finalmente se creó en octubre de 1982 con un capital de 25 millones aportado en 10 por ciento por las propias comunidades. Se llamó Unión de Crédito *Pajal Yac Kac'tic* (Unidos Venceremos). De pronto, los azorados coletos de San Cristóbal comenzaron a ver el espectáculo de las filas de indígenas cobrando sus ministraciones en las nuevas sucursales de la Unión.

Por desgracia, la crisis sobrevino pronto. La Unión de Crédito se descapitalizó debido a una caída en los precios del café. Los dirigentes no lograron que los miembros de la Unión aceptaran reinyectar parte de sus ingresos para evitar el quebranto. Habían cobrado sobre la base de una cotización demasiado elevada que arrojó resultados más favorables de los realmente alcanzados. Los norteños comprendieron los límites administrativos del asambleísmo. Algunos, como el propio Orive, salieron de Chiapas. Habían llegado a la conclusión de que el proceso autogestivo se daba para resolver problemas prácticos, no como instrumento revolucionario ni como estrategia de liberación. Otros dudaban ya de todo el paradigma marxista y pensaban que el ideal de los indígenas era más modesto: consolidar la parcela familiar, establecer escuelas, introducir agua potable, obtener mejores precios para su café; en una palabra, vivir mejor.[41]

Lucha a golpe

La diócesis seguía creyendo en el paradigma socialista. Sus convicciones se orientaban cada vez más hacia el cambio de todas las estructuras. En el curso para catequistas de 1980 introdujo una nueva forma de acercarse a la Biblia «sin visiones encubridoras, desmovilizadoras»: la obra de Fernando Bello, *Lectura materialista de San Marcos*.[42] El proceso de radicalización de la diócesis, constante a lo largo de la década, se fincaba sobre todo en la interpretación que hacía de los procesos revolucionarios en América Central. La llegada de los sandinistas al poder, el recrudecimiento de la represión militar en Guatemala, el ascen-

[41] Ma. del Carmen Legorreta Díaz, *Religión, política y guerrilla en Las Cañadas de la Selva Lacandona*, Cal y Arena, México, 1998, pp. 79-158; Xóchitl Leyva y Gabriel Ascencio Franco, *Lacandonia al filo del agua*, CIESAS/ CIHMECH/ UNAM/ UNICACH/ FCE, México, 1996, pp. 162-166.

[42] Coello, *op. cit.*, p. 104.

so que parecía incontenible de la guerrilla salvadoreña, el asesinato del obispo Óscar Arnulfo Romero, amigo de Samuel Ruiz, todo apuntaba a la necesidad de ensayar «la lucha al golpe». Fue entonces, en 1980, cuando la diócesis creó un brazo doctrinal más militante. Se llamó Slop (raíz). Según diversos testimonios, el ingreso en 1983 a la selva de los futuros dirigentes del zapatismo no hubiese podido llevarse a cabo sin la aquiescencia de hecho de Slop. Y el éxito posterior de los guerrilleros tampoco sería explicable sin el concurso activo −económico, según algunos− de DESMI.

En su notable investigación, Carmen Legorreta −asesora, por muchos años, de la Unión de Uniones− reproduce varios testimonios impresionantes de ex milicianos que evidencian el deslizamiento que muchos catequistas hacían de la «Palabra de Dios» al imperativo de tomar las armas: «La gente se integró (al EZLN) porque se interpretaba la *Biblia* a través del Apocalipsis que enseñaba que el pueblo de Dios tenía que luchar con las armas». Varios otros *tuhuneles* y catequistas decepcionados con el zapatismo hablaban como aquellos remisos del catecismo del Éxodo: ésa no era la Biblia de Dios ni la verdadera Palabra sino «la palabra del obispo». Allí, en las asambleas comunitarias, «te agarraba la idea»: «Se llegaba a la conclusión de que el pueblo de Dios luchaba con las armas, pero no porque se dijera en la Biblia sino porque se orientaba con las preguntas. Los profetas ... también lucharon en Egipto ... y sacaron a los pueblos indígenas amolados ... porque creyeron en Dios ... y en la lucha armada ...»[43]

Los zapatistas y los catequistas simpatizantes legitimaban su discurso en la Palabra de Dios: «El mismo Dios lo está diciendo». El propio subcomandante Marcos −continúa el testimonio− apelaba a ese discurso porque «lo que te podía dominar era la Iglesia, porque estabas creído de la Iglesia ... todo lo que decían los sacerdotes era creído, porque en él (el obispo) la gente estaba confiada, que ellos estaban llevando en un camino bueno, en un camino en que sí vas a encontrar la salvación».[44]

Según el líder indígena más poderoso de la diócesis −el *tuhunel* de *tuhuneles* Lázaro Hernández−, entrevistado por La Grange y Rico: «Don Samuel no estaba de acuerdo con la guerra, sí con la lucha social ... don Samuel no te preguntaba nada. Hasta 1988 es pura religión». Con el sobrenombre de «Jesús» (los jefes zapatistas adoptaron pronto este tipo de nombres bíblicos: David, Daniel, Moisés, Josué y, claro, Mar-

---

[43] Legorreta, *op. cit.*, p. 204.
[44] *Ibid.*, p. 205.

cos), Lázaro se incorporó al EZLN en 1984, conoció sus escuelas de cuadros en la capital del país, visitó sus células de apoyo en el norte y regresó para construir una amplia red de apoyo. Había recorrido todas las estaciones del proceso diocesano y, dada la naturaleza clandestina del zapatismo, podía ser miembro del Unión de Uniones y de hecho llegaría a presidirla en 1991. Marcos —que para 1988 era ya el segundo hombre en la dirección zapatista, encargado específicamente de la preparación de la guerra— confió en que Lázaro infiltraría a la «reformista» Unión de Uniones (convertida ya para entonces en ARIC: Asociación Rural de Interés Colectivo). Pero había llegado la hora de la confrontación entre la diócesis y el zapatismo.[45]

Además del obvio conflicto de clientelas —similar, pero mucho más grave, al que había ocurrido una década antes con los «norteños»—, la querella tenía que ver con Marcos, que desenmascaraba su actitud antirreligiosa. Se le hacían cargos gravísimos a los ojos de la diócesis: celebraba matrimonios revolucionarios y blasfemaba con frecuencia diciendo que «Dios y su Palabra valen madres». En un proceso todavía mal documentado, al parecer la diócesis intentó construir en 1988 a través de Slop una fuerza propia, e intensificó su crítica a los líderes zapatistas tachándolos de *caxlanes*. Presumiblemente, intentó una compra de armas. La fallida maniobra estuvo a cargo de Lázaro. Al descubrirla, Marcos convocó a una reunión de avenencia con Lázaro, pero acto seguido —según reveló el padre Pablo Iribarren— «Marcos tomó medidas draconianas contra sus adversarios. Expulsaron a familias enteras de sus pueblos o, en el mejor de los casos, los trataron como apestados y les prohibieron participar en las actividades de las comunidades». En muchos casos, los diáconos negaron los sacramentos a los fieles que se rehusaban a incorporarse al EZLN.[46]

La discordia entre el EZLN y la diócesis se ahondó en 1989, con los cambios en la escena mundial: la caída del muro de Berlín, el fin del comunismo en Europa del Este y la derrota en las urnas de los sandinistas. El año anterior —cuando Marcos visitó Cuba, en septiembre de 1988— había marcado el cenit del poder del zapatismo en la selva, pero de pronto, por efecto de la prédica de Slop, los logros económicos y sociales de la ARIC, Unión de Uniones, y el natural desgaste del movimiento, había comenzado un proceso de deserción. El

---

[45] Bertand de la Grange y Maite Rico, *Marcos, la genial impostura*, Aguilar, México, 1998, pp. 263-274.
[46] *Ibid.*, p. 274.

zapatismo cundía sobre todo entre los más jóvenes, los hijos de los primeros colonos de la selva que querían sobrepasar la hazaña de sus padres y soñaban con un cambio total en sus vidas: «después de la guerra nosotros mandaremos». Pero otros milicianos se volvían remisos de la «Palabra de Dios» aliada al zapatismo: «Esa idea que daba el obispo era la idea de los comandantes ... Samuel, lo que dice su texto, ya ven, como digo yo lo dice Dios. Pero no era cierto, era pura política, y a Dios se le hizo a un lado». Por su parte, a pesar de las señales adversas del contexto internacional y del debilitamiento de sus cuadros en los otros enclaves del país, Marcos reafirmó su convicción revolucionaria y —según un dirigente indígena cercano al EZLN— tachó a Samuel Ruiz de «modista», porque «seguía las modas».[47] Se refería a las fluctuaciones ideológicas del obispo. En efecto, cuando el contexto parecía favorable —como en 1986 y 1987, cuando consideró viable la mediación de la violencia para «caminar a la Tierra prometida»—, parecía inclinarse por la antigua idea escolástica de la *guerra justa,* pero si el contexto cambiaba corregía su visión. En el fondo del conflicto entre Marcos y don Samuel —el profeta armado y el desarmado— resonaba el choque de los dos antiguos órdenes medievales —el clero y la milicia—, desdeñosos ambos del orden moderno que, en el enclave feudal de Chiapas, prácticamente no existía: el orden civil.

Carlos Tello recogió la frase decisiva de Marcos en 1990: «Aquí no va a haber ARIC, no va a haber Palabra de Dios, no va a haber gobierno de la república, aquí va a haber Ejército Zapatista de Liberación Nacional». Don Samuel, por su parte, lamentaba que «esas gentes vinieron a montarse en un caballo ensillado». En 1991 y 1992 se entabló una carrera contra el tiempo. El zapatismo alentó asociaciones cívicas que emprendieron marchas de protesta hasta la capital, desestimó el fin de la guerrilla en El Salvador y aprovechando las recientes medidas del gobierno de Salinas (la gestión del TLC, la reforma al artículo 27) esparció la idea de que el gobierno estaba provocando deliberadamente la muerte colectiva de los campesinos y los indios de México. En Chiapas, la reacción fue variada: unos vendieron sus reses para comprar armas, otros dejaron el movimiento, otros más siguieron creyendo en la «lucha paso a paso», sobre todo cuando la ARIC daba pasos firmes al combatir el rezago agrario, introducir proyectos de caficultura, solucionar definitivamente la situación de 26 comunidades afectadas por el Decreto de la Comunidad Lacandona, crear un ambicioso proyecto de educación, gestionar la

---

[47] *Ibid.,* p. 278.

creación de clínicas y la aportación oficial de tiendas y vehículos de transporte.[48]

El 12 de octubre de 1992 –aniversario de los «500 años de explotación»– los militantes de la ANCIEZ (Alianza Nacional Campesina Independiente Emiliano Zapata), el brazo cívico del EZLN, pensaban derrumbar la estatua de fray Bartolomé de las Casas. Marcos no tuvo mayor inconveniente, pero algún problema técnico determinó que el objetivo fuera la estatua del conquistador Diego de Mazariegos. Con fundido en la multitud, Marcos filmó la escena. Más que nunca estaba convencido de que el socialismo dependía de los zapatistas, ellos eran los únicos que lo podían sostener. Al año siguiente, a pesar de la cuantiosa inyección de inversión oficial a la región y a despecho también de los logros de la ARIC –dirigida por Lázaro Hernández, deslindado ya del EZLN–, Marcos retuvo a 40 por ciento de su ejército, hombres y mujeres que llevaban años en el adiestramiento militar y a quienes se les había prometido que «tendríamos casa y coche de rico, y que el dinero del banco iba a ser de nosotros». El 6 de agosto de 1993, 5 000 combatientes realizaron un simulacro de guerra en la selva. En septiembre, el secretario de Sedesol, Luis Donaldo Colosio, inauguraba con el presidente Salinas la semana de Solidaridad en un poblado de la selva que se volvería célebre: Guadalupe Tepeyec. De regreso a México, comentó con unos amigos que la situación de Chiapas era gravísima. Mientras tanto, don Samuel actuaba como un azorado aprendiz de brujo: predicaba contra «esa organización maldita que preconiza la guerra y la muerte» e instruía a los catequistas y *tuhuneles* de todas las regiones con un mensaje extraído del Evangelio según san Marcos, el mismo al que había recurrido, con propósitos distintos, en 1980: «El proyecto armado es un proyecto de muerte contrario a Dios, quien quiere un camino de vida».[49]

En aquel septiembre de 1993, *Proceso* publicó una entrevista con el padre Mardonio Morales en la que advertía la existencia de un ejército guerrillero en Chiapas y lamentaba que los modernos equipos de radiocomunicación comprados hacía años por la diócesis estuviesen siendo usados por los guerrilleros, pero exculpaba a Samuel Ruiz: «de repente se dio cuenta de que existía toda una organización militar. Lo ha denunciado claramente ... yo creo que la situación lo rebasó». En el número siguiente, fray Gonzalo Ituarte lo rebatió «Es una fantasía des-

---

[48] Carlos Tello Díaz, *La rebelión de las Cañadas*, Cal y Arena, México, 1995, p. 144; Legorreta, *op. cit.*, p. 227.

[49] Legorreta, *op. cit.*, pp. 220-225; Tello, *op. cit.*, pp. 151-153; La Grange y Rico, *op. cit.*, pp. 275-282.

cabellada: resulta que un grupito de fuereños radicales llega y mediante reuniones secretas manipula y engaña a toda una diócesis, integrada por gente bien formada, con carreras universitarias, entre ellas nada menos que a don Samuel Ruiz».[50]

Ambos tenían razón. Ruiz y su diócesis conocían perfectamente los pasos y golpes del zapatismo, pero el movimiento, en efecto, lo había rebasado. La prueba concluyente de ambas cosas está en unas lecciones impartidas por don Samuel y su vicario Gonzalo Ituarte, entre el 7 y el 17 de febrero de 1993 en el ejido El Zapotal y tomadas literalmente por un representante de Slop. En ellas se mezclaba el «castilla» con el tzeltal. Se trataba nada menos que de una historia completa de la acción catequética en tiempos de Ruiz, acompañada de un breve repaso por la historia de México. Se retomaba la trayectoria de las organizaciones políticas que habían llegado a la región, desde los norteños hasta el «Z», es decir, el zapatismo, que se había incorporado al final para subirse en una pirámide histórico-indígena que llevaba siglos de construirse. Se utilizaban gráficas de tiempo para mostrar que Slop había «pensado en luchar armado» desde 1980, que por seis años había caminado junto a «Z», pero luego —al ver lo que sucedió en San Salvador, Nicaragua, Guatemala Cuba y la URSS— «nos dimos cuenta que no es camino, luchar con armas es peligro».

Otra técnica fue la utilización de árboles para ilustrar la política mundial y nacional. El primero mostraba «cómo nos tiene controlado el gobierno capitalista» desde la raíz (finqueros, banqueros, empresarios, grandes comerciantes y petróleo) hasta la copa (teléfonos, sectas religiosas, radios, periódicos, y demás instrumentos de la ideología), pasando por el tronco (partidos políticos, instituciones, los tres poderes donde está sostenido el gobierno: ejecutivo, legislativo y judicial). A su lado aparecía la lista de ocho países que apoyaban el imperialismo. El segundo árbol era el de los indígenas de Chiapas, «débil, pero ahí vamos». En su raíz estaba la formación, la capacitación, el *tuhunel,* y los métodos de alimentación y abono. Su tronco lo componían organizaciones como la *Quiptic*. En la copa y las ramas estaba el pueblo *pobre* que Ruiz encontró en 1960, la *tradición* indígena y la presencia de Dios que llegó en 1962 con la nueva pastoral de Ruiz: *Sk'op DIOS*. El último árbol era aún más simple: en la raíz estaba Slop. El tronco era el campesino. Y la copa estaba plagada de un parásito, *majanté,* que amenazaba con comerse la raíz y matar el árbol: esa plaga era «Z».[51]

---

[50] Revista *Proceso*, México, 13 y 20 de septiembre de 1993.
[51] La Grange y Rico, *op. cit.*, pp. 282 y ss.

Todas las admoniciones fueron inútiles. El *majanté* estalló la rebelión el 1 de enero de 1994.

Indofanía

A sus 74 años de edad, Samuel Ruiz es un hombre afable, sereno y sencillo. Detrás de sus gruesos lentes, su mirada parece imperturbable y hasta somnolienta. Hay un toque permanente de ironía en su sonrisa. Habla sin grandilocuencia, con la jerga propia de un hombre de Iglesia. Desecha la pertinencia de un acercamiento biográfico a su trayectoria teológico-política: «El santo no lo es, si se cree santo». No cree que su figura tenga más importancia que la de «haber dado voz a quienes no la tienen, al verdadero sujeto de la historia, a los indios». Lo que cuenta para él son los procesos colectivos que se imponen sobre el individuo y determinan su destino. Al escucharlo, pensé en la vieja relación filial de los sacerdotes y los indios. Sin ese vínculo que nació con los misioneros en el siglo XVI, no se entiende la tensión religiosa que subyace la historia mexicana y la recorre. No es casual que en Chiapas, reducto casi intocado de esa historia, aquella paternidad reaparezca acentuada.

El árbol de la vida de Samuel Ruiz se parece al del curso en El Zapotal: su raíz, su tronco, sus ramas y hojas son indígenas y eclesiales: *Sk'op DIOS* y los indios de Chiapas. El *Tatic* sigue siendo la «ceiba protectora», el «manantial inagotable» de los indios. Todo lo exterior parece extraño, ajeno, sospechoso. Sólo *majanté* ha sufrido una metamorfosis: se ha vuelto savia redentora. Cinco años después del levantamiento, nada ha cambiado ni puede cambiar en las creencias de Samuel Ruiz. Su trato es respetuoso, pero más que tolerante con la opinión diversa a la suya, parece condescendiente. Su afán está por encima de las minucias humanas: acercar a los pobres al reino de Dios. ¿Quién determina qué tan lejos o cerca se está de esa ciudad celestial? Sólo él, o las comunidades y personas que piensan como él.

Don Samuel no es un demócrata ni pretende serlo. Cuando lo conocí, en el verano de 1994, no tenía ninguna fe en el proceso electoral: el PAN era un partido de gente rica o de clase media; si el PRD representaba a los obreros, la experiencia inglesa demostraba que éstos podían votar por el partido conservador; y del PRI no cabía ni hablar. «No hay esquemas», apuntó, «hay que buscar la articulación nacional más allá de los partidos. Lo importante es que la sociedad civil aparezca y se exprese. Yo tengo la esperanza de que ocurra un milagro. O si no, sobrevendrá una inmolación.»⁵² Durante los siguientes cuatro años, Ruiz ha apelado incansablemente a la «sociedad civil» nacional: encabezó los trabajos de la Conai, ha realizado más de treinta viajes en busca de apoyo internacional a su causa (que presenta como la de todos los indios), y en 1994 recibió el apoyo de Mijail Gorbachev para el Premio Nobel de la Paz. Ahora sigue pensando que la democracia liberal no es ninguna alternativa, ni resuelve nada ni entusiasma a nadie: «El PRD es igual al PRI. Usa los mismos métodos de cooptación. Para hacerse propaganda utilizó una imagen mía abrazando a una militante». El milagro que esperaba en 1994 no ha ocurrido aún, pero a fines de 1997 su profecía del martirio se cumplió, trágicamente, en el poblado de Acteal.

Es natural que ante la perspectiva de su apostolado redentorista, los proyectos económicos no le despierten gran interés. Don Samuel no suele bajar hasta esos detalles. Al referirse a la labor que un grupo industrial desarrolla en la zona, el obispo sostiene que la Iglesia sólo puede tener un papel de «acompañamiento» o «mediación cultural»: «Hay dos puntos de vista [advirtió al empresario]: ustedes tienen la técnica, nosotros tenemos a las comunidades, ustedes tienen como punto fundamental el crecimiento económico, nosotros estamos a favor de los seres humanos». El obispo no desestima la presencia de empresas en la zona, pero no le importa la producción en sí misma sino «que los indígenas sean dueños de la técnica de su producción, que se apropien de ella».

La querella entre la diócesis y el EZLN pertenece al pasado. Si el gobierno no hubiese decretado el cese al fuego a los 11 días de estallado el conflicto, la inmolación que temía Ruiz en 1994 habría sido enorme. Pero esa decisión oficial aceptada por Marcos, sumada a la inmediata apelación del EZLN (aceptada por el gobierno) para que mediara en el proceso de paz, salvó a Samuel Ruiz de una responsabilidad que difícilmente hubiese podido eludir, la misma que lo impulsó a contrarrestar desesperadamente al EZLN en los años anteriores al conflicto. Ahora Ruiz se refiere a la «guerrilla con tintes pacíficos» como una inmensa asamblea comunitaria, el nuevo pueblo de Israel en marcha hacia la tierra prometida. «Marcos sigue contando con la confianza de don Samuel», apunta Ituarte, «hay una identidad entre ambos, con la diferencia de la opción armada. Marcos ha aprendido a respetar la fe y los zapatistas se levantan la máscara para comulgar». Al inquirir sobre

---

⁵² Entrevistas con Samuel Ruiz García, 27 de julio de 1994 y 26-28 de septiembre de 1998.

su involucramiento en la génesis de la guerrilla, don Samuel responde: «De las causas supe todo. Los indios perdieron el miedo». ¿Hubo reclutamiento de catequistas por parte del EZLN? «No es un misterio: la causa zapatista merece apoyo, el país lo vio así, había orden expresa a los catequistas de dejar de serlo si se incorporaban al EZLN: algunos enviaron por escrito su renuncia. Buscaban el establecimiento del Reino de Dios.»[53]

El estallido del movimiento en Chiapas provocó el éxodo de 22 000 indígenas de la selva ajenos al zapatismo o miembros de la ARIC, Unión de Uniones. Muchos habían puesto banderas blancas en sus casas. En los meses siguientes, don Samuel recibió un número indeterminado de cartas y oficios de esos refugiados pidiendo su auxilio contra todo tipo de abusos: saqueos, desalojos, amenazas, apropiaciones de terrenos, casas y bienes, violaciones, clausura de escuelas, impedimentos para comerciar o asistir a actos religiosos. El Ejido Lázaro Cárdenas, municipio de Altamirano, le escribió:

«Esto queremos nos allude a negociar para que nosotros no tengamos problemas con los hermanos zapatistas porque somos puros campecinos pobres, ellos y nosotros somos hijos de Dios de un solo padre y de un solo espíritu, por eso debemos de amarnos y respetarnos como Dios nuestro padre lo quiere y que permanezca la paz y el amor para siempre ... Señor Obispo nos despedimos esperando su baliosa interbención que Dios nuestro padre le de su bendicion y su allude para que husted siga luchando por todos».[54]

La diócesis apenas respondió a estos llamados. Este éxodo, ¿no era un Éxodo? Estos indios, ¿no eran indios? Al recordarle esas cartas, Ruiz explica, con evidente parcialidad: los zapatistas «invitaban» a la gente a unirse al movimiento porque cuando viniera la guerra «los soldados van a entrar parejo ... Hubo mala intelección entre quienes pensaron que los zapatistas los querían correr: en realidad los querían defender».[55]

La bula papal que el obispo coadjutor fray Raúl Vera recibió en 1995 contenía, según versiones, una severa crítica a Ruiz y una orden explícita de corregir el rumbo. Desviaciones doctrinales y reduccionismo pastoral parecen haber sido las principales acusaciones en contra de Ruiz. Pero Raúl Vera –dominico, miembro de la Generación del 68– es un

---

[53] Entrevista con Samuel Ruiz García, 26-28 de septiembre de 1998.
[54] Textos de protesta dirigidos a Samuel Ruiz García.
[55] Entrevistas con Samuel Ruiz García, 27 de julio de 1994 y 26-28 de septiembre de 1998.

converso del converso. «Gracias a su excelente formación de exegeta», explica, «Samuel Ruiz no puede tener errores doctrinales». Vera ha visto los ríos de gente que por casi dos kilómetros reciben con veneración al *Tatic*. «Los indígenas», explica Vera, «lo han hecho a él. Lo único que ha hecho don Samuel es aplicar el Concilio en una Iglesia de indígenas. Y es que don Samuel entiende y encarna la mística englobante de los indígenas». Vera ha convivido con él y se confiesa testigo de la «altura de su contemplación mística: se queda tensa, arriba ... Don Samuel es el hombre de Dios, tocado por Dios, poseído de Dios, enviado por Dios».[56]

La fervorosa catequesis de Samuel Ruiz fue la simiente teológico-política de la rebelión zapatista que cambió la vida de Chiapas y la de México. Podría también cambiar la de la Iglesia católica: «El mensaje guadalupano», declara, «es claro: quiero *otra* Iglesia ... una Iglesia encarnada en el mundo de los indígenas, una Iglesia propia que apenas está empezando a surgir en la teología india ... Lo que hace 500 años no se hizo, se va a hacer ahora». Jan de Vos, ex jesuita radicado en Chiapas desde hace décadas y autor de libros clásicos sobre la historia de la selva lacandona, opina que sin el zapatismo el sistema político mexicano no habría cambiado, pero advierte que «la denuncia profética no ha reflexionado de modo suficiente sobre sus consecuencias». Para la Iglesia católica Ruiz representa una «semilla de cisma».[57]

Para don Samuel, en cambio, la visión de una Iglesia autóctona —confederación de comunidades sustentadas en una teología india— no sólo representa el cumplimiento cabal de la renovación que pedía el Concilio Vaticano II y una alternativa histórica natural para los propios indios, sino también un «camino de salvación» para los pobres del mundo en el alba incierta del nuevo milenio: el *anuncio* de una indofanía universal. ¿Quién sería el Papa?

Remisos y disidentes

Chanal es una cabecera municipal rodeada de pinos a 35 kilómetros de San Cristóbal de las Casas. El 98.88 por ciento de sus 7 195 habitantes es indígena. Llegamos a la plaza. No hay mujeres en el pueblo, ni una sola: están haciendo sus labores. Los hombres trabajan en el tejamen de la iglesia. Advierten nuestra llegada y se acercan riendo

---

[56] Entrevista con fray Raúl Vera, 25 de septiembre de 1998.
[57] Entrevista con Jan de Vos, 26 de septiembre de 1998.

a carcajadas. Jacinto, el traductor, empleado del IFE y oriundo de Chanal, me dice que por el cuello alto de mi camisa creen que soy un obispo que los viene a bautizar. Les explica que vengo a conocer la historia de Chanal.

Mientras esperamos al presidente municipal, el historiador Juan Pedro Viqueira —que ha vivido en Chiapas desde 1986— afirma que don Samuel Ruiz idealiza a la comunidad indígena. El «nosotros» englobante de los indios es, en realidad, una constelación de pequeños nosotros, un mosaico de identidades en cada región: religiosas, lingüísticas (aun entre un mismo grupo), políticas, sociales, locales y familiares. A Viqueira le preocupa la legitimación política de esa idealización: «Cuando las identidades sobrepuestas, intermedias, ambiguas, desaparecen, cuando los puentes que permiten la comunicación y la mezcla entre culturas de orígenes distintos se vienen abajo, la sociedad se divide en castas subordinadas unas a otras o se convierte en un campo de batalla». En el caso de los indígenas de Chiapas —cuyos usos y costumbres comunitarios son ajenos al concepto y la práctica de la tolerancia— el resultado habitual ha sido la expulsión (caso Chamula), el asesinato y el martirio. La atroz matanza de Acteal fue el caso extremo de esa tendencia, la culminación de una guerra civil en el municipio enfebrecido y polarizado de Chenalhó. La solución no está en buscar la redención —menos aún si se finca en una interpretación unívoca y excluyente de la Palabra de Dios— sino en la lenta construcción de una cultura democrática en la que las mayorías aprendan a respetar los derechos humanos y las opiniones de las minorías.

El presidente Belisario Gómez nos recibe en sus oficinas del palacio municipal. Es la una de la tarde, pero la campana suena llamando a la oración de mediodía. En Chanal no se admite el horario de verano porque es «hora de Satanás», no «hora de Dios». Chanal quiere decir «culebra en el agua». Es una cabecera orgullosa de su pasado reciente: en dos ocasiones descendió a agencia pero por fin logró su rango municipal en 1938. En Chanal, 14 por ciento de los habitantes son protestantes y 49 por ciento católicos. El resto practica «la costumbre», el complejo catolicismo sincrético de la región. Aunque Gómez pertenece a «la costumbre» (y a la otra costumbre, a menudo convergente: la del PRI), encomia a las diversas congregaciones evangélicas de Chanal: son más razonables, comprensivas, tranquilas, más apegadas a la verdadera Palabra de Dios. En cambio los predicadores y catequistas católicos, en sus cursos y seminarios, dijeron que la Palabra de Dios era de guerra. En esa iglesia —la señalan— se organizaron los catequistas de afuera y de acá. Primero no se sabía quién era zapatista, «andaban revueltos». Pero luego confesaron, se declararon: «yo fui, yo hice, yo eché bala, creí justicia, me habían ofrecido pollo, colchón, lavandería, carro, terreno».

Chanal fue la primera cabecera en caer el 1 de enero de 1994. La tomaron cien guerrilleros a las cuatro de la mañana. La balacera comenzó a un costado del palacio municipal. El comandante de la policía fue herido y permaneció en el mismo lugar, agonizando, hasta su muerte el 6 de enero. Un profesor de la localidad que trataba de huir fue herido también. Ante la desesperación de los habitantes, murió porque «los insurgentes se negaron a que fuera trasladado a un hospital». «Varios otros murieron de frío al salir de sus casas», recuerda Gómez.

El pueblo, ofendido, abandonó la iglesia que apenas ahora se vuelve a reparar. Pero ya no se ofician misas en ella. Antes sí. Hacía unas semanas que don Samuel había querido celebrar misa en la iglesia de Chanal, pero no pudo. Estaba cerrada. Tuvo que decir misa en una casa particular. Y es que «no queremos que nos vengan a provocar. No queremos bala. Lo que la gente quiere es trabajo. Que nos dejen trabajar. Creo que ya no hay tanta fuerza. Pedimos a Diosito que sigamos tranquilos». Nos despedimos a las 2 de la tarde (hora de Satanás).[58]

La sinuosa carretera que lleva a Bochil es un escenario sobrenatural. Los macizos rocosos adoptan formas inverosímiles o gestos humanos. Las nubes no cruzan el cielo: descansan, como lagos, entre las montañas. Abundan las fallas geológicas, las barrancas, como pliegues del infierno. En cada paraje hay una ermita blanca, adornada con papel, y junto a ella las pilas de leña que han llevado las mujeres. No parece haber hombres en la carretera, sólo mujeres: cardando lana, moliendo maíz o caminando con el fardo de maderas a cuestas y el hijo que cuelga del rebozo, en un costado. Le comento a Viqueira la teoría de algún antropólogo, referida por don Samuel: los hombres van por delante de la mujer cargada y los hijos, por el resabio instintivo de protegerlos de las fieras o culebras que pudiesen salirles al paso. Viqueira responde con escepticismo: «Por lo general, los defensores van borrachos».

Pero sí hay hombres en la carretera: son los soldados que en cinco lugares nos detienen para revisar el auto en busca de «droga» y de armas. Pasamos cerca de Oventic –una de las sedes del Encuentro Intercontinental por la Humanidad y Contra el Neoliberalismo–, sede de

---

[58] Visita a Chanal, 27 de septiembre de 1998.

la Convención Nacional Democrática de 1994. De lejos advertimos el vestigio artístico de aquel acto: una obra de posmuralismo mexicano. Por fin llegamos a nuestro destino. Bochil es una cabecera más grande y amestizada que Chanal: tiene 16148 habitantes, 51 por ciento indígenas, la mayoría tzotziles. Bochil está en el margen occidental de la diócesis de Samuel Ruiz pero no pertenece a ella. Es un municipio con fuerte presencia del PRD e intensa participación política. En Bochil se confirma lo que parece ser una regla: el zapatismo es un fenómeno circunscrito a la diócesis de Samuel Ruiz.

Vinimos a ver al padre Diego Andrés, un viejo ex jesuita de origen norteamericano, veterano de la segunda guerra mundial. Luego de misionar en la India y Sri Lanka llegó a Chiapas en agosto de 1959, todavía en tiempos del antiguo obispo Lucio Torreblanca. «Antes de mí», nos explica, «no había habido sacerdote de planta en la parroquia desde aproximadamente el año de 1915, y por ese motivo los católicos practicantes, fuera de las 100 familias ladinas de la cabecera, eran muy poquitos.» (Su observación es reveladora: si la debilidad relativa de la Iglesia en Chiapas permitió el florecimiento de «la costumbre», entonces la catequesis de Samuel Ruiz vendría a constituir una auténtica *conversión* de muchos indios.) Tras una breve estancia, concluyó sus estudios de teología en el Seminario Interdiocesano de Montezuma, Nuevo Mexico, y regresó a Chiapas en junio de 1962. Al poco tiempo, Samuel Ruiz le encargó la parroquia de San Andrés Larráinzar, donde permaneció hasta 1990 cuando don Samuel, que conocía la oposición del padre Diego a la línea pastoral liberacionista, le quitó sus licencias ministeriales.

El padre Diego ocupa dos minúsculas recámaras en el internado que atiende a unas cuadras de la iglesia. En la recámara están la cama, el baúl abierto con su ropa y un ventilador. En el cuarto contiguo donde nos recibe, las repisas sólo contienen libros de historia sagrada y estampas religiosas. Completan el escenario una mesa rústica repleta de papeles, un par de sillas y un fax. El padre Diego parece franciscano. Apenas puede seguir hablando debido a una afección de muelas que le sangra. Pero nos provee de varios documentos.

En el internado que abrió en 1991 hay 66 varones y 40 mujeres. El padre mantiene otra casa similar, con 12 personas, en San Andrés. El sostenimiento proviene de aportaciones privadas que él ha conseguido en los Estados Unidos. Los internados no tienen nombre: la gente les llama internados del padre Diego. En el de San Andrés creció su gran amigo, el joven devoto que vivió con él por siete años, y que incluso adoptó su nombre (Diego), pero que hacia mediados de los ochenta sufrió una conversión doctrinaria en el Seminario de San Cristóbal para luego viajar a América Central, cambiar de nombre y de proyecto: el comandante David.

La Iglesia en San Andrés se había dividido entre los «liberaciones» y los de la línea universal. Ya separado de su parroquia, el padre Diego seguía visitando San Andrés y confesando a sus fieles (tenía permiso de la delegación apostólica). En los años siguientes, atestiguó las prácticas militares que comenzaron a volverse frecuentes en San Andrés. Las hacían gente «de la Palabra de Dios» y participaban mujeres. Tras el estallido de la rebelión, el 6 de enero de 1994, el padre Diego escribió al Papa una carta en la que explicaba que muchos «líderes de esta rebelión son catequistas de la diócesis de San Cristóbal».[59]

Entre los documentos inéditos que nos entrega, hay uno que con abundantes citas del Evangelio y la Patrística, así como de cartas y encíclicas papales, pone en paralelo las dos líneas doctrinales: la liberacionista y la universal. La clave de su exégesis, como es obvio, está en el mensaje de amor del Evangelio. La pobreza en Chiapas es real y ancestral, menciona en otro de sus textos, «pero es tan fácil condenar la oscuridad. ¿No sería mejor encender una candelita para quitar la oscuridad?» Y enseguida menciona los «granos de arena» que solía poner cuando estuvo a cargo de la parroquia de San Andrés: un campo agrícola experimental apoyado por Chapingo, acopio y elaboración de medicinas (con 50 000 cápsulas vacías regaladas por un laboratorio que los internos llenaban de piperazina y de este modo la población evitaba las lombrices). En otro documento, ofrece cinco proyectos prácticos para aliviar la miseria chiapaneca por medios diferentes opuestos a la violencia. Supongo que la diócesis desdeñaría sus ideas por «economicistas».

Luego del conflicto, al padre Diego le ha sido difícil visitar San Andrés: «Llego a escondidas, con un poco de miedo, dando la vuelta y pasando por Chamula», escribió. Por lo visto, el miedo persiste. Nos suplica, casi, ser cuidadosos con lo que vayamos a publicar, pero no nos oculta nada. Lo deja a nuestra conciencia. «¿El padre Diego? Es pobre en su vida personal y cumplidor pero sumamente rígido», apuntó de manera desdeñosa don Samuel. «Se resistía a concelebrar. Celebraba de espaldas. Parece que ha solicitado volver. Quizá pueda atender algún hospital.»[60]

En el internado hay una huerta bien cuidada de árboles frutales. Al lado fluye un riachuelo bordeado por altos cipreses que seguramente

---

[59] Entrevista con el padre Diego Andrés Lockett, 28 de septiembre de 1998.
[60] Entrevista con Samuel Ruiz García, 26-28 de septiembre de 1998.

creen en Dios. Allí se bañan los muchachos. Pienso que el padre Diego y don Samuel representan dos vertientes profundas de la tradición mexicana: uno recuerda a Vasco de Quiroga, el otro a fray Bartolomé de las Casas, dos vocaciones de servicio muy opuestas al boato de los curas obsesionados por el culto, el dogma y la liturgia, los que a menudo levantan iglesias mientras sus fieles viven en cuevas. A casi cuatrocientos cincuenta años de su paso por Chiapas, la profecía de fray Bartolomé ha encarnado en los indios y les ha devuelto, al menos en parte, la iniciativa y la dignidad. A casi cuatrocientos cincuenta años de que don Vasco fundara sus pueblos-hospitales en Michoacán, muchas comunidades indígenas se ocupan todavía, en alguna medida, de las artes y oficios que introdujo aquel constructor de la Utopía. Tal vez el destino de esas vidas encierre una lección histórica: el nombre de don Vasco perduró por siglos en la memoria colectiva, no así el de fray Bartolomé.

Destinos paralelos

De vuelta en San Cristóbal me despido de don Samuel. Siento que pertenecemos a dos mundos muy distintos: la tradición liberal humanista frente al redentorismo. Su lucha social ha sido formidable, pero su apelación a la violencia justa sancionada por la divinidad —por más sutil que haya sido— me parece inadmisible: en culturas donde la sacralidad es absoluta y englobante, sólo exacerba la propensión a la intolerancia, a la muerte ajena o la propia, siempre en nombre de Dios. La entrega a la causa de los indios ha sido apostólica, pero en su ejercicio del poder ha bordeado los límites —y asumido las formas— de una teocracia fundamentalista. Luego de tres conversaciones junto a la catedral, siento que he conocido a una genuina encarnación de Isaías o Amós, los profetas del Dios justiciero que leí en la juventud, pero en él reconozco menos el mensaje de amor de los evangelios. Y sin embargo, no cabe duda que el carisma existe: si me quedara dos días más, terminaría convertido por el converso.

Lejos ya de su imantación personal, recuerdo el cuadro de don Samuel con fray Bartolomé y pienso en las querellas que tuvo el furibundo dominico con otros célebres personajes de su época. No los encomenderos, los cortesanos, los defensores de la «servidumbre natural» del indio, ni los conquistadores, sino sacerdotes de una trayectoria impecable, como el franciscano fray Toribio de Benavente, «Motolinía», que en una carta al emperador Carlos V (1551) criticó a Las

Casas en términos que, *mutatis mutandis*, parecen similares a los del padre Diego.[61]

El problema de fondo que Motolinía veía en Las Casas era el carácter *generalizador y absoluto* de su condena a la empresa española en América, sin distinciones, sin matices. Motolinía, en cambio, sin soslayar la cara atroz de la Conquista, realzaba sus obras tangibles, espirituales y materiales. Y aunque fue de los primeros en escribir una encomiosa historia de los indios, tampoco ocultaba los aspectos crueles de las sociedades precolombinas. Lo motivaba, en resumidas cuentas, un espíritu distinto al de Las Casas, menos profético e iracundo, más dulce y evangélico. Y, sobre todo, más equilibrado, más apegado a la verdad. Motolinía temió que los escritos de Las Casas fuesen leídos «mañana por los indios». Ese mañana llegó, en la voz de Samuel Ruiz. Ha recorrido el mundo para esparcir un mensaje condenatorio al maltrato de los indios en México. En este sentido, su condena es excesiva por las mismas razones: vuelve absoluto y general lo que es particular. México es el lugar histórico del mestizaje, mucho más que cualquier otro país de América.

Ambiguo destino, el de Bartolomé de las Casas. Sin su santa ira la servidumbre y esclavitud de los indios hubieran tomado carta de naturalización en la América española. No hubo un Las Casas en la fundación de la América inglesa. El costo fue la guerra civil norteamericana y una secuela de racismo que aún perdura. Pero ¿cómo olvidar este pasaje de la *Historia de las Indias*, del propio Las Casas: el clérigo Bartolomé de las Casas

«... como venido el rey a reinar tuvo mucho favor ... y los remedios destas tierras se le pusieron en las manos, alcanzó del rey que para libertar a los indios se concediese a los españoles destas islas que pudiesen llevar de Castilla algunos negros esclavos. Determinó el Consejo que debía darse licencia para que pudiesen llevar 4 000...» [Tomo III, cap. CXXIX, p. 275][62]

«La humanidad es Una», había proclamado fray Bartolomé... con excepción de los negros. Su legado es la gloria de haber sido «el Protector de los indios», y la infamia de haber traído a los primeros esclavos negros a la América española. «El Reino es de los hombres que

---

[61] Fray Toribio de Benavente, Motolinía, *Carta al emperador. Refutación a Las Casas sobre la Colonización Española*, Jus, México, 1949.
[62] Fray Bartolomé de las Casas, *Historia de las Indias...*, *op. cit.*, pp. 274-275.

siguen la Palabra de Dios», diría don Samuel Ruiz... con excepción de los remisos señalados ya desde el Catecismo del Éxodo: los bloqueados ideológicamente, los doctrinarios, los espiritualistas, los moralistas, los ingenuos, los desarticulados, los reformistas, los dicotómicos, los que se apegan a la Letra... ¿Cuál será su legado?

VI
Mexicanos por adopción

Alejandro de Humboldt

Humboldt y México, un amor correspondido

En Taxco, sitio de una de las primeras minas de plata que los españoles explotaron en la Nueva España, hay una noble casa que el tiempo y la tradición han bautizado como la «Casa de Humboldt». En la ciudad de Cuernavaca y en otras poblaciones que el barón alemán visitó durante su viaje científico de once meses y medio por el reino de la Nueva España, existen lugares que perpetúan su nombre. La fachada de una casona del viejo centro de la ciudad de México (antigua calle de San Agustín número 3) consigna en una placa las fechas de su estancia en la ciudad cuyos edificios neoclásicos le recordaban a París o San Petersburgo, y cuyo progreso artístico e intelectual admiró tanto: «Ninguna ciudad del nuevo continente, sin exceptuar las de los Estados Unidos, presenta establecimientos científicos tan grandes y sólidos como la ciudad de México». A unos pasos, en el lugar de la cruz atrial del antiguo convento de San Agustín que desde hace más de un siglo aloja a la Biblioteca Nacional, se levanta una estatua de Humboldt develada durante las fiestas del centenario de la Independencia en septiembre de 1910.

«Tengo cincuenta y dos años de edad», escribió Humboldt en 1822 a su hermano Guillermo, «y mi espíritu es muy joven todavía. Mi resolución está tomada y es firme. Quiero salir de Europa y vivir bajo los trópicos, en la América española, en un lugar donde he dejado algún recuerdo y en donde las instituciones se armonizan con mis anhelos ... Tengo un gran proyecto de un gran establecimiento de ciencias en México, para toda la América libre ... Mi idea es acabar mis días de un modo más agradable y más útil para la ciencia, en una parte del mundo donde soy extraordinariamente querido, y en donde todo me da razones para esperar una existencia dichosa.»

Al menos en cuanto al afecto de los mexicanos, no se equivocaba. Sin excepción, todos los mexicanos ilustrados de la época le profesaron un amor sin cortapisas. Lucas Alamán, el intelectual más distinguido de la primera mitad del siglo XIX, le escribió hacia 1825, en su calidad de ministro de Negocios Extranjeros:

«Por vuestras luminosas obras ... puede formarse una idea de lo que México llegará a ser regido por una buena constitución, ya que este país posee todos los elementos indispensables para su prosperidad ... su lectura no ha contribuido poco a avivar el espíritu de independencia que germinaba en muchos de sus habitantes, y a despertar a otros del letargo en que los tenía la dominación extraña. La nación entera está pletórica de gratitud por vuestros trabajos».

México lo invitaba formalmente a volver y Humboldt expresaba su deseo de contemplar de nueva cuenta «las majestuosas cordilleras de Anáhuac, de estudiar otra vez sus producciones naturales y de gozar del placer de ser testigo de la felicidad creciente que debe nacer en vuestra república del seno de las instituciones libres y de las artes de la paz».

Este intercambio epistolar de entusiasmo casi mesiánico ocurría durante los años que siguieron a la consumación de la Independencia de México, en el momento de una fugaz esperanza colectiva que pocos habían ayudado a inspirar tanto como Humboldt. El ánimo correspondía puntualmente a sus reflexiones sobre la riqueza y potencialidad del suelo mexicano. Los criollos mexicanos —herederos por fin, tras una espera de tres siglos, de la antigua Nueva España—, llegaron a leer el célebre ensayo de Humboldt publicado en 1811 más como una profecía nacional que como un libro científico:

«El vasto reino de Nueva España, bien cultivado, produciría por sí solo todo lo que el comercio va a buscar en el resto del globo: el azúcar, la cochinilla, el cacao, el algodón, el café, el trigo, el cáñamo, el lino, la seda, los aceites y el vino. Proveería de todos los metales, sin excluir aun el mercurio; sus excelentes maderas de construcción y la abundancia de hierro y cobre favorecerían los progresos de la navegación mexicana; bien que el estado de ellas y la falta de puertos ... oponen obstáculos que serían difíciles de vencer».

El tiempo y la dura realidad desmentirían casi todos los entusiasmos. Durante largas décadas, México no consolidaría sus instituciones libres, no cosecharía los frutos de su legendaria (y sobrevalorada) riqueza, ni conocería la paz. Por el contrario: viviría un largo, caótico periodo de guerras civiles e internacionales, de bancarrota y desprestigio, de desorientación ideológica y moral que lo llevaría a perder la mitad de su territorio y lo conduciría hasta el borde de la desintegración nacional. Este país «de revoluciones» y pronunciamientos, cerrado en su mentalidad y sus instituciones, repelía por su violencia a las corrientes de inmigración típicas del siglo XIX. No hubiese podido alojar el paraíso de la ciencia que el sabio alemán tenía en mente. Humboldt, por su parte, no era tan libre como las proclamas de su filosofía. El rey de Prusia tenía otras encomiendas para él. Durante la década de los veinte y los treinta atenuó su nostalgia siendo una especie de cónsul general honorario de México: asesoró empresas europeas (inglesas, alemanas) que invirtieron en México, prestó múltiples ayudas a mexicanos en Europa.

Nada había faltado en su vida fascinante. Colocado en el gozne de dos siglos, había sido protagonista de la Ilustración alemana; había conocido a Schiller y Schlegel; a juicio de Goethe, Humboldt destacaba sobre toda su generación, «en conocimientos y en saber vividos. Nadie abarca más; todo lo domina y, en cualquier asunto, nos da alimento con sus tesoros espirituales». Había presenciado los prodigios y desventuras de la Revolución francesa, cuyos ideales de libertad lo habían marcado tanto como la filosofía kantiana. Desde el corazón de Europa, fue testigo de todas las perplejidades de la primera mitad del siglo XIX: la revolución parisina de 1830, las revueltas europeas de 1848, las luchas nacionales, el ascenso del socialismo, el fantasma del comunismo, la guerra de Crimea. En su madurez parisina conversaba con Heine y desconfiaba de Marx. Pero aun viviendo en aquella capital del siglo XIX, lo azuzaban los recuerdos del remoto país que había dejado un 7 de marzo de 1804.

Durante el siglo XIX, liberales y conservadores podían diferir sobre todos los temas imaginables —y matarse por ellos—, salvo en la admiración por el barón De Humboldt. El célebre villano de la historia mexicana, el operático general Antonio López de Santa Anna, que entre 1833 y 1853 fue 11 veces presidente de la República, lo premió en 1854 con la Gran Cruz de la Orden de Guadalupe, reconocimiento que Humboldt agradeció de esta forma:

«Habiéndoseme concedido la más amplia libertad para determinar, yo el primero, por medio de medidas directas, la maravillosa configuración del suelo mexicano, y para observar la influencia de esa configuración sobre el clima y la variedad de la cultura, pude dar a conocer a la Europa, con la publicación del *Ensayo político sobre México*, el valor de las riquezas minerales y agrícolas del vasto país, cuya prosperidad, confiada de vuestra sabiduría, es el objeto de vuestra constante solicitud».

Tres años más tarde, el gobierno que derrocaría a Santa Anna, presidido por el liberal moderado Ignacio Comonfort, dispondría la fundación de tres ciudades en el Istmo de Tehuantepec —cintura de México en la que se construía el primer ferrocarril que uniría a los dos océanos—. Una de esas ciudades llevaría el nombre de Humboldt. El proyecto fracasó porque cuatro meses después estallaría la guerra de Reforma entre liberales y conservadores. Al poco tiempo, en 1859, Humboldt moría a los 90 años de edad. Al enterarse, el gobierno liberal radical presidido por Benito Juárez se apresuró a declarar «Benemérito de la Patria al Sr. Barón Alejandro de Humboldt» y ordenar a Italia, por cuenta del tesoro de la República, la hechura de «una estatua de mármol que se colocaría en el Seminario de Niñas de la ciudad de México con una inscripción conveniente».

El de Humboldt y México fue, sin duda, un amor mutuamente correspondido. «¿Usted ha viajado por México?», preguntó ya en su vejez Humboldt a un periodista norteamericano apellidado Taylor. Y lanzando un suspiro, agregó: «¡Cuántos recuerdos me ligan a México! ¡Qué hermosas montañas las de México! Aquellos conos de nieve perpetua es lo más hermoso del mundo; esas cabezas de nieve majestuosa que se elevan en medio de la brillante vegetación de los trópicos.»

Afiliado a la teoría de los «plutonistas» que creían en el origen volcánico del orden natural, Humboldt debió sentir por México una particular reverencia, no sólo estética sino científica. Quizá por eso hablaba una y otra vez de los volcanes mexicanos y conservaba un dibujo suyo del Pico de Orizaba, la montaña más alta del territorio mexicano. Lo juzgaba más bello que los Himalaya.

El tiempo no dañaría aquella historia de amor correspondido. Ningún otro extranjero ha mantenido en México un prestigio similar. No es difícil explicarlo: Humboldt fue un partero de la conciencia mexicana. Su *Ensayo* aparecería en 1811, a los pocos meses de estallada la guerra de Independencia. Con el tiempo alcanzaría varias ediciones (la primera en español es de 1822) y provocaría innumerables comentarios en la prensa francesa, alemana, inglesa y norteamericana. En el nacimiento de esta nación, los mexicanos no requerían sólo de un mito de fundación que los vinculara a las glorias de los emperadores aztecas y justificara su separación del tronco español. En el crepúsculo de las luces y alba del Romanticismo, fin de la era virreinal y comienzo del periodo independiente, los criollos necesitaban un evangelio científico irreprochable sobre el país que heredaban —que reconquistaban—, una obra que no sólo recogiese mucho de lo que varias generaciones de ilustrados mexicanos habían investigado en todas las ramas del saber (historia, economía, geografía, mineralogía, botánica, geología, arte, etcétera) sino que, sintetizando esos conocimientos, los divulgase en Europa desmintiendo las leyendas negras que corrían sobre la degradación congénita de América y apuntalando definitivamente la idea de un México respetable y promisorio. Humboldt no fue, desde luego, el primer extranjero ilustrado de prestigio mundial —es decir, europeo— en apreciarlo. En esencia, dio a México su carta de naturalización en la historia occidental.

«El *Ensayo político*», escribió el doctor José María Luis Mora, «satisfizo la expectativa pública y dio a conocer a México como hasta entonces no lo había logrado ninguna obra.» Lorenzo de Zavala, que en 1827 dio a Humboldt la ciudadanía honoraria del Estado de México, lo admiraba porque sus «pinturas, exactas en su mayoría, habían inspirado un interés vivo de conocer aquellas regiones, secuestradas del resto de las naciones por el gobierno español». Por decenios, la obra de Humboldt fue el abrevadero que sirvió a propios y extraños como lo más cercano a un censo nacional. En su *Historia de México* Alamán sintetizó la trascendencia del *Ensayo:* hizo «conocer esta importante posesión a la España misma ... a todas las naciones ... y a los mismos mexicanos».

El despliegue de muchos de sus datos frente al presidente Jefferson en la visita que hizo a Washington tras dejar México en 1804, la amistad que se entabló entre ellos desde entonces y la correspondencia que mantendrían por años, arrojaría con el tiempo un tenue velo de sospecha sobre Humboldt. Según el historiador Bancroft, a Humboldt «le complacía» la pretensión expansionista norteamericana. El argumento es insostenible. Más que abrir el apetito del «destino manifiesto», lo que Humboldt logró en un principio fue disipar la densa ignorancia de los norteamericanos sobre los valores científicos y artísticos de México y, señaladamente, sobre el valor de la revolución de Independencia: «Su obra», le escribió Jefferson hacia 1817, «ha aparecido exactamente a tiempo para guiar nuestra comprensión de la gran revolución política que ahora coloca a esos pueblos en lugar prominente del escenario mundial». En los tiempos de la invasión, manifestó sus temores de que «precisamente el engrandecimiento territorial trajera consigo circunstancias que impidieran el propio desarrollo de las instituciones libres, que son y deben ser del pueblo norteamericano».

Con todo, la continuidad de Humboldt en México y su sorprendente vigencia en nuestros días reside además en otro aspecto de su obra: su ideario liberal. Un notable pensador del siglo XIX, Ignacio Ramírez, proponía nada menos que la «humboldtización» de México, es decir, la adopción plena del programa liberal que el sabio alemán propuso en algunos capítulos de su *Ensayo*. Para cuando Ramírez formulaba su neologismo, la historia mexicana, al menos parcialmente, lo había adoptado. Humboldt había criticado el pasado colonial en sus aspectos políticos, económicos, sociales, culturales y religiosos. Para que las riquezas físicas y humanas de México pudiesen florecer no había más camino que el de la libertad interior y la apertura al mundo. México había sido —a juicio suyo— un país encerrado en sí mismo, una fortaleza dentro de otra, prisionera de sí misma y de una triste historia de despotismo político, monopolio económico, corporativismo social y fanatismo religioso. Había que abrir el país a la inmigración, la colonización, la enseñanza libre y laica, el comercio exterior; había que fomentar la industria manufacturera, diversificar la minería, reformar la estructura feudal de la agricultura. Por eso le entusiasmaban los avances científicos que encontró en la ciudad de México debidos al trabajo de sabios como Velázquez, Gama, Alzate: en ellos veía el embrión de lo que podía germinar en otros campos de la vida nacional. Humboldt, es verdad, fue ciego a los prodigios del arte arquitectónico en México (con ignorancia o desdén, apuntó, por ejemplo, que el Sagrario de la Catedral metropolitana era de estilo «morisco o gótico»); pero su insensibilidad, en todo caso, era pecado de la época. En definitiva, su ideario mexicano suponía un *escape histórico* de la «teocracia» prehispánica y virreinal; un salto de siglos hacia la civilización occidental del siglo XIX. En varios lugares de su *Ensayo* Humboldt extrajo, si bien tibia o respetuosamente, la conclusión natural de sus ideas: sólo un país libre e independiente, gobernado por los criollos tradicionalmente relegados por la metrópoli, podía asumir un proyecto así. La premisa del ideario era una sola, «adelantar la cultura moral» de los hombres, y ésta —creía Humboldt siguiendo a Kant— «sólo es resultado de la libertad individual». El siglo XX, purgado de sus propios horrores totalitarios, ha redescubierto la vigencia de ese valor.

Humboldt fue un padre generoso de la conciencia mexicana y un padre audaz del liberalismo en México. En el primer caso la simiente que plantó dio resultados tangibles: México no es sólo un país consciente de sí mismo, es incluso un país obsesionado consigo mismo, que para romper su ensimismamiento hace bien en seguir ahora las pautas de apertura que el propio Humboldt aconsejó. En cuanto a su segundo legado, es obvio que México no es precisamente una meca del liberalismo, pero los mexicanos gozamos de libertades cívicas reales que ya hubiese querido la propia patria de Humboldt durante buena parte de su historia, sobre todo en el siglo XX. Si la «humboldtización» de México se limitara a estos dos legados de autoconocimiento y autoestima nacional y de liberalismo puro, se justificaría con creces su memoria viva. Pero lo extraordinario del caso es que la obra de Humboldt encierra mensajes vigentes no para este siglo sino para *esta hora* de la vida mexicana. Me refiero, claro, a su sensibilidad social, y en particular, a su constatación de la lacra mayor en la historia de este país.

«México», notó Humboldt en 1803, «es el país de la desigualdad. Acaso en ninguna parte la hay más espantosa en la distribución de fortunas, civilización, cultivo de la tierra y población.» En ese cuadro de contrastes sin estado intermedio, entre lo rico y miserable, lo noble y lo infame, nada lo impresionó más que la condición de los indios, que en ese momento integraban 60 por ciento de la población.

Humboldt era un observador científico, no un sentimental romántico, lo cual vuelve más preciosas sus consideraciones. Sin pontificar, partiendo de observaciones y analogías, insistiendo siempre en el carácter provisional de sus conjeturas psicológicas, advierte en el indio cualidades que sin ser congénitas le parecen arraigadas: «El indígena mexicano es grave, melancólico, silencioso ... no se pintan en su fisonomía aun las pasiones más violentas; [pero] presenta un no sé qué de espantoso cuando pasa del reposo absoluto a una agitación violenta y desenfrenada. El indígena del Perú tiene costumbres más dulces; la energía del mexicano degenera en dureza».

Junto a esta imagen de ferocidad, Humboldt presenta un extraordinario retrato histórico de la pasión mexicana por las flores. Por un momento, la pluma neoclásica se vuelve romántica. Humboldt anticipa a Diego Rivera y describe el delicado y multicolor entretejido de flores y frutos en un mercado indígena. Por un lado el culto a los sacrificios; por otro, el culto a la belleza y la sensibilidad de alma. ¿Cómo aclarar el misterio?

El indio mexicano no liberaba su potencialidad para lo bello y lo bueno, ni se apartaba de sus costumbres de la degradación y la violencia, porque sobre él recaía aún la doble herencia opresiva del despotismo azteca y español. Los peores tiranos del indio —sostenía Humboldt— eran los propios indios de la decadente nobleza, caciques coludidos con los sacerdotes y los alcaldes mayores. Esa triple alianza del poder étnico, el sacerdotal y el político, mantenía al indígena en una permanente minoría de edad. La vigencia de las benévolas Leyes de Indias (expedidas por el emperador Carlos V en 1542 para proteger a los indios) era, a juicio de Humboldt, el anacronismo mayor de aquella hora:

«En un siglo en que se disputó con toda formalidad si los indios eran seres racionales, se creyó hacerles un gran beneficio tratándolos como menores de edad, poniéndolos bajo la tutela de los blancos y declarando nulo todo instrumento firmado por un indígena ... y toda obligación ... Estas leyes que están aún en pleno vigor ponen una barrera insuperable entre los indios y las demás castas, cuya mezcla está también prohibida. Miles de aquellos habitantes están impedidos de tratar y contratar y condenados a ... ser una carga para sí mismos y para el Estado a que pertenecen».

Para atenuar la desigualdad entre clases y castas, la receta de Humboldt no pasaba por el fortalecimiento del Estado paternal, mucho menos por el establecimiento de santuarios indígenas aislados. Pasaba justamente por la liberalización que sus seguidores en el siglo XIX pondrían en práctica: igualdad civil ante la ley, reparto individual de la tierra, fin del sistema tutelar, plena libertad de los indios para moverse y establecerse en todo el país, y para tratar y contratar con otros ciudadanos. Amparados en esta legislación, muchos atropellaron los derechos legítimos de los indígenas, aprovechándose de su ignorancia, acaparando sus tierras y contratando su trabajo casi en términos serviles. Pero esa misma legislación liberó también a vastos contingentes indígenas que escaparon étnica, cultural y económicamente de su condición, hacia zonas más ricas y abiertas.

El verdadero milagro de México, el mestizaje de infinidad de grupos, clases y etnias, tomó un impulso definitivo en el México liberal del siglo XIX. «La fusión», escribía Mora a propósito de los cambios egalitarios introducidos en el país a raíz de la independencia, «se ha verificado sin violencia, y continúa progresando, de manera que después de algunos años no será posible señalar, ni aun por el color, que está materialmente a la vista, el origen de las personas». Mora tenía razón. Gracias al legado liberal —que debe tanto a Humboldt— México es un país sin graves tensiones étnicas. En este sentido, es Europa —y muy en particular Alemania— la que en el siglo XX debió haber adoptado la «humboldtización». México había instaurado ese pacto de convivencia y tolerancia étnica desde el siglo XIX.

Hoy México vive un nuevo capítulo de aquel espectáculo de desigualdad que estudió y dictaminó Humboldt. Pero no hay que engañarse: se trata de un capítulo marginal. En Chiapas no hubo orden liberal ni mestizaje, sino una continuidad de las antiguas pautas de opresión y discriminación. Por eso mismo, la única solución es la solución probada: no la perpetuación de un régimen tutelar (con la férula de la Iglesia o del Estado, da lo mismo), sino la consolidación de la libertad civil y la igualdad ante la ley. En ese marco de respeto a la individualidad del indio, cabe –urge– la acción práctica, juiciosa, misericorde del sector moderno de la sociedad y del Estado. «Es del mayor interés ... mirar por los indios y sacarlos de su presente estado de barbarie, de abatimiento y miseria.» Formuladas hace casi dos siglos, sus palabras son un programa y un llamado a los mexicanos de hoy.

Tres legados: una nacionalidad independiente, libertades cívicas tangibles, rechazo firme de las diferencias de fortuna, clase, color. Tres valores: fraternidad, libertad, igualdad. La propuesta de Humboldt sigue vigente. La historia de amor entre el barón alemán y la patria mexicana, venturosamente, continúa.

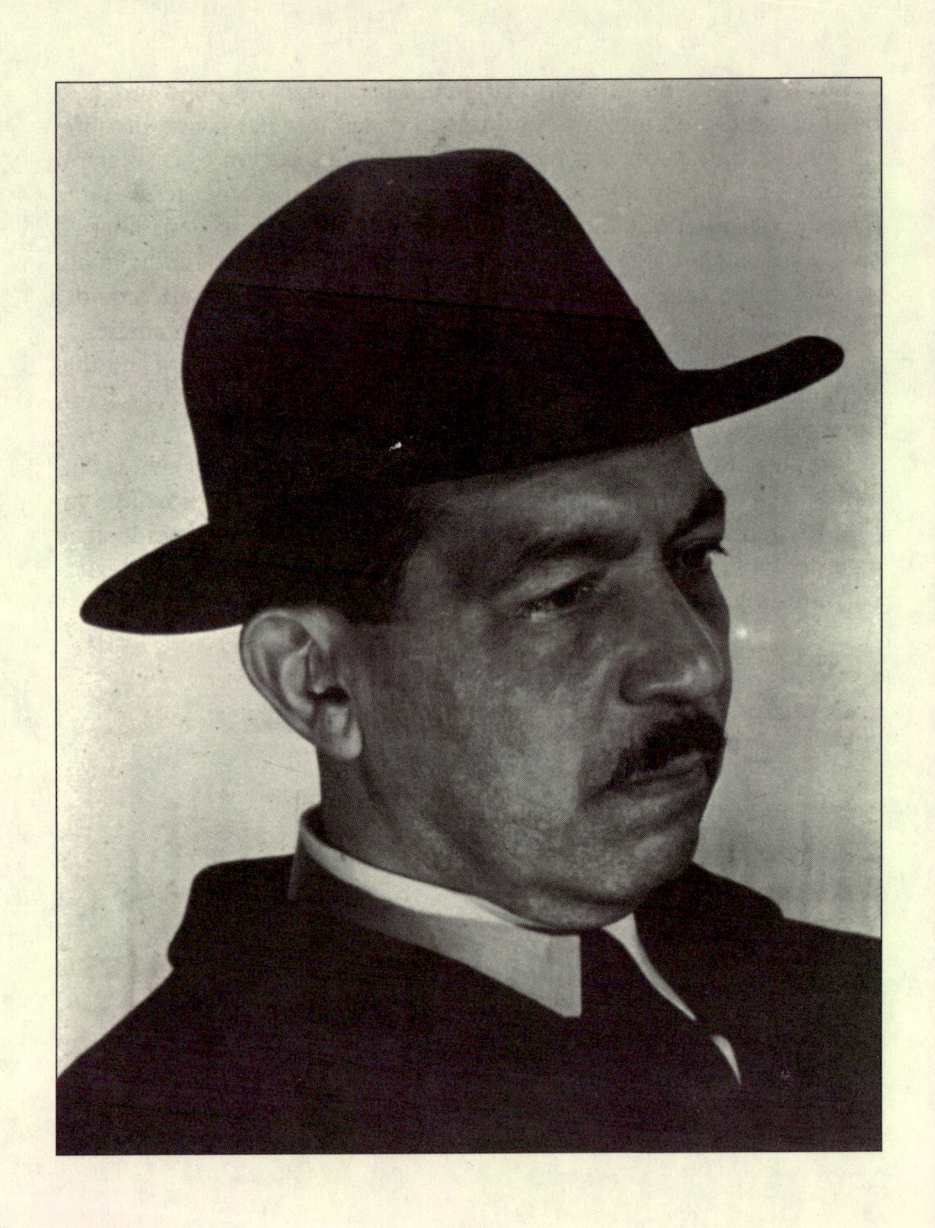

Pedro Henríquez Ureña

Pedro Henríquez Ureña, el crítico errante

> El fin que buscamos es la redención no del exilio, sino en el exilio: destruir el exilio, idealizándolo.
>
> Rabi de Polnoye (siglo XVIII)

La posteridad literaria, ya se sabe, es veleidosa y quizás imprevisible, pero no siempre injusta. Temiendo su incomprensión o su olvido, pocos se atreven a verla cara a cara. Pedro Henríquez Ureña fue uno de ellos:

«Mi vanidad me dice que yo, que a los ojos de unos cuantos mexicanos y cubanos soy una personalidad singular, corro el peligro de pasar, no diré a la historia, sino a la croniquilla literaria de América, como una leyenda engañosa: personaje de quien se cuentan cosas de interés espiritual, originalidad, influencia y demás, y que en su obra resulta ser un escritor sin libros, y de unas ideas y de un estilo más o menos académicos y acaso pedantes (hay más académicos de lo que piensa nuestra filosofía). Mi vanidad sigue diciendo que, si yo supiera escribir, pudiera ser autor de algo como el *Camino de perfección*».

Por desgracia su humildad no lo engañó por entero. Ha pasado a la historia literaria con mayor reconocimiento de lo que pensaba su filosofía, pero su recuerdo carece de un asidero tangible. Su obra completa se está publicando apenas en Santo Domingo, pero su distribución es mala. Su archivo guarda originales inéditos y un tesoro epistolar que sólo se apreciará el improbable día en que un biógrafo «a la inglesa» dedique años a rescatarlo. Las antologías de su obra que han aparecido en México y Venezuela incurren en defectos graves: no son un ejemplo de arquitectura y equilibrio, no dan idea de las estaciones espirituales en la vida del escritor, atienden con exceso al historiador y ensayista literario, y omiten, casi por entero, al brillante periodista político, al pensador moral y al cuentista que Henríquez Ureña –con cuentagotas, es cierto– también fue.

Pero su humildad tenía razón. Era antes que nada un escritor moral que no escribió el *Camino de perfección:* lo recorrió e inició a muchos otros en su recorrido. Su obra publicada e inédita guarda enseñanzas y quizá revelaciones, pero sería inútil buscar en ella el sentido de su vida. No fue un hombre de tierra firme. Fue un marinero intelectual. Su huella quedó en las tertulias de los puertos, en las cartas a los amigos, en sus múltiples travesías y en el mar.

Fragmento de patria

En la conciencia de Pedro Henríquez Ureña existió siempre la imagen de un paraíso perdido. La isla antillana donde nació había sido la novedad del Nuevo Mundo, la «cosa más hermosa ... verde y fertilísima» en palabras de Colón, quien la bautizó como La Española. Durante la primera centuria que siguió al descubrimiento, Santo Domingo, su capital, disfrutó de una primogenitura histórica: alojó la primera catedral de América, el primer monasterio, la primera universidad. Muy pronto, sin embargo, las riquezas de otras provincias y virreinatos mermaron el encanto inicial de La Española. Cuando en Nueva España o en Perú apenas apuntaba el largo y ambiguo esplendor colonial, la isla, desdeñada por sus descubridores, entraba en una «prematura decadencia».

Pasaron los años y los siglos. Santo Domingo no olvidó su privilegio inicial y en sus artes y letras siguió siendo fiel a la España infiel, que en 1697 cedía a Francia el tercio occidental del pequeño territorio. Un siglo después la cesión abarcó toda la isla. En 1809, con ayuda de los ingleses, la porción se reunificó con España pero el alivio dura poco. En 1821 España propicia la disgregación de sus colonias y la República Dominicana nace a una independencia forzada, a una orfandad. De inmediato busca el abrigo de la Gran Colombia, pero en 1822 la invaden los haitianos. La dominación duraría 22 años. Su designio era borrar la cultura española de la isla. Las familias se exilian, se cierra la universidad, se arruinan los conventos y palacios. Algunos dominicanos fieles a la raíz española se repliegan a una vida de catacumbas. Varios sacerdotes de la cultura enseñan filosofía y ciencias, y recitan casi secretamente *El cantar del Mío Cid* a pequeños grupos de jóvenes. Como nuevos «hijos de Sión», viven en «cautiverio babilónico».

Al concluir, en 1844, el periodo de dominación haitiana no terminan las desventuras. El país entra en una larga búsqueda de organización política e identidad nacional. Buenaventura Báez y Pedro Santana ejercen poderes dictatoriales. De 1861 a 1865 la nostálgica República vuelve a unificarse con España. Un nuevo dictador, Ulises Heureaux, toma el poder en 1882: introduce caminos, propicia la inversión extranjera y coarta la libertad política e intelectual. Al morir asesinado en 1899, se inicia un nuevo periodo de inestabilidad que muy pronto aprovecha el nuevo y arrogante imperio norteamericano: en 1905 ocupa las aduanas y en 1916 invade el país. El ciclo de dictadura interna y dominación imperial llegaría casi hasta nuestros días.

Con todo, durante la segunda mitad del siglo XIX la nacionalidad dominicana dio pasos firmes hacia su consolidación. En 1880 la Sociedad de Amigos del País —inspirada en sus homónimas ilustradas de España— trabajaba en todos los frentes de la cultura, la ciencia y las humanidades. Es el momento en que llega a Santo Domingo Eugenio María de Hostos, el educador puertorriqueño que no había olvidado su estirpe dominicana. Su propósito, expresamente, es formar antillanos para la confederación, la futura patria común que debería construirse «con los fragmentos de patria que tenemos los hijos de estos suelos». Aunque el dictador lo expulsa en 1888, Hostos había creado ya, con ayuda de aquella Sociedad, el Instituto Profesional, la Escuela Normal y dos instituciones paralelas: la Escuela Preparatoria, cuyo director era el científico y escritor Francisco Henríquez y Carvajal, y el Instituto para Señoritas, cuya directora era la poetisa —la profetisa— nacional, Salomé Ureña. Ambos formaban parte del movimiento juvenil que fijó la conciencia de la nacionalidad dominicana en instituciones, en libros, en versos y en el destino de Pedro, el segundo hijo de su matrimonio.

Hay vidas que se construyen de espaldas al pasado; hay otras que prescinden de él, lo transforman, lo trascienden. Sólo por excepción el pasado se adelanta y desdobla en futuro. Es el caso de Pedro Henríquez Ureña. Su biografía individual sólo se entiende a partir de la biografía de la República Dominicana —o al menos de su sector ilustrado—. Los elementos que normarían su vida estaban inscritos antes de que naciera en 1884. Allí estaba ya su nostalgia del origen español: una orgullosa conciencia de primogenitura y heredad acompañada del agravio permanente por el desdén y el abandono. «Fragmento de patria», ni siquiera una isla completa, zona de tránsito que aprovechan caudillos e invasores, la República Dominicana esquivó las ilusiones de progreso típicas del siglo XIX americano y guardó su hispanidad como una reliquia: pertenecer a España era la única forma de pertenecerse. Fragmento dentro de ese fragmento, Pedro Henríquez Ureña amó a la España fiel, la del Renacimiento y el Siglo de Oro, y receló de las culturas invasoras: Francia y los Estados Unidos. Igual que su patria añoró a la Gran Colombia, así Henríquez Ureña —escribe Borges—

«engañó su nostalgia de la tierra dominicana suponiéndola una provincia de una patria mayor»: América. La engañaría también acercándose apenas y de prisa a España, ensayando el paisaje afín de la cultura cubana, abandonándose en dos ocasiones al torbellino de México, buscando la vida civilizada de Buenos Aires o cancelando en Santo Domingo un exilio que no estaba en él terminar.

Alguna vez se revelará el misterio de su trasegar. El destino dominicano lo prefigura pero no lo explica. Quizá la clave esté en un dato casi inadvertido: su familia paterna provenía de la numerosa comunidad judía de Curazao, establecida en 1651. Hasta fines del siglo XVIII, cuando Francia se apodera de Santo Domingo, los judíos de Curazao padecen rivalidades internas y emigran. Algunos van a Nueva York, otros a Santo Domingo. Quizá los Carvajal, la otra rama paterna, provenían también de Curazao. Es muy probable que Noel Henríquez, abuelo de Pedro, careciese de vínculos judaicos cuando emigró de Curazao, pero la ambigüedad de su origen permeó a sus hijos y nietos. Conducta típica: el inmigrante o el converso adoptan con fervor y urgencia la nueva patria o la nueva fe. Para borrar los orígenes se buscan y magnifican nuevos orígenes. Para emanciparse de un pasado de segregación, se inventan futuros ecuménicos. Pero la sed de identidad no se sacia. Y si por la vertiente paterna había una raíz que olvidar, el lado materno acusaba, visiblemente, ramificaciones difíciles, antepasados negros.

Henríquez Ureña nunca negó su raíz no española, pero tampoco la vindicó. Buscó integrarse a una fraternidad ideal por encima de las diferencias de religión o raza. En su España ideal o su América utópica apenas se mencionan el cristianismo o la negritud. Su patria es humanista y espiritual: sin prejuicios ni inquisición. Al margen de la fe, al margen de la piel.

Como los grandes pensadores, hacedores de la América hispana –González Prada, Sarmiento, Varona, Hostos, Justo Sierra–, vio en la educación y la cultura la vía única para librar las distancias históricas y pasar de la «barbarie a civilización». Pero, a diferencia de ellos, su método lindaba con el sacerdocio. Se sintió depositario de un legado que por origen no le pertenecía, testigo de una fundación civilizadora a la que sus antepasados no habían acudido. Es verdad que engañó su nostalgia, pero también la encarnó creativamente. Su tierra prometida no estaba en la tierra sino en los libros: era la cultura y la lengua de España y América. De esa patria espiritual lo fue casi todo: inventor y profeta, descubridor y conquistador, historiador y cronista, misionero y maestro.

Utopía de pertenecer

Su infancia y adolescencia transcurren en «el culto exclusivo de lo intelectual». A los 11 años, antes de entrar en la escuela, conoce los dramas de Shakespeare, la enorme *Historia natural* de Brehm, los versos de sor Juana, las cartollas de Appleton, los matemáticos españoles. Con Max, su hermano menor, reúne antologías de poetas dominicanos, organiza veladas literarias, edita revistas domésticas, lee a los clásicos del Siglo de Oro, a Tolstoi y, con veneración, a Ibsen. Su madre, que había advertido en sus juegos infantiles «algo de serio que a pensar inclina», escribiría antes de morir en 1897 esta sencilla estrofa:

> Así es mi Pedro: generoso y bueno.
> Todo lo grande le merece culto;
> entre el ruido del mundo irá sereno,
> que lleva de virtud germen oculto.

Aquella arcadia intelectual no lo fue tanto. El padre era enemigo político de Ulises Heureaux y osciló continuamente su residencia entre Cabo Haitiano y Santo Domingo. El exilio, realidad cotidiana en la vida de la isla y hasta cierto punto consustancial a su historia, fue desde el principio una forma de ser para Pedro Henríquez Ureña. Por más antigua y entrañable que fuese la patria dominicana, la discordia política hacía que su integridad e independencia pareciesen recientes, frágiles, provisionales. Todo, hasta la geografía, invitaba al mar.

El 30 de enero de 1901 Pedro llega a Nueva York, donde permanece tres años. Mientras los hados políticos favorecen al padre, se dedica de nueva cuenta al culto exclusivo de lo intelectual y artístico. Todo lo asombra, todo lo asimila: música, arte, conferencias, teatro, ópera, literatura. Como el Doctor Johnson, no lee libros: lee bibliotecas. En 1902 hay un nuevo vuelco de la suerte. Para sostenerse, ya sin la ayuda del padre que ha caído en desgracia, aprende teneduría de libros y dactilografía y consigue un empleo modesto. En marzo de 1904 emprende una nueva mudanza, esta vez a Cuba, donde se emplea en la casa comercial Silveira y Compañía y escribe para la revista *Cuba Literaria*. En 1905 se publica en La Habana su primer libro: *Ensayos críticos*. Rodó lo encomia por su solidez, moderación y seriedad. Un año después, «hostigado por el medio» y buscando «progreso e independencia», parte hacia México. Cuba debió recordarle demasiado a su propia patria. México, en cambio, era cercano y grande, complejo y hospitalario. Lo había sido con Martí. Es la primera vez que pisa la parte firme de «Nuestra América». No cumple aún 22 años.

Entre 1907 y 1914 Henríquez Ureña fue el centro de un movimiento que abrió y transformó la vida intelectual mexicana por lo menos en tres direcciones: influyó en la juventud induciendo nuevas corrientes filosóficas opuestas al positivismo, renovó el gusto literario y reintrodujo las humanidades a los curricula académicos. Él mismo recordaba en 1914 los inicios de aquella revolución antes de la Revolución:

«Corría el año de 1906; numeroso grupo de estudiantes y escritores jóvenes se congregaba en torno a novísima publicación,* la cual, desorganizada y llena de errores, representaba, sin embargo, la tendencia de la generación nueva a diferenciarse francamente de su antecesora, a pesar del gran poder y del gran prestigio intelectual de ésta. Inconscientemente, se iba en busca de otros ideales; se abandonaban las normas anteriores; el siglo XIX francés en letras; el positivismo en filosofía. La literatura griega, los Siglos de Oro españoles, Dante, Shakespeare, Goethe, las modernas orientaciones artísticas de Inglaterra, comenzaban a reemplazar el espíritu de 1830 y 1867. Con apoyo en Schopenhauer y en Nietzsche, se atacaban ya las ideas de Comte y de Spencer. Poco después comenzó a hablarse de pragmatismo».

Entre los miembros principales del grupo, destacaban Alfonso Cravioto, Luis Castillo Ledón, Diego Rivera, Jesús T. Acevedo, Ricardo Gómez Robelo, Roberto Argüelles Bringas, Julio Torri, pero sobre todo cuatro jinetes intelectuales: Antonio Caso, José Vasconcelos, Alfonso Reyes y Pedro Henríquez Ureña. La clave de su éxito era una pasión intelectual libre, desinteresada, solidaria, de la que Henríquez Ureña era el principal promotor: sus amigos lo llamaban «nuestro Sócrates».

A pesar del prestigio creciente que adquieren por sus conferencias, conciertos, discursos, y por la fundación, en 1909, del Ateneo de la Juventud, los jóvenes tardan en doblegar por entero al *corpus* doctrinal positivista que resistió más que don Porfirio. De poco valieron durante el maderismo los «sabrosos guisos» que hacían con los viejos positivistas independientes como Agustín Aragón, a quien «desollaban

---

* Se refiere a la revista *Savia Moderna*.

vivo, como las anguilas»: los positivistas académicos —encabezados por un maestro serio y ahora olvidado: Porfirio Parra— seguían firmes en la Escuela Preparatoria. En 1912 Henríquez Ureña —oficial mayor de la Universidad— imparte apenas una clase de literatura en la Escuela Superior de Comercio y Administración, otra de «lecturas selectas» de literatura en la Preparatoria y varios cursos libres en la Universidad Popular y la endeble Escuela de Altos Estudios. A partir de 1913 su avance personal, como el del grupo, es más firme: dos cátedras formales sobre literatura inglesa y castellana en Altos Estudios; una Subsección de Estudios Literarios para la formación de críticos e historiadores en arte y literatura, y varias otras fundaciones. En 1914 el triunfo es total: con el nuevo plan de estudios, obra, en lo fundamental, de Henríquez Ureña, las humanidades retornan a la Escuela Nacional Preparatoria al tiempo en que se consolida la Escuela de Altos Estudios: «Ejemplo de concordia y de reposo ... en tiempos agitados».

Su obra escrita en esos años no es menos abundante. Entre 1907 y 1910 no desatiende el teatro, la música y la literatura, pero lo absorbe la filosofía. Publica artículos sobre Comte, Nietzsche, Bergson, Stuart Mill y hasta un texto sobre «las ideas sociales de Spinoza». 1910 es un gran año: aparece en París su segundo libro *Horas de estudio*. Desde entonces atiende y promueve también los temas mexicanos. Junto con Luis G. Urbina y Nicolás Rangel escribe la *Antología del Centenario* (recuento de la literatura mexicana a partir de la Independencia); al poco tiempo publica estudios sobre la métrica en la poesía mexicana y sobre sor Juana; en 1913 imparte una conferencia en torno a Juan Ruiz de Alarcón, donde insiste en una idea que ganaría influencia: la del carácter crepuscular en la poesía mexicana. Sus *Tablas cronológicas de la literatura española* se publican ese mismo año. En 1914 se recibe de abogado con una tesis sobre la Universidad. Es su homenaje personal a Justo Sierra y quizá la primera defensa de la autonomía universitaria.

Pero los tiempos no eran propicios para el estudio y la contemplación. El horizonte se nublaba día con día:

«Hace poco rato», escribe a Alfonso Reyes, radicado en París, «se publicaron las noticias de la declaración de bloqueo de México por los Estados Unidos. He sufrido una impresión espantosa. Wilson promete no hacer la guerra; limitarse al bloqueo; y en caso de necesidad de intervención, darle a ésta un carácter exclusivo contra Huerta.

»Sé que ésas son las intenciones. Pero, con toda la buena fe del Ejecutivo de Washington, ¿podrán evitarse los actos de guerra? Eso es lo que me parece difícil, tanto, que ya los doy por seguros. Y si entonces la revolución, odiando a Huerta y separada de él, ataca a los Estados Unidos, la situación será espantosa: La revolución parece prometer esa actitud. Si no la asumiera, y tolerara la intervención norteamericana, y gracias a ésta triunfara, ¿qué reputación podría tener en el país un gobierno fundado en esa base?

»El ideal sería el bloqueo simple, que acabara con Huerta. A desearlo me entregaré en todos estos días. Entretanto, no hay execración suficiente para Huerta. Fríamente considerado, sí creo que puede tenérsele por el más estúpido e infame gobernante de la historia de América. Su propósito fue siempre —desde hace meses se sabe— provocar la guerra para apoyarse en la simpatía que creyó había de despertar en el pueblo su actitud anti-yankee. Pero lo más significativo es que, hasta el mediodía de hoy, no hubo una sola manifestación en la ciudad de México. La simpatía por Huerta se limitaba, cuando yo salí de allí, a una minoría de empleados públicos. Se ve que la caída de Torreón y San Pedro, y la amenaza sobre Monterrey y Tampico, hicieron que Huerta considerara llegado el momento de apelar al último recurso, la ofensa a los Estados Unidos».

Su educada sensibilidad para el peligro lo persuadió. No había más remedio que emigrar. Alfonso Reyes lo esperaba en París. Encomendó diligentemente sus cátedras a los jóvenes Antonio Castro Leal, Manuel Toussaint y Alberto Vásquez del Mercado y partió hacia Cuba, no sin que antes lo alcanzara el aguijón de la envidia. Algunos poetas menores lo atacaron con bajeza en la prensa: «Tenía yo demasiado éxito ya», confesó a Reyes. «La inauguración de Altos Estudios fue un triunfo.»

Aquella primera experiencia mexicana le dejó un sabor amargo. México había «destrozado» sus planes de vida. No hubiese querido salir, no había permanecido los ocho años finales y plenos de su juventud cimentando de muchas formas la cultura mexicana para luego abandonarla. Todavía esperó un tiempo a que la «estúpida situación mexicana» se definiese, pero muy pronto se convenció de que México, «el pavoroso México», era un caos:

«México ha dejado de existir. Allí no hay gobierno, ni propiedad privada, ni existencia individual jurídica, ni tribunales, ni registro civil. Se han destruido millones en valor de inmuebles en sólo la capital. Fenómeno único en las guerras civiles de América y que en las del mundo sólo hace recordar la inevitable Revolución Francesa. La desamortización de los bienes científicos que profetizó Alfonso Cravioto en 1909. ¿Qué surgirá de este extraño desastre? ¿Volverá a haber civilización en México?»

Entonces comenzó a desarrollar un cierto resentimiento hacia los mexicanos. Sus cartas a Reyes contienen teorías históricas sobre México —la época dorada, a su juicio, era la juarista— y una pequeña antología de frases reveladoras: «Todo mexicano sospecha», «Los mexicanos son gente que no viajan y, por lo tanto, no saben escribir cartas», «El carácter no mexicano en cualquier parte es la fácil comunicación», «México mira al Pacífico, yo sólo entiendo el Atlántico».

Disimulo, reserva, astucia, ferocidad, incomunicación: el mexicano era inescrutable.

Aunque lamentaba la destrucción de la vida espiritual y material en México y lamentaba aún más su nuevo desarraigo, tenía presentimientos ambiguos: «Pienso, a ratos», escribe a Reyes, «que aquel país me exige que yo regrese algún día, a ocupar una posición definitiva frente a los ambiguos perros mordedores, que imagino callados; pero sé que no sería así, y luego, no veo con quiénes he de vivir. Tu ausencia parece definitiva».

Por unos meses vivió en Cuba, donde se forma en torno suyo un nuevo grupo intelectual con Mariano Brull, José María Chacón y Calvo y varios otros jóvenes. Cuba reunía muchos requisitos para su arraigo —vitalidad intelectual, alegría social, reconocimiento—, pero su idea era viajar a Francia. El estallido de la gran guerra trunca sus planes y lo desvía a los Estados Unidos como corresponsal de *El Heraldo de Cuba*. ¿Resintió este golpe de las circunstancias? Quizá no. Su único dogmatismo permanente fue rechazar a Francia de modo visceral. «Hablas de las ideas francesas en que nos hemos educado», le escribe a Reyes, casi con indignación:

«No: Yo no. No es afán de singularizarme. Compruebo cada día que debo poco a los franceses en la formación de mi cabeza. Podría demostrarlo, analizando todos los estudios y lecturas que hice desde los primeros años. No leí, de pequeño, ni a Dumas, ni a Hugo, ni a Sue, y muy poco a Verne. Nunca usé libros franceses para estudiar, sino para consultar (aunque había muchos en casa): los de la escuela son todos en castellano. Y nunca he leído entero un libro de Taine, *for which the Gods be thanked*».

Su distancia no era cuestión de géneros:

«No es enemistad contra la literatura francesa, que es quizás hoy lo más aceptable que tiene Francia: es contra la moral francesa, contra la filosofía francesa, contra la vida francesa. La derrota del ejército es también (por imperfección de la sociedad humana) derrota de las ideas del pueblo que tiene ese ejército. Lo que ha ganado el mundo con el triunfo de Alemania en 1870 es inconcebible. Gracias a ese triunfo tenemos en los países latinos cierta dosis de cultura moderna: p. ej., la verdadera cultura histórica en Francia, antes de 1870, era desconocida; apenas Renan la vislumbraba, y eso por sus solitarias aficiones alemanas».

La «otra América» –Nueva York, Washington– lo encandila pero no lo atrae. Moral e intelectualmente tiene una actitud de desdén europeo frente a los nuevos ricos:

«"Estos idiotas yanquis", como dijo no sé cuál miembro de la embajada alemana en Washington en carta que los ingleses abrieron, son indudablemente un pueblo mediocre. Son ricos porque tienen la tierra más maravillosa "que ojos humanos vieron". Cuando sabe uno los millones que poseen, y el poder que se tiene, se asombra de que los que tienen esos millones o esos poderes sean tan poca cosa, carezcan a menudo de imaginación constructiva, de criterio claro».

Como Martí en su momento, Henríquez Ureña pudo decir que conocía al monstruo por haber vivido en sus entrañas, el mismo monstruo que invadió su patria en 1916 y al que combatió de dos formas: ejerciendo el periodismo político con brillo, inteligencia y equilibrio, y colaborando con su padre –efímero presidente de la República Dominicana en 1916– en delicadas misiones diplomáticas. Hacia 1916 ingresa al profesorado de la Universidad de Minnesota, donde también se matricula como alumno para obtener una maestría en arte.

No gana mal y es muy apreciado por sus numerosos alumnos, quienes lo llaman «*Crown Prince of* Santo Domingo» (lugar no claramente discernible en el mapa). En el verano de 1917 viaja a España, donde se vincula al Centro de Estudios Históricos de Madrid; allí conoce a Menéndez Pidal, Américo Castro y Tomás Navarro Tomás. Al poco tiempo, inexplicablemente decide regresar a Minnesota. Son tiempos de productividad, soledad y trashumancia. Su partida ensombrece a Reyes, quien por entonces escribe a Julio Torri:

«Me ha quedado un recuerdo muy doloroso de Pedro. Estuvo aquí como envuelto en un sonambulismo constante. O Pedro se ha fatigado mucho, o ya no puede con los dolores físicos y morales de su vida. De los morales, ya lo sabes, apenas habla, y casi es inútil intentar consolarlo. De los físicos se quejaba el pobre todo el día. ¿Qué hace Pedro? En lugar de descansar de un modo completo y dedicarse a pasear (aquí tiene buenos y leales amigos) ... en lugar de eso, se puso también a trabajar. A ésta añade que Pedro no descansa a ninguna hora, porque en los momentos en que el resto de los hombres dedicamos a comer o a dormir, o a charlar vaciedades, él lee libros o discute asuntos serios. Pedro va en carrera lanzada al agotamiento, si continúa así. Por lo demás es inútil decirle nada, porque no le cree a uno. ¿Qué hacemos con él? Aquí le han hecho insinuaciones de que se venga a trabajar a España. Son pocas las posibilidades, pero podrían buscarse. Lo que hay es que él se negaba a todo con una especie de horror».

En 1918 renueva sus cursos en Minnesota y obtiene su doctorado en filosofía con una importante tesis sobre la versificación irregular en la poesía castellana. En 1919 vuelve a España, donde publica un ensayo sobre «El endecasílabo castellano». En mayo de 1920 reinicia su cátedra en Minnesota. ¿Por qué no ha podido arraigar en España?

«Mi primera visita a España», escribiría dos años después, «la hice con prejuicios. La historia del dominio español en América no se ha limpiado aún de toda pasión.» En ninguna de sus visitas siente rechazo o recelo, pero sí ambigüedad. Aunque trata de ser equilibrado, España lo exaspera. La encuentra improvisada, verbosa, excesiva, pesimista; imprecisa en su concepción del progreso; país festivo y bárbaro, de duelos y toros, flamenquerías y panderetas: «Hay veces en que (España) nos da la ilusión de haber entrado en el camino de su vida nueva y poderosa; otras veces, cuando la vemos "en el comienzo del camino", clavada siempre allí la "inmóvil planta", le deseamos un cataclismo regenerador como el de Rusia. O el de México».

No era ésa la España a la que un dominicano podía ni debía integrarse. De allí su prisa por regresar a América. De allí también el título de su libro publicado en 1922: *En la orilla. Mi España*. Permanece en la orilla buscando, en España, a *su* España.

La encuentra, por momentos, en la gente del pueblo; en escritores como Ortega y Gasset, Azorín, Moreno Villa y Juan Ramón Jiménez; en el nacionalismo musical (las *Goyescas* de Granados o la obra de Adolfo Salazar), pero sobre todo en aquella «improvisación genial que fue la España de los Siglos de Oro»: la España de «La Española», *su* España.

De vuelta en Minnesota debió resentir el exilio perpetuo, no sólo de su tierra sino de su idioma. (De hecho intentó escribir en inglés). Norteamérica era una patria imposible: lugar de progreso sin espíritu, como había visto Rodó. Pero aquel extremo de soledad duró muy poco. Vasconcelos lo invita a colaborar en la nueva aurora educativa. Todo iría bien en el futuro, tendría posición, respeto y paz. Su decisión instantánea es aceptar. En 1921 regresa a México, «a ocupar una posición definitiva frente a los antiguos perros mordedores».

En su segundo periodo mexicano repitió su obra constructiva. Dirigió el Departamento de Intercambio Universitario; promovió la editorial México Moderno y la Escuela de Verano; impartió cursos de investigación en lengua y literatura española e hispanoamericana. Del respeto con que lo acogió la nueva generación intelectual hablan estas líneas de Manuel Gómez Morin en 1921:

«Le ruego no olvide la posible reconstitución del Ateneo en forma más avanzada y con claras intenciones sociales. Sólo usted puede organizar el grupo que está ahora disperso, porque sólo usted puede hacer que el maestro Caso abandone su elegante reaccionarismo que tanto lo perjudica; que Vasconcelos se dé tiempo, ahora que ya no tiene el furor político, para completar su obra de educación, con una propaganda social tan intensa como sólo su verdad apostólica puede realizar y que nuestros jóvenes poetas y aprendices reaccionen contra nuestro querido González Martínez y encuentren el tono de su tiempo para cantar sus propias canciones. Además, sólo usted puede darnos la disciplina del estudio y quizá sólo de usted aceptaremos todos la tutela de organización».

El Ateneo no se reconstruiría —no era necesario: estaba en el poder—. Pero jóvenes como Daniel Cosío Villegas, Eduardo Villaseñor, Samuel Ramos, Carlos Pellicer, Salvador Novo, Xavier Villaurrutia volvían a reunirse alrededor suyo como lo habían hecho Julio Torri, Antonio Castro Leal, Manuel Toussaint, Alfonso Reyes, Martín Luis Guzmán, antes de la Revolución. Nada había cambiado. Justicia de los dioses.

Nunca como en 1921 pensó en echar raíces, fincar en tierra firme, quemar las naves, descansar. Compró junto con Vasconcelos un terreno en la casi desértica calle de Londres; se casó con Isabel, una de las hermosas hermanas de Vicente Lombardo Toledano, y nació Natascha, su primera hija. Era la última oportunidad de detenerse, no en el exilio sino en el hogar. De su amado Platón desempolvó la palabra Utopía. Su utopía personal –la utopía de pertenecer– se inscribía en una utopía más amplia que lo tocaba muy cerca y lo justificaba: la utopía educativa. El mismo país violento y receloso que había execrado casi en 1915, lo acogía de nuevo transformando los viejos afanes del Ateneo en política educativa y cultural. De pronto la trashumancia cobraba sentido.

Nunca como entonces se abrió a la fe y a la alegría. Escribió reflexiones agudísimas, tradujo el *Peter Pan* de Barrie y publicó, sin firma, unos deliciosos textos para niños: «Cuentos de la Nana Lupe». De ese arribo intelectual y moral hay un testimonio perfecto, «La utopía de América», conferencia pronunciada en Buenos Aires en 1922 durante el viaje triunfal de Vasconcelos por América del Sur. Su argumento es claro: en el nacionalismo cultural, en su vuelta al origen, México ha encontrado la fórmula de su salvación: América debía seguirlo. «A pesar de cuanto tiende a descivilizarlo, a pesar de las espantosas emociones que lo sacuden y revuelven hasta sus cimientos ... México está creando una vida nueva.»

El nacionalismo cultural de 1921, nacionalismo de «jícaras y poemas», se definía como una afirmación de lo propio, no como una negación de lo ajeno. Revolución era sinónimo de reconciliación, de amnistía con todas las épocas del «triple México»: azteca, colonial, independiente. En la arquitectura de Taxco, la loza de talavera, la comedia de Juan Ruiz de Alarcón se hallaba el secreto: asimilar lo universal *desde* lo particular. A la vez, había que acceder a la universalidad dando el alfabeto a todos los hombres y «dejando atrás los estorbos de la absurda organización económica en que estamos prisioneros». Tres claves de salvación: educación, identidad y justicia.

«¿Y cómo se concilia esta utopía, destinada a favorecer la definitiva aparición del hombre universal, con el nacionalismo antes predicado, nacionalismo de jícaras y poemas, es verdad, pero nacionalismo al fin? No es difícil la conciliación: antes al contrario, es natural. El hombre universal con que soñamos, a que aspira nuestra América, no será descastado: sabrá gustar de todo, apreciar todos los matices, pero sólo su tierra, su tierra y no la ajena, le dará el gusto intenso de los sabores nativos, y ésa será su mejor preparación para gustar de todo lo que tenga sabor genuino, carácter propio. La universalidad no es descastamiento; en el mundo de la utopía no deberán desaparecer las diferencias de carácter que nacen del clima, de la lengua, de las tradiciones; pero todas estas diferencias, en vez de significar división y discordancia, deberán combinarse como matices diversos de la unidad humana. Nunca la uniformidad, ideal de imperialismos estériles; sí la unidad como armonía de las multánimes voces de los pueblos.»

En el fondo era el viejo tema de Rodó que Vasconcelos retomaría, a su modo, en *La raza cósmica:* nuestra América como la reserva histórica del espíritu occidental, territorio al margen de la barbarie y el poder, patria terrenal de las artes, las literaturas, la música y de «hombres magistrales, héroes verdaderos de nuestra vida moderna, verbo de nuestro espíritu y creadores de vida espiritual».

La fe en la liberación –la suya, la del país y la de la América hispana– dura un instante. Vasconcelos le atribuye «pequeños y grandes rencores». Henríquez Ureña recela de las ambiciones del ministro. Los amigos se separan. La lealtad familiar liga todavía su suerte a la de su cuñado Vicente, que es designado gobernador interino de Puebla. Hasta allá va Henríquez Ureña para encargarse de la educación pública del estado. Entre los balazos que anuncian la rebelión delahuertista traza en días planes de estudio que permanecerían vigentes muchos años: la vocación educativa llevada a un extremo heroico.

Años después, en una carta a Daniel Cosío Villegas, explica los motivos de su partida. Es un texto revelador de sus principales rasgos: racionalidad, desinterés, vocación de independencia y extranjería perpetua:

«La gente comprende muy difícilmente a quien trata de proceder de manera racional; pero creo que tú sabes cuáles son los motivos racionales de mi conducta. Yo decidí salir de México en 1922, y lo realicé en 1924, porque comprendí que aquel país es demasiado intranquilo para el reposo a que tiene derecho un hombre que entra en la madurez. No llamo a México país intranquilo a causa de las revoluciones, aunque también las haya: es un país de intranquilidad moral, intranquilidad que se refleja en todos. Si yo fuera mexicano, creería que mi deber es estar allí, sufrir de la intranquilidad y esforzarme por crear un poco de paz espiritual: es lo que creo deber de Alfonso, por ejemplo, que debería abandonar la diplomacia. Si siquiera en México se tolerara mejor al extranjero, yo podría haberme quedado a trabajar por el país: creo que la expresión no resulte presuntuosa en mí. Pero es demasiado el esfuerzo –y además, generalmente, inútil– de hacerles comprender allí a muchas gentes lo que es el acto desinteresado. Para agravar las cosas, mi único o principal modo de trabajar en México tiene que ser en puestos oficiales, y eso hace todavía más difícil hacer comprender las cosas a la gente acostumbrada a juzgar de los demás según su propia mezquindad. Yo hice una carrera que iba a permitirme el trabajo independiente, pero en el momento en que la concluí (1914) la situación en México me obligó a salir y todos aquellos estudios me resultaron inútiles: al volver en 1921, nunca tuve tiempo, aunque tuve el propósito, de trabajar como abogado; se me echaron encima tareas muy superiores a los sueldos que yo cobraba, como tuve ocasión de mostrarle a Vasconcelos en una carta, donde le enumeraba diez trabajos que estaban a mi cargo, mientras yo sólo cobraba tres».

El 1 de junio de 1924 abandona definitivamente el país.

En Argentina encontraría la paz pero no la felicidad. Allí nacería Sonia, su segunda hija. Arnaldo Orfila Reynal y Alejandro Korn consiguen para él una plaza modesta como profesor de secundaria en la ciudad de La Plata. Al trabajo intenso se aúna cierta «invalidez» casi crónica de su esposa Isabel; y encima de todo ello la desesperanza. Recién llegado escribe esta contrautopía:

«Estamos en peligro de caer en escépticos al advertir que el mundo no mejora con la rapidez que ansiábamos cuando teníamos veinte años. Yo sé que no será en mis días cuando nuestra América suba adonde quiero. Pero no viene de ahí mi escepticismo: es que rodando, ya no sé a quién hablo, no sé si nadie quiere oír ni dónde habría que hablar ... Temo, sí, que todo se pierda en el desatado río de palabras que fluye sobre el ancho cauce de "Nuestra América". Lo sentiría, porque miro en torno, y miro escaso empeño en dar sustancia y firmeza a los conceptos que corren de pluma en pluma. Aplaudo las voces entusiastas, líricas, en su valor generoso de estímulo; pero quiero más ... A mí no me interesa la unión como fin en sí: creo en nuestra unión y la deseo ... pero nuestra unión, sea cualquiera la forma que asuma, será sólo medio y recurso para fines reales. En fin, es propósito válido la conservación de nuestro espíritu con sus propias virtudes, el "nacionalismo espiritual", contrario al político que sólo se justifica temporalmente como defensa del otro, del esencial; y aun así me interesaría poco si hubiéramos de persistir en nuestros errores, en nuestra pereza intelectual y moral, bajo el pretexto de que así somos ... para mí el peor despeñadero está en el mal del sueño que aflige nuestro sentido de justicia: el dolor humano golpea inútilmente la puerta de nuestra imaginación y nuestra inteligencia discurre sonámbula entre la "guerra de todos contra todos" que es la sociedad de nuestro tiempo».

Aunque permanece fiel a la patria hispanoamericana, no vuelve a hablar de su futuro sino de su pasado, no vuelve a emplear la palabra utopía. En 1926 escribe una conferencia notable: «El descontento y la promesa». Ha renunciado ya a la fórmula que al «repetirse degenera un mecanismo y pierde su prístina eficacia; se vuelve receta y engendra una retórica»:

«El ansia de perfección es la única norma. Contentándonos con usar el ajeno hallazgo, del extranjero o del compatriota, nunca comunicaremos la revelación íntima; contentándonos con la tibia y confusa enunciación de nuestras intuiciones, las desvirtuaremos ante el oyente y le parecerán cosa vulgar. Pero cuando se ha alcanzado la expresión firme de una intuición artística, va en ella, no sólo el sentido universal, sino la esencia del espíritu que la poseyó y el sabor de la tierra de que se ha nutrido.

»Cada grande obra de arte crea medios propios y peculiares de expresión; aprovecha las experiencias anteriores, pero las rehace, porque no es una suma, sino una síntesis, una invención. Nuestros enemigos, al buscar la expresión de nuestro mundo, son la falta de esfuerzo y la ausencia de disciplina, hijo de la pereza y la incultura, o la vida en perpetuo disturbio y mudanza, llena de preocupaciones ajenas a la pureza de la obra: nuestros poetas, nuestros escritores, fueron las más veces, en parte son todavía, hombres obligados a la acción, la faena política y hasta la guerra, y no faltan entre ellos los conductores e iluminadores de pueblos».

No cabía ya el engaño. La salvación no estaba en la utopía externa sino en el trabajo individual. En medio del desencanto, debió sentir un paradójico alivio. El exilio en Argentina lo alejaba de la acción, del perpetuo disturbio y mudanza de las «preocupaciones ajenas a la pureza de la obra». Podría volver, como en sus remotos días en Santo Domingo, al «culto exclusivo de lo intelectual».

Entre 1925 y 1929 vive en La Plata. De 1929 a 1931 en Buenos Aires. Escribe algunas obras de filología y gramática y, sin olvidar a sus clásicos, se interesa por la nueva literatura argentina. Pero su pasión sigue siendo su patria dual: la lejana patria dominicana y la patria ideal de la América hispana. Año tras año publica ensayos sobre Santo Domingo: su antigua sociedad patriarcal, sus poetas y literatos. Año tras año también publica textos sobre la patria ideal. En 1929 aparece su libro pirandeliano: *Seis ensayos en busca de nuestra expresión,* donde prevé el *boom* literario de los años sesenta. A partir de entonces abandona paulatinamente el ensayo literario por el histórico: escribe sobre el teatro, la música y el idioma de América.

En 1930 ocurre la revuelta militar de Uriburu. Temiendo un nuevo hachazo de la política, Henríquez Ureña decide emigrar. No había descartado volver a México pero lo atrae más un ensayo final: volver a la patria real, cancelar voluntariamente el exilio. Desde 1927 lanzaba anzuelos a su hermano Max en Santo Domingo. En 1931, con Trujillo en el poder, es Max quien lo convence. Sin renunciar a sus cátedras en Argentina, precavidamente, el hijo pródigo regresa a la patria dominicana para encargarse de la Superintendencia de Enseñanza. Una multitud lo espera en el muelle: niños, maestros, autoridades. Ante ellos pronuncia estas palabras: «Al regresar a la Patria, después de larga ausencia, cada minuto ha sido para mí de pensamiento y emoción. Yo sólo sé de amores que hacen sufrir, y digo como el patriota: mi tierra no es para mí triunfo sino agonía y deber ...»

Aunque organiza la educación pública, no tiene ya, a los 47 años, el impulso juvenil. Tampoco la fe. Ha sido una larga marcha. «Desde que llegué», escribe a un amigo, «comprendí que tenía que volver.» No tarda en enviar a su familia a Francia con el pretexto o el motivo de visitar al abuelo Francisco. No tarda en rehacer las naves. En París alcanza a su mujer y a sus hijas. Todo ha sido un error. Una vida de exilio no se concluye a voluntad: uno mismo se ha vuelto materia errante. «No hay que regresar», ha escrito a su padre, «Santo Domingo es una tierra infecunda.»

De vuelta en Argentina publica, año tras año, textos sobre esa «tierra infecunda»: personajes, lenguaje, literatura, música, historia política. En 1936, tres años después de su partida, publica un libro de amorosa erudición donde revive épocas, instituciones y personas del pasado dominicano: pródigas universidades, conventos renacentistas y una orgullosa genealogía de religiosos, seglares, escritores nativos y emigrantes. El bullicio de la Colonia. Allí aparecen Bernardo de Valbuena, Joseph de Acosta, Domingo de Betanzos, Tirso de Molina, Bartolomé de las Casas y una inmensa galería civilizadora: retrato de la mejor España. Tituló su libro *La cultura y las letras coloniales en Santo Domingo*. De aquella «tierra infecunda» no se había ido nunca.

La vida posterior en Argentina transcurre con cierta placidez. Aunque nunca alcanza un puesto académico a su altura, Henríquez Ureña está activo en todos los escenarios: universidades, institutos, cenáculos, diarios, revistas, editoriales. Su mayor bendición son los amigos: Jorge Luis Borges, Victoria Ocampo, José Bianco, Francisco Romero, Ezequiel Martínez Estrada, Arnaldo Orfila, Alejandro Korn, Raimundo

Lida, Ángel Rosenblat, Ernesto Sábato, Enrique Pezzoni, Enrique Anderson Imbert y muchos más.

A partir de 1936 el tema hispanoamericano se diluye sin desaparecer. Nuevos textos, viejas preocupaciones cada vez más concentradas en épocas remotas —el teatro colonial, la literatura colonial, el barroco— y en sujetos históricos tangibles, no errantes: personas, genealogías, generaciones, obras. Junto a la permanente melodía dominicana, Henríquez Ureña emprende su último viaje en busca de la patria ideal acercándose a la raíz última: el idioma; refuta el andalucismo dialectal y propone el carácter autóctono del español americano. Tampoco esa totalidad le sería concedida. Ni el español americano es a tal punto americano ni al parecer cabe reducirlo como hizo Henríquez Ureña a cinco zonas lingüísticas sino a muchas más.

En los últimos años disfruta un poco la cosecha de su sabiduría. Con Amado Alonso escribe en 1938 una exitosa *Gramática castellana*. Con Jorge Luis Borges reúne una *Antología clásica de la literatura argentina* que se queda en las librerías. En 1938 inicia para la editorial Losada un proyecto que lo absorbería: las cien obras maestras de la literatura y el pensamiento. Prologó y seleccionó cerca de veinte hasta 1946. En 1940 se inicia su último periodo de plenitud. En ese año publica un libro que reúne varios ensayos sobre la cultura española en la época medieval y el Siglo de Oro. Lo llamó, claro, *Plenitud de España*. Por esos días es el primer latinoamericano invitado a impartir la cátedra Charles Eliot Norton en Harvard. Su curso en inglés sobre las corrientes literarias en la América hispánica aparecería traducido en México póstumamente junto con su *Historia de la cultura en Hispanoamérica*. Dos remates dignos a medio siglo de devoción hispanoamericana.

Amistad intelectual

La contraparte de un destino errante es la intensidad. Si todo es frágil y provisional hay que robar horas a la noche y días a la semana. No descansar nunca, no ceder nada al azar o al desorden: no diferir. Henríquez Ureña desplegó su misión en cada resquicio que le dejó el exilio. Nunca desperdiciaba ocasión de guiar, enseñar, aconsejar. Su vasto sacerdocio intelectual tuvo dos vertientes claras y complementarias: el magisterio y la crítica. El primero pudo provenir de las remotas catacumbas dominicanas. Su vocación crítica tuvo un origen posterior.

Las generaciones se distinguen unas de otras por sus lecturas, en particular por sus lecturas de iniciación. La generación del Ateneo de la Juventud ejerció ese rito colectivo hacia 1907 en el ágora improvisada del despacho del arquitecto Jesús T. Acevedo y en la biblioteca de Antonio Caso, «el propio templo de las musas». Los libros venerados tenían 2 500 años: «"Nosotros" hemos organizado al fin un programa de cuarenta lecturas que comprende doce cantos épicos, sus tragedias, dos comedias, nueve diálogos, Hesiodo, himnos, odas, idilios y elegías y otras cosas más, con sus correspondientes comentarios (Müller, Pater, Murray, Ruskin, etc.) y lo vamos realizando en orden».

«Los griegos fueron nuestra pasión», recordaba Henríquez Ureña en 1924. Fueron más: su molde intelectual y moral. De pronto, en una remotísima estribación del árbol cultural de Occidente, un grupo de jóvenes reniegan del orden académico que los oprime y en la intemperie buscan el origen. El más formado entre ellos ha viajado y conoce otros horizontes y perspectivas. Sabe que el nuevo humanismo alemán desde Lessing hasta Willamowitz Moellendorf se ha acercado al pasado clásico con un espíritu de comprensión, buscando rescatar en sus propios términos la historia y la sociedad, la lengua y el arte. Ha traducido a Walter Pater y sabe que esa matriz ha influido en España y en Inglaterra. Si había que empezar desde el origen había que leer a los griegos.

Aquellas sesiones en que los ateneístas leían el *Banquete* de Platón —un lector por cada personaje— marcaron su obra y hasta su destino. La edad ateniense cruza la prosa y la poesía de Alfonso Reyes, a quien festivamente llamaban Euforión. Un griego neoplatónico —no un judío de Nazareth— dictó a su discípulo el evangelio que convirtió a Vasconcelos: Plotino. Por su parte, a Henríquez Ureña, a quien Salvador Díaz Mirón llamaba «el Dorio», le correspondía no sólo el sobrenombre sino la actitud magisterial de Sócrates.

Deliberadamente o no, lo guiaban principios socráticos. Dentro y fuera de las aulas, a medianoche o en la madrugada, en persona o en carta, en la tertulia o el café, y a propósito de todo, practicaba una constante gimnasia intelectual. Le tenía sin cuidado el mundo de la naturaleza: lo importante era la naturaleza humana. Practicaba, como el griego, el método de la indagación y la exhortación y, como aquél, recelaba del mero adiestramiento para el éxito. Su vocación era perfeccionar la vida interior de sus discípulos, su alma entendida como «espíritu pensante y razón moral».

Discípulos es una palabra equivocada. Henríquez Ureña no tuvo discípulos sino amigos. Pocos le hablaban de usted o le decían «maestro». Detestaba los certámenes y las formalidades competitivas de la academia. Detrás de esta actitud había mucho más que un espíritu libre: había un concepto socrático de la amistad, un arte, un *eros* peculiar. La amistad se vuelve la más alta forma de asociación entre los hombres, una relación que esquiva los lazos externos de conveniencia y se anuda más bien con afinidades, con acuerdos, con el mutuo perfeccionamiento del valor interior. Los sofistas tenían discípulos, impartían clases acerca de temas delimitados y cobraban. Sócrates tenía amigos, discutía sobre asuntos universales y no cobraba. Henríquez Ureña cedió por necesidad material a las formalidades de la academia, pero llevó su ágora portátil a cada puerto del exilio.

Para designar sintéticamente su método de amistad intelectual entrecomillaba la palabra «Nosotros». Desde Cuba escribe a Reyes en 1914:

«Yo he difundido por aquí la idea de que ninguna grande obra intelectual es producto exclusivamente individual ni tampoco social: es obra de un pequeño grupo que vive en alta tensión intelectual. Ese grupo –Pórtico, Academia, Liceo, Museo, Casa de Mecenas, Hotel Rambouillet, salones, Mermaid Tavern, cortes italianas, casa de Goethe– tiene un portavoz. Hasta en las religiones pasa eso. Y eso, que yo predico como esencial para Cuba –el grupo muy unido, que se ve todos los días por horas y trabaja en todo activamente–, es lo que realizamos en México. Y de ese grupo tú has sido el verdadero portavoz, es decir, serás pues quien le ha sacado verdaderamente partido al escribir, aunque Caso sea la representación magistral y oratoria local. Ya sé que tú dirás que yo soy el alma del grupo; pero de todos modos tú eres la pluma, tú eres la obra, y ésta es la definitiva».

Para mantener el «Nosotros» en tensión había que leer, cuando menos, las 300 obras fundamentales de la cultura occidental –una diaria– y discutir sin descanso. El *alma* del grupo tenía deberes infinitos: buscar nuevos amigos, hurgar en las bolsas para encontrar poemas furtivos, sondear lecturas, insinuarlas, «localizar preferencias», predicar la disciplina mental y el culto moral de valores sencillos, transparentes, limpios. Su misma presencia y hasta su letra querían ser ejemplares, clásicas. Las palabras clave en su prédica eran: economía, precisión, corrección, justicia, fundamentación, veracidad, pero sobre todo *claridad*, claridad intelectual como espejo de claridad moral. Sólo con claridad se esquiva la distorsión emocional, ese mariposeo «de mariposa que no se quema porque cuida de no acercarse demasiado a la luz, a la luz de la verdad». ¿Había dicha mayor que ejercer esta crítica cotidiana? «Lo nuestro propio, que es la actividad intelectual en el plano de una agilidad amena pero siempre en tensión, es el secreto de la felicidad. Si pudiéramos mantener en ese punto las cosas —y lo hemos logrado meses y meses—, seríamos felices siempre. Podemos serlo aún.»

Abundan los testimonios mexicanos sobre el modo en que Henríquez Ureña cumplió su vocación socrática. A Alberto Vásquez del Mercado lo adoptó al enterarse de que en la remota Chilapa había leído a Menéndez Pelayo; con Martín Luis Guzmán practicaba la peripateia hablando sobre la vida desinteresada, «la vida atélica»; Julio Torri le leía manuscritos hasta altísimas horas de la noche. Cuando parecía ceder al sueño murmuraba: «Sigue, te estoy escuchando»; alguien lo visitaba a las siete de la mañana para estudiar la *Ética* de Spinoza. Alfonso Reyes describía así, en 1914, la influencia de su amigo Pedro:

«Lo que en el desarrollo del humanismo clásico, en el cultivo de la buena tradición española y en la formación del sentido crítico se debe a Pedro Henríquez Ureña, es incalculable. Educador por temperamento, despierta el espíritu de aquellos con quienes dialoga. Enseña a oír, a ver y a pensar. Él ha suscitado una tendencia de cultura y un anhelo de seriedad que es el mejor premio de quienes lo siguen».

En Cuba hacia 1914, en Nueva York un año después, en México durante la breve utopía y en Argentina por largos años, Henríquez Ureña revivió el espíritu del «Nosotros». Era su respiración intelectual. Borges lamentó alguna vez la pobreza de sus recuerdos frente a la gravitación real que llegó a ejercer Henríquez Ureña. Una pálida huella del «inmediato magisterio de su presencia» está quizás en los archivos de los sucesivos «Nosotros». Es seguro que en todos se encuentra, referida a él, la palabra bondad.

Bondad: no ternura, sentimentalismo, piedad, conmiseración. Era implacable con la mediocridad. Creía en la importancia —en el deber— de descorazonar, lo cual le granjeó enemigos. La amistad, para Henríquez Ureña, no conocía más idioma que el de la crítica. Alguna vez censuró en Antonio Caso su «confianza en el poder verbal» ... «flujo [que] desvirtúa las ideas y las engendra falsas»; pero cuando había que apreciar, apreciaba: «Caso, tres notabilísimos artículos sobre política en el segundo libro. Es escritor». En otra ocasión celebró el primer libro de Martín Luis Guzmán, *La querella de México,* presintiendo al novelista-ensayista político. Se equivocaba muy poco, y no lo asustaban los santones:

«He leído el libro de Nervo, *Serenidad,* y no me gusta. Nervo no sabe, y no consigue, ser sencillo. Él, de por sí, es complicado, y cuando no quiere serlo, lo es todavía. Para lograr lo que pretende, necesitaría ser sabio en recursos de arte. Y nunca los ha tenido. No surgió, como Urbina, sabio de recursos, ni ha ido, como González Martínez, perfeccionándose hasta la maravilla. Siempre ha sido un artista imperito, que ha tratado de ocultar sus torpezas con rasgos de ingenio. Como el dibujante que, por ignorancia en el dibujo, se dedica a estilizar para no venderse, Nervo es paupérrimo en temas; en *Serenidad* sólo hay tres: la mujer, la melancolía de los cuarenta años y el desdén del vulgo. No llegan a tema los pujos teosóficos y astronómicos ...»

Pero con nadie ejerció más dilatadamente su vocación crítica y magisterial como con Alfonso Reyes. Nada dejaba al azar el médico de almas dominicano que se había apoderado, casi, del alma juguetona e ingeniosa, sensible e inteligente del «Euforión» regiomontano.

Espiral pedagógica: de los detalles de estilo hasta la perfección moral. De todo un poco. *Mañas:* hay que escribir para *épater* al público; *aguijones:* «escribe versos ... tú debes ser quien sustituya a González Martínez; *adivinanzas pedagógicas:* «las que te esperan envejecen en un día», como en Teócrito (¿a ver si atinas en qué Idilio?); *regaños:* «incidentalizas demasiado ... hablas más de otra cosa que del tema ... retuerces demasiado el estilo ... aún falta sencillez mayor»; *correcciones:* faltó coma, comilla sobrante; *consejos:* pule, fíjate, redondea, observa los gachupinismos, quítate tecnicismos, lee a tu mujer tus originales, exige que te interrumpa; *opiniones:* párrafo por párrafo, frase por frase: bien, feo, redondea, amplía, une. Un ensayo de Reyes sobre *El Periquillo Sarniento* le provoca esta reacción:

«Pero vamos a defectos: el trabajo es demasiado sucinto, sin explicaciones, sin cronología, sin bibliografía; y como se ha publicado en la *Hispanique,* debiste pensar que no lo entenderían los hispanistas. ¿Quién es Sánchez Mármol? ¿Qué ha escrito González Peña sobre El Pensador? ¿Qué cosa es la *Antología del Centenario?* ¿Qué las Conferencias? ¿Dónde ha hablado Pimentel? Estas faltas de explicación, entre otras, hacen incomprensible el trabajo (probaré a ver si Chacón lo ha entendido, aunque él sabe de cosas mexicanas). ¿Y sólo ésos son los críticos del Periquillo? Hay quizás otros. ¿Por qué no hablaste más y citaste el discurso de Ramírez?»

La exhortación iba más lejos. A veces llegaba al detalle cotidiano, qué ver y qué no ver en Nueva York, cómo emplear el dinero. Pero la prédica de fondo era moral. En 1914 Alfonso Reyes se quejaba desde Francia de no tener amistades íntimas, de su soledad, de su familia. Henríquez Ureña le aconsejaba con firmeza —casi con crueldad— olvidar estoicamente sus sentimentalismos americanos y entregarse al cosmopolitismo de la *calle*. En cuanto a los sufrimientos, todo podría sobrellevarse con dignidad:

«Veo que sigues quejándote de soledad. Es ya monstruoso ese sistema de quejas. ¿Para qué te fuiste, si sabías que en París no estábamos nosotros? ... El no tener amistades íntimas, que son uno de tantos modos de desperdicio moral y mental en estas tierras latinas, verás que es cosa conveniente: el sentirse allí moralmente solo te daría gran fuerza, te enseñaría a dominarte y te ayudaría en la disciplina mental ... Que tu familia haga al fin un esfuerzo por ti: lleva demasiado tiempo de no ayudarte y de exigirte cosas a que no estás obligado, y de fiscalizar tus actos. Si creen tener derecho a lo último, deben comenzar por cumplir su obligación primera ... Procura emanciparte por completo. Mi consejo es quizás absurdo, pero único, el de siempre: no debes dejarte dominar; debes asumir, tú, una actitud de exigencia. Te parece muy extraño, y sin embargo, a la gente dominadora sólo puede oponérsele política de dominación».

Dominio de sí mismo, fortaleza, reserva, vigor moral: autarquía. Palabra clave en Platón... y en Sócrates.

Nicho ecológico

Intensidad magisterial y crítica, pero también tristeza. «En el fondo», recuerda Daniel Cosío Villegas, «Pedro era un hombre triste que cargaba a cuestas viejas y arraigadas preocupaciones. Rara vez sentía el gozo de la alegría y rara vez lograba reír franca, abiertamente.» Así lo recuerda también su hija Natascha: tenía buen humor propio y sabía celebrar el ajeno, pero su tono general era de tristeza, de fatiga. «Agobio» es una palabra usual en sus cartas desde Argentina. En 1928 se queja de ser una «máquina de dar conferencias». A Alfonso Reyes le confiesa: «Me hundo, no en la pobreza, sino en el dolor». En 1931 escribe a su gran amigo Eduardo Villaseñor: «Yo vivo a fuerza de trabajo, sin descanso, sin mejora».

Su trasegar continuo tuvo causas profundas, aun inconscientes. Una muy clara fue su vida material. En 1908, desde su oficina en una Compañía de Seguros, escribe a Alfonso Reyes una carta profética:

«Mi situación personal se me hace a veces desesperante: me veo trabajando, enfermando mi vista en un local que se alumbra eléctricamente de día, sin esperanza de subir mucho, parte porque no hay mucho que subir en esta empresa, parte porque yo no seré nunca adaptable a esta clase de trabajo; y sin esperanza definida tampoco de encontrar algo mejor: algo que me permita ganarme la vida y tener sin embargo tiempo para estudiar y ensayar una posición independiente. Día por día he ido recortando algo de mis esperanzas: ya no pretendo ser un verdadero literato, me conformaré con el dilettantismo más honrado que quepa en este medio; ya no sueño con una posición de verdadera holganza, que me permita viajar frecuentemente; ya no deseo sino una cosa sencilla, un propósito práctico, vulgar, burgués: encontrar el medio de hacer la carrera de abogado, y ni eso logró».

Es cierto que durante su vida tuvo empleos académicos y editoriales mucho menos asfixiantes, pero al parecer nunca dio con una fórmula económica que lo satisficiera. No sólo oscilaba entre ciudades sino también entre empleos. «¡Quieran los dioses procurarme un poco de paz! ¡Es tan poco lo que pido!», confesaba a Reyes en uno de sus rarísimos momentos de desesperación epistolar: sin una base material suficiente quedaba la burocracia, pero era una opción que se avenía mal con su vocación de independencia:

«Yo nunca he sabido pedir protección; nunca la he obtenido espontánea, como otros, de menos valer moral que yo y de valer intelectual que, acaso mayor, no eran ellos capaces de desarrollar; y a estas horas estoy convencido de que, en los medios en que vivimos, sólo con la protección se llega a algo. Todavía podría ensayar ponerme con empeño a multiplicar el trabajo, a estudiar yo solo mi carrera, a escribir; pero no sé si es que me siento cansado o si es que me invade el gusto por la comodidad, característico también de la madurez, es el caso que no me atrevería a repetir el esfuerzo que hice en Cuba de pasarme los mediodías y los domingos en la biblioteca nacional para estudiar sociología y poesía castellana ... El estudio me resulta difícil (tan intenso como debería serlo) teniendo pendiente un problema de vida no resuelto».

La falla no era sólo personal sino social e histórica: faltaba en México y en América hispánica una estructura cultural independiente:

«Creo en el espesor del intelecto español, y en que nosotros estamos (los pocos que somos en América, es decir, las doscientas gentes que en cada país nuestro han leído más de trescientos libros) siglos adelante de ellos. Pero somos poquísimos, no tenemos la resistencia española para el trabajo y no tenemos (estúpidos) casas editoriales que nos hagan vivir literariamente. Sin casas editoriales no se puede escribir novelas. Y las novelas son el sesenta por ciento de la literatura moderna. Sin teatro no hay drama. Y el drama es el veinte por ciento. Apenas en la Argentina comienza a haber drama. No tenemos más que el veinte por ciento literario que puede vivir sin editores ni empresarios: los versos y las disertaciones estéticas o críticas, amén de los volúmenes de historia, que en todas partes exigen ayuda del gobierno o de las grandes instituciones (universidades, y otras tales)».

Antonio Caso vivió siempre de la academia aunque con estrecheces que más de una vez lo obligaron a vender su biblioteca. Vasconcelos financió sus viajes y sus pasiones políticas y amorosas con el producto de su trabajo profesional como abogado (aunque a partir de 1929 rozó por algunos años la pobreza). Alfonso Reyes fue más sabio pero también más comodino: vivió 25 años de la diplomacia. Su obra resiente esa comodidad. Extranjero eterno, con un título de abogado que nunca llegó a emplear, sin capital personal, sin universidades de primer orden que apreciasen a tiempo su capital cultural —y quizá sin voluntad de acceder a ellas—, la fórmula material para Pedro Henríquez Ureña hubiese sido un trabajo independiente que dejara para el estudio al menos las horas tranquilas, los «días alcióneos» —como solía llamarlos—. Él mismo lo entendió así. Alguna vez, ya desde Argentina, propuso a su cuñado Vicente Lombardo Toledano establecer un despacho de abogados en sociedad. «Devorado por la política», Lombardo denegó la invitación.

La relativa independencia le llegaría demasiado tarde, cuando en 1938 se volvió accionista de la editorial Losada. Tenía 54 años y estaba cansado. La suerte económica nunca lo acompañó. No le habían faltado buenas ideas. Recién llegado a Argentina, por ejemplo, pensó en abrir una distribuidora de libros mexicanos —nuevos y antiguos— y hasta una tienda de pinturas coloniales. Había encomendado la venta rápida de sus terrenos a Carlos Díaz Dufoó, quien manejó el asunto con voluntad pero sin eficiencia. Hacia 1932 Díaz Dufoó había vendido ya los terrenos castigando el valor. De inmediato envió a su maestro la sexta parte del dinero, anunciándole que tenía en su poder el saldo en pagarés. Ese mismo año Díaz Dufoó se suicidó. Por más que Eduardo Villaseñor intentó recuperarlos, aquellos pagarés a cargo de un constructor se perdieron. Pasó el tiempo. Cuatro días antes de morir —luego de 20 años de insistir sobre el negocio— Henríquez Ureña escribía al constructor pidiéndole que reconociese la deuda. Pero hacía unos días el constructor había muerto.

Todo parecía llegarle tarde: hasta la invitación de Daniel Cosío Villegas y Alfonso Reyes —tercera llamada— para integrarse a El Colegio de México, una institución nacida de la matriz ateneísta que poco tiempo después alojaría a su gran amigo y discípulo Raimundo Lida, y que hubiese sido la solución perfecta. La tradición de mecenazgo cultural público, característica de México, le hubiese permitido ejercer cobrando lo que hasta entonces había hecho gratis: planificar la cultura. Era el nicho ecológico ideal y hacia él lo empujaban ya las circunstancias. «Tal vez tenga que irme a México», escribió a Santo Domingo en abril de 1946, alarmado por el peronismo. El enésimo hachazo de la política lo hubiese llevado nuevamente a la tierra de sus utopías y desdichas, pero en el umbral de la vejez, Henríquez Ureña se adelantó.

Santo escéptico

La vida material —muchas veces inestable, dependiente, incómoda y sólo al final desahogada— fue una limitación, pero no la más importante. El resto de la historia está en la lógica misma de su destino errante. Tanto buscó un asidero que al encontrarlo se extraviaba. De allí, por ejemplo, que incurriese en un extremo de la vida intelectual: la erudición.

Siempre fue, es cierto, un lector voraz. Salvo libros de política y ciencias, leía todo lo que lo acercase a las humanidades, en particular a la literatura. Su memoria —ha dicho Borges (que, en el fondo, lo ha dicho todo)— era «un preciso museo de las literaturas». Como Voltaire, sólo reconocía tres épocas doradas: el pasado clásico, el Renacimiento y la Ilustración. Conocía medianamente la literatura rusa (amaba el sano realismo de Tolstoi, rechazaba la «inhumanidad» de Dostoievski); se sentía lejos de Francia (Proust le parecía «peligroso»); sus simpatías estaban con Inglaterra (Shaw, Shakespeare) y su raíz en América y España. Citaba de memoria párrafos enteros —a veces en latín–. Sus anécdotas, moralejas y hasta las sensaciones más simples le recordaban lecturas (cuando ve el mar en Veracruz escribe a Reyes: «¡Thalassa! ¡Thalassa! ¿Recuerdas a los soldados de Jenofonte?»). Por momentos parecía una especie de notario intelectual certificando la filiación de una obra o una idea:

«En realidad», explica a Reyes, por ejemplo, «"el origen de la tragedia" peca porque es una obra no original, sino tejida con fraseología forzada sobre temas de Schopenhauer, Hegel y algunas ideas de Schiller, Wilhelm Schlegel, Otfried Müller, Curtius, Lessing y Coleridge. Las originalidades son momentáneas. De Coleridge es la semejanza entre Eurípides y la comedia de Menandro y Filemón. La famosa frase "espectador ideal" no es de Schiller, como por equivocación repetíamos, sino de Guillermo Schlegel (no confundir con Federico); de Schiller es, al contrario, una idea muy semejante a la de Hegel, "la escena espiritual".»

Alfonso Reyes se burlaba un poco de estos afanes: «Menéndez Pelayo y tú, y todos los otros eruditos, tienen la *pose* de reírse de la erudición que, en el fondo, les hace señas y los llama con la obsesión de un vicio»; crítica al crítico, que responde:

«Sinceramente, creo que el medio está influyendo en ti de modo fatal. Lo prueba el modo con que hablas de la erudición. ¿Crees que es cosa que está al alcance de cualquiera y que si yo la tuviese lo negaría? ¿Crees que es lo mismo conocer a fondo una cuestión, pero siempre a través de las investigaciones ajenas, sin poner mano propia en ningún punto arduo, como Vigil o Casasús, y ser un Marcelino Menéndez y Pelayo o un Wilamowitz-Möllendorff? ¿Crees que hay en México algún erudito, como no sea en historia nacional?»

Pero en el fondo admitió siempre el problema: «Derivando hacia la erudición se ponía ilegible».

¿Sentimiento oceánico? ¿Vértigo de sabiduría? ¿Parálisis? Sería absurdo culpar a Henríquez Ureña por no haber construido una literatura con el museo mental de sus literaturas. Más justo es apreciar la creatividad de su solución: construir, en efecto, un museo; exponer las piezas literarias con criterios de selectividad –antologías– o de exhaustividad –ediciones–. Presentar obras, personas, corrientes, épocas, generaciones con una rigurosa hermenéutica. Historiar con rigor científico y comprensión artística. No despreciar el detalle ni olvidar el conjunto. Asumir, modestamente, la función magisterial de escribir críticamente sobre escritores y literaturas.

Modestia, congruencia. Pero la erudición denotaba también extravío. Pedro Henríquez Ureña no trasegó sólo entre empleos y países: también entre géneros. Fue un gran historiador y crítico de la cultura, pero hubiese querido acceder a un género distinto: «la crítica *is all right*, diremos en *yankee;* cada día se habla mejor de ella; pero da mucho trabajo: por eso me molesta. Quiero escribir lo que pienso *como cosa en sí*». Pero era un crítico cabal y no se engañaba: «Me he convencido, con tristeza, de que soy superior en la vida a lo que estoy escribiendo».

Sin envidia aparente, reconoce la superioridad literaria de Reyes:

«Pero tú realmente estás libre. Tu estilo no es hoy marcelinesco. Tú eres de las pocas personas que escriben el castellano con soltura inglesa o francesa; eres de los pocos que saben hacer ensayo y fantasía. ¿Por qué no quieres esa libertad? A ti te hizo mucho bien encontrarte con Caso y conmigo, ya experimentados y dispuestos a oír tus ocurrencias habladas y a gustar de que las escribieras. Por eso has podido escribir lo que te parece, cosa que soy impotente para hacer».

Era doloroso llamar impotencia a *su* impotencia.

«Desde que decidí salir de México pensé en escribir libros a lo *Camino de perfección* y *Motivos de Proteo;* y *Meditaciones del Quijote;* y además otras clases de libros. Pero la extraña fortuna no me deja. Ahora no soy más que una máquina de hacer artículos para el *Heraldo*. Tengo crisis espantosas. Asisto a mil funciones y actos públicos y cuanto se ofrezca, pero son paliativos: el encierro obligado, para escribir, me enerva.»

Su salvación literaria dependía de un discípulo que recogiese sus palabras o depende aún del investigador que edite con verdadero sentido biográfico sus escritos y sus cartas. Séneca, Cicerón, Spinoza –grandes maestros– tuvieron buenos amigos que conservaron y, en su momento, publicaron cartas, textos, apostillas, recuerdos. El bondadoso Sócrates dominicano no ha corrido con tanta suerte.

Escribió páginas inteligentes, comprensivas, claras, reveladoras, pero pocas deslumbrantes. Como Ortega y Gasset tenía la virtud de teorizar. Solía acercarse a las cosas en sus propios términos, inventar categorías de análisis, descubrir relaciones –fragmentarias, pero reales– entre los fenómenos, proponer pequeñas unidades de explicación. Teorizar era una forma natural en un pensador no sistemático. Pocas veces publicó sus reflexiones breves. (Un ejemplo de lo que pudo escribir es la pequeña serie titulada «La orilla», recogida en sus *Obras completas*. Es un espectador tan agudo, inventivo y profundo como Ortega y Gasset y nada verboso.) Viajero perpetuo, hubiese podido escribir largos libros de viaje.

En la correspondencia con Reyes hay teorías sutiles sobre la mujer antillana y mexicana, las fiestas sociales, el carácter de Reyes y muchos otros temas; los toros, por ejemplo:

«Yo le opiné que el arte del toreo merecería ese lenguaje digno de los pórticos si no conservara tantos elementos crudos y que los griegos lo habrían hecho evolucionar en sentido de perfección artística; pues aparte de que tal vez la fiesta nunca les habría gustado —por tratarse de una matanza real, cosa que sólo podía ser del gusto de gentes tan groseras como los romanos—, había una suerte demasiado burda, sin gracia y embrollada, que es la de las picas. Alega Chófero que es por la falta de buenos picadores, que no defienden los caballos, pero no creo que con buenos picadores haya dejado de haber caídas, puesto que siempre ha habido caballos muertos».

La más importante de sus teorías se insinúa apenas en sus escritos y cartas: la teoría de su propio escepticismo. Reyes la escribió por él. En *El suicida*, libro notable publicado en 1917, Alfonso Reyes recorre la escala de las actitudes humanas —desde el deporte hasta la mística— buscando el sitio y la justificación de la vida literaria. Un capítulo final, «El criticón», perfila a Henríquez Ureña. Es el hombre opuesto a todo sistema, el que opone un sistema a otro para extraer de ambos una gota de verdad. Oscila entre convicciones: «Puede amanecer con Demócrito y anochecer con Heráclito, mas sin entregárseles por completo». Tiene el don de la metempsicosis, es el comprensivo universal: entiende las épocas y los hombres, se compenetra de las mentes ajenas, se sumerge como buzo en su objeto de estudio. No busca imponer sino saber. Repite con De Quincey: «Primero está la literatura del conocimiento, después la literatura del poder». La duda es su forma de afirmación: «El espíritu crítico se funda sobre el escepticismo esencial ...» «Cuando se está en el secreto de todos los sistemas se vive en una perpetua crisis ... se es huésped de todas las ciudades sin ser ciudadano de ninguna ...»

El crítico errante vive en un «estado de padecimiento». Quisiera «reducirlo todo con todo y reducir el todo al uno». Quisiera encontrar el «deleite de una sola llave». Quisiera llegar al puerto de una convicción total. Sólo por momentos lo logra: «Del cansancio, del terror crítico, surge la utopía». «El escepticismo», concluye Reyes, «es el grado heroico de la inteligencia.»

Henríquez Ureña llegó al puerto de la utopía por un tiempo breve. Su utopía personal fue la utopía de América, Patria de la Justicia, «sociedad donde se cumple la ambición del brazo y de la inteligencia», suelo donde el hombre libre, «hallando fáciles y justos sus deberes, florecerá en generosidad y en creación». Durante esos años de fe, su tono es el de un profeta. Cuando la realidad lo desengaña renuncia al profetismo y se refugia en la historia: utopía retrospectiva.

Su fortaleza moral —aura de su magisterio— pudo derivarlo hacia la crítica social y política. Estaba estupendamente dotado para ella, como demostró en sus artículos desde Nueva York para *El Heraldo de Cuba*. Pero consideraba menor esa tarea. Había firmado aquellos artículos con el seudónimo «E. P. Garduño». Por lo demás, siendo extranjero perpetuo, ¿sobre qué iba a escribir?, ¿hasta qué punto podía comprometerse? Su tema natural fue la defensa de los pueblos pequeños —en particular los del Caribe— frente a los Estados Unidos, y a él dedicó varios artículos tan vigentes entonces como ahora. Pero la enorme desproporción de fuerzas lo disuadió de persistir en el género. Sintió, quizá, que araba en el mar, o pensó que rescatando la historia profunda y la identidad de «nuestra América» podía ayudar más que defendiéndola semanalmente en el periódico.

Alguna vez censuró a Borges por haberse extraviado en la lógica y la metafísica, no en la moral: «La literatura que presenta los grandes conflictos humanos, las pasiones fundamentales, las cualidades esenciales del hombre, lo deja frío.» Pero extraviarse en la moral podía llevar a puertos más peligrosos y estériles: el énfasis, la intolerancia, la indignación, el profetismo. Quizá porque conocía los riesgos morales —y literarios— de suspender la duda y decretar el imperio del bien, Henríquez Ureña no encontró un género apropiado de literatura moral, un género distinto al de su propio ejemplo.

Se diría que fue el desengaño de las utopías lo que precipitó a Henríquez Ureña al escepticismo. Lo contrario es más cierto: fue el escepticismo, la errante melancolía de sus orígenes, lo que rasgó sus utopías:

«No sé si cuando me vuelvas a ver», escribe a Reyes, «notarás en mí cambio físico; tal vez no lo notes en lo moral; pero es lo cierto que en el último medio año me he sentido definir interiormente y que este proceso se ha acelerado grandemente desde la entrada del nuevo año.

»Digo definir, porque no veo que de esta "manera" pueda surgir otra distinta, pero en realidad el proceso se ha realizado en mí destruyendo toda "definición", toda opinión decisiva, toda solución completa, toda "ley" de las cosas y los hombres. No quiero hacer la cursi figura literaria de que me estoy tornando viejo; pero sí es cierto que he llegado al escepticismo, característico, no de la vejez, sino de la madurez, según Stirner. No tengo fe en la humanidad, ni me importa gran cosa (el egoísmo es otro signo de madurez —todas las teorías "generosas" que se aceptan en la juventud)».

El hombre que escribía estas líneas tenía 23 años. La carta está fechada en marzo de 1908.

Vasconcelos, que a pesar del desencuentro, lo respetó y quiso, lo llamó «Santo escéptico». En 1920 escribió a Reyes:

«Pedro es ... desinteresado y generoso ... me extraña que se mantenga en ese estado de desorientación en que no halla qué hacer con su noble vida ... puede salvarse pero necesita sufrir dolores grandes y no simples incomodidades; sólo en la tragedia hay luz ... Pedro es fuerte y tiene las condiciones para hacerse grande. Lo será el día que halle la fe».

Sufrió dolores grandes, no simples incomodidades, pero los sobrellevó con tranquilidad, a veces con una olímpica tranquilidad. Era ajeno a la solemnidad y repudiaba el concepto trágico de la vida. Era grave y sereno. No sólo su pensamiento y cultura, también su carácter propendía a lo clásico. Nunca encontró el asidero absoluto de la fe, pero agotó su noble vida en un apostolado más permanente y quizá más profundo que el de Vasconcelos. Muchos escritores hispanoamericanos suscribirían estas palabras de Antonio Castro Leal en 1933:

«En París ... vi a Pedro. Hacía diez años que no lo veía. Es el mismo hombre bueno, el mismo espíritu humanista, el mismo crítico sensible, abierto y exigente, escrupuloso y fulminante, redentor y severo, con todas las virtudes de una tradición, con todas las animosidades de un apostolado, con todos los defectos de todas sus virtudes. Es un hombre moderno porque no le admira nada: te lo puede explicar y te lo explica como desarrollo natural del espíritu humano y de sus experiencias; y es, sin embargo, una figura del siglo XIX en su campaña contra todos los defectos hispanoamericanos, en su deseo de propagar cultura, de buscar bases firmes para los demás, en su convicción de que —antes de improvisar— debemos enterarnos de muchas cosas. Estas dos cosas juntas, su modernidad y la conciencia de su misión, hacen de él un hombre raro. Su pureza moral y su pureza política hacen recordar esos tipos del siglo XIX que ya no existen».

En 1935 Henríquez Ureña escribió sobre Hostos —otro irrepetido personaje del XIX— una frase premonitoria. Había presenciado los últimos días del Maestro: «Tenía un aire triste, definitivamente triste, trabajaba sin descanso, según su costumbre ... murió de enfermedad brevísima, al parecer ligera. Murió de asfixia moral». También a él le sería concedida una muerte sin agonía, en medio del trabajo y la tristeza. Era el 11 de mayo de 1946. El reloj de la estación ferroviaria marcaba las tres y quince de la tarde. Pedro Henríquez Ureña llegó apresuradamente al tren que desde hacía años lo llevaba a diario de Buenos Aires —donde residía— a La Plata —donde impartía clases, ya no por necesidad sino por el imperativo casi fisiológico del exilio cotidiano—. Un amigo le señaló un asiento vacío. Colocó su sombrero en la repisa, le dirigió una frase amable y, antes de sentarse, se desplomó.

«Así murió Pedro camino a su cátedra, siempre en función de maestro», escribió años después su hermano Max, sin entrever siquiera la fugaz metáfora de aquella muerte en una estación de ferrocarril.

Arnaldo Orfila,
editor de nuestra América

Conocí a don Arnaldo Orfila Reynal hace poco más de veinte años. Llegué a las impecables oficinas de Siglo XXI en Cerro del Agua –al lado de la Universidad– con el manuscrito de un libro sobre la Generación de 1915 o de «Los Siete Sabios de México». Yo sabía que esos personajes habían sido amigos de Orfila desde el remoto Congreso Internacional de Estudiantes organizado por ellos en 1921, al que mi libro hacía referencia. Pero sabía también que Orfila no se decidiría a publicar un libro así movido por el sentimentalismo. Para mí, su juicio era doblemente importante: como protagonista y como editor.

Mientras esperaba en la recepción recorrí el retablo fotográfico de la pared adjunta. Allí estaban muchos de los héroes literarios e intelectuales de la época, mexicanos, latinoamericanos, europeos. Habían tenido un contacto creativo con Orfila desde sus años en el Fondo de Cultura Económica. En 1948, tras una larga gestión como representante del Fondo en Argentina, Orfila –químico de profesión, según entiendo, y siempre socialista de corazón– había heredado la estafeta de Cosío Villegas. Antes que desalentar las colecciones humanísticas que dieron origen al Fondo, Orfila les dio un nuevo ímpetu, pero su aporte fundamental correspondió al campo de las letras, de las «letras mexicanas», como bautizó a la legendaria colección en donde se publicaron las obras clásicas de Reyes, Paz, Rulfo, Fuentes, Arreola y muchos otros autores.

De pronto apareció Orfila. Recuerdo su voz sonora, su sonrisa generosa, su fuerte apretón de manos. Luego de 10 años de labor, Siglo XXI se hallaba en la vanguardia indiscutida del mundo editorial en México y América Latina. Yo no comulgaba, por supuesto, con la faceta marxista del catálogo. Nunca veneré a Poulantzas ni a Althusser, ni me desvelé con el manual de Harnecker. Pero todo el resto de la oferta era vivo y atrayente. Recuerdo, entre otros títulos, *Corriente alterna* y *Posdata,* de Octavio Paz; *Ómnibus de poesía mexicana,* de Gabriel Zaid; *Lenguaje y significado,* de Alejandro Rossi, y la estupenda antología de Bertrand Russell, por Luis Villoro. Más tarde vendría *El espejo de*

Arnaldo Orfila

Próspero, de Richard M. Morse. En el campo de la historia, Orfila fue revolucionario en el sentido más amplio del término: publicó lo mismo el *Zapata* de Womack que los tres tomos de *La Cristiada* de Jean Meyer. Éste era el hombre que tenía yo del otro lado del escritorio, cobijado por los inmensos libreros de su oficina. Hizo recuerdos de sus amigos. Me narró una anécdota premonitoria de Pedro Henríquez Ureña, la emoción de Alfonso Reyes al ver su obra completa editada en el Fondo, el aura de Vasconcelos en el renacimiento cultural de 1921. Me dijo quién y cómo era Héctor Ripa Alberdi, su amigo en el Congreso Estudiantil de 1921. Y finalmente se refirió, con cortesía, al padrino intelectual de mi libro: Daniel Cosío Villegas. «Déjeme su manuscrito», agregó, «ya nos comunicaremos.»

En marzo de 1976 salió a la luz *Caudillos culturales en la Revolución Mexicana*. El título y muchas otras sugerencias y cortes fueron de Orfila. Mi gratitud y admiración creció con el tiempo, sobre todo cuando yo mismo comencé a aventurarme en el mar editorial. Poco a poco me di cuenta de sus cualidades empresariales: responsabilidad, imaginación, intuición, atención directa a los textos, esmero en el trato con los autores, modestia personal. Estas prendas eran más notables si se piensa que Orfila puso en marcha Siglo XXI a los 70 años de edad, a raíz de la represión de que fue objeto en el gobierno de Díaz Ordaz. El episodio —Díaz Ordaz lo separó del FCE por haber publicado *Los hijos de Sánchez*— pertenece ya a la historia política e intelectual de México. Fue el grito de independencia de la cultura con respecto al Estado. Y fue también un presagio del 68. A raíz de la represión intelectual contra Orfila nació la editorial Siglo XXI. A raíz de la represión contra los estudiantes, nació la democracia en México.

Pasaron casi diez años desde aquel encuentro. Volví a ver a don Arnaldo un par de veces, en 1984, en ocasión de un ensayo sobre Pedro Henríquez Ureña. Era el mismo de siempre: el vigor físico y editorial personificado. Y pasó otra década más, cuando hace unos meses le pedí información precisa sobre su salida del Fondo para un libro sobre los últimos cincuenta años que he estado preparando. Esta vez no pude verlo, pero la narración que me envió tiene la misma calidad de nuestras remotas conversaciones en su oficina: clara e inteligente para hablar de los hechos objetivos, modesta y reticente con los méritos propios, que son altísimos.

Todos los miembros de la Generación de 1915 han muerto, todos menos uno. Es un argentino que se enamoró de México, quizá porque visitó el país en el año más luminoso de nuestro siglo, cuando López Velarde escribió la «Suave Patria», los muralistas empezaban a pintar el Evangelio según Vasconcelos y los maestros misioneros comenzaban a predicar por el país la buena nueva de una revolución que reconocía por fin, luego de siglos, a todas sus gentes y a todas sus raíces. Se enamoró de México y le sirvió abriendo horizontes: desde Argentina, como embajador e importador de nuestra cultura; desde México, como creador y exportador de nuestras letras.

El año que viene, Arnaldo Orfila Reynal cumplirá 100 años. Lo celebraremos aquí, entre libros y lectores, y brindaremos una vez más por el hombre que abrió, en nuestro medio, la independencia editorial y el siglo XXI.

Zonas de Rossi

«Los hombres son amigos por zonas», escribió Santayana. A partir de esta definición, comencé a pensar acerca de mi amistad con Alejandro Rossi. Sus zonas intelectuales no han sido las mías. Estoy menos lejos de la filosofía que de la ingeniería, pero mi única experiencia académica en ese ámbito fue asistir anónimamente —por consejo de Rossi— a una cátedra de Strawson en Oxford. Estoy menos lejos de la literatura pura que de la filosofía, pero leo poca novela y poesía. Rossi, por su parte, es un buen lector de biografías pero abriga una callada desconfianza hacia la historia, mejor dicho hacia los historiadores. «La historia es enemiga del misterio», prescribe su *Manual*. Sospecho que nos considera inventores fallidos o vergonzantes. La reflexión política le interesa, pero no particularmente. «La Generación del 68 está demasiado enamorada del poder», sentenció alguna vez. La frase me incomodó por cruel y exacta. Tenía razón: no sólo el ejercicio del poder revela ese amor, también la crítica del poder, aun la liberal o la anarquista.

¿Cuáles han sido entonces nuestras zonas comunes? Por momentos nos hemos encontrado en un ámbito aledaño a la historia y la filosofía: la historia de las ideas. Ciertos ensayos de Isaiah Berlin sobre autores rusos; lecturas compartidas de algún *Don* inglés —Trevor Roper, por ejemplo—, en la *New York Review of Books;* reminiscencias de José Gaos de quien Rossi fue un discípulo disidente y yo un último devoto. Entre la literatura y la política hemos cruzado varios puentes, construidos casi siempre por él. Al día siguiente de conocerlo, me aconsejó comprar la obra completa de Orwell —sus novelas, ensayos, notas, cartas— y leer un ensayo de E.M. Forster que me tocó en verdad: «Two Cheers for democracy», para no convertirme descaradamente en su alumno —cosa que por un vago instinto de conservación temía— le ofrecí un catálogo desordenado de lecturas judías. Desechó con indulgencia un texto mío sobre Spinoza, pero aceptó de buena gana mi invitación a Gershom Scholem. Lo conocía sólo por referencia o por el cé-

Alejandro Rossi

lebre poema de Borges —aquél de la rima teológica Golem/Scholem. El gran historiador del misticismo judío nos llevó a Benjamin, Benjamin a Kafka, Kafka al teatro judío, el teatro judío a Bashevis Singer, y de pronto estaba allí, entre libros, una zona de amistad.

Lo cierto, sin embargo, es que estas convergencias, aunque intensas y genuinas, no dan cuenta de nuestro buen vínculo de dos décadas. Ignoro si alguna vez le ha intrigado el asunto. Uno no necesita pensar la amistad para vivirla. La clave para mí no está en los libros, las vocaciones o las ideas, sino en la peculiar actitud de Rossi frente a la amistad, el modo en que la cultiva e induce a cultivarla. En la «Advertencia» al *Manual del distraído*, llama la atención al «improbable lector» —nunca menos improbable que en su caso— sobre «su gusto por el juego, por la moral, por la amistad y, sobre todo, por la literatura». Es en esa equiparación genérica, digamos, de la literatura con la amistad, donde creo haber encontrado mi zona de cercanía con Alejandro Rossi.

Reconstruyo mis encuentros con él y me llaman la atención ciertas formas casi rituales, una constancia similar a la del escritor enamorado de su pluma fuente, un particular color azul de tinta, las hojas bond de una marca y peso específicos. Ahora es un restaurante infalible como antes han sido uno o dos, cuando más: la misma mesa, no pocas veces el mismo plato y vino, y la misma dureza protocolaria con los meseros. En algunos paréntesis el escenario ha cambiado: un *Pub* único en Oxford o una caminata prestablecida con rigor topográfico en los prados ingleses o el jardín de su casa. En algún lugar del *Manual*, Rossi encomia a esos amigos que se reúnen para «pasar una hora juntos casi sin hablar, cada uno bebiendo un café, sin prisa, una frase ahora y otra más adelante mientras escuchan la respiración del otro», pero esta escena del cine mudo no lo caracteriza. Por el contrario: estar con Rossi es, necesariamente, conversar con él, acompañarlo en el ejercicio *tremendo* de pensar.

A partir de un tema trascendental o nimio, el método es el mismo: tejer una pequeña teoría significativa, encontrar la perla de alguna verdad mínima, hallar de pronto un calificativo que da en el blanco. Pensar en voz alta tiene para Rossi algo de gimnasia, mucho de juego y cacería. Lo he mirado pensar sobre el éxito de los restaurantes japoneses, las virtudes de las hembras dieciochescas o la incapacidad ontológica del futbolista mexicano para meter goles, con idéntica concentración y vuelo que sobre la vigencia moral de Sartre o el legado de su maestro Heidegger.

Como la otra, la literatura verbal de Rossi no desciende a la pedagogía. Practica, en cambio —igual que Gorrondona, su formidable

Golem–, una crítica persistente, maliciosa, malévola, feroz, sanguinaria. Su lucidez es abrasiva. Sometiendo al ácido de su lectura textos que nunca debieron abandonar su condición de inéditos, jugué con él muchas veces el papel de ese cordero de la literatura, Leñada. El amistoso preceptor ejerció con ellos una crítica severa pero sin saña. En una ocasión llenó los márgenes de un escrito mío con dos letras enigmáticas: F. B. «¿Fundamentalmente bien?» «No: "Falso Borges"», me contestó. Esta economía crítica es otro de los rasgos que Rossi comparte con su *alter ego* ocasional. No hace mucho, un grupo de comensales dábamos vueltas a la distinción entre la literatura auténtica y los subgéneros fáciles que están de moda. Rossi despachó el asunto con una lápida verbal: es «literatura de aeropuerto».

Si la conversación amistosa con Rossi es un texto, los textos de Rossi, en muchos sentidos, ocurren entre amigos. A veces de modo explícito, como en los cafés con Gorrondona, los patios de los colegios jesuitas o las relaciones entre los patriarcas en «La fábula de las regiones». Pero aun si el tema directo no es la amistad, el estilo, según creo, la presupone. En su retrato de Gaos, Rossi menciona «la relación claramente sensual [del maestro español] con el lenguaje». El retrato es autorretrato. He visto las comas cuidadísimas y rotundas en sus originales. Son las mismas que dan respiración a sus frases habladas. La primera persona de casi todos sus ensayos, el uso frecuente y peculiar de los guiones, las palabras que entre comas detienen la narración (como por ejemplo: «claro», «cierto» o «naturalmente») equivalen en la charla a un gesto amistoso que puntualiza, distingue, matiza o advierte. Pueden representar también una forma de cortesía con el lector o interlocutor, o un ademán elegante, pero lo decisivo es que forman parte de un tono general o un ritmo. «Esos adjetivos, esos ritmos», le decía Gorrondona al narrador, «son un charco de agua sucia.» Aquí el crítico denotaba su amargura: en Rossi –el que habla o el que escribe, lo mismo da– los ritmos son un surtidor, vertiginoso a veces, pausado otras, de agua clara.

A Rossi le ha deslumbrado siempre la habilidad de Borges para calificar con el verbo. A sus amigos nos deslumbra y regocija su capacidad para el adjetivo. Abro al azar su *Manual* y encuentro los siguientes: «abundante hipocresía», «respeto denso y pastoso», «festivos lebreles», «textos aventureros». A Jorge Portilla, *in memoriam,* le dice «majadero intelectual». Hay mil ejemplos más. En persona, no conozco mezcla mejor que la suya entre el relajo mexicano y el humor inglés. En lugar de balas dispara esos dardos insólitos, sus adjetivos.

Se verá que mi tesis es simple: su amistad es una fiesta literaria. Pero hay en ella una dimensión más profunda, una zona necesaria: la moral. Rossi es amigo, sobre todo, en el sentido tradicional del término: el que apoya, el que escucha, el que comparte, el que tolera (no mucho), el que aconseja (con prudencia y sutileza), el que advierte, el que critica (mucho), el que celebra o consuela. «He visto pocos hombres», me confesó Octavio Paz, «que reúnan su inteligencia y sensibilidad». Puestas al servicio de la amistad ambas prendas hacen milagros. Lo hicieron alguna vez con el propio Paz. En el trance de una enfermedad, Rossi puso en marcha la revista *Vuelta* y pronunció por teléfono unas palabras que me parecieron una bendición: «¡Cúrate, Octavio», le dijo, «el dolor no redime!»

Borges pensaba que una revista «o es una reunión de amigos apasionados por algo o contra algo ... o es una mera antología». En *Plural* y *Vuelta*, sobre todo en tiempos de crisis, Rossi ha ejercido esa convicción con Octavio Paz, con los miembros fundadores de esas revistas, con sus consejeros y sus secretarios de redacción. Las reuniones en *Vuelta* no han sido siempre la tertulia que deberían ser, pero a través de los años, incluso cuando lo creemos perdido, el viejo espíritu de cuerpo reaparece en torno a pasiones intactas: la moral literaria, la libertad de creación, la democracia.

La mejor estampa amistosa que guardo de Rossi proviene de una noche, en su casa. Olbeth, Alejandro y yo cenábamos con Pepe Bianco. Fue la última vez que visitaba México. Pepe estaba enfermo y arrastraba un cansancio que Rossi, supongo, calificaría de «cósmico». Nos dolía verlo así. Comimos, bebimos, nos animamos poco a poco. Pepe contó anécdotas curiosas y picantes –sobre amigos mutuos, claro–, y fue recobrando esa sonrisa abierta, específica suya. Hablamos de la revista *Sur*. Alejandro le recordó y le hizo recordar su prehistoria, ciertos números memorables, traducciones pioneras, aquel texto de Borges. Pepe parecía de nuevo el secretario de redacción, sólo le faltaba hablar con Victoria Ocampo. De pronto, no sé de dónde, Rossi apareció con los números precisos de *Sur* en la mano. Pepe lo abrazó y le dijo sin más: «Qué buen amigo eres, Alejandro». Nos fotografiamos con él. Fue —no hay modo de decirlo en español— «*his finest hour*».

No sé si en el universo o en el mundo o en el fin de siglo ocurre lo mismo, pero sé que Rossi tiene razón cuando escribe que en esta salvaje ciudad todo conspira contra la amistad: la distancia, el tráfico, la prisa, el ruido, el teléfono, las mil tareas, el dinero, la falta de dinero, el cansancio, la edad. Si ya es sorprendente que la gente se salude, es un milagro que las amistades se mantengan. Pienso ahora en la nuestra, en sus diversas etapas, y sonrío porque sé que está viva. Una mutua disposición a dar nos ha servido. Pero el secreto específico ha sido el conservar una distancia, una opacidad. Nunca exigir al otro transparencia y nunca abrir demasiado la casa propia. Nos hemos alejado en instantes de confusión y acercado de verdad en tiempos de dolor o dicha. Juro que hubo un momento en que Rossi —por escrito, claro— me retó a duelo. Recuerdo otros en que me salvó del abismo. La clave de esa libertad amistosa, ahora lo veo, era un misterio del estilo: Rossi y yo nos hablábamos de usted.

Joy Laville, pintora en su isla

Look, stranger, at this island now
The leaping light for your delight discovers,
Stand stable here
And silent be,
That through the channels of the ear
May wander like a river
The swaying sound of the sea.

W. H. Auden, *On this Island*

Una niña hace castillos de arena en la playa de su lugar natal, la Isla de Wright, situada al sur de la isla madre: Inglaterra. Lleva puesto un sombrero de tela floreada, inmenso y algo cómico, y sonríe feliz ante la cámara. Al fondo se extiende la playa inmensa recortada por un mar de metal. Las personas son detalles aislados, lejanos, inmóviles: cactus en el desierto. El horizonte es una superficie de colores yuxtapuestos, perfiles suaves, mantos de cielo y arena que terminan o empiezan en el mar. Cualquier punto es el centro de una esfera de luz y claridad. El paisaje se escapa por los cuatro costados. Desde el piso superior de la hermosa residencia de su madre en Southsea, la niña revive la imagen de un famoso pintor de Wright:

From a window he could watch
the voice of the long sea-wave as it swelled
now and then in the dim-gray dawn.

Los paisajes que conocería después tendrían que homologarse a aquel paisaje original. Siempre prefirió el verde que se despliega libremente en las colinas, a los verdes presos en los cuidadosos jardines de la campiña.

Su infancia y juventud habían sido tan solares como su nombre: Joy. Al finalizar la guerra, casada con un oficial de la Fuerza Aérea Canadiense, se mudó a British Columbia. Por un tiempo desapareció el *«joy»* natural de Joy y, con él, el gusto por el paisaje. Necesitaba recobrarlo, pero no quiso volver a Inglaterra. Se enteró de México como es bueno enterarse: por la literatura y la leyenda, no por las oficinas de turismo. Había leído la jornada infernal de Malcolm Lowry por el paraíso de Cuernavaca («¿Le gusta ese jardín, que es suyo? Evite que sus hijos lo destruyan»). Sabía también, gracias a la marquesa Calderón de la Barca, que para el mexicano la cortesía puede ser una liturgia. Como Lawrence, como tantos otros artistas europeos, sintió el imán de Méxi-

Joy Laville

co y se dejó atraer. A los 33 años se mudó con su hijo a San Miguel de Allende.

Había visitado varios países, pero México le parecía «el más bello que había conocido». Joy definía nuestro paisaje con una palabra intraducible: «*lush*». Era un paisaje suculento, jugoso, fresco. Un paisaje frutal. Frente a él, Joy recuperó su ventana múltiple y la enriqueció con vistas sorprendentes al desierto y la selva, a valles y montañas, pero sobre todo a los mares y las playas. México no era una isla sino muchas, un país-península que había que recorrer lentamente y pintar por un proceso no de copiado sino de impregnación.

«Los cuadros de Joy», escribió un admirador, «no son simbólicos, ni alegóricos, ni realistas. Son enigmas que no es necesario resolver, pero que es interesante percibir. El mundo que representan no es angustioso, sino alegre, sensual, ligeramente melancólico, un poco cómico. Es el mundo de una artista que está en buenas relaciones con la naturaleza.» Este admirador —Jorge Ibargüengoitia— era también alegre, ligeramente melancólico, un poco cómico y quizás hasta sensual. «Su humor», recuerda Joy, «era espontáneo, todo en él era así.» Lo más *natural* es que entablaran buenas relaciones entre sí y se casaran. «Una de las cosas que faltaron en nuestro matrimonio», escribiría Ibargüengoitia, «fue el elemento sorpresa. Nunca, ni por un momento, me he dicho: ¿quién hubiera dicho que esta mujer fuera con el tiempo a convertirse en mi esposa?»

Con Jorge, Joy recorrió y retuvo las costas de México. En la serie de cuadros con paisajes de las costas de Jalisco, Jorge encontraría lo que no había percibido en la realidad, aquello que para él no había sido «más que un borrón azul y verde: el mar lechoso de las mañanas, el azul intenso del mediodía, las formas de las palmeras, el color de las diferentes tierras, la apariencia de las lagunas interiores, los cerros negruzcos en el amanecer». Luego, ya en la ciudad, siguió una época en que todas las mañanas, al despertar, Jorge vio «una costa lejana, un mar tranquilo, el lecho seco de un río, dunas, unas palmeras». La quieta atmósfera de la Isla de Wright se había impregnado de temas mexicanos. Como en un viaje hacia el centro de sí misma, Joy comenzaba imprimiendo colores fuertes a sus telas pero la violencia mexicana cedía poco a poco a la serenidad del fondo. Los tonos se diluyen y rebajan hasta que son menos fuertes, hasta lograr su objeto final: una armonía.

«*An Isle under Ionian skies / Beautifull as a wreck of paradise.*» En los años sesenta, durante los cuatro meses que vivieron en Hydra, Joy y Jorge confirmaron el verso de Shelley. La casa era una isla en la isla: veía al mar, al valle, al pueblo y las montañas que dibujaban un perfil sinuoso «como cresta de dinosaurio». Jorge se divertía utilizando los binoculares —hasta que encontró a un hombre que lo veía con binoculares—. Joy pasaba horas en la veranda que miraba al valle. Por la ventana abierta en uno de los cuartos entraba la luz e imponía suave, dulcemente, un orden a las cosas. Luego, por la misma ventana, se escapaba y disolvía en espacios remotos, inalcanzables. En un cuadro que recuerda esos días —los cuadros de Joy, como los sueños, no parten de apuntes sino de recuerdos— una figura reposa en un interior. Los objetos descansan con ella, son parte orgánica del paisaje: valles en una sala, sillas que se tienden a meditar, floreros plantados como palmeras en un rincón. En sus telas las figuras humanas aparecen casi siempre desnudas, en «buenas relaciones con la naturaleza»: reclinadas, sentadas, caminando. A veces leen o nadan, duermen o contemplan el paisaje del que también forman parte. Nos invitan a acercarnos a la ventana, a compartir la quietud. A veces sólo están y esperan.

Llegaría el momento en que Joy se pintaría a sí misma esperando a Jorge. Su falda es azul como el cielo en que cruza un pájaro gris con ala blanca como el color del gato que descansa en su regazo. No regresaría. Impregnada de lo esencial en Jorge —su corpachón contrastando con su cabeza, su sonrisa melancólica, el cocodrilo Lacoste en sus camisas, su figura ligeramente encorvada, su ritmo pausado, lento, su gusto por caminar, por contemplar—, Joy lo evocó mil veces hasta depositarlo en una pequeña barca en el río. Los colores risueños no han cambiado. En este costado del río hay dos árboles unidos. El hombre está por llegar a la ribera opuesta. Ha dejado la zona más oscura y violenta del río. La cortina de bruma lo protege y le ayuda. Está solo, pero lo espera una comitiva de palmeras y una playa del color de su mujer: «Vivo hace años con una mujer lila».

Aunque Jorge «llevaba el sol adentro», no se llevó el sol consigo. Joy siguió pintando y sonriendo. Es suave y dulce como una mujer frutal. Desde hace años vive bajo el volcán, en Cuernavaca, pero en sus sueños y en los cuadros que los recogen, no hay barrancas ni bocas infernales ni siquiera un deteriorado jardín a punto de que los niños lo destruyan. Hay una extraordinaria paz de alma. Es la isla de sol que lleva adentro.

Bibliografía

Pasión y contemplación en José Vasconcelos

Cosío Villegas, Daniel, *Ensayos y notas*, Hermes, México, 1966.
Cuesta, Jorge, *Poemas y ensayos*, t. III, UNAM, México, 1964.
Fell, Claude, *J. Vasconcelos. A. Reyes: Correspondence*, IFAL, México, 1976.
Gómez Morin, Manuel, *1915*, Cultura, México, 1927.
Henestrosa, Andrés, «La campaña presidencial de 1929», en *Excélsior*, febrero de 1982.
Heschel, Abraham J., *Los profetas*, Paidós, 1962.
Revista *El Maestro*, 1921-1923.
Reyes, Alfonso, *La filosofía helenística*, FCE (Breviario 147), México, 1959.
——, *Obras completas*, ts. XII, III y IV.
Skirius, John, «Génesis de Vasconcelos», en *Vuelta*, núm. 37, diciembre de 1979.
——, *José Vasconcelos y la Cruzada de 1929*, Siglo XXI, México, 1978.
——, «Mocedades de Vasconcelos», en *Vuelta*, núm. 43, mayo de 1980.
Taracena, Alfonso, *Cartas políticas de José Vasconcelos*, Editora Librera, México, 1959.
Torri, Julio, *Diálogo de los libros*, FCE, México, 1980.
Vasconcelos, José, «Cuando el águila destroce a la serpiente», en *El Maestro*, 1921.
——, *Democracy in Latin America*, 1926.
——, Discurso pronunciado para el día del Maestro, 1924.
——, *Divagaciones literarias*, México, 1919.
——, *El desastre*, Botas, México, 1938.
——, *El movimiento educativo en México*, México, 1922.
——, *El proconsulado*, Botas, México, 1939.
——, *Estudios indostánicos*, México Moderno, México, 1920.
——, «Gabino Barreda», conferencia en el Ateneo, 1911.
——, *La Antorcha*, segunda época, 13 números: abril de 1931-abril de 1932.
——, «La intelectualidad mexicana», conferencia, Lima, 1916.
——, *La raza cósmica*, 3a. ed., Austral, 1966.
——, *La revolución de la energía*, México, 1924.
——, *La sonata mágica*, Madrid, 1933.
——, *La tormenta*, Botas, México, 1936.
——, *Páginas escogidas*, Botas, México, 1940.
——, *Pesimismo alegre*, Aguilar, España, 1931.

Vasconcelos, José, *Pitágoras. Una teoría del ritmo,* Cultura, México, 1921.
——, *Plotino: El alma, la belleza y la contemplación,* Austral, 985, 1949.
——, *Prometeo vencedor,* México, 1920.
——, *Ulises criollo,* Botas, México, 1935.
——, «Un llamado cordial», en *El Maestro,* 1921.
——, *Viento de Bagdad,* Letras de México, México, 1945.
Weber, Max, *Sociology of Religion,* Beacon Press, 1963.

Antonio Caso, el filósofo como héroe

Caso, Antonio, *El problema de México y la ideología nacional,* Cultura, México, 1924.
——, *Obras completas,* ts. I, II, III y IV.
——, *Ramos y yo. Un ensayo de valoración personal,* Cultura, México, 1927.
Cosío Villegas, Daniel, *Memorias,* Joaquín Mortiz, México, 1976.
Cuesta, Jorge, *Poemas y ensayos,* t. II, UNAM, México, 1964.
El trato con escritores, primera serie, INBA, México.
Fell, Claude, *Ecrits Oublies/Correspondance, José Vasconcelos/Alfonso Reyes,* IFAL, México, 1976.
Gaos, José, *En torno a la filosofía mexicana,* Alianza Editorial Mexicana, México, 1980.
Gómez Morin, Manuel, *1915,* Cultura, México, 1927.
Henríquez Ureña, Pedro, *Obra crítica,* FCE, México, 1960.
Krauze de Kolteniuk, Rosa, *La filosofía de Antonio Caso,* UNAM, México, 1961.
Krauze, Enrique, *Caudillos culturales en la Revolución mexicana,* Siglo XXI, México, 1976.
López Velarde, Ramón, *Obras,* FCE, México, 1971.
Paz, Octavio, *El laberinto de la soledad,* FCE, México, 1959.
Plural, revista literaria de *Excélsior,* núm. 10, 1972.
Revistas literarias mexicanas modernas: *Savia Moderna* (1906), *Nosotros* (1912-1914), *Gladios* (1916), *La Nave* (1916).
Reyes, Alfonso, «Pasado inmediato», en *Obras completas,* vol. XII, FCE, México, 1960.
Reyes, Alfonso y Pedro Henríquez Ureña, *Epistolario íntimo,* Universidad Nacional Pedro Henríquez Ureña, República Dominicana, 1981.
Salmerón, Fernando, *Cuestiones educativas y páginas sobre México,* Editorial Veracruzana, 1980.
Torri, Julio, *Tres libros,* FCE, México, 1964.
Vasconcelos, José, *Ulises criollo,* Botas, México, 1935.

Humboldt y México, un amor correspondido

Brading, David A., «Un viajero científico», en *Orbe Indiano*, FCE, México, 1993.
González y González, Luis, «Humboldt y la revolución de Independencia», *Ensayos sobre Humboldt*, UNAM, México, 1962.
Humboldt, Alejandro de, en *Ensayo político sobre el reino de la Nueva España*, Porrúa, México, 1973.
Krumm-Heller, «Esbozo biográfico del barón Alejandro de Humboldt», en *Memoria científica para la inauguración de la estatua de Alejandro de Humboldt*, Müller Hnos., México, 1910.
Miranda, José, *Humboldt y México*, UNAM, México, 1962.
Ortega y Medina, Juan A., estudio preliminar, revisión del texto, cotejos, notas y anexos de la obra *Ensayo político sobre el reino de la Nueva España*, de Alejandro de Humboldt, Porrúa, México, 1973.
Reyes, Alfonso, «Rumbo a Goethe», en *Obras completas*, t. XVIV, 1994.

Pedro Henríquez Ureña, el crítico errante

Libros y artículos

Borges, Jorge Luis, «Pedro Henríquez Ureña», en Pedro Henríquez Ureña, *Obra crítica*, FCE, México, 1960.
Cosío Villegas, Daniel, *Memorias*, Joaquín Mortiz, México, 1976.
Enciclopedia judaica, «Dominican Republic» y «Neatherland Antillas».
González, José Luis, «El Tío Pedro en el álbum familiar», en *Los Universitarios*, vol. XII, núm. 16, México, agosto de 1984.
——, *Conferencias del Ateneo de la Juventud*, prólogo y notas de Juan Hernández Luna, Centro de Estudios Filosóficos, UNAM, México, 1962.
Henríquez Ureña, Max, *Hermano y maestro*, Librería Dominicana, Ciudad Trujillo, 1950.
Henríquez Ureña, Pedro, *Obras completas*, ts. I a X, Universidad Nacional Pedro Henríquez Ureña, Santo Domingo, 1976-1980.
——, *Universidad y educación*, UNAM (Lecturas Universitarias), México, 1969.
Krauze, Enrique, *Caudillos culturales en la Revolución mexicana*, Siglo XXI, México, 1976.
Lara, Juan Jacobo de, *Pedro Henríquez Ureña: su vida y su obra*, Universidad Nacional Pedro Henríquez Ureña, Santo Domingo, 1975.
Moreno de Alba, José C., «Henríquez Ureña y el español de América», en *Los Universitarios, op. cit.*
Nolasco, Flérida de, *Pedro Henríquez Ureña, síntesis de su pensamiento*, Editora del Caribe, Santo Domingo, 1966.
Orfila Reynal, Arnaldo, «Evocaciones», en *Los Universitarios, op. cit.*
Reyes, Alfonso, «Pasado inmediato», en *Obras completas*, vol. XII, FCE, México, 1960.

Roggiano, Alfredo, *Pedro Henríquez Ureña en los Estados Unidos,* Cultura, México, 1961.
Torri, Julio, *Tres libros,* FCE, México, 1964.
Vasconcelos, José, *Ulises criollo,* Botas, México, 1935.

Entrevistas*

Enrique Krauze con Alberto Vásquez del Mercado, septiembre-noviembre de 1970.
Enrique Krauze con Natascha Henríquez Ureña, noviembre de 1984.
Lorenzo Villaseñor con Raimundo Lida (1971), Arnaldo Orfila Reynal (1972), Martín Luis Guzmán (1972) y Enrique Anderson Imbert (1971).

Correspondencia

Alfonso Reyes/Pedro Henríquez Ureña, en *Epistolario íntimo,* 2 ts., UNPHU, 1981.
Alfonso Reyes/José Vasconcelos, en *Correspondance,* IFAL, México, 1976.
Antonio Castro Leal a Eduardo Villaseñor, 15 de septiembre de 1933, en archivo personal Eduardo Villaseñor.
Julio Torri, *Diálogo de los libros,* FCE, México, 1980.
Pedro Henríquez Ureña a José Rodríguez Feo, en *Casa de las Américas,* núm. 144, mayo-junio de 1984.
Pedro Henríquez Ureña/Daniel Cosío Villegas, en *Pedro Henríquez Ureña, Obras completas,* ibid., t. VI.
Pedro Henríquez Ureña/Eduardo Villaseñor, en archivo personal de Eduardo Villaseñor.

* Agradezco a Laura Villaseñor y Agustín Díaz la confianza de franquearme –una vez más– la entrada al Archivo de Eduardo Villaseñor.

Fuentes

I. Introducción

«Plutarco entre nosotros», en *Vuelta*, núm. 163, 8 de junio de 1990.

II. De la Reforma al Ateneo

«La virtud de Zarco», en *Reforma*, 7 de mayo de 1995.
«Andrés Molina Enríquez, el profeta del mestizaje», en «Enfoque», suplemento de *Reforma*, núm. 216, 8 de marzo de 1998.
«Federico Gamboa, prisionero de su época», en *Vuelta*, núm 12, noviembre de 1977.
«Julio Torri y Alfonso Reyes, amistad entre libros», en *Vuelta*, núm. 57, agosto de 1981.
«Pasión y contemplación en José Vasconcelos», en *Vuelta*, núms. 78 y 79, mayo y junio de 1983.
«Antonio Caso, el filósofo como héroe», en *Revista de la Universidad de México*, septiembre de 1983.

III. Formadores del México moderno

«Don Daniel, profeta», en «Enfoque», suplemento del periódico *Reforma*, núm. 114, 10 de marzo de 1996.
«El empresario cultural», en *Plural*, núm. 55, abril de 1976.
«Alfonso Taracena, muralista», en *Vuelta*, núm. 129, abril de 1987.
«Octavio Paz, «Y el mantel olía a pólvora...», en *Vuelta*, núm. 224, julio de 1995.
«Cara al siglo», en *Vuelta*, mayo de 1984.
«Alguien lo deletrea», texto leído en el «Réquiem para Octavio Paz», Monterrey, 16 de noviembre de 1998, en *Reforma*, 22 de noviembre de 1998.
«El sol de Paz», en *Reforma* y *El Día*, 21 de abril de 1998; *El País*, 22 de abril de 1998.
«Jesús Reyes Heroles, cambiar para conservar», en *Por una democracia sin adjetivos*, Joaquín Mortiz, México, 1986.
«Antonio Ortiz Mena, el presidente que no fue», en *Reforma* y *Mural*, 28 de febrero de 1999.

IV. El ejercicio de la crítica

«Luis González, un historiador a través de los siglos», en *Reforma*, 5 de mayo de 1996.
«Cronista en vilo», en *Caras de la historia*, Joaquín Mortiz, México, 1983.
«Julio Scherer, poseído de la verdad», en *Viceversa*, núm. 11, abril de 1994.
«Gabriel Zaid, solitario, solidario», en «El Ángel», suplemento del periódico *Reforma*, núm. 50, 13 de noviembre de 1994.
«La comedia mexicana de Carlos Fuentes», en *Vuelta*, núm. 139, junio de 1988.
«José Luis Cuevas, Narciso criollo», en *Vuelta*, núm. 186, mayo de 1992.
«El espejo de Guillermo Tovar», prólogo de *La Ciudad de los Palacios: crónica de un patrimonio perdido*, Vuelta, México, 1989.
«Recuerdo de Hugo Margáin», en *Vuelta*, núm. 23, septiembre de 1978.
«Cuatro estaciones de la cultura mexicana», en *Vuelta*, noviembre de 1981.

V. La religión de la política

«Madero vivo», en *Vuelta*, núm. 196, marzo de 1993.
«Viñeta de doña Tencha (Hortensia Elías Calles)», en *Reforma*, 23 de abril de 1995.
«Presencia de Lázaro Cárdenas», en *El Norte* y *Reforma*, 9 de abril de 1995.
«El coraje cívico de Manuel J. Clouthier», en *La Jornada*, 3 de octubre de 1989.
«Heberto Castillo, un ingeniero de alianzas», en *Reforma*, 15 de agosto de 1999.
«Samuel Ruiz, el profeta de los indios», en *Letras Libres*, núm. 1, enero de 1999.

VI. Viejo y Nuevo Mundo

«El legado de Cortés», en «El Ángel», suplemento del periódico *Reforma*, núm. 205, 7 de diciembre de 1997.
«Humboldt y México, un amor correspondido», en *Vuelta*, núm. 212, julio de 1994.

VII. Mexicanos por adopción

«Pedro Henríquez Ureña, el crítico errante», en *Vuelta*, núm. 100, marzo de 1985.
«Arnaldo Orfila, un editor de nuestra América», en *Vuelta*, núm. 233, abril de 1996.
«Zonas de Rossi», en *Vuelta*, núm. 200, julio de 1993.
«Joy Laville, pintora en su isla», en «El Semanario Cultural» de *Novedades*, 8 de septiembre de 1988.

Índice onomástico

Abad y Queipo, Manuel: 29
Abreu Gómez, Ermilo: 280
Acevedo Escobedo, Antonio: 285
Acevedo, Jesús T.: 60, 117, 396, 409
Acosta, Joseph de: 407
Acuña, Manuel: 74, 263
Ádem, José: 307
Aguilar Camín, Héctor: 302, 303, 310
Aguilar Mora, Jorge: 310
Aguilar Mora, Manuel: 310
Aguilar, Alonso: 310
Aguirre Beltrán, Gonzalo: 308
Agustín, José: 310
Alamán, Lucas: 29, 188, 191, 381, 385
Alatorre, Antonio: 309
Alberro, Solange: 39
Alcaraz Figueroa, Estanislao: 347
Alcibíades: 19, 20, 118
Alegre, Francisco Javier: 184
Alejandro Magno: 18, 23
Alemán, Miguel: 140, 192, 283, 292
Alighieri, Dante: 25, 396
Almeida, Adalberto: 347
Alonso, Amado: 408
Altamira y Crevea, Rafael: 200, 306
Altamirano, Ignacio Manuel: 30, 41, 226
Althusser, Louis: 299, 423
Alvarado, José: 158, 286, 287
Álvarez Bravo, Manuel: 284
Álvarez, Concha: 126
Álvarez, José Rogelio: 291
Álvarez, Luis H.: 337, 339
Alzate y Ramírez, José Antonio: 386
Amezcua, Jenaro: 151
Amor, Guadalupe: 287

Amós: 114, 343
Amyot, Jacques: 23
Andersen, Hans Christian: 68
Anderson Imbert, Enrique: 408
Andreiev, Leónides: 159
Andropov, Yuri: 165
Ángeles, Felipe: 319, 323
Anguiano, Raúl: 307
Appleton, Sir Edward: 395
Aquino, Benigno: 333
Aquino, Tomás de: 64, 254
Aragón, Agustín: 122, 396
Arenas, Domingo: 151
Arendt, Hannah: 167
Argüelles Bringas, Roberto: 87, 117, 396
Aristógenes: 19
Aristóteles: 19, 23, 24
Arizmendi, Elena: 81, 83
Arnáiz y Freg, Arturo: 308
Aron, Raymond: 167, 229, 293
Arredondo, Inés: 308
Arreola, Juan José: 51, 57, 276, 287, 423
Arriaga, Camilo: 184
Arriaga, Ponciano: 184
Ascencio Franco, Gabriel: 361
Atila: 148
Auden, Wystan Hugh: 288, 433
Aulo Gelio: 118
Avilés Fabila, René: 310
Azaña, Manuel: 110, 187
Azar, Héctor: 309
Azcárraga Vidaurreta, Emilio: 191
«Azorín», José Martínez Ruiz: 401
Azuela Rivera, Mariano: 80, 81, 113, 242, 280, 307

Azuela, Arturo: 310
Azuela, Salvador: 282

Bacon, Francis: 261
Bacon, Roger: 23
Baez, Buenaventura: 392
Bakunin, Mikhail Aleksandrovich: 224
Balzac, Honoré de: 149, 233, 238, 239, 240
Bancroft, George: 385
Bañuelos, Juan: 310
Barajas, Alberto: 307
Barragán, Luis: 306
Barreda, Gabino: 78, 118, 132
Barreda, Octavio: 304
Barrera Graef, Jorge: 307
Barrie, Sir James Mathew: 68, 403
Barrio, Francisco: 222
Barros Sierra, Javier: 307
Barthes, Rolland: 245
Bartra, Roger: 310
Basave, Agustín: 39
Bassols, Narciso: 92, 279, 280, 281, 283, 284, 304
Bataillon, Claude: 200, 203
Batis, Huberto: 308
Batorska, Basia: 228, 309
Baudelaire, Charles: 66
Bazant, Jan: 308
Beethoven, Ludwig van: 87, 95
Bell, Daniel: 167
Bello, Andrés: 99
Bello, Fernando: 361
Beltrán, Enrique: 307
Beltrán, Neftalí: 287
Benda, Julien: 188, 281
Benítez, Fernando: 245, 246, 264, 287, 299, 308, 344, 346
Benítez, Raúl: 309
Benjamin, Walter: 299, 429
Berdiaev, Nicolás: 286
Bergson, Henri: 62, 77, 118, 119, 397
Berlin, Isaiah: 9, 16, 17, 19, 417
Bernal Jiménez, Miguel: 307
Bernal, Ignacio: 308
Besançon, Alain: 162
Betanzos, Domingo de: 407

Beteta, Ramón: 276, 284
Bianco, José: 407, 431
Bierce, Ambrose: 257
Blake, William: 77
Blanco, José Joaquín: 310
Blanquel, Eduardo: 308
Bloch, Marc: 13, 203, 297
Bobbio, Norberto: 348
Bolívar, Simón: 25, 101, 294
Bonaparte, Luis: 26
Bonaparte, Napoleón: 14, 15, 25, 27, 149, 166
Bonfil, Guillermo: 310
Bonifaz Nuño, Rubén: 309
Borges, Jorge Luis: 25, 27, 235, 245, 247, 393, 407, 408, 411, 416, 420, 429, 430, 431
Borja Soriano, Manuel: 307
Bosch Gimpera, Pedro: 306
Bosch, Carlos: 308
Boutroux, Gali: 118, 119
Bracho, Julio: 287
Brading, David: 39
Braudel, Fernand: 203, 293, 297
Bravo Ugarte, Manuel: 306
Brehm: 395
Bremautz Monge, Alberto: 279
Breton, André: 167, 203, 229, 247, 288, 293
Brissot, Jacques-Pierre: 24
Brito Rosado, Efraín: 282
Broch, Hermann: 248
Brull, Mariano: 399
Buda: 77, 87, 92, 172, 173, 269
Bueno, Miguel: 285
Bulnes, Francisco: 77
Buñuel, Luis: 177, 245, 251, 306
Burgoa Orihuela, Ignacio: 307
Burke, Edmund: 186, 187
Bustamante: 284
Bustillo Oro, Juan: 113
Buxó, José Pascual: 309

Cabada, Juan de la: 287
Cabrera, Gustavo: 309
Cabrera, Luis: 41, 151, 184, 323
Calderón de la Barca, Pedro: 93, 433
Calderón, Carmen: 74

Calígula: 183
Caludin: 167
Calvillo, Tomás: 288
Camacho Solís, Manuel: 339
Campo, Germán de: 283
Campobello, Nellie: 287
Campos, Julieta: 308
Campos, Marco Antonio: 310
Camus, Albert: 154, 167, 203, 229, 243, 293
Canessi, Federico: 284
«Cantinflas», Mario Moreno: 284
Cantú, Federico: 284
Capetillo, Manuel: 310
Capri: 246
Carballido, Emilio: 309
Carballo, Emmanuel: 238, 308
Cárdenas Solórzano, Celeste: 332
Cárdenas Solórzano, Cuauhtémoc: 222, 331, 335, 338
Cárdenas, Camila: 332
Cárdenas, Juan de: 39
Cárdenas, Lázaro: 45, 49, 140, 184, 192, 200, 208, 236, 243, 248, 279, 294, 288, 328-332
Cardoza y Aragón, Luis: 288
Carlomagno: 125
Carlos V : 27, 375, 388
Carlos XII : 27
Carlyle, Thomas: 24, 25, 26, 27,125, 132, 227
Carrancá y Trujillo, Raúl: 307
Carranza, Venustiano: 79, 145, 151, 188, 257, 315, 320, 326
Carrasco, Pedro: 308
Carrillo Flores, Antonio: 155, 192, 290, 307
Carrillo Flores, Nabor: 307, 284
Carrillo, Lilia: 309
Carrington, Leonora: 276
Carrión, Luis: 310
Carter, James: 166, 169
Carvajal, Familia: 394
Carvajal, Francisco: 56
Casasús, Joaquín D.: 417
«Caselli», Alberto Cuevas: 262
Caso, Antonio: 30, 33, 60, 62, 63, 77, 79, 80, 87, 115-117, 119-136, 150, 192, 275, 278, 280, 285, 286, 305, 306, 396, 402, 409, 410, 415, 418
Castelar, Emilio: 149
Castellanos Quinto, Erasmo: 64
Castellanos, Raúl: 330
Castellanos, Rosario: 51, 208, 309
Castillo Ledón, Luis: 396
Castillo Peraza, Carlos: 177, 335
Castillo, Heberto: 330, 336-339
Castillo, Ricardo: 310
Castoriadis, Cornelius: 162
Castro Leal, Antonio: 73, 283, 398, 402, 421
Castro, Américo: 252, 400
Castro, Fidel: 175, 225, 226, 243, 247, 253, 256, 292
Ceceña, José Luis: 310
Cepeda, Rafael: 320
Cervantes, Miguel de: 93, 251, 252
César, Cayo Julio: 18, 23, 26, 27
Cézanne, Paul: 267
Chacón y Calvo, José María: 399, 412
Chacón, Natalia: 325
Chamberlain, Arthur Neville: 16
Chateubriand, Francois-Auguste-René visconde de: 75
Chávez García, Inés: 202
Chávez Morado, José: 307
Chávez Orozco, Luis: 306
Chávez, Carlos: 281
Chávez, Ignacio: 134, 305
«Che», Ernesto Guevara: 299
Chernenko, Victor: 165
Chestov, León: 286
Chevallier, François: 200
Chumacero, Alí: 288
Churchill, Winston: 17, 168
Cicerón, Mario Tulio: 20, 21, 22, 23, 24, 29, 418
Cilingas: 167
Cipriano: 258
Ciro II: 22
Clavijero, Francisco Javier: 184
Cleopatra: 23
Clouthier, Manuel J.: 333-335
Coello Castro, Reyna Matilde: 353, 361

445

Cohn, Norman: 252
Colbert, Jean Baptiste: 194
Coleridge, Samuel Taylor: 417
Colina, José de la: 308
Collingwood, Robin George: 19
Colón, Cristobal: 392
Colosio, Luis Donaldo: 222, 365
Comonfot, Ignacio: 384
Comte, Auguste: 17, 117, 396, 397
Concha, Miguel: 344
Condorcet, M. J. A. N. de Caritat, marqués de: 228
Constant, Benjamin: 183
Constantino: 23, 173, 176
Corday, Charlotte: 24
Córdova, Arnaldo: 39, 302, 303, 310
Coria, Alberto: 279
Coriolano, Cayo: 23
Coronel, Pedro: 309
Coronel, Rafael: 309
Corripio Ahumada, Ernesto: 347
Cortázar, Julio: 246
Cortés, Hernán: 29, 41, 203
Corzas, Francisco: 309
Cos, José María: 29
Cosío Villegas, Daniel : 30, 36, 37, 90, 92, 125, 134, 138-141, 185, 203, 204, 205, 208, 209, 211, 212, 214, 220, 223, 226, 240, 279, 280, 290, 302, 305, 306, 329, 402, 404, 413, 416, 423, 425
Costa, Joaquín: 123
Couthon, Georges: 15
Cravioto, Alfonso: 87, 117, 396, 399
Croce, Benedetto: 118
Cromwell, Oliver: 18, 25
Cross, Elsa: 310
Cuauhtémoc: 246
Cuesta, Jorge: 73, 133, 280, 281, 289
Cueva, Mario de la: 308
Cuevas, José Luis : 260-268, 292, 309
Cunningham Graham, R. B.: 350
Curtius, Ernst: 417

D'Annunzio, Gabrielle: 107
Dallal, Alberto: 310
Dalton, Roque: 225, 226
Damocles: 62

Danton, Georges: 26, 149
Darío, Rubén: 254
Darwin, Charles: 40, 128
David: 256, 315
David, Comandante: 374
Dávila, Amparo: 308
Dean, James: 263
Debussy, Claude: 69
Degas, Edouard: 14, 15
Degollado, Santos: 35
Delacroix, Eugéne: 69
Demócrito: 419
Derba, Mimi: 557, 149
Desandré: 262
Descartes, René: 187
Desmoulins, L.S. Camile B.: 24, 26
Dewey, John: 92, 111
Díaz de Ovando, Clementina: 308
Díaz del Castillo, Bernal: 200
Díaz Dufóo Carlos: 415, 416
Díaz Dufóo Jr., Carlos: 60, 62, 64
Díaz Mirón, Salvador: 409
Díaz Ordaz, Gustavo: 194, 195, 223, 249, 299, 337, 339, 425
Díaz Soto y Gama, Antonio: 30, 97, 150, 151, 323
Díaz, Félix: 321
Díaz, Porfirio: 30, 44, 45, 47, 53, 54, 74, 148, 149, 150, 181, 210, 317, 318, 319, 396
Dickens, Charles: 233, 263
Diderot, Denis: 228
Dieste, Rafael: 211
Dietrich, Marlene: 246
Díez, Pablo: 191
Djilas, Milovan: 167
Dos Passos, John: 239
Dostoievski, Fedor: 60, 159, 263, 288, 416
Dromundo, Baltasar: 284
Dumas, Alejandro: 399
Duncan, Isadora: 87, 95

Echeverría, Luis: 183, 205, 212, 223, 248, 249, 250, 295
Eisenstein, Sergei: 247
Eisenhower, Dwight: 243
Elías Calles, Familia: 99, 325

Elías Calles, Hortensia: 324-326
Elías Calles, Plutarco: 45, 105, 112, 140, 188, 192, 208, 326, 329, 330
Eliot, Thomas Stearns: 17, 168, 247
Elizondo, Salvador: 308
«El Indio», Emilio Fernández: 284
Emerson, Ralph Waldo: 27, 28
Eneas: 59
Engels, Friedrich: 17, 254
Enrique VII: 23
Epaminondas: 21
Erro, Luis Enrique: 279, 305
Eurípides: 417
Euryptolemo: 21
Ezcurdia, Alberto de: 210
Ezequiel: 352

Fabela, Isidro: 115, 323
Fanon, Franz: 299
Faulkner, William: 55, 248
Fazio, Carlos: 345
Felguérez, Manuel: 309
Felipe II: 251
Félix, María: 238, 245, 284
Fernández de Cevallos, Diego: 222
Fernández de Lizardi, José Joaquín: 39
Fernández, Justino: 308
Fernández, Sergio: 308
Fevbre, Lucien: 200
Fielding, Henry: 233, 259
Figueroa, Gabriel: 284
Flaubert, Gustave: 248
Flores de la Peña, Horacio: 310
Flores Magón, Jesús: 30, 150
Flores Magón, Ricardo: 151, 210
Flores Olea, Víctor: 294, 310, 338
Flores Zavala, Ernesto: 307
Flores, Edmundo: 307
Flores, Miguel Ángel: 310
Forster, E. M.: 427
Foucault, Michel: 245
Fournier, Raoul: 305
Fox, Vicente: 222
Fraire, Isabel: 309
Franco Sodi, Carlos: 307
Fray Angélico: 96
Frenk, Margit: 309

Freud, Sigmund: 170
Freyre, Paolo: 350
Fuentes Mares, José: 308
Fuentes, Carlos: 51, 233-241, 244-256, 259, 293, 294, 295, 299, 303, 308, 338, 423
Fuentes, Fernando de: 284

Galbraith, John Kenneth: 214
Galindo, Blas: 307
Galindo, Sergio: 308
Gallegos Rocafull, José María: 177, 306
Gálvez Calles, Cruz: 325
Gama: 386
Gamboa, Federico: 51-57
Gamboa, Fernando: 284
Gamio, Manuel: 280, 285
Gandhi, Mohandas K.: 105, 106, 112, 172, 173
Gante, Pedro de: 29, 99
Gaos, José: 30, 133, 135, 177, 200, 282, 285, 292, 306, 427, 430,
Garbo, Greta: 246
García Bacca, Juan David: 306
García Cantú, Gastón: 287, 308
García Cubas, Antonio: 236
García de Barreda, Samuel: 122
García Granados, Rafael: 305, 306
García Máynez, Eduardo: 285, 308
García Ponce, Fernando: 309
García Ponce, Juan: 51, 308
García Robles, Alfonso: 307
García Ruíz, Alfonso: 308
García Saldaña, Parménides: 310
García Terrés, Jaime: 291, 309
García, Genaro: 343
García, Guadalupe: 345
García, Julio: 208
Garibay, Ángel María: 306
Garibay, Ricardo: 308
Garro, Elena: 287
Garza Sada, Eugenio: 191
Gaulle, Charles de: 168
Gershwin, George: 236
Gerzo, Gunther: 264, 276
Gibbon, Edward: 23, 24, 93, 168, 173
Gide, André: 167, 281

447

Gilly, Adolfo: 302
Giotto di Bondone: 96
Gironella, Alberto: 251, 264, 309
Glantz, Margo: 308
Goeritz, Matías: 284
Goethe, Johann Wolfgang von: 77, 115, 383, 396, 410
Gogol, Nicolai: 259
Goldman, Emma: 218
Goliat: 256, 315
Gómez Arias, Alejandro: 283, 287
Gómez de Orozco, Federico: 306
Gómez Morin, Manuel: 79, 80, 91, 96, 105, 106, 125, 134, 188, 227, 275, 278, 280, 305, 402
Gómez Robelo, Ricardo: 117, 396
Gómez Robledo, Antonio: 77, 285, 307
Gómez, Belisario: 371
Gómez, Dolores: 262
Gómez, Marte R.: 140, 296
Gómez, Samuel: 372
González Aparicio, Luis: 306
González Camarena, Jorge: 307
González Cárdenas, Luis: 199, 201
González Casanova, Henrique: 308
González Casanova, Pablo: 292, 295, 298, 310
González Cosío, Arturo: 310
González de la Vega, Francisco: 307
González de León, Teodoro: 309
González de León, Ulalume: 309
González Durán: 288
González Garza, Federico: 188, 323
González Martínez, Enrique: 113, 126, 127, 402, 412
González Navarro, Moisés: 308
González Ortega, Jesús: 30
González Pedrero, Enrique: 294, 295, 296, 310
González Peña, Carlos: 412
González Prada, Manuel: 394
González Rojo, Enrique: 281
González Rubio: 283
González y González, Luis: 35, 198-204, 277, 280, 292, 293, 297, 308
González, Manuel: 181
Gorostiza, José: 281, 289

Gorbachev, Mijail: 14, 166, 368
Gourmont, Rémy de: 62
Goya, Francisco: 261
Gracián, Baltasar: 187
Graef Fernández, Carlos: 307
Gramsci, Antonio: 187
Granados, Enrique: 401
Gregorio VII: 125
Grouchy, Manuel marqués de: 14
Gruzinski, Serge: 39
Guardia, Miguel: 309
Guerra, Ricardo: 292
Guerrero, Vicente: 42, 81
Guillén, Palma: 126
Guillherme Merquior, José: 214
Guisa Acevedo, Jesús: 305
Gunten, Roger von: 309
Gurrola, Juan José: 309
Gurvitch, Georges: 293
Gutiérrez Estrada, José María: 188
Gutiérrez Nájera, Manuel: 152
Gutiérrez, Eulalio: 80
Guzmán, Martín Luis: 64, 78, 80, 81, 82, 112, 242, 257, 280, 402, 411

Haeckel, Ernest: 40
Halffter, Rodolfo: 306
Hals, Frans: 246
Harnecker, Martha: 423
Haro, Guillermo: 307
Habsburgo, Maximiliano de: 203
Hansberg, Olbeth: 431
Havel, Vaclav: 14, 26, 17, 24, 417
Heidegger, Martin: 286, 429
Heine, Heinrich: 60, 62, 68, 69, 383
Hemingway, Ernest: 258
Henestrosa, Andrés: 105, 196, 287
Henríquez Lombardo, Natascha: 402, 413
Henríquez Lombardo, Sonia: 405
Henríquez Ureña, Max: 115, 395, 407, 422
Henríquez Ureña, Pedro: 60, 61, 62, 77, 79, 83, 115, 117-122, 124, 125, 133, 188, 390-397, 400, 401, 404, 407, 408-411, 413, 415-422, 425
Henríquez y Carbajal, Francisco: 393
Henríquez, Noel: 394

Heráclito: 419
Hernández Campos, Jorge: 294, 310
Hernández, Efrén: 276, 287
Hernández, Luisa Josefina: 309
Hernández, Octavio A.: 307
Herrán, Saturnino: 96, 126, 129
Herrera y Lazo, Manuel: 307
Herzen, Alexander: 17
Hesíodo: 409
Heureaux, Ulises: 392, 395
Hidalgo y Costilla, Miguel: 29, 81, 276
Hiriart, Hugo: 208, 276
Hitler, Adolf: 17, 18, 26, 166
Hobbes, Thomas: 220
Homero: 93, 273
Horacio: 273
Hostos, Eugenio María de: 393, 394, 422
Howe, Irving: 167, 231
Huerta, David: 311
Huerta, Efraín: 158, 286, 288
Huerta, Victoriano: 63, 80, 81, 82, 150, 315, 397, 398
Huizinga, Johan: 273
Humboldt, Alejandro de: 200, 380-389
Humboldt, Guillermo de: 381
Hume, David: 23, 93, 228

Ibáñez, Blasco: 112
Ibargüengoitia, Jorge: 208, 308, 435
Ibarra, David: 310
Ibsen, Heinrich: 93, 395
Icaza, Xavier: 280
Iduarte, Andrés: 286
Iglesia, Ramón: 200, 202, 306
Iglesias, José María: 30

Infante, Pedro: 284
Ingres, Jean-Auguste-Dominique: 267
Iribarren, Pablo: 347, 355, 363
Isaías: 114, 357
Israel, Jonathan: 39
Ituarte, Gonzalo: 343, 344, 350, 352, 366
Iturbide, Agustín de: 81
Iturriaga, José: 285
Izquierdo, María: 284

James, Henry: 244
James, William: 28, 118, 119, 128
Jara, Heriberto: 323
Jefferson, Thomas: 385
Jeremías: 114, 357
Jesucristo: 19, 27, 41, 97, 132, 176, 177, 258, 345, 352, 357, 358
«Jesús», Lázaro Hernández: 362, 365
Jiménez Moreno, Wigberto: 39, 277, 291, 308
Jiménez, Juan Ramón: 401
Johnson, Samuel: 25, 60, 395
Joyce, James: 252
Jruschov, Nikkita: 243
Juana Ines de la Cruz: 39, 176, 178, 395, 397
Juan Pablo II, Karol Wojtyla: 222, 342, 346
Juan XXIII: 346
Juárez, Benito: 30, 33, 39, 43, 74, 81, 95, 117, 148, 149, 157, 319, 384
Juliano: 23, 24, 176
Julio César: 23
Junco, Alfonso: 306

Kafka, Franz: 248, 429
Kant, Imannuel: 84, 118, 386
Katz, Friedrich: 321
Keynes, John Maynard: 214
Klee, Paul: 246
Koestler, Arthur: 167
Kolakowski, Leszek: 167
Kolteniuk, Luis: 194
Korn, Alejandro: 405, 407
Krauze, Daniel: 13
Kropotkin, Piotr Alexéievich: 216, 217, 220

La Grange, Bertrand de: 362, 363, 365, 366
Labastida, Jaime: 311
Lamartine, Alphonse de: 149
Lamb, Charles: 62
Landsberg, Grigorij: 286
Lane Wilson, Henry: 322
Lara Zavala, Hernán: 310
Lara, Agustín: 57
Larroyo, Francisco: 285

Las Casas, Bartolomé de: 184, 341, 342, 343, 344, 353, 354, 365, 375, 376, 407
Laville, Joy: 433-436
Lawrence, David Herbert: 258, 286
Lazo, Carlos: 306
Le Bon, Gustave: 40
Leduc, Renato: 276
Lefebvre, Henri: 165, 302
Legorreta Díaz, María del Carmen: 361, 362, 365
Lemoine, Ernesto: 309
Lenin, Vladimir Ilich: 18, 26, 154, 216, 217, 225, 240, 249, 353
Leñero, Vicente: 181, 309
León-Portilla, Miguel: 297, 309
Lerdo de Tejada, Manuel: 81, 148, 318, 319
Lessing, Gotthold Ephraim: 409, 417
Levin, Harry: 239
Leyva, Xóchitl: 355, 361, 348
Lezama Lima, José: 211, 239, 247
Licurgo: 21, 22
Lida, Raimundo: 408, 416
Limantour, José Ives: 191
List Arzubide, Germán: 281
Litvak, Jaime: 310
Locke, John: 240
Lockett, Diego Andrés: 373, 373, 375, 376
Lockhart, James: 39
Loera y Chávez, Agustín: 64, 305
Lombard, Carole: 237
Lombardo Toledano, Isabel: 402
Lombardo Toledano, Vicente: 92, 122, 130, 134, 135, 184, 188, 240, 262, 278, 279, 281, 282, 284, 286, 295, 296, 305, 402, 404, 415
López Cámara, Francisco: 294, 310
López de Santa Anna, Antonio: 29, 199, 223, 383, 384
López Malo, Salvador: 287
López Mateos, Adolfo: 194, 282, 283
López Páez, Jorge: 308
López Portillo, José: 183, 209, 223
López Velarde, Ramón: 96, 126, 129, 134, 425

López y Fuentes, Gregorio: 280
López, Rafael: 117
Lorre, Peter: 246
Louis, Joe: 264
Lowry, Malcolm: 233, 246, 433
Lozano, José María: 283
Lozano, Josefina: 150
Luceyo: 20, 21
Lucrecio: 176
Luis XVI: 14, 23
Lutero, Martín: 15, 25, 125

Mably, Gabriel Bonnot de: 23
Macedo, Rita: 244
Machado, Antonio: 112
Madero, Gustavo I.: 53, 55, 79, 80, 103, 106, 123, 145, 148, 157, 188, 192, 314-323, 333, 335
Madrid, Miguel de la: 221
Magaña, Sergio: 308
Magdaleno, Mauricio: 287
Mahoma: 25, 176
Maillefert, Alfredo: 306
Malinche: 40, 203
Malraux, André: 240, 286
Mancisidor, José: 287, 306
Manjarrez, Héctor: 310
Manrique, Jorge Alberto: 309
Mantecón, Ignacio: 306
Mantilla Molina, Roberto: 307
Mao Tse Tung: 171
Maples Arce, Manuel: 281
Maquiavelo, Nicolás: 22, 187
Marat, Jean-Paul: 24
Marcel, Gabriel: 203
Marco Antonio: 23
Marcuse, Herbert: 299
Margain, Hugo: 269-271, 297
Maritain, Jacques: 229
Márquez, Leonardo: 35
Marrou: 203
Martí, José: 107, 240, 400
Martínez Báez, Manuel: 305, 307
Martínez de la Vega, Francisco: 287
Martínez del Río, Pablo: 305
Martínez Estrada, Ezequiel: 407
Martínez, Eduardo: 310
Martínez, Ifigenia: 310.

450

Martínez, José Luis: 285
Martínez, Luis María: 191
Martínez, Ricardo: 284
Marx, Karl: 26, 153, 154, 164, 167, 168, 212, 214, 216, 247, 249, 254, 266, 383
Massieu, Wilfrido: 305
Matteucci, Nicola: 348
Maza, Enrique: 210
Maza, Francisco de la: 308
Mazariegos, Diego de: 365
Medici, Familia: 23
Medici, Lorenzo de: 22
Medina Echeverría, José: 306
Mejía Sánchez, Ernesto: 308
Melo, Juan Vicente: 308
Méndez Arceo, Sergio: 210
Méndez Plancarte, Alfonso: 306
Méndez Plancarte, Gabriel: 306
Méndez Rivas, Joaquín: 87
Méndez, Leopoldo: 287
Mendieta y Núñez, Lucio: 305
Mendieta, Jerónimo de: 203, 299
Mendizábal M., Othón de: 280
Mendoza, Antonio de: 29, 99
Mendoza, María Luisa: 308
Menéndez Pelayo, Marcelino: 411, 417
Menéndez Pidal, Ramón: 400
Mérida, Carlos: 264
Merleau-Ponty, Maurice: 203, 293
Mestre, Ricardo: 215
Meyer, Jean: 302, 303, 425
Meyer, Lorenzo: 310
Michelena, Margarita: 287
Mill, John Stuart: 77, 101, 397
Millán, María del Carmen: 308
Millares, Carlos Agustín: 306
Mills, Charles Wright: 249
Milton, John: 28
Mina, Francisco Javier: 81
Mirabeau, Honoré Gabriel Riqueti conde de: 15, 149, 186, 188, 189
Miramón, Miguel: 30, 35
Miranda, José: 200, 203, 306
Miranda, Serafina: 83
Modigliani, Amedeo: 267
Moebio, Auguste Ferdinand: 213, 218
Moisés: 22, 43, 176, 350

Molina Enríquez, Andrés: 38, 39, 40, 41, 42, 43, 44, 45, 46, 47, 48, 49, 50, 79, 322
Molina, Javier: 311
Molina, Tirso de: 407
Momigliano, Arnaldo: 19
Moncada, Francisco de: 247
Moncaleano, Francisco: 317
Moncayo, José Pablo: 307
Monroy, Guadalupe: 200
Monsiváis, Carlos: 207, 277, 299, 300, 301, 310
Montaigne, Michel de: 23
Montemayor, Carlos: 311
Montepin, Javier de: 263
Montes de Oca, Marco Antonio: 310
Montesquieu, Charles L. de Secondat barón de: 37, 183
Mora, Enrique de la: 306
Mora, José María Luis: 29, 185, 218, 385
Moral, Enrique del: 306
Morales Bermúdez, Jesús: 353, 354
Morales, Juan Bautista: 37
Morales, Macedonio: 359, 360
Morales, Mardonio: 365
Morelos y Pavón, José María: 29, 42, 81
Moreno Sánchez, Manuel: 283
Moreno Villa, José: 401
Moreno, Daniel: 309
Morones, Luis N.: 30, 191
Morrow, Dwight: 105, 111, 112
Morse, Richard M.: 39, 425
Moshinsky, Marcos: 307
«Motolonía», Toribio de Benavente: 29, 99, 343, 375, 376
Mounier, Emmanuel: 229, 230, 231, 232
Moyssén, Xavier: 309
Múgica, Francisco J.: 329
Müller, Otfried: 409, 417
Muñoz Ledo, Porfirio: 222, 242
Muro, Luis: 200, 309
Murphy, Edward: 220
Murray, Georges: 409
Musil, Robert: 248
Mutis, Álvaro: 310

Nabokov, Vladimir: 248
Nandino, Elías: 281
Nava, Salvador: 222
Navarro Tomás, Tomás: 400
Negrete, Jorge: 284
Nervo, Amado: 412
Nietzsche, Friedrich: 25, 77, 117, 118, 121, 189, 230, 396, 397
Noriega Cantú, Alfonso: 307
Novaro, Octavio: 286
Novelo de Cuevas, María Regla: 262
Novo, Salvador: 68, 281, 402
Noyola, Juan F.: 292
Numa Pompilio: 21, 22

O'Gorman, Edmundo: 200, 286, 308
O'Gorman, Juan: 307
O'Higgins, Pablo: 307
Obregón, Álvaro: 45, 151, 182, 188, 192, 326, 330
Ocampo, Melchor: 29, 33, 34
Ocampo, Victoria: 139, 407, 431
Ojeda Gómez, Mario: 310
Olea y Leyva, Teófilo: 109
Oliva, Óscar: 311
Olivares, Conde Duque de: 228
Orellana, Carlos: 57
Orfila Reynal, Arnaldo: 212, 279, 299, 405, 407, 423-426
Orive Alba, Adolfo: 284, 330, 359, 361
Orozco, José Clemente: 80, 81, 261, 264, 266, 276, 280, 318
Orozco, Pascual: 319
Ortega y Gasset, José: 178, 183, 186, 187, 214, 273, 274, 275, 277, 286, 293, 401, 418, 419
Ortiz de Montellano, Bernardo: 281
Ortiz Mena, Antonio: 30, 190-196, 284
Ortíz Rubio, Pascual: 329
Orwell, George: 167, 214, 288, 427
Owen, Gilberto: 281

Pacheco, José Emilio: 51, 52, 54, 83, 208, 277, 300, 311
Palacio, Jaime del: 310
Palacios Macedo, Miguel: 106, 280, 290, 335
Palafox, Juan de: 343
Palavicini, Félix F.: 323
Pallares, Eduardo: 307
Pani, Alberto J.: 30, 182, 191, 323
Pani, Mario: 306
Papaioanou, Kostas: 154, 167
Parra, Germán: 284
Parra, Manuel de la: 117
Parra, Porfirio: 77, 122, 397
Pascal, Blaise: 125, 128
Pasquino, Gianfranco: 348
Pater, Walter: 67, 409
Paz, Ireneo: 10, 148, 151, 157
Paz, Josefina: 176
Paz, Octavio: 10, 81, 135, 146-150, 152-179, 181, 199, 205, 207, 212, 220, 231, 233, 238, 239, 240, 248, 251, 252, 261, 265, 271, 274, 275, 281, 286, 288, 289, 291, 297, 301, 338, 423, 431
Pedroso, Manuel: 282, 292, 306
Pellicer, Carlos: 211, 281, 402
Pereyra, Carlos: 310
Pérez Galdós, Benito: 94, 110
Pérez Martínez, Héctor: 284, 308
Pérez Palacios, Óscar: 330
Pérez Prado, Dámaso: 238
Pericles: 19, 20, 21, 23, 24
Perrault, Charles: 68
Pezzoni, Enrique: 408
Philipon, Madame: 24
Piazza, Luis Guillermo: 308
Pilatos: 357, 358
Pimentel, Julio: 412
Píndaro: 183
Pino Suárez, José María: 315
Piña Chán, Román: 309
Pirenne, Henri: 203
Pitágoras: 62, 85, 87
Pitol, Sergio: 308
Plantagener, Ricardo: 27
Platón: 23, 91, 93, 98, 102, 118, 126, 402, 409, 413
Plejanov, Georgy: 15, 16, 17,
Plotino: 85, 86, 87, 88, 90, 91, 93, 04, 97, 99, 104: 106, 121, 409

Plutarco: 10, 20, 21, 22, 23, 24, 25, 28, 59, 93
Poinsett, Joel: 105
Polibio: 23
Polnoye, Rabi de: 391
Pompa y Pompa, Antonio: 308
Pompadour, Madame: 15
Ponce, Manuel M.: 96, 129, 229, 287
Poniatowska, Elena: 300
Popper, Karl: 215
Portes Gil, Emilio: 325
Portilla, Jorge: 292, 430
Posada, Germán: 266, 277
Posadas, Guadalupe: 30
Poulantzas, Nikkos: 423
Pound, Ezra: 247, 281
Pozas, Ricardo: 310
Prieto, Francisco: 310
Prieto, Guillermo: 33, 81, 117
Prigione, Girolamo: 342
Prim y Prats, Juan: 149
Proudhon, Pierre Joseph: 215, 216
Proust, Marcel: 416

Quevedo y Villegas, Francisco de: 187, 228
Quezada, Abel: 207
Quincey, Thomas de: 419
Quintanilla, Luis: 281
Quintero Álvarez, Luis: 287
Quintero, Carlos: 347
Quiroga, Vasco de: 29, 99, 184, 218, 219, 375

Rahner, Karl: 231
Raimondi, Luigi: 347
Ramírez Vázquez, Pedro: 306
Ramírez y Ramírez, Enrique: 286, 287
Ramírez, Ignacio: 33, 41, 81, 117, 132, 386, 412
Ramírez, José Fernando: 343
Ramos, Samuel: 90, 133, 134, 278, 280, 306, 402
Rangel, Nicolás: 397
Ranke, Leopold von: 145, 189
Reagan, Ronald: 169, 253, 256
Recaséns Siches, Luis: 306

Reclus, Elisée: 93
Reichel-Dolmatoff, Gerardo: 348
Rembrandt, Harmenszoon van Rijn: 262, 267
Remesal, Antonio de: 342
Renan, Ernest: 141
Retchkiman, Benjamín: 292
Revillagigedo, Juan Vicente de Güemes-Pacheco, conde de, 29, 99
Revueltas, José: 154, 158, 167, 244, 286, 288, 291, 289, 296
Revueltas, Silvestre: 281, 288
Reyes Heroles, Jesús: 180-189, 205, 207, 209, 292
Reyes, Alfonso: 58-: 63, 65-: 71, 77, 79, 83, 84, 86, 87, 90, 91, 97, 113, 115, 117, 119-125, 130, 135, 199, 203, 238, 253, 286, 293, 294, 297, 396, 397, 398, 400, 402, 404, 409, 411-421, 423, 425
Reyes, Bernardo: 319
Reyes, Jaime: 311
Ricardo II: 247
Rico, Maité: 362, 363, 365, 366
Riding, Alan: 207
Rimbaud, Arthur: 69, 247
Río, Dolores del: 284
Ripa Alberdi, Héctor: 425
Ripalda, Jerónimo de: 350
Rius, Luis: 310
Riva Palacio, Vicente: 39
Rivas Mercado, Antonieta: 103, 104
Rivera, Agustín: 30
Rivera, Diego: 30, 95, 238, 239, 262, 263, 264, 266, 267, 277, 280, 387, 396,
Robespierre, Maximilien de: 14, 15, 26
Robles, Gonzalo: 283, 305
Roces, Wenceslao: 306
Rodó, José Enrique: 101, 286, 402, 404
Rodríguez y Rodríguez, Jesús: 307
Rodríguez, Guillermo Héctor: 285
Rojas Garcidueñas, José: 308
Rojo, Vicente: 309
Rolland, Romain: 93, 94, 108, 263
Romanov, Nicolás: 166

Romero, Francisco: 407
Romero, José Luis: 140
Romero, Óscar Arnulfo: 362
Roosevelt, Franklin D.: 237
Rosen, Boris: 33, 36, 37
Rosenbluth, Emilio: 330
Rossi, Alejandro: 177, 207, 269, 297, 308, 423, 427-432
Rotterdam, Erasmo de: 232, 341
Rousseau, Phillippe: 15, 23, 25, 174, 183
Rubio Mañé, Ignacio: 308
Ruffo, Ernesto: 222
Ruíz de Alarcón, Juan: 397, 403
Ruíz Cortines, Adolfo: 182, 192, 193
Ruiz Massieu, Francisco: 222
Ruiz, Maclovio: 345
Ruiz, Samuel: 340-377
Rulfo, Juan: 55, 276, 287, 296, 233, 423
Ruskin, John: 409
Russell, Bertrand: 26, 28, 160, 423
Ruysdael, Jacob Isaac van: 73
Ruz, Juan Pedro: 348, 350, 356
Ruz, Mario Humberto: 348, 350, 356

Saavedra Fajardo, Diego de: 187
Sábato, Ernesto: 408
Sabines, Jaime: 310
Sáenz, Moisés: 92
Sahagún, Jesús: 347
Saint Beuve, Carlos Agustín: 26
Saint Just, Luis de: 15
Saint Simon, Claude Henri: 17
Sainz, Gustavo: 310
Sajarov, Andrei Dimitrievich: 14
Sakai, Kasuya: 309
Salazar, Adolfo: 401
Salazar Mallén, Rubén: 282
Salinas de Gortari, Carlos: 195, 209, 222, 333, 364, 365
Salmerón, Fernando: 132, 295, 297
Salomón: 24, 176
San Agustín: 91, 75, 125, 176, 254
San Buenaventura: 96
San Francisco de Asís: 96, 125, 127, 172

San José: 255
San Juan Bautista: 125
San Marcos: 361
San Pablo: 91, 125, 353
Sánchez Mármol, Manuel: 412
Sánchez McGregor: 292
Sánchez Tinoco, Alfonso: 347
Sandino, Augusto César: 110, 112
Sandoval Vallarta, Manuel: 305
Santa María Goretti: 346
Santa Teresa: 125
Santana, Pedro: 392
Santayana, Jorge: 427
Sarabia, Juan: 323
Sarmiento, Domingo Faustino: 80, 99, 101, 394
Sartre, Jean Paul: 154, 203, 229, 230, 241, 243, 288, 293, 299, 429
Say, Jean Baptise: 228
Scheler, Max: 286
Scherer, Julio: 181, 205-208, 210, 295
Schiller, Friedrich von: 383, 417
Schlegel, Wilhelm: 383, 417
Scholem, Gershom: 427
Schopenhauer, Arthur: 60, 62, 77, 78, 89, 118, 128, 396, 417
Schumacher, Ernst: 220
Segovia, Rafael: 310
Segovia, Tomás: 310
Semprún, Jorge: 167
Séneca: 418
Sepúlveda, Bernardo: 307
Sepúlveda, César: 307
Serra Rojas, Andrés: 307
Shakespeare, William: 23, 25, 28, 65, 93, 94, 98, 395, 396, 416
Shaw, George Bernard: 93, 121, 416
Shelley, Jaime Augusto: 311, 436
Sheridan, Guillermo: 310
Sierra, Justo: 30, 59, 75, 93, 117-119, 122, 131, 134, 394, 397
Sierra, Manuel J.: 307
Silone, Ignazio: 167, 288
Silva Herzog, Jesús: 279, 280, 305, 306
Singer, Isaac Bashevis: 429
Siqueiros, David Alfaro: 267, 276

Smith, Adam: 214, 240
Soberón, Guillermo: 295
Sócrates: 60, 126, 176, 396, 409, 410, 413, 418
Solana, Rafael: 287
Solares, Ignacio: 208, 310
Solís, Leopoldo: 296, 310
Sollers, Philippe: 245
Solórzano de Cárdenas, Amalia: 332
Solórzano Pereyra, Juan de: 39
Solyenitzin, Alexander: 156, 160, 168
Soriano, Juan: 264, 265, 284
Souvarine: 167
Spencer, Herbert: 17, 40, 41, 396
Spengler, Oswald: 17, 100, 288
Spinoza, Baruch: 285, 397, 411, 418, 427
Spota, Luis: 51, 57, 238, 293, 308
Stäel, Madame de: 170
Stalin, José: 26
Steimer, Mollie: 217
Stevens, Wallace: 214
Strachey, Lytton: 9
Strindberg, Auguste: 84
Suárez, Eduardo: 283
«Subcomandante Marcos», Rafael Sebastián Guillén Vicente: 222, 344, 362, 363, 364, 365, 368
Sue, Eugenio: 399

Tácito: 23
Taine, Hipólito: 399
Talleyrand-Périgord, Charles Maurice: 65
Tamayo, Rufino: 264, 265, 278, 280, 288
Tannenbaum, Frank: 39, 218
Taracena, Alfonso: 143-145, 306
Tario, Francisco: 276, 287
Teja Zabre, Alfonso: 306
Tello Díaz, Carlos: 365
Tena Ramírez, Felipe: 307
Teócrito: 412
Terán Mata, J. M.: 285
Teseo: 22
Tito Livio: 23
Tocqueville, Alexis de: 170, 183, 186

Tolstoi, Leon: 15, 16, 17, 18, 19, 65, 93, 94, 96, 97, 98, 125, 127, 216, 220, 395, 416
«Tongolele», Yolanda Montes: 238
Torquemada, Pedro de: 172
Torre Villar, Ernesto de la: 308
Torreblanca, Fernando: 325
Torreblanca, Lucio: 373
Torres Bodet, Jaime: 51, 191, 281
Torri, Julio: 58, 59, 60, 61, 62, 63, 64, 65, 66: 67, 68, 69, 70, 71, 87, 121, 122, 396, 400, 402, 411
Toscano, Carmen: 287
Toscano, Salvador: 308
Toussaint, Manuel: 134, 305, 306, 398, 402
Tovar, Juan: 310
Trevor Roper, Hugh: 18, 427
Trotski, León: 18, 154, 159
Truffaut, François: 245
Tucídides: 19, 20, 21, 22
Turrent Rozas, Lorenzo: 287
Turrent, Eduardo: 193

Uchmany, Eva: 39
Ulianov, Alejandro: 18
Ulloa, Berta: 200, 309
Unamuno, Miguel de: 99
Unikel, Luis: 309
Uranga, Emilio: 291, 292
Urbina, Luis G.: 397, 412
Ureña, Salomé: 393
Urquidi, Víctor: 285
Usigli, Rodolfo: 280

Valadés, Edmundo: 308
Valadés, José C.: 306
Valbuena, Bernardo de: 407
Valéry, Paul: 14, 281
Vallarta, Ignacio L.: 30
Valle Arizpe, Artemio de: 306
Vara, Armida de la: 202
Vargas Llosa, Mario: 167
Vargas Lugo, Elisa: 309
Vargas, Javier: 349, 350, 351, 352, 354
Varona, José Enrique: 394
Vasconcelos, José: 29, 39: 49, 56, 60, 63, 64, 65, 72-88, 90-109, 110-114,

115, 118, 119, 121, 122, 124, 129, 130, 134, 139, 145, 147, 150, 177, 178, 188, 236, 240, 276, 278, 282, 285, 294, 297, 304, 323, 335, 396, 402, 403, 404, 405, 409, 415, 421, 425, 426
Vásquez del Mercado, Alberto: 78, 305, 398, 411
Vázquez, Josefina: 309
Vega Albela, Alfonso: 287
Vega y Carpio, Félix Lope de: 84, 93
Vela, Arqueles: 281
Velasco, Luis de: 29
Velázquez, Fidel: 30, 191
Velázquez de León, Joaquín: 386
Velázquez, María del Carmen: 309
Vera, Raúl: 343, 369, 370
Verne, Julio: 399
Victor Hugo: 149, 399
Vigil, José María: 417
Villa, Francisco: 79, 257, 326
Villalobos, Joaquín: 225, 226
Villar, Samuel del: 208
Villaseñor, Eduardo: 90, 402, 413, 416
Villaseñor, Víctor Manuel: 284
Villaurrutia, Xavier: 281, 289, 402
Villegas, Víctor Manuel: 416
Villoro, Luis: 203, 292, 294, 297, 423
Viqueira, Juan Pedro: 350, 355, 356, 371, 373
Virgilio: 113
Vlady: 309
Voltaire, François-Marie Arouet: 23, 60, 69, 93, 95, 228, 416
Vos, Jan de: 350, 356, 370

Wagner, Pace: 95
Walesa, Lech: 14
Walker, William: 256
Warhol, Andy: 236
Warman, Arturo: 310
Weber, Max: 92, 94, 286, 303
Weinberg, Stephen: 271
Whitehead, A. N.: 273
Whitman, Walt: 247
Wilde, Oscar: 62
Wilson, Edmund: 9, 18, 151, 252, 257, 397
Willamowitz-Moellendorf, Ulrich von: 409, 417
Womack, John: 257, 302, 359, 425
Wright Mills, C.: 211, 213, 241, 243
Xirau, Ramón: 297

Yañez, Agustín: 51
Yañez, Ricardo: 287, 311
Yates, Frances: 252
Yeats, William Butler: 247
Yehoshua, A. B.: 217

Zabludovky, Abraham: 309
Zaid, Gabriel: 68, 177, 209, 211-232, 250, 293, 296, 301, 310, 423
Zalce, Alfredo: 284
Zamacona, Manuel María de: 117
Zapata, Emiliano: 79, 149, 150, 151, 233, 247, 257, 263, 294, 302, 319, 425, 364
Zarco, Francisco: 32, 33, 34, 35, 37, 117
Zavala, Lorenzo de: 385
Zavala, Silvio: 200, 202, 286, 308
Zea, Leopoldo: 286, 308
Zepeda, Eraclio: 310
Zerón Medina, Fausto: 193
Zevada, Ricardo J.: 284
Zola, Emile: 55, 56

Últimos títulos

Amor propio
Gonzalo Celorio

El viaje sedentario
Gonzalo Celorio

Las confidentes
Angelina Muñiz Huberman

Poeta Ciego
Mario Bellatin

De la infancia
Mario González Suárez

Una ciudad mejor que ésta.
Antologí e nuevos narradores mexicanos
Compilada por David Miklos

Un asesino solitario
Élmer Mendoza

Salón de belleza
Mario Bellatin

Porque parece mentira la verdad nunca se sabe
Daniel Sada

Y retiemble en sus centros la tierra
Gonzalo Celorio

El libro de las pasiones
Mario González Suárez

La creación del sol y de la luna
B. Traven

Galaor
Hugo Hiriart